大学生职业生涯规划与创新创业教程

主　编：刘耀玺　张　衡
副主编：王　鑫　邓建锋　刘　冰　王　杰　王子霖　魏金太
张　毅　金　鑫　张舒曼

文化发展出版社
Cultural Development Press
·北京·

图书在版编目（CIP）数据

大学生职业生涯规划与创新创业教程 / 刘耀玺，张衡主编．— 北京 ：文化发展出版社，2023.7
ISBN 978-7-5142-4044-3

Ⅰ．①大… Ⅱ．①刘… ②张… Ⅲ．①大学生－职业选择－教材 Ⅳ．① G647.38

中国国家版本馆 CIP 数据核字 (2023) 第 137710 号

大学生职业生涯规划与创新创业教程

刘耀玺　张　衡　主编

出 版 人：宋　娜
责任编辑：周　蕾　　　　责任校对：岳智勇
责任印制：邓辉明　　　　封面设计：守正文化
出版发行：文化发展出版社（北京市翠微路 2 号　邮编：100036）
网　　址：www.wenhuafazhan.com
经　　销：全国新华书店
印　　刷：天津和萱印刷有限公司

开　　本：787mm × 1092mm　1/16
字　　数：385 千字
印　　张：21.5
版　　次：2024 年 1 月第 1 版
印　　次：2024 年 1 月第 1 次印刷

定　　价：72.00 元
I S B N：978-7-5142-4044-3

◆ 如有印装质量问题，请电话联系：010-58484999

作者简介

刘耀玺，男，汉族，1972年出生，河南叶县人，大学毕业于中南林业科技大学，西北农林科技大学硕士学位，现任河南林业职业学院副院长，副教授。研究方向：大学生职业生涯规划、创新创业教育、就业指导。

张衡，男，汉族，1969年生，河南省嵩县人，大学毕业于河南大学，现任河南林业职业学院招生就业处处长，副教授。研究方向：思想政治教育、哲学、创新创业教育、就业指导。

前言

当前，随着高校毕业生数量的逐年增加，加之各种因素的影响，社会对高校毕业生有效需求的增长相对缓慢，大学生就业结构性矛盾日益突出。

新时期，国家高度重视大学生的就业与创业问题，把高校毕业生就业工作摆在重要位置，并且强调要增强大学生的创新意识和创业能力。为此，各高校把大学生职业生涯规划与创新创业教育课程建设列为一项重要的任务，力求通过职业生涯规划与创新创业教育为大学生提供一条新的成长成才道路，为社会培养自主创新创业人才。

因此，笔者组织编写了这本《大学生职业生涯规划与创新创业教程》。同时，本书也是河南省高等教育教学改革研究与实践项目“高职院校以创新创业为导向新型人才培养模式实践研究”（项目编号：2021SJGLX843）的研究成果之一，是课题组全体成员集体智慧的结晶。课题组成员刘耀玺、张衡、王鑫、邓建锋、刘冰、王杰、王子霖、魏金太、张毅、金鑫、张舒曼等参与了相关章节的编写，最后由刘耀玺、张衡进行统稿。

本书从高职院校大学生职业生涯发展与创新创业的实际需要出发，以实用、创新为特色，吸收了国内外职业生涯规划与创新创业指导的最新成果，采用易学易教的编写体例和格式，以学生为主体，充分调动学生的学习兴趣和参与的积极性，将理论分析和技术指导相结合，具有较强的实践指导意义。

笔者在编写本书的过程中参考了大量的研究成果，在此向涉及的专家学者表示衷心的感谢。由于笔者能力有限，书中难免存在疏漏，诚望批评指正，以期不断修订，臻于完善。

目录

CONTENTS

第一章

大学生职业生涯发展与创新创业概述

案例导入

时间过得真快，不经意间已经离开校园近两年了。回想我的大学生活，心中不禁涌起无限感慨。在这三年时光里，我浪费了很多时间，也错过了很多机会。没有方向、没有目标、意志消沉、精神颓废、停滞不前的我，真的是愧对父母，愧对自己，甚至都不好意思与别人谈起我的大学生活。今天，回首这段岁月，反思过去的种种不足，希望别人能吸取我的教训，少走弯路，好好珍惜大学时光。

2021 年我毕业于某高职院校的国际商务专业，可以说大学期间我根本没考虑或者说根本不知道什么是学业规划，更谈不上努力进取了。大一的时候激情满怀，什么都不懂，却对未来充满了信心和渴望。大二的时候经历了一些失败和挫折，逐渐对学习和社会活动失去兴趣，并且沉迷于游戏。大三上学期我继续沉沦，彻底对学习失去兴趣，除了应付实习任务，就是疯狂地玩游戏，甚至到了旷课被点名批评的地步。大三下学期虽然玩游戏有所收敛，但我依然找不到努力的方向，根本不知道毕业后要做什么工作。别人都在制作个人简历、争取招聘机会、参加面试，而我则选择了逃避。这就是我的大学生活，这就是我 19 岁到 21 岁的青春，这段青春某一点也曾有过闪光，但总体的旋律却是迷茫和放纵。

对于就业，我认为是大学生活的结束。企业招聘员工看重的是工作经验，而这是每个应届大学毕业生最缺乏的，也是最明显的一块短板，能否补齐这块短板体现了一个应届大学毕业生的竞争实力。我也一直想通过参加社团活动或者暑期的社会实践来弥补短板，但每次要么因为懒惰而没有迈出第一步，要么是受了点挫折就退缩。另外，周围的同学很少有人参加社会实践，这一点也影响了我。大三时，学校为我们提供了较好的实习场所和岗位，可我没有好好利用，在浑浑噩噩中错失了提升专业技能、培养就业能力、获取就业信息的好机会。直到现在，我都只能在一家物流公司打工，而与专业性岗位无缘。

自我思考

思考一：案例中这位同学之所以到现在都没有找到满意的工作，你认为最主要是哪方面的原因造成的？

思考二：为了避免重蹈案例中这位同学的覆辙，你准备怎么做？

第一节 大学学习与职业生涯发展

学习目标

了解大学与大学学习的特点。

对职业与职业生涯有一定的了解。

正确把握大学与职业生涯发展的关系。

一、大学与大学学习的特点

大学阶段是一个人即将完成系统的学校教育然后步入社会走上工作岗位的重要阶段。这一阶段的重要功能之一是实现人的“社会化”，即由“学校人”向“社会人”、由“学习者”向“职业者”的转变。

任何职业对从业者都是有入职资格要求的。同样，相应的职位也要求从业者具备相应的能力，高级职位则要求从业者具备更高的能力。无疑，上大学是我们获取较高职业发展起点的一个非常便捷的途径。通过上大学，我们能够在较短的时间内系统地学习适合自己未来发展的知识，然后将这些知识转化为自己的职业能力，为个人将来的职业生涯发展创造一个比较高的发展起点。

在大学阶段，我们要通过英语等级考试，要获得几项职业技能证书，要培养自己的表达能力、沟通能力、社交能力，要为升本做准备……可以说，为了提高自己、升华自己，大学阶段有做不完的事情。但在诸多需要完成的任务中，对大学与大学学习特点的把握是至关重要的。原因很简单，一个人从高中进入大学，从高中生变成大学生，面对的客观环境、学习方式等都发生了质的变化。作为大学生，我们只有清醒地认识到这些变化，才能走好大学生活的第一步。

（一）生活环境的变化

大学生的生活方式、生活习惯、生活领域等，和中学时期相比有很大的不同。

1. 生活方式的变化

在高中，许多学生住在家里，拥有自己独立的生活空间，从做饭、洗衣到出行等事务大多由父母包办打理，有的甚至连收拾床铺、打洗脸水等都由父母代劳。即便是住校生，一般离家也不太远，也能时常回家，所以不曾有严格意义上的“独立生活”。而大学是完完全全的集体生活，自主、自立、自律成为大学生活的主旋律。大学生的生活方式由依赖父母安排、难以独立生活，转为凡事要靠自己解决，如住宿、打饭、洗衣服、挂蚊帐、日常开支等均由自己打理，这种变化对缺乏独立生活经验的大一新生来说往往是一种新的挑战。

案例阅读

有一名高中生从小生活在父母的溺爱下，学习成绩处于中下游。高考时，他考上了一所国内较好的高职院校。然而，多年衣来伸手、饭来张口的生活让他失去了独立生活的能力。在学校里，他的生活几乎不能自理，不会到食堂打饭，不会洗衣服，只能不停地向家里诉苦。结果，入学不到一个月，他就偷偷跑回家，再也不肯回到学校去了。他的父母也没有办法，只好自食其果，让他退学。

2. 生活习惯的变化

大学同学来自不同的地区，饮食习惯存在差异，气候与语言环境存在变化，作息时间与卫生习惯也有所不同。况且，大部分新生是独生子女，每个人都有各自的生活风格和生活习惯，而在学校住的是集体宿舍，必须遵守校规校纪，必须顾及舍友的起居习惯，再也不能放肆地我行我素，这些生活习惯的变化往往会造成新生不适应。

3. 生活领域的变化

高中生的生活领域比较狭窄，生活内容比较简单，基本上是从家到学校“两点一线”；而大学生的生活领域得到大大拓展，生活内容丰富多彩，新生初入大学，会有一种新鲜感。的确，大学生活是多姿多彩的，大学校园的社团众多，让人应接不暇，只要你有一技之长或一己之好，只要你喜欢，只要你愿意，你都可以申请加入社团并从中得到锻炼。

（二）学习方式的变化

高考犹如一座彩虹桥，让无数青年学子从高中跨入大学，实现了人生阶段性梦想。然而，大学学习与高中时代的学习有明显的区别。高中教育秉持的是基于健康成长、全面发展观的升学导向，需求单一、目标明确；盛行“问题—答案”式培养，学习封闭被动。大学教育秉持的则是基于顺利毕业、全面成才观的就业导向，需求多样、目标不确定；倡导“问题—探究”式培养，学习开放主动。也就是说，大学学习有其独有的特点。

1. 专业性

以某一专业为主，通过系统的专业学习，大学生不仅要熟练掌握一门专业知识，而且要具有较好利用该专业知识来解决本专业领域内实际问题的能力，专业性强是大学学习的首要特点。由于各种因素的影响，社会对大学所设置的专业偏好不同，评价不一。但学校开设的专业都是社会发展必不可少的，不同专业的学生只要努力，都会闯出一番天地，都可以取得成绩。因此，大学生要理性思考自己所学的专业，坚定专业方向，调动自己的学习热情，树立积极正确的专业学习思想，避免出现认识上的误区。

2. 广泛性

随着社会化大生产和社会分工的发展，尤其是随着知识信息时代的发展，仅有专一的知识是不能完全适应社会发展需要的。一专多能、全面发展是时代对大学生的要求。因此，大学生除了要精通一门专业知识外，还必须广泛涉猎有利于自身学习的相关知识，掌握科学的学习方法，培养自主学习和独立思考问题、分析问题、解决问题的能力。这是大学阶段学习的重要特点。

3. 互促性

大学生可以根据共同的理想、兴趣、爱好和追求，与其他同学组成一个个小的学习团体或形成伙伴关系，通过讨论、交流等方式，在思想碰撞中获得启发和学习灵感，达到相互激励、相互促进的目的。

4. 自主性

大学实行学分制，除公共课、基础课和专业课属于必修课外，各专业还开设了选修课。大学生可根据个人情况选择相关选修课，也可根据个人兴趣爱好和能力进行第二专业的学习。大学生可自由支配的学习时间增多，学习的自主性也大大加强。大学生应当自主地安排学习时间，制订学习计划，选择学习内容，寻找适合自己的学习方法。

（三）人际交往的变化

在大学中，人际交往的重要性逐渐凸显。不仅仅是交往的范围扩大，更重要的是交往的重要性、要求、方式方法等都发生了较大的变化。

1. 交往的范围在拓展

在上大学之前，学生的生活范围相对较窄，基本局限在本社区、乡镇，很少超过县(市)，交往的对象大多为本地区的同学、朋友和亲戚。而进入大学后，随着学习、生活范围的拓展，学生的人际交往的范围也在不断拓展。大学生的人际关系主要涵盖了师生关系、同学关系、同乡关系、朋友关系、恋爱关系、家庭关系、网络交友等，囊括了人际关系中的亲情、友情、爱情等方面，形成了人际交往的新格局。大学生不仅要和来自不同地域、拥有不同习俗的同学打交道，还要和辅导员、班主任、授课教师以及校、院系等有关部门的教职工打交道；参加社团活动或社会活动，还要和不同年级、不同院系、不同专业的同学打交道；参加勤工俭学、实习实训、社会实践等活动，还要广泛地接触社会上不同职业的人；网络交友的出现，大大拓展了人们交往的范围，这种现实与虚拟相结合的新型人际交往方式也对大学生的人际交往能力提出了更高的要求。

2. 交往的重要性在凸显

在中学阶段，人际关系对学生的影响相对较小。进入大学后，随着人际交往范围的拓展，大学生的表达能力、沟通能力、社交能力显得越来越重要。而且大学阶段是进入社会前的职业准备期，大学生的社交能力如何，将直接关系到今后的就业、升职等问题。因此，如何充分利用大学的有利条件和平台，不断提高自己的社交能力，是大学生必须学习、必须修好的一门重要功课。

3. 交往的能力标准在提升

在大学，由于学生来自不同的地域，其在语言、生活习惯、价值观等方面存在差异，加之各种因素的影响，同学之间难免会存在一些误会、冲突，这些误会、冲突的化解往往需要相互理解、沟通、包容，无疑提高了对大学生人际交往能力的要求。而且，恋爱关系、网络交友、社会交往等带来的问题也时刻考验着大学生的社交能力和个人素质。

4. 交往的方式方法在改变

面对不同的交往对象，大学生应该学习必要的交往知识，提高与人沟通的能力，注意交往方式方法的改变。在交往过程中，大学生应遵循平等、真诚、友爱、互助的交际原则处理各种人际关系；在交往过程中应注意自我形象的修饰、语言技巧的运用、对交往对象心理的把握等；应以良好的形象、得体的语言真诚地进行人际交往活动，建立良好的人际关系网络，为美好的大学学习生活加分。

（四）管理方式的变化

大学的教学管理方式和学生管理方式相比高中有明显的不同。

1. 教学管理方式的变化

不同于高中阶段的“硬学习”，大学阶段的教学管理一般实行学分制，有一定的灵活性和选择性。大学生可以结合自己的实际情况，可以跨系、跨专业、跨学科参加学习，毕业年限也可以适当提前或延期。大学的课程与高中课程有明显的区分，分为必修课程和选修课程，每个大学生在完成规定的必修课程后，可以结合自己的情况选修本专业或其他专业的一些课程。

2. 学生管理方式的变化

对于学生的管理，大学主张发挥学生的主体作用，主张调动学生干部、社团组织、党团组织等的积极性和主动性。大学强调三自管理（自我管理、自我教育、自我服务），并非放任自流，没有纪律和制度约束，而是在严格纪律基础上的自律，是在制度规范和学校引导下，通过强化学生的自我管理能力，达到学生自我管理的目的。

总之，大学是一片全新的天地，大学阶段是学生从学校步入社会的过渡期。大学阶段是自由的，是充满矛盾和挑战的，是人生发展的必经阶段，也是悦纳自我的必然阶段。如何把握大学生活和学习的规律，是大学生尤其是大一新生应该尽早解决的问题。

二、大学与职业生涯发展的关系

（一）职业生涯概述

职业生涯是指人一生中的职业历程。人的职业生活是人的全部生活的主体，在其生涯中占据核心和关键的位置。人一生的职业历程有着种种不同的可能：有的人从事这种职业，有的人从事那种职业；有的人一生变换多种职业，有的人终身位于一个岗位上；有的人不断追求、事业成功，有的人穷困潦倒、无所作为。人们的职业生涯存在差异，有能力、心理、机遇方面的原因，也有社会环境影响的原因。

职业生涯是一个动态的过程，是指一个人一生在职业岗位上所度过的、与工作活动相关的连续经历，并不包含在职业上成功与失败或进步快与慢的含义。也就是说，不论职位高低，不论成功与否，每个工作和劳动着的人都有自己的职业生涯。

职业生涯几乎贯穿每个人的一生，并且处于不断发展变化的状态。

1. 职业生涯的特征

职业生涯有内外之分。内职业生涯是指从事一项职业时所应具备的知识、观念、心理素质、经验、能力、身体素质、内心感受等因素的组合及其变化过程；外职业生涯是指从事某一职业时的工作单位、工作地点、工作内容、工作职务与职称、工作环境和工资待遇等因素的组合及其变化过程。就两者的关系来看，内职业生涯的发展是外职业生涯发展的前提，内职业生涯的发展会带动外职业生涯的发展。职业生涯具有以下几个特征。

（1）终身性

职业生涯是人一生中连续不断的过程，概括了一个人一生中所从事的各种职业、角色。

（2）独特性

职业生涯依据的是个人的人生目标、自身素质和所处环境，不同的人有不同的特质、追求及外部条件，从而导致每个人职业发展经历的不同。

（3）发展性

每个人在生命的不同阶段会面对不同的任务和要求，随着这些任务和要求的发展变化，个体也随之发展，这种连续的发展过程构成了一个人完整的职业生涯。

（4）阶段性

每个人的职业生涯发展都有着不同的阶段，可以分为不同的时期。

（5）互动性

职业生涯是个人与他人、个人与环境、个人与社会互动的结果。

2. 职业生涯的发展阶段

每个人的职业生涯是不一样的，但整个职业生涯从开始到结束所经历的过程却是类似的。一般来说，职业生涯可以分为以下五个阶段。

（1）“青黄不接”阶段

工作1～3年，既不像刚毕业时那么“单纯”，又不像有四五年工作经验的老手那样可以独当一面。

（2）“职业塑造”阶段

工作3～5年，在这一阶段，每个人的职业性格特点会暴露出来。

（3）“职业锁定”阶段

工作5～10年，随着对自身优劣势的不断认识和不断地实践锻炼，渐渐从“职业塑造”阶段走向“职业锁定”阶段。在这一阶段，人们会积累丰富的经验，承担起工作责任，不断发挥并发展自己的能力。

（4）“事业开拓”阶段

工作10～15年，此时，人们从事的职业很可能成为其终身事业，意味着从前期的职业阶段开始走向“事业开拓”阶段。

（5）“事业平稳”阶段

工作15年后，步入不惑之年，前期的职业阶段和“事业开拓”阶段留下了许多积淀。曾经的豪言壮语和海誓山盟在这一阶段变为现实，达到事业巅峰。“世间自有公道，付出总有回报”。

3. 职业生涯成功的标准

职业生涯的成功能使人产生自我实现感，从而促进个人素质的提高和潜能的发挥。职业生涯成功与否，个人、家庭、企业、社会判定的标准存在一定的差异。对职业生涯的评价必然是多元化的，这使得职业生涯成功的标准与方向具有明显的多样性。

国外一些学者在对多类公司的经理和人事专家进行调查后，根据他们的自我意识，总结出四种职业生涯成功的标准：①攀登型——将成功定义为一种螺旋形的东西，不断上升和自我完善；②安全型——扎实的人需要长期稳定和相应不变的工作认可；③自由型——暂时性的，他们视成功为经历的多样性；④进取型——直线型的人视成功为升入企业或职业较高阶层。

目前，有五种不同的职业生涯成功的方向：①进取型——使其达到集团和系统的最高地位；②安全型——追求认可、工作安全、尊敬和成为“圈内人”；③自由型——在工作过程中得到最大的控制而不是被控制；④攀登型——得到刺激、挑战、冒险的机会；⑤平衡型——在工作、家庭关系和自我发展之间取得有意义的平衡，以使工作不至于变得太耗精力或太乏味。

职业生涯成功与家庭生活之间也有着非常密切的关系。个人与家庭遵循着并行发展的逻辑关系，职业生涯的每个阶段都与家庭因素息息相关，或协调或冲突。家庭成员的意见对职业人士的工作成效具有重大影响。

对职业生涯进行全面的评价，要综合考虑个人、家庭、企业、社会等各方面的因素。对一个职业人士来说，按照其人际关系范围，可以将其职业生涯成功标准分为自我评价、家庭评价、企业评价和社会评价四类评价体系。如果一个人能在这四类评价体系中都得到肯定的评价，那么职业生涯必定是成功的。

（二）大学与职业生涯发展的关系

案例阅读

一个叫小A的男孩一直眉头紧锁，满脸愁容。他的苦恼源于高考失利，不得不进入一所不知名的学校成了一名高职生。填报专业时，他不知道自己喜欢什么，也没有人告诉他该如何选择，仅凭感觉草率地选了数控机床专业。一个学期很快过去了，他发现这个专业太枯燥了，实在提不起兴趣，但又不知道该怎么办。

以前的高中同学都比他考得好，有的被保送进入名校学习，有的准备出国，有的兼职赚钱……小A觉得人与人的差距真的太大了，不用等到毕业自己就直接被他们甩得很远很远。小A也不甘心永远这样，想更好地发展，做一个有作为、有价值的人。但他很迷茫，现在名牌大学的毕业生找工作都难，像他这样的高职生还能找到工作吗？什么才是适合他的工作？日子就这样在迷茫中一天天过去了。

小A之所以出现这种状况，原因或许有很多，但有一点很明确，那就是他并没有厘清大学与职业生涯发展的关系。

大学生涯是整个人生的重要阶段，是职业发展的准备期。大学生在大学选择某一专业进行学习，是为今后做职业准备。大学生涯是个人职业生涯规划的起步阶段，是决定能否赢在职业起点的重要阶段。

大学生在大学阶段尽管专业不同、职业理想不同，在大学阶段的具体任务也有所差异，但结合社会对人才的需要，每一个大学生都应培养自身的职业精神、职业意识，塑造良好的人格，提高职业素质和职业能力，具备开阔的视野。

1. 专业与职业生涯发展的关系

专业是指国家教育管理部门根据学科分类或者生产部门的分工把学业分成的门类。职业是指人们在社会生活中所从事的某种具有专门业务和特定职责，并以此为主要生活来源的社会活动。不同职业需要不同的知识、技能以及特有的职业道德品质、身体素质等，而不同的知识和技能则是专业的主要内容。

我们可以通过以下几个方面来理解专业与职业生涯发展的关系。

（1）一对一（即专业包容职业）

指一个专业方向对应一个职业目标。此类职业培养目标单一明确、技术含量比较高，属于学业规划中比较主动的一种，也是各种路线中求学成本最低的一种。这类专业和职业一般适合专业技术人员。

（2）一对多（即以专业为核心，职业包容专业）

指一个专业对应的职业目标有多个。在确定了专业方向后，还要确定适合于自己发展的职业目标。这里要注意的是，确定职业目标时一定要和自己的职业人格一致。

（3）多对一（即专业与职业交叉或分离）

指多种专业对应一个职业目标。这类职业一般属于管理型人格的职业，比如新闻记者、政府公务员、营销主管、企业管理者等。

2. 专业学习与职业生涯发展的关系

专业学习是提高专业技能最重要的手段，也是实现专业人才培养目标的保证。高职院校在专业设置和课程体系构建上，要求课程设计必须面向职业和职业生涯。可见，专业学习与职业生涯发展有着不可分割的内在联系。

专业能力是指从事专门工作必须具备的能力。专业能力的获得主要依靠专业知识的学习。在培养专业能力时，应该注意以下三个问题。

（1）专业前景好并不意味着能找到一份好工作

有的大学生可能会错误地认为学习一个就业前景好的专业，将来肯定能找到一份好工作。心存这种想法的学生简单地将专业名称与专业能力等同了起来。实际上，学习一个专业并不意味着我们会自动拥有从事与该专业相关的工作的能力。在现实社会中，常常有非专业的毕业生“抢”走了本专业毕业生的工作岗位的情况，原因就在于用人单位更注重的是专业名称背后的专业能力。

(2) 专业知识不等同于专业能力，但知识是能力构成的重要因素，能力以知识为基础

在大学期间，一定要学好本专业要求的基础课程，把基础打牢。在科技发展日新月异的今天，应用领域里很多看似高深的技术很快就会被新的技术或工具取代，如果没有打下良好的基础，我们将很难真正理解高深的应用技术。

(3) 培养专业能力的途径是多样的

有的大学生可能因为没有机会进入自己感兴趣的专业学习，就会像上面案例中的小 A 那样对前途一片迷茫，甚至怨天尤人、自怨自艾，进而自暴自弃。其实，培养专业能力的途径是多样的，除了进入自己感兴趣的专业进行系统的学习之外，还有很多其他的选择，如辅修、有目的地选修感兴趣的专业课程、自学等。

3. 社会活动与职业生涯发展的关系

当今社会已步入信息化时代，人才竞争空前激烈，因此大学生要全面发展，除了学习专业知识外，还应该根据个人兴趣、自身特点，有针对性地参加各类丰富多样的社团活动和社会实践活动，同时充分利用各种信息渠道汲取社会知识，增加对社会的了解，全面提高自身的综合素质，培养和锻炼自身实际工作的能力、适应社会的能力以及适应时代发展的基本能力。

在校大学生虽然还没有进入职场，但是在大学里养成的行为习惯，很容易被带到今后的工作场所中。大学生要从身边小事做起，在做小事的过程中培养自己的责任意识、主动意识和诚实守信的职业精神，树立正确的择业观与发展观，唯有如此，才能有助于自己职业生涯的成功。

第二节 认知创新与创业

学习目标

了解创新与创业的含义。

熟悉创新的类型。

把握创业与就业、创业与职业生涯发展的关系。

一、认知创新

（一）创新的含义

创新是一个古老而又时髦的词语，成书于6世纪末的我国官修正史《南史》中即有记载，不过其意为创立或创造新的房屋、宫殿等。

现代意义上的创新一词则源于拉丁语，是指以新思维、新发明和新描述为特征的一种概念化过程，主要包含三层意思：第一，改变；第二，更新；第三，创造新的东西。

（二）创新的类型

创新按照不同的标准可以分为不同的类型。

①依据创新的表现形式可以分为产品创新、技术创新、制度创新、组织创新、服务创新、管理创新等。

②依据创新的领域可以分为教育创新、金融创新、工业创新、农业创新、国防创新、社会创新、文化创新等。

③依据创新的行为主体可以分为政府创新、企业创新、团体创新、大学创新、科研机构创新、个人创新等。

④依据创新的方式可以分为独立创新、合作创新等。

⑤依据创新的意义大小可以分为渐进性创新、突破性创新、革命性创新等。

⑥依据创新的层次可以分为首创型创新、改进型创新、应用型创新。

⑦依据创新的道路可以分为原始创新、集成创新和引进、消化吸收再创新。

常见的创新类型主要是依据创新的表现形式分为产品创新、技术创新、制度创新、职能创新和结构创新。

1. 产品创新

产品创新是指研发和生产出性能更好，外观更美，使用更便捷、更安全，更符合环境保护要求的产品，以更好地满足人们的需求。产品创新可从以下三个层面来实现。

（1）开发具有新功能的产品

例如，3D 打印（三维打印）行业的翘楚——3D Systems 发布的 Cube 3D 打印机，具有打印平台自动找平功能，采用了全新的彩色触摸屏，具有直观的用户界面，打印时拥有漂亮的 LED 高亮显示效果，且其打印支撑结构更容易拆除。正因为有了这些创新，这种打印机堪称 3D Systems 的杀手级产品。

（2）优化产品结构

例如，企业通过优化电子产品的结构，使产品变得轻、巧、小、薄，以及更加节能环保等。

(3) 改进产品外观

例如，苹果公司曾推出彩壳流线型PC机（个人计算机），以提高市场占有率。

2. 技术创新

技术创新是指采用新的生产方法或新的原料生产产品，以达到提升质量、降低成本、保护环境，或使生产过程更加安全和省力的目的。技术创新可从以下四个层面来实现。

(1) 革新工艺路线

例如，用精密铸造、精密锻造、粉末冶金技术代替金属切削技术来生产复杂的机械零件，可大大缩短生产周期，降低成本。

(2) 替代和重组材料

例如，从环保角度出发，以农产品为原料生产工业产品，如用玉米生产一次性水杯、餐具和包装盒等。

(3) 革新工艺装备

例如，用电脑绣花机代替手工绣花，用数控机床代替手动操作机床等。

(4) 革新操作方法

例如，用更省力、更高效的操作方法，代替一些传统的、不适应现代技术进步的操作方法。

3. 制度创新

制度创新是指从社会经济角度对企业的生产方式、经营方式、分配方式、经营理念等进行调整和变革，以推动企业发展和社会进步。制度是组织运行方式的原则性规定，制度的创新通常表现为产权制度、经营制度和管理制度的调整和优化。

一般来说，一定的产权制度决定了相应的经营制度。在产权制度不变的情况下，企业具体的经营方式可以不断进行调整。同样，在经营制度不变的情况下，具体的管理制度也可以不断改进。但是，当管理制度的改进发展到一定程度时，经营制度就必须进行相应的调整，而经营制度的不断调整也必然会引起产权制度的变革。

4. 职能创新

职能创新是指在计划、组织、控制、协调等管理职能方面采用更有效的新方法和新手段，其常见形式如下。

(1) 计划形式的创新

例如，某企业在购电、电网运行和用电方面创造性地采用了目标规划方案，结果每年节约电费2000万元以上。

(2) 控制方式的创新

例如，丰田汽车公司首创准时生产制，显著降低了生产成本。

（3）用人方面的创新

例如，使用测评法选拔和考核干部，采用拓展训练法改善员工培训效果等。

（4）激励方式的创新

例如，某企业实行“自助餐式”奖励制度，即员工可以从企业提供的列有多种福利项目的“菜单”中选择自己所需要的福利，这种创新激励方式使企业在付出同等成本的情况下取得了更好的激励效果。

（5）协调方式的创新

例如，某市政府试行科技特派员制度，市政府工作人员先通过调查了解村镇农业大户所需要的技术支持，同时将全市2000余名农业科学技术人员按专长分类并公布，然后将两者对接起来，让双方进行双向选择。经过这种协调方式的创新，农户和农业科学技术人员的收入都得到了大幅提升。

5. 结构创新

结构创新是指设计和应用更有效率的新组织结构的一种创新。按影响范围的不同，结构创新可分为技术结构的创新和经济与社会结构的创新。

（1）技术结构的创新

例如，福特汽车公司在20世纪20年代首创了流水线生产方式，让工人分工完成流水线上的简单工序，大大提高了生产效率，从而开启了大规模生产标准产品的工业经济时代。

（2）经济与社会结构的创新

经济与社会结构的创新指的是通过调整人们的责、权、利关系来提高组织效能。例如，通用汽车公司在20世纪20年代通过采用事业部制，化解了统一领导与分散经营之间的矛盾，使规模经营与市场适应得到了很好的统一，从而极大地增强了公司的市场竞争力。

二、认知创业

（一）创业的含义

创业意为“开创基业”或“创办事业”，具有主体的自主性、领域的广泛性、途径的多样性、方式的灵活性和结果的可预测性等特征。

创业是一个人发现了一个商机并加以实际行动转化为具体的社会形态，从而获得利益、实现价值的过程。

人们通常说的大学生创业是指大学生毕业后不通过传统的就业方式谋取职业发展，而是利用自己的知识、才能和技术，以自筹资金、技术入股、寻求合作等方式开办自己的企业，以创造价值为目的，以创新方式将各种经济要素结合起来，使其发挥最大效益的一种有目的的经济活动。

（二）创业的类型

根据不同的分类标准，可以将创业分为不同的类型。

1. 根据创业动机分类

根据创业动机的不同，创业可分为生存型创业和机会型创业。创业者的能力及其所面临的环境决定了创业者的创业选择。创业者的个人特征是影响创业动机的重要因素。一般来说，25～44 岁的创业者选择机会型创业的可能性更大，而 45～54 岁的创业者更有可能选择生存型创业。此外，学历的高低也影响着创业动机。学历的高低与机会型创业比重呈正相关，与生存型创业比重呈负相关。

生存型创业者与机会型创业者相比希望面对更低的创业风险，而机会型创业者通常期望较高的投资回报，这往往也伴随着较高的风险。生存型创业者的资金主要源于个人或家庭自筹，资金容易受到限制，同时，由于创业者本身相对缺乏人力资源，在创业时会主动回避技术壁垒较高的行业。而机会型创业者能够获得更多的贷款资金和政府支持，并且更加关注新的市场机会。无论是从资金壁垒还是从技术壁垒上来说，机会型创业者选择的行业的壁垒都远高于生存型创业者。

2. 根据创业项目分类

根据选择的创业项目来分，可以将创业大致分为传统技能型创业、高新技术型创业和知识服务型创业三种。传统技能型创业一般具有永恒持久的生命力，在传统技术、工艺的基础上加入独特的技艺或配方会使该项目在市场上独具优势；高新技术型创业具有前沿性和研究性，知识、技术密集度高，员工学历普遍偏高，技术性收入与高新技术产品产值总和占企业总收入的一半以上；知识服务型创业是指为人们提供知识与信息服务的创业项目，投资少，见效快。

3. 根据创业形式分类

根据创业形式来分，创业还可以分为独立型创业与合伙型创业。独立型创业即创业者或创业团队白手起家进行创业。创业者为自身的活动负完全责任，在企业中拥有充分的权利，并且其获得的利益也是最大的，具有权、责、利高度统一的特点。合作型创业是由两个以上的创业者通过订立合伙协议，共同出资，合伙经营，共享收益，共担风险，并对合伙企业的债务承担无限连带责任。合伙型创业适用于更大的创业规模，风险承受能力更强。

独立型创业与合作型创业各有优势与不足。独立型创业由于创业者管理所有的业务，承担全部的责任，内部结构关系简单，因此利益驱动力强，工作效率高，具有较大的灵活性，创业者可以根据自己的独立判断和现实需要采取一定的行为进行调整。其不足在于经营规模小，经营方式单一，创业者孤军奋战，决策存在一定的随意性。

合作型创业的优势表现在：资金充足，规模较大，容易获利；多人合伙，成员之间可以优势互补，有利于企业发展；企业利益主体多元化，有利于企业内部监督机制的形成，使企业的经营管理更加科学、理性；承担市场压力和风险的能力提高。其不足表现在：由于合伙人的能力不同，对企业的贡献不一，因此在分工合作与利益分配方面会存在分歧，容易影响企业正常运作和发展；合伙人由于自身原因，随时可能会中途退出，这对企业来说是个很大的打击；由于是几个人共同创业，每个人承担风险的能力和面对风险的心态是不同的，这很容易影响到企业的发展决策，对企业发展产生负面影响。

（三）创业与就业的关系

我们可以认为，创业是就业的一种特殊形式，是突出创新内涵、寻求自我突破的一种生涯尝试。

与传统的工薪就业相比，自主创业可能会有更多的机会实现自己的梦想，实现更高的财务预期，处于领导而非被动接受的地位。但是自主创业相对于就业而言，早期的财务压力更大，收益处于不稳定状态，心理压力更大，时间更加不自由，而且对自我学习、自我更新的要求也更高。工薪就业的优点是压力相对较小，有明确的职责范围，不必承担额外的责任，未来生涯发展也有相对明晰的参照系。但是工薪就业的收入有限，工作独立性相对较小，受制于各种条件，难以实现自己的生涯抱负。可见，创业与就业各有优劣，大学生应根据自己的兴趣、能力、财力等综合判断，做出最有利于自己职业生涯发展的选择。

需要注意的是，创业不等同于创立企业。从广义上说，创业是人们发现和抓住创业机会并由此创造出新的产品或服务，从而实现价值、谋求发展的一种经济活动，并不代表一定要拥有完全属于自己的公司。创业者将自己拥有的资源进行优化整合，从而创造出更大的经济和社会价值的过程就是一种创业。这样看来，职业人在工作岗位上的开拓也是一种创业的选择，是企业内部创业。例如，依托企业的平台和资源，大企业中的事业部独立核算，这就是企业内部创业的典范。

对大学生来说，如果把创业作为自己想要成就的事业，那么只要有工作平台可以成就自己的事业梦想，就应当接受，并全力以赴，尽职尽责、高标准、高效率地完成自己的工作。与创办大公司、大企业相比，利用好工作平台，会使自己的职业生涯发展容易得多，这也是一种明智的创业选择。所以，如果把“就业”看成“创业”，利用好就业岗位的平台，把它当作自己的事业来完成，以创业者的心态投入其中，通过不断的努力打拼，在工作中不断学习、积累经验，依靠自己的努力来实现创业梦想，这同样也可以使自己变成真正的精英。能否把自己的工作岗位当成自己的事业去看待，取决于个人的心态。面对同样的工作，以创业者的心态去对待它所收获的东西远远超过以就业者的心态去对待它。我们可以这样认为，把自己的工作当成事业来对待，是一种更容易成功的创业，是一种具有更大社会价值的创业。

（四）创业与职业生涯发展

大学生创业的立意应该高远一些，而落脚应该务实一点。这是从社会发展需要与自身职业生涯发展相结合的角度入手所得出的结论。

1. 创业生涯规划应体现社会需要

任何创业行为归根结底都要解决社会的现实问题。大学生开展创业活动，也是新时期新一代青年的社会担当。大学生进行创业生涯规划时，要充分考虑创业行为的社会责任要素，包括通过创业促进国家经济发展，带动他人就业，追求社会进步等。

创业作为一项经济与社会活动，对他人和社会都有着积极的影响和带动作用。创业一方面可以增强经济活力，将更多的创新成果转化为商品，通过创造新的价值促进国家经济发展；另一方面可以缓解就业压力，帮助更多的人共同致富、实现梦想，以此推动社会不断进步。从社会发展的更深处挖掘创业的价值，可以看到这项事业与社会稳定及社会公平之间有着不可分割的联系。

近几十年中国社会的转型实际上是以经济结构转型为核心，以调整社会结构为主线的，一方面通过城乡一体化进程来实现基本公共服务均等化，共同分享改革开放的发展成果；另一方面则力求提高各类经济体的发展潜力，通过强化新兴工业与服务业为主导，提升组织与个人的创新能力和竞争能力，保持社会积极进取的发展活力，以此实现社会发展的高效性与公平性的协调统一。从这一角度考虑，大学生依靠自己的创意开展创业活动，制定符合企业发展方向和规律的战略，可以在未来的发展中造就相当数量的中等收入者，提供大量就业岗位，促进分配差距问题的解决。

大学生创业对就业的影响尤其重要。从国际上的经验来看，第二次世界大战之后美国面临退伍军人归国就业浪潮，为了妥善安置退伍军人就业、缓解短期就业聚集式压力，美国政府通过立法实行以保障退伍军人的职业复原、文官录用中的优待、免费教育等为主要内容的就业政策，破解了美国由战时经济向和平经济转轨过程中退伍军人的就业难题，成功地实现了退伍军人的角色转换。返回校园读书提升就业能力的退役军人当中出现了很多优秀的政治家、企业家，促进了美国经济的繁荣与社会的稳定。进入 21 世纪以来，全球经济形势起伏不定，如果以大学生为代表的创业一代实现创业就业，解决社会就业问题，其为整个中国社会发展做出的贡献将是不可估量的。

2. 创业生涯规划应体现自身价值

创业生涯规划主要体现在完善自我、实现自身发展的成就目标上，这也是大学生进行创业的内部动因。

案例阅读

咖啡豆经研磨煮沸后 98% 将会转化为咖啡渣废料，但由于人们对咖啡渣的认知不足，在消耗量占大比重的城市中，咖啡渣常被全部丢弃。据粗略推算，北京市现已拥有的近2000家咖啡门店每年大约会产生近100吨咖啡渣废料。但实际上咖啡渣因含有丰富的化学元素而成为有机肥料中的佼佼者，世界各地已有不少用咖啡渣堆肥的成功案例。

北京工商大学的学生创业团队基于对此的了解，开始了回收咖啡渣的创业行动。他们的项目运行模式是这样的：回收咖啡渣，由农户进行消毒、杀菌、发酵处理，制作初产品，再由残障人士（温馨家园员工）进行产品组合与包装，在咖啡店返销，为生活在城市里的人们提供植物种植体验。

目前，该项目已获得中国农业科学院的支持，为项目提供了强大技术背景支持。

一个有效且可持续发展的项目，不仅需要在经济上获益，同时也需要在社会和环境方面有积极的影响。以上案例在处理北京地区的新生垃圾的同时，提高了部分农户的经济收益，并为残障人士提供了平等的就业机会。换句话说，他们一方面通过技术改造开展科技创业，实现了创业者的自身价值，另一方面提高了社会特殊群体的生活质量和生活水平。这样的创业，正是当前国家鼓励大学生创业的典型。

大学生创业生涯规划，首先要考虑精神实现要素，包括挑战自我、获得成就感、检验创意想法等内容，反映了大学生希望通过创业来实现自我理想的愿望。当代大学生创业者推崇活跃的创新思想，容易接受科技前沿的新鲜事物，兼具浪漫情怀和理性务实的精神，有着基于实现自我发展和解决社会问题的乐观思想，这些基于人力特质的特点，往往造就了他们创业的动力源泉。因此与其他历史时期的创业者群体相比，当代大学生创业者具有更加强烈的创新创业动机。

大学生创业生涯规划，其次要考虑成就要素，具体包括解决自身就业问题、提升社会地位、获得社会认可、实现个人独立自由、积累财富等内容，反映了大学生希望通过创业获取权力、财富、地位等外在认可的动机。

总体而言，在国家经济社会转型的过程中，创业者的个人价值取向更加受到尊重，个体自主选择性增强。许多大学生创业者把握机遇，通过创业实现了个人事业发展和财富增长，同时又促成了社会分配、社会秩序和社会结构的加速变化，促进了新型社会价值观的重构。这样的创业生涯规划，实现了家国情怀与个人发展的高度统一，是值得鼓励和提倡的。

（五）创业的关键要素及其关系

创业的关键要素包括创业机会、创业团队和创业资源。

创业机会是指创业者可以利用的商业机会。从创业过程的角度来说，创业机会是创业的起点，创业过程就是围绕着创业机会进行识别、开发和利用的过程。

创业团队是指在创业初期（包括企业成立前和成立早期），由一群才能互补、责任共担、愿为共同的创业目标奋斗的人组成的特殊群体。

创业资源是指企业在创造价值的过程中需要的特定资产，包括有形资产和无形资产。它是企业创立和运营的必要条件，主要包括创业人才、资金、技术与管理等。

我们可以从以下几个方面来认识创业各要素之间的关系。

第一，创业机会是创业过程的重要驱动力，创业团队是创业过程的主导者，创业资源是创业成功的必要保证。创业过程始于创业机会，而不是资金、战略、团队或创业计划等。开始创业时，创业机会比强大的团队和合适的资源更重要。创业过程是一个创业机会与创业资源之间“适应—差距—适应”的动态过程。

第二，创业过程是创业机会、创业团队与创业资源三个要素匹配和平衡的结果。创业团队要善于做好对创业机会的理性分析和把握、创业资源的合理配置和利用、工作团队适应性的正确认识和分析等方面的配置和平衡工作。

第三，创业是一个连续不断地寻求平衡的行为组合。三个要素的绝对平衡是不存在的，但创业过程要保持发展，必须追求一个动态的平衡。创业团队必须时刻考虑三个要素之间如何达到动态平衡。

（六）创业的过程

创业过程包括从产生创业想法到创建新企业并获取回报的整个过程，通常可分为以下六个主要环节。

1. 产生创业动机

创业动机是创业的原动力，它推动创业者去发现和识别市场机会。创业活动的主体是创业者，创业活动的开展首先取决于个人是否希望成为创业者。同时，创业动机不仅是打算创业的一时冲动，更是对创业目标与预期收益的深思熟虑。

2. 识别创业机会

识别创业机会是指创业者对可能成为创业机会的诸多事件的分析和对创业预期结果的判断。国家产业政策的调整、新技术的出现、人口和家庭结构的变化、人们物质需求和精神需求的变化等都可能带来创业机会。创业者应具有敏锐的观察力，能够及时、准确地识别创业机会，并对创业机会进行评估和筛选。

3. 整合有效资源

资源是创业的基础性条件，整合资源是创业者开发机会的重要手段。创业者刚开始可以直接控制的可用资源往往很少，大多是白手起家。创业者需要整合的资源包括基本信息（有关市场、环境和法律问题）、人力资源（合作者、最初的雇员）、财务资源等。

4. 创建新企业

创建新企业需要进行大量的准备工作，其中创业计划、创业融资和注册登记尤为关键。

创业想法能否变成现实，关键要看创业者能否制定一个周密的创业计划；资金短缺往往是制约企业发展的“瓶颈”，因此创业融资在企业的创建过程中起着至关重要的作用；当创业者完成创业计划并获得融资之后，就可以按照法定程序进行注册登记，包括确定企业的组织形式、设计企业名称、向市场监督管理机关提出企业登记注册申请、领取营业执照等。

5. 实现机会价值

创业者整合有效资源、创建新企业的目的是实现机会价值，这是创业过程中的重要环节。在创业过程中，创业者必须始终考虑如何确保创建的企业得以生存，因此，创业者必须了解企业成长的一般规律，预见企业不同成长阶段可能面临的问题，采取有效的措施予以防范和解决，使机会价值得到充分的实现，同时不断地寻找新的机会，把企业做活、做大、做强、做长。

6. 收获创业回报

收获创业回报是创业者开展创业活动的目的。创业回报可以是多种多样的，创业者对创业回报的满意度在很大程度上取决于其创业动机。有调查显示，部分创业者的创业动机首先是自己当老板，然后才是追求财富。对于这些人来说，当老板的感受就是一种创业回报。

拓展训练

在现代社会，竞争日益激烈，创业者能否在竞争中占据优势、成功创业，主要取决于他所拥有的或能够运用的各种能力。一般来说，创业者应具备创新能力、学习能力、合作能力、管理能力、决策能力和社交能力等。如果想要知道自己到底是否适合创业，不妨进行一下创业能力测评。

测评说明：

1. 人人都想拥有一份属于自己的事业，但是并非每个人都具有创业潜力，下面的测试可以帮助你了解自己是否适合创业（测试结果仅供参考）。

2. 请对测评题的每一小题根据实际情况回答“是”或“否”。注意：在回答问题时，一定要根据第一印象回答，不要做过多的思考。

测评题：

（1）你是否曾经为了某个理想而制定了2年以上的长期计划，并且按计划执行，直到完成？

（2）在学校和家庭生活中，你是否能够不在老师和父母的督促下，就可以自觉地完成学习任务或老师和家长分派的其他任务？

（3）你是否喜欢独自完成工作，并且做得很好？

(4) 当你与朋友在一起时，你的朋友是否经常寻求你的指导和建议？

(5) 求学时期，你有没有赚钱的经验？

(6) 你是否能够专注地投入个人兴趣连续10个小时以上？

(7) 你是否有保存重要资料的习惯，并且能井井有条地对其进行整理，以备需要时可以随时提取和查阅？

(8) 在日常生活中，你是否热衷于社会服务工作？

(9) 你是否喜欢音乐、美术、体育等课程？

(10) 在求学期间，你是否曾经带动同学完成过由你领导的大型活动，如运动会、歌唱比赛等？

(11) 你喜欢在竞争中生存吗？

(12) 当你为别人工作时，若发现其管理方式不当，你是否会主动想出适当的管理方式并向其提议？

(13) 当你需要别人的帮助时，是否能充满自信地寻求并说服别人来帮助你？

(14) 在募捐或义卖时，你是不是充满自信而不害羞？

(15) 当要完成一项重要工作时，你是否总能给自己足够的时间仔细完成，而绝不会让时间虚度，在匆忙中草率完成？

(16) 参加重要聚会时，你是否会准时赴约？

(17) 你是否有能力安排一个合适的环境，以使自己在工作时能不受干扰而有效地专心工作？

(18) 你交往的朋友中，是否有许多有成就、有智慧、有眼光、有远见、老成稳重的人？

(19) 在工作或学习团体中，你会被认为是受欢迎的人吗？

(20) 你是一个理财高手吗？

(21) 你是否可以为了赚钱而牺牲个人娱乐？

(22) 你是否总是独自挑起责任的担子，彻底了解工作目标并认真完成工作？

(23) 在工作时，你是否有足够的耐心与耐力？

(24) 你是否能在很短的时间内结交许多新朋友？

测评标准：

1. 回答“是”得1分，回答“否”得0分。

2. 请参照以下评价标准，确定自己的创业能力。

0～5分：目前不适合自己创业，应在为别人打工的过程中努力学习专业技术和专业知识。

6～10分：需要在旁人指导下创业，才有创业成功的可能。

11～15分：非常适合自己创业，但对于那些回答“否”的问题，还应总结出自己的缺陷并加以改善。

16～20分：自身的性格特质足以使你从小事业慢慢开始，在创业的过程中逐步获得经验，从而成为成功的创业者。

21～24分：你有无限的创业潜能，只要懂得掌握时机和运气，就会成为优秀的创业者。

第二章

初识职业生涯规划

案例导入

2017年毕业于某高职院校的小高，在2021年9月来到了某人才交流中心组织的人才专场招聘会现场，他徘徊良久后向某建筑公司申请了土木建筑的岗位。小高学的是建筑工程技术专业，大学所学课程也门门优秀，是学校学生会宣传部部长，所学专业也很对口，况且工作四年多了，有一定的实际工作经验。按理说用人单位应该非常乐意接收他，但是招聘公司看过他的个人简历后，委婉地拒绝了小高的申请。原来小高毕业之后，从来没有确立自己的职业理想，也没有对自己的职业生涯进行规划。他先后从事过医药销售、饮料营销等七八种工作，却没有从事过建筑方面的相关工作。

自我思考

思考一：你认为小高求职失败的原因，与他大学在校期间没有进行职业生涯规划有何关系？

思考二：你如何理解职业生涯规划的重要性？

第一节 职业生涯规划概述

学习目标

了解职业生涯规划的含义。

认识职业生涯规划的意义。

清楚职业生涯规划的特点。

把握职业生涯规划应坚持的原则。

一、什么是职业生涯规划

职业生涯规划作为一个专业，是 20 世纪初在美国诞生的。在我国，职业生涯规划还是一个崭新的名词。目前，随着职业市场竞争的不断升温，人们越来越意识到职业生涯规划在人的一生中是至关重要的。

职业生涯规划简称生涯规划，又叫职业生涯设计，是指个人与组织相结合，在对一个人职业生涯的主客观条件进行测定、分析和总结的基础上，对其兴趣、爱好、能力和特点进行综合分析与权衡，结合时代特点，根据其职业倾向，确定其最佳的职业奋斗目标，并编制相应的工作、教育和培训的行动计划，对每一步骤的时间、顺序和方向做出合理的安排。职业生涯规划的目的绝不仅限于帮助个人按照自己的资历条件找到一份合适的工作，达到与实现个人目标，更重要的是帮助个人真正了解自己，为自己定下事业大计，筹划未来，找准一生的发展方向。

二、职业生涯规划的意义

案例阅读

在非洲撒哈拉沙漠里，有一个小村庄，名叫比塞尔，长年与世隔绝。当地人祖祖辈辈从未走出过这个小村庄，虽然他们也曾多次试图走出沙漠，但每一次都绕回了原地。

后来，一位欧洲青年来到了这里，建议他们朝着北斗星的方向走。结果，他们只用了三天时间就走出了沙漠。从此，比塞尔人的生活发生了前所未有的变化。

原来，比塞尔村地处浩瀚的沙漠，方圆几千公里没有一点儿指引物。在一望无际的沙漠里，如果仅凭着感觉往前走，人们会走成许多大小不一的圆圈，最后只能回到起点。比塞尔人之前走不出沙漠，根本的原因在于他们没有找到正确的指引物——北斗星。

我们每个人未来的学业历程、职业生涯如同这沙漠一样，在亲历之前一切都是未知的、不确定的。进入大学，站在一个新的起点，面对快速变化、充满未知、充满不确定的时代，我们将如何选择？我们的目标在哪里？方向在哪里？动力又在哪里？我们为什么学习？主要学什么？什么样的学习方式是我们最喜爱的？除了学习，我们还需要什么？什么是我们当下最为关心的事情？什么又是我们当下最为困惑的问题？几年之后，又将如何更好地识别机会、如何选择合适的职业、如何更好地发展事业、如何谱写自己的人生？这一系列的问题，迫切需要我们去认真思考、认真对待，努力找寻指引我们前行的那颗明亮的“北斗星”。否则，我们也将陷于学业、职业、事业的“沙漠”而无法自制、自主。

职业生涯规划，就是帮助大学生找寻属于自己的“北斗星”，因而具有极强的现实意义。

（一）帮助大学生充分认知自我

很多大学生能够充分了解自己的个性、兴趣和能力，而很少有人能够清楚地知道自己喜欢的职业和不喜欢的职业。通过职业生涯规划，大学生能够充分认知自我，正确合理地认识自身，通过科学的方法对自己进行评估，从而实现自我定位和职业定位，选择自己喜欢并适合自己的职业。

（二）增强大学生应对社会竞争的能力

当今社会，在市场经济的条件下，各种竞争日益激烈，要想在竞争中占据有利的位置，就需要找到一个适合自己发展的平台。

（三）激励大学生合理安排学业

大学生的学业规划应该以职业为导向，也就是说，选择什么样的职业，就应该有一种相对应的学业规划，每个人的学业规划都不是完全相同的，多多少少会存在一些差异。

（四）合理配置就业市场中的各种人才

大学生的盲目就业往往会使人才市场更为紧张。职业生涯规划可以把毕业生引导到人职匹配的良性择业道路上，为人才市场的供求理顺了秩序，从而为社会发展带来勃勃生机。

（五）提升大学生的职业能力

进入职场前，系统的职业生涯规划教育可以使大学生找到适合自己的就业方向，还能有意识地提高自己的综合素质，锤炼自身的综合能力，进而对相关的社会实践活动进行不断的尝试，提高自己的社会责任感和受挫能力，最终使自己的综合职业能力得到较大的提升，得到用人单位的认可并顺利地进入职场，完美地实现自己的人生价值。

职业是一个人安身立命之本、施展抱负之基、成就自我之途。合理有效的职业生涯规划在每个人的职业生涯中起着决定性作用。人们常说“凡事预则立，不预则废”“上进之心，人皆有之”，这些都有一定道理。然而，事业的成功，并非人人都能遂心如愿，问题到底出在哪儿呢？怎么做才能使事业获得成功、实现人生价值呢？职业生涯规划给我们提供了一条走向成功的道路。

三、职业生涯规划的特点

职业生涯规划不同于其他的规划，有其自身的特点。

（一）良好的职业生涯规划应具备的特性

1. 可行性

规划要有事实依据，并非美好的幻想或不着边际的梦想，否则将会延误生涯良机。

2. 适时性

规划是预测未来的行动、确定将来的目标，因此，各项主要活动何时实施、何时完成，都应有时间和时序上的妥善安排，以此作为检查行动的依据。

3. 适应性

规划未来的职业生涯目标，牵涉多种可变因素。因此，规划应有弹性，以增强其适应性。

4. 持续性

人生每个发展阶段应能持续连贯并相互衔接。

（二）职业生涯规划的两个特征

1. 个性化特征

满足自身需要是人的行为的主要原动力。每个人的成长环境、文化背景、个性特征、价值观、能力、职业生涯目标和对成功评价的标准都存在很大的差异，因此，职业生涯规划是个性化的发展蓝图。

任何组织或单位不能把既定的职业生涯规划强加在个人身上；任何人，无论是单位的领导还是父母、亲戚、朋友，都无法代替我们做出规划。从这个意义上说，每个人的生涯发展都是独一无二的，不同的个体应该根据自己的实际情况为自己做出恰当的职业生涯规划。

2. 开放性特征

俗话说:“走自己的路，让别人去说吧。”但我们是社会中的人，我们只有在所处的社会中才能生存和发展。因此，我们的职业生涯规划也要充分考虑到社会组织环境和他人的影响，而不能只从个人愿望出发。

一份有效的职业生涯规划必须是在对主客观环境审时度势的基础上，广泛听取家人、教师、同学以及相关人士的有关建议之后才制定出来的，而且要随着主客观环境的变化及时做出修正和调整。

因此，一份好的职业生涯规划应该是切实可行的、适时严谨的、弹性适当的和具备可持续性的。

四、职业生涯规划的原则

职业生涯是贯穿人一生职业历程的漫长过程，不同的发展阶段具有不同的特质和任务。但总的来说，制定职业生涯规划大体上要遵循如下几个原则。

（一）个性订制原则

这是做好职业生涯规划应当遵循的最重要的原则。人与人之间的个体差异是现实存在的，我们未来的发展潜力也有很大不同，因此，职业生涯规划是一项完全个性化的任务，没有统一的定式，需要结合个体的具体特点进行设计。

制定职业生涯规划前不仅要对个体特征，如价值观、能力倾向、气质和性格等要素进行全面测评，而且要对个体外部的情境要素，如职业环境和职业发展的资源等进行系统评估。既考虑个体的职业发展动机，又考察其成功的可能性，从而为个体设定相应的职业发展目标和具体的发展规划。

（二）落地性原则

职业生涯规划的落地性原则主要包括目标的现实性、计划的可行性和效果的可检查性三个方面。目标的现实性，是指个体目标的设定应建立在个体现实条件的基础上，是对个体现实资源的真实评估和科学预期，是可以达到的目标，而不是追新逐异或好高骛远的空想。计划的可行性，是指为个体制定的计划是非常具体的，是依据他们现有能力可以完成的行动计划。效果的可检查性，是指目标的实现和计划的执行情况以客观事物为标准，是可以度量和检查的。

职业生涯规划要充分结合社会现实、就业机会和职业特征等客观条件。大学生从入学开始就要为走入社会做准备，要去真正了解就业需求方的用人标准，感受不同职业形态下的职场。

（三）阶段目标原则

对职业生涯发展来说，人生的不同阶段承担着不同的发展任务，需要解决相应的发展问题。因此，职业生涯规划也应该结合个体的年龄特征，确定具体的发展方向，制定阶段性的发展目标。在现实与最终目标之间设定一个个阶段性目标，同时兼顾短期目标、中期目标等。就像从山脚到山顶的台阶，每迈一步都能够感受到自己在朝终极目标前进，奋斗的过程就会变得不那么缥缈，而是更具体、真实。

案例阅读

一个心理学家做了一个实验：组织三组人，分别让他们向着10千米以外的三个目的地出发。

第一组的人既不知道目的地的具体方位，也不知道路程有多远，只告诉他们跟着向导走就行了。刚刚走出2～3千米，就有人开始抱怨、叫苦；走到一半的时候，有人愤怒了，他们抱怨为什么要走这么远，何时才能走到头；有人甚至坐在路边不愿意走了。越往后，他们的情绪就越低落。

第二组的人知道目的地的具体方位和路程，但路边没有里程碑，只能凭借经验来判断和估计行程的时间和距离。走到一半的时候，大多数人想知道已经走了多远，比较有经验的人说："大概走了一半的路程。"大家觉得很兴奋，又开始簇拥着继续往前走。当走到全程的四分之三的时候，大家情绪开始低落，觉得疲惫不堪，而路程似乎还有很长。当有人说"快到了！快到了！"时，大家又振作起来，加快了行进的步伐。

第三组的人不仅知道目的地的具体方位和路程，而且公路旁每隔1千米都有一块里程碑。大家边走边看里程碑，路程每缩短1千米大家便会快乐一小会儿。行进中他们用歌声和笑声来消除疲劳，情绪一直很高涨，所以很快就到达了目的地。

当人们的行动有了明确目标，并且能够把行动与目标不断加以对照，进而清楚地知道自己的行进速度与目标之间的距离时，人们行动的动机就会得到维持和加强，就会自觉地克服困难，努力达到目标。

（四）前瞻性原则

前瞻性原则是指为个体设计职业生涯规划时，要超脱个体目前的发展，考虑到未来的职业发展空间，职业生涯规划要有超前性和预测性。职业生涯规划应该基于影响职业发展的核心因素和本质因素进行设计，而不是表面现象。比如，个体对企业文化的认知、合作与责任意识的水平可以长期影响个体的职业发展，而个人的外部形象和面试技巧仅仅能够说明个体短期的职业状况。

在自身条件或外界环境发生改变时，所制定的理想目标和阶段性目标都需要进行相应修正，这就要求所规划的目标存在可调整的空间，可以根据实际情况进行改变。即使是最终目标，也需要结合不同阶段性目标的完成情况适时修正。

（五）与集体目标一致原则

个体的职业发展无法离开所在集体的大环境、大舞台。个体只有借助集体宽广的职业舞台，才能实现自己的职业目标和职业理想。因此，个体的职业发展规划要与所在的行业、企业、机构的目标吻合，而不能与所在组织、机构的目标相背离。离开组织机构的发展背景，便无法实现个人的职业发展。

第二节 职业生涯规划基本理论

学习目标

对职业生涯规划的基本理论有一个大致的了解。

正确认知职业生涯规划基本理论的指导作用。

目前而言，职业生涯规划在职业管理、教育咨询、事业发展、人生指导等方面都得到了较好的发展和广泛的应用，并形成了较为成熟的不同的理论体系。这些理论，对大学生的学习、成长与发展，尤其是职业生涯规划会起到积极的指导作用。

一、帕森斯的特质因素理论

帕森斯的特质因素理论又称帕森斯的人职匹配理论，是职业生涯规划检测的一种很好的方式。

1909 年，美国波士顿大学教弗兰克 · 授帕森斯（Frank Parsons）在其出版的《选择一个职业》一书中首次提出"特质因素理论"，这是最早的职业指导理论。

特质因素理论认为，每个人都具有稳定的特质（即个人的人格特征，包括一个人的价值取向、态度和行为表现等特有的思想和行为模式），而职业也具有稳定的因素（即客观工作要求人必须具备的知识结构、能力等条件）。一个人在选择职业的过程中，应当首先清楚认识个人的主客观条件，即对自我的认知，如个人兴趣、能力、资源、局限及其他特征；与此同时，还应当清楚了解职业世界，如各种职业岗位所需技能要求、工作环境、薪酬福利、发展前景等；在掌握上述两类信息的基础上，将主客观条件与各种可能的职业岗位相对照，最后选择一个与个人相匹配的职业。这就是帕森斯的“职业指导的三大原则”。

帕森斯的特质因素理论第一次系统阐述了科学的职业指导方法，是职业指导最基本的理论，至今仍对职业指导工作具有重要的指导意义。特质因素理论注重在实际辅导中，借助心理测量工具的使用和解释，对咨询者进行指导。

但是，我们也应当看到，测量工具本身存在信度与效度的问题；同时，特性因素理论假定个人特质与工作特征是稳定不变的，但事实上，二者都是不断发展变化的。因此，静态测量的结果未必能真正反映出个人的长处与内心深层次的冲突，有可能仅止于表面的帮助。因此，帕森斯的特质因素理论有其一定的局限性。

二、霍兰德的职业兴趣理论

约翰·霍兰德（John Holland）是美国约翰斯·霍普金斯大学心理学教授，美国著名的职业指导专家。他于 1959 年提出了具有广泛社会影响的职业兴趣理论。

霍兰德认为，职业选择是人格的一种表现，工作兴趣类型即人格类型。大多数人的人格特质可以归纳为六种类型，即现实型、研究型、艺术型、社会型、企业型、常规型。现实中存在与这六种人格类型相对应的六种环境类型；具有某种人格特质的人会被相似类型的工作环境所吸引；当人格类型与职业环境协调一致时，个人会真正投入其中并有所贡献，产生更高的工作满意度和更高的工作绩效。据此，霍兰德将自己的职业兴趣理论称为六角兴趣模型（见图 2–1）。

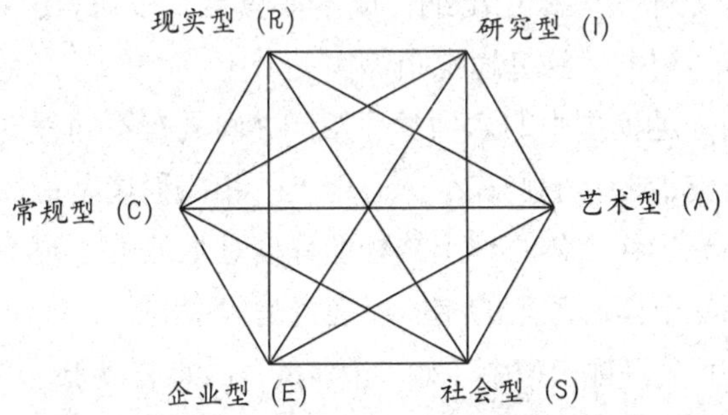

图 2–1　霍兰德的六角兴趣模型

霍兰德的六角兴趣模型具体内容如下。

①现实型的人：喜欢有规则的具体劳动和需要基本技能的工作。这类职业一般是指熟练的手工业行业和技术工作，通常要运用手工工具或机器进行劳动。这类人往往缺乏社交能力。

现实型的人适于作木匠、农民、技师、工程师、机械师、鱼类和野生动物专家、车工、钳工、电工、报务员、火车司机、机械制图员、电器师、机器修理工、长途公共汽车司机。

②研究型的人：喜欢智力的、抽象的、分析的、推理的、独立的任务。这类职业主要指科学研究和实验方面的工作。这类人往往缺乏领导能力。

研究型的人适于作生物学者、天文学者、气象学者、药剂师、动物学者、化学家、科学报刊编辑、植物学者、地质学者、物理学者、数学家、实验员等。

③艺术型的人：喜欢通过艺术作品进行自我表现，爱想象，感情丰富，不顺从，有创造性，能反省。这类人往往缺乏办事能力。

艺术型的人适于作室内装饰专家、摄影师、作家、音乐教师、演员、记者、作曲家、诗人、编剧、雕刻家、漫画家等。

④社会型的人：喜欢社会交往，经常出席社交场所，关心社会问题，愿为别人服务，对教育活动感兴趣。这类人往往缺乏机械能力。

社会型的人适于作导游、福利机构工作者、社会学者、咨询人员、社会工作者、学校教师、精神卫生工作者、公共保健护士等。

⑤企业型的人：性格外倾，喜爱冒险活动，喜欢担任领导角色，具有支配、劝说和言语技能。这类人往往缺乏科学研究能力。

企业型的人适于作推销员、商品批发员、进货员、福利机构工作者、旅馆经理、广告宣传员、调度员、律师、政治家、零售商等。

⑥常规型的人：喜欢系统的有条理的工作任务，具有实际、自控、友善、保守的特点。这类人往往缺乏艺术能力。

常规型的人适于作记账员、银行出纳、成本估算员、核对员、打字员、办公室职员、统计员、计算机操作员、秘书、法庭速记员等。

霍兰德认为，六角兴趣模型中的六种类型相互之间具有不同程度的内在联系。在六角形上相邻的两种类型距离最近，它们在个体心理上的相似程度是最高的；而六角形上相对的两种类型距离最远，它们在个体心理上的相似程度是最低的；至于六角形上相隔的两种类型，距离居中，它们在个体心理上的相似程度也是居中的。

霍兰德还认为，在六角兴趣模型中，如果个体的一致性程度低，并不一定表示其内在兴趣有冲突。举例来说，实际型与社会型是六角形中相对的一组类型，如果某个体的这两种倾向都非常显著，且差距不明显，那么并不意味着该个体在日常生活和职业环境中存在内在的兴趣冲突，当事人既可以对实际型的事务很投入，也可以对社会型的事务很有兴趣。

霍兰德的六角兴趣模型对于大学生具有现实指导意义。霍兰德认为，个人模式化的人格倾向一旦明显形成，将会对职业选择行为产生影响，即个体的兴趣类型与职业越相似，相容性越强，在选择职业时所面临的内在冲突和犹豫就会越少。对大学生来说，这一点值得借鉴参考。我们只有认清自我需求、特质和价值观取向，才能在此基础上进一步发展完善自我特长、能力和素质，获得更好的职业发展机遇。

三、舒伯的生涯发展理论

美国心理学家督拿·舒伯（Donald E.Super）于1953年在《美国心理学家》杂志上发表文章，首次提出了“生涯”的概念。

舒伯把职业生涯的发展看成一个持续渐进的过程，一直伴随个人的一生。其主要理论观点如下。

（一）自我概念

“自我概念”是舒伯理论中的核心概念。“自我概念”就是指个人对自己的兴趣、能力、价值观及人格特征等方面的认识。一个人的自我概念在青春期以前就开始形成，至青春期较为明朗，并于成人期由自我概念转化为职业生涯概念。工作与生活满意与否，就在于个人能否在工作和生活中找到展现自我的机会。用舒伯的话说，“职业生涯就是对自我的实践”。

（二）生涯发展阶段

舒伯认为人的职业生涯发展可分为五个阶段。

1. 第一阶段：成长阶段（0～14岁）

儿童开始辨认他们周围的事物，并逐渐开始意识到自己的兴趣所在以及和职业相关的一些最基本技能。他们这个阶段发展的任务是发展自我形象和对工作世界的正确态度，并了解工作的意义。

2. 第二阶段：探索阶段（15～24岁）

青少年开始通过尝试一些自己感兴趣的职业活动，对自我能力及角色、职业进行探索。他们的职业倾向开始趋向于某些特定的领域。

3. 第三阶段：建立阶段（25～44岁）

个人开始尝试选择适合自己的职业领域。这个阶段发展的任务是个人致力于工作上的稳定，大部分人处于最具创造力的时期。

4. 第四阶段：维持阶段（45～64岁）

个人通过不断努力来获得职业生涯的发展和成就，并逐渐能在自己的领域中占有一席之地。这一阶段发展的任务是维持既有成就与地位。

5. 第五阶段：衰退阶段（65 岁及以上）

由于生理及心理机能日益衰退，个人职业角色的分量逐渐减少，开始考虑退休并享受自己的晚年生活。

舒伯认为，职业发展的五个阶段并不完全和年龄相关，而且各阶段之间并不存在严格的界限，可能有交叉。在人生中的不同时期，都可以经历由这五个阶段构成的一个“小循环”，职业生涯发展就是一个循环往复的过程。

根据上述主张，舒伯还进一步描绘了生涯彩虹图（见图 2–2）。

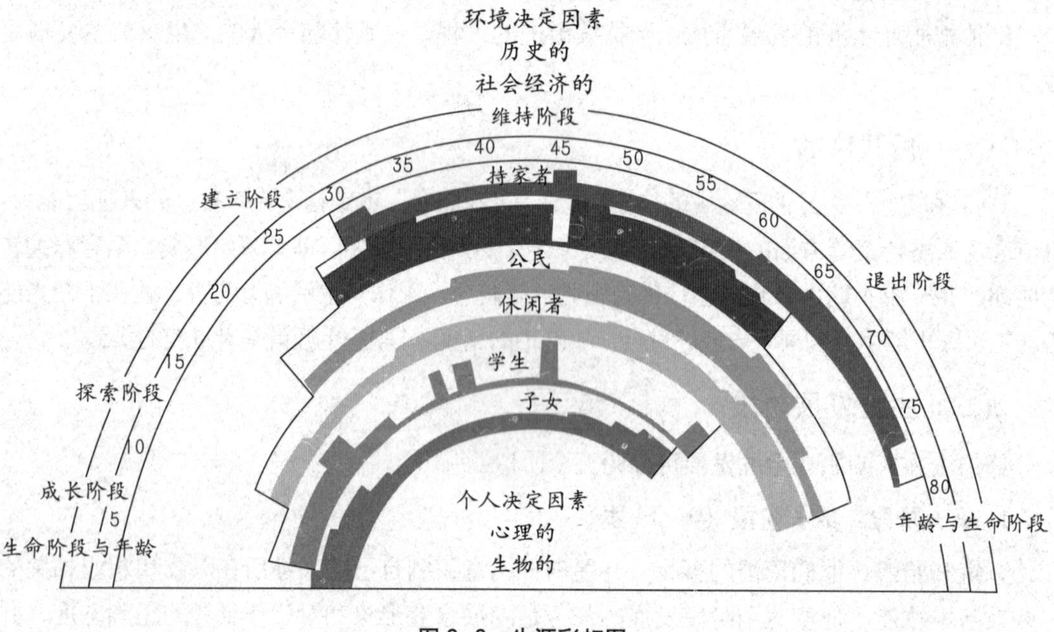

图 2–2　生涯彩虹图

舒伯认为，一个人的一生中会扮演许多角色，就像彩虹具有许多色带一样。每个人在不同的时期和阶段，会承担一个或多个角色，每一种角色的强度也会随着时间的推移而发生变化，多个角色也会存在部分叠加、交叉现象，但总有一个是主要角色。这些角色可能是孩子、学生、休闲者、公民、工作者、退休者、配偶／伴侣、持家者、父母／祖父母等。

同时，一个人的生涯发展还受环境因素和个人因素的影响与制约。环境因素包括社会结构、历史变化、社会经济条件和组织、就业经验、学校、社区、家庭；个人因素包括意识、态度、兴趣、需要、价值观、一般能力／特殊能力、生物遗传等。

显然，舒伯认为的职业规划绝不仅仅是选择一个专业、一份职业或者一个工作地点，而应全面、彻底地分析每个人自身及其在生活的不同时期所扮演的不同角色，分清某一时段扮演的主要角色、次要角色及其各自的生活内涵、目标方向和责任担当。

舒伯的理论告诉我们，作为一个大学生，对个人所承担的主要角色和相关角色应有一个清晰的认识和合理的分配，兼顾主次、综合平衡、协调发展。

案例阅读

小孔因为工作业绩优秀，晋升为公司的技术经理。可是在担任经理期间，小孔发现自己的工作效率下降，在管理和人际关系方面花费了大量的时间，却收效甚微，而技术也没有任何长进。小孔在考虑自己是否适合做管理，自己最大的问题出在哪里？

职业规划师在和小孔深入交流时，发现他已经30岁了却还没有交过女朋友。在谈到将来的梦想时，小孔希望自己成为像海尔那样的大公司的总裁，却没有谈到任何生活和家庭因素。

根据舒伯的生涯彩虹图进行分析，小孔的主要问题是，他没有从生涯的角度进行职业规划，最大的问题在于角色缺失。万一做不了像海尔那样大公司的总裁，他所受到的打击将会是致命的。

四、金斯伯格的职业生涯发展理论

美国著名的职业指导专家、职业生涯发展理论的先驱和典型代表人物——伊莱·金斯伯格（Eli Ginzberg）研究的重点是从童年到青少年阶段的职业心理发展过程。在20世纪70年代，他将职业生涯的发展分为幻想期、尝试期和现实期三个阶段。这个理论揭示了初次就业前人们职业意识或职业追求的发展变化过程。

（一）幻想期

11岁之前的儿童时期。儿童们对大千世界，特别是对他们看到或接触到的各类职业工作者充满了新奇感。此时期职业需求的特点是，单纯凭自己的兴趣爱好，不考虑自身的条件、能力水平和社会需要与机遇，完全处于幻想之中。

（二）尝试期

11～17岁，由少年儿童向青年过渡的时期。从此时起，人的心理和生理在迅速成长发育和变化，开始有独立的意识，开始形成价值观念，知识和能力显著增长和增强，初步懂得社会生产并获得一定的生活经验。在职业需求上呈现出的特点是，有职业兴趣但不仅限于此，而是更多地去客观审视自身各方面的条件和能力；开始注意职业角色的社会地位、社会意义以及社会对该职业的需要。

（三）现实期

17岁以后的青年阶段，该时期的人即将步入社会劳动，能够客观地把自己的职业愿望或要求，同自己的主观条件、能力以及社会现实的职业需要紧密联系和协调起来，寻找适合自己的职业角色。在现实期，人们对所希求的职业不再模糊不清，而是已经有具体的、现实的职业目标，表现出的最大特点是客观性、现实性、讲求实际。

五、麦克利兰等人的胜任力理论

1973年，美国哈佛大学教授戴维·麦克利兰（David McClelland）博士在《美国心理学家》杂志上发表文章指出：传统的智力和能力倾向测验不能预测职业成功或生活中的其他重要成就，这些测验并不总是准确，并且人们主观上认为能够决定工作成绩的一些人格、智力、价值观等方面的因素，在现实中并没有表现出预期的效果。因此，他强调回归现实，从第一手材料入手，直接发掘那些能真正影响工作绩效的个人条件和行为特征，为提高组织效率和促进个人事业成功做出实质性的贡献。他把这种直接影响工作业绩的个人条件和行为特征称为胜任力。确定胜任力的过程需要遵循两条基本原则：①能否显著地区分工作业绩，是判断一项胜任力的唯一标准。②判断一项胜任力能否区分工作业绩必须以客观数据为依据。麦克利兰还将自己的这一套理论提炼为“冰山模型”（见图2–3）。

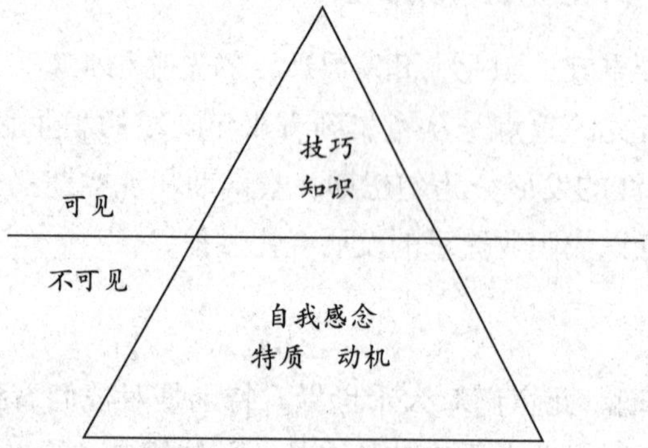

图2–3 冰山模型

在冰山模型中，人的能力结构如同浮于大海上的一座冰山。冰山显露的部分代表着“知识和技巧”，是外在的、可改变的，且易通过行动观察的那部分能力。冰山隐藏的部分代表着“自我概念、特质和动机”，是潜在的、不易触及的、难以改变的那部分能力。冰山由上至下，代表着感知和发掘的难易程度。正如麦克利兰所说的那样：“真正决定一个人能否在工作中做出绩效的，并不是他的知识和技能等表象因素，而是水面之下的潜在特质。”

后来，美国学者理查德·博亚特兹（Richard Boyatzis）等人在麦克利兰的理论基础上，针对胜任特定职位要求的特质因素组合，构建了“洋葱模型”（见图2–4）等不同的胜任力模型。这些模型可用于人才筛选、人力评估、职业发展、绩效管理以及其他人力资源项目。

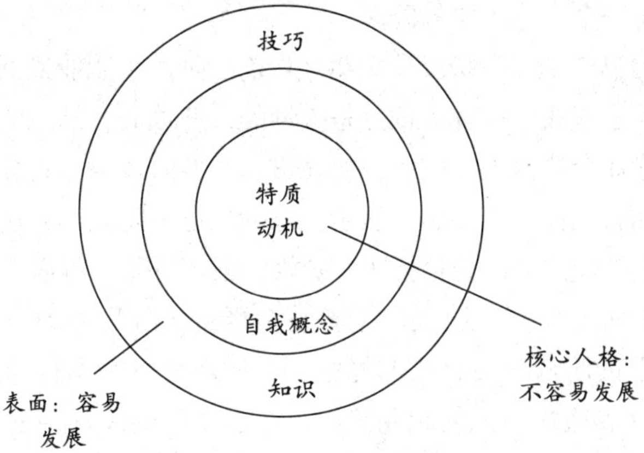

图 2–4　洋葱模型

在洋葱模型中，人的胜任力特征由外到内、由表及里、层层深入，表层是最基本的知识和技巧，里层是核心能力即个体潜在特征（包括特质和动机），在表层与里层之间是自我概念。

根据上述两个模型，可以简单地说，胜任力就是由一个人能做什么（知识、技巧）、想做什么（角色定位、自我认知）和会怎么做（特质、动机）等特质形成的有机组合。这些特质各有表现形式，共同建构起人的能力框架，承载着职业岗位的基本需求和最优选择。而这对担负着人才培养重任的高校和大学生来说，能够从中获得有益的启示和借鉴。

六、廖泉文的“三三三”理论

我国关于职业生涯规划的代表性理论——“三三三”理论，是由厦门大学教授、博导，人力资源管理方面的世界著名学者廖泉文于 2004 年提出的。“三三三”理论将人的职业生涯划分为输入阶段、输出阶段和淡出阶段三大阶段。输入阶段是指对知识、信息、经验的输入，输出阶段是指输出服务、知识、智慧和其他产品，淡出阶段是指人逐步退出职业生涯。

人生三大阶段是一个弹性边界，弹性产生的原因是不同个体在受教育程度、工作行业、职位高度、身体状况和个人特质、成就欲望等方面存在差异。这种弹性的划分方法更具有个性化、弹性化、开放化等特点，更加适合当前迅速发展的人性特质对职业生涯发展影响的现实。

职业生涯发展的第一个“三阶段”是输入阶段、输出阶段、淡出阶段。进入职业阶段的时间，因各人的学历背景不同而不同。有的人在输入阶段更长一些，受到更多的教育；有的人在输入阶段时间更短，受教育更少。这些人进入职业的年龄不同，因而也决定了其今后职业发展道路的不同、职业发展高度的不同。尽管人的未来发展不完全受学历决定，但受教育程度显然是一个十分重要的因素。

职业生涯发展的第二个“三阶段”主要是指输出阶段中职业发展的阶段。这一阶段的发展特点与第一个“三阶段”一样，依然是弹性的、开放的、动态的，有显著的个性化特征并受多维环境因素和个体因素影响。人们在进入职业阶段后，首先是适应环境、适应工作；其次是独当一面去工作、去创新，展示自己，但这一阶段不可能延续至人生的淡出阶段即退休阶段。输出阶段的三段论包括适应阶段、创新阶段、再适应阶段。

职业生涯发展的第三个“三阶段”主要是指再适应阶段中职业发展的阶段。再适应阶段是重新调整自己的阶段，使自己的思路、工作态度、工作行为更加适应自己的工作硬环境和软环境，更加适应个人的职业状况，在各种不同际遇中去寻找柳暗花明又一村的佳境，在千回百转中去攀登职业的高峰。这一阶段比任何时候都更需要容忍和让步，更需要毅力和沉着，更需要素质和内涵的支撑。再适应阶段的三段论包括顺利晋升、原地踏步、下降到谷底。

七、施恩的职业锚理论

职业锚理论产生于在职业生涯规划领域具有“教父”级地位的美国麻省理工学院斯隆商学院、美国著名的职业指导专家埃德加 · H. 施恩（Edgar H.Schein）教授领导的专门研究小组。

（一）职业锚的概念

职业锚又称职业系留点。锚是使船只停泊定位用的铁制器具，职业锚实际就是人们选择和发展自己的职业时所围绕的中心，是指当一个人不得不做出选择时，他无论如何都不会放弃的职业中的那种至关重要的东西或价值观。职业锚强调个人能力、动机和价值观三方面的相互作用与整合。职业锚是个人同工作环境互动的产物，在实际工作中是不断调整的。

了解职业锚的概念，要注意以下几个方面。

第一，职业锚以员工的工作经验为基础。职业锚发生于早期职业阶段，新员工已经工作若干年，获得工作经验后，方能选定自己稳定的长期贡献区。个人在面临各种各样的实际工作生活情境之前，不可能真切地了解自己的能力、动机和价值观，以及在多大程度上适应可行的职业选择。因此，新员工的工作经验产生、演变和发展了职业锚。

第二，职业锚不是员工根据各种测试测出来的能力、才干、工作动机或价值观，而是在工作实践中，依据自身和已被证明的才干、动机、需要和价值观，现实地选择和准确地进行职业定位。

第三，职业锚是员工自我发展过程中动机、需要、价值观、能力相互作用和逐步整合的结果。

第四，员工个人及其职业不是固定不变的。职业锚是个人稳定的职业贡献区和成长区，但这并不意味着个人将停止变化和发展。员工以职业锚为其稳定源，可以获得该职业工作的进一步发展。此外，职业锚本身也可能发生变化，员工在职业生涯的中后期可能会根据变化了的情况重新选定自己的职业锚。

（二）职业锚的类型

经过长期的研究，施恩提出了职业生涯的八个方向，即八种职业锚，分别是技术／职能型职业锚、管理型职业锚、自主／独立型职业锚、安全／稳定型职业锚、创业型职业锚、服务型职业锚、挑战型职业锚和生活型职业锚。职业锚不同的人其职业价值观也存在差异。

1. 技术／职能型

技术／职能型的人追求在技术／职能领域的成长和技能的不断提高，以及应用这种技术／职能的机会。他们对自己的认可来自他们的专业水平，他们喜欢面对来自专业领域的挑战，不喜欢从事一般的管理工作，因为这将意味着他们放弃在技术／职能领域的成就。技术／职能型的个体享受于技术研发或者技术探索的工作，并会为之努力，因为这些工作能够极大地发挥他们的专业优势，使他们获得满足感。

2. 管理型

管理型的人追求并致力于职务晋升，倾心于全面管理或独自负责一个部分，可以跨部门整合其他人的努力成果。他们想去承担责任，并将企业的成功与否看成自己的工作。具体的技术／职能工作仅仅被他们看作通向更高、更全面管理层的必经之路。管理型的个体享受于管理人或管理团队或组织的工作，并会为之努力，因为这些工作能够极大地调动他们的管理热情，使他们获得满足感。

3. 自主／独立型

自主／独立型的人希望能随心所欲安排自己的工作方式、工作习惯和生活方式，希望追求能施展个人能力的工作环境，最大限度地摆脱组织的限制和制约。他们宁愿放弃晋升或更好的工作机会，也不愿意放弃自由与独立。

4. 安全／稳定型

安全／稳定型的人追求工作中的安全与稳定感。他们可以预测将来的成功从而感到放松，并且关心财务安全，如退休金。稳定感包括诚信、忠诚，以及完成老板交代的工作。尽管有时他们可以达到一个高的职位，但他们并不关心具体的职位和具体的工作内容。

5. 创业型

创业型的人希望通过自己的能力去创建属于自己的公司或研发完全属于自己的产品（或服务），而且愿意冒风险，并克服面临的障碍。他们想向世界证明公司是他们靠自己的努力创建的，他们可能正在别人的公司工作，但同时他们在学习并评估将来的机会，一旦他们感觉时机到了，他们便会自己走出去，开创自己的事业。创业型的人虽然有很多不能成为真正的创业成功者，但是，他们往往会努力地尝试建立自己的企业，或者能够掌控某一个组织或团队。创业型的个体就算不能创业，也能够从为组织的工作中获得满足感与成就感。如果能够找到一份让自己做决策并独自管理运营的事业，也是一个不错的选择。

6. 服务型

服务型的人是指那些一直追求他们认可的核心价值的人。例如，帮助他人，改善人们的安全，通过新的产品消除疾病。他们一直追寻这种机会，即使这意味着变换公司或失去晋升机会。服务型职业锚的产生一则依靠自身油然而生的价值崇尚，一则依靠整个社会的环境与氛围。

7. 挑战型

挑战型的人喜欢解决看上去无法解决的问题，战胜强劲的对手，克服看起来无法克服的困难与障碍等。对他们而言，参加工作或选择职业的原因是工作允许他们去战胜各种不可能。新奇、变化和困难是他们的终极目标，如果事情非常容易，他们会马上变得非常厌烦。挑战型的个体通常在性格特征上表现出外向维度，因为这个性格维度正好能够激励他们直面挑战，勇往直前。

8. 生活型

生活型的人喜欢允许他们平衡并结合个人需要、家庭需要和职业需要的工作环境。他们希望将生活的各个主要方面整合为一个整体。正因为如此，他们需要一个能够提供足够弹性的让他们实现这一目标的职业环境，甚至可以牺牲他们职业的一些方面，如晋升带来的职业转换。他们将成功定义得比职业成功更广泛，他们认为自己在如何去生活、在哪里居住，以及如何处理家庭事业及在组织中的发展道路方面是与众不同的。虽然生活型的人很多，但是，就像职业锚测评所指出的一样，这只是很多人内心深处的一种价值观，只是在个人实现了财务自由之后，可能会倾向选择的一种生活或工作模式。举个例子，如果某人突然中了500万大奖，此时不同职业锚的人的表现将完全不同。生活型的人想到的是旅游、度假、买房子；创业型的人想到的是终于有一笔资金可以让自己着手一个全新的事业了；技术／职能型的人会把钱存起来；自主／独立型的人更加“有恃无恐”，想做什么就做什么。

进入21世纪以来，影响大学生职业锚的主要因素是能力、动机与需求、价值观、兴趣爱好和职业性向。当代大学生应当结合自身因素寻找自己的职业锚，尽早做好职业定位，不断探索开发自身潜能的有效途径或方式，准确地把握求职就业方向，取得与自己能力相称的成就，塑造成功的人生。

第三节
职业生涯规划的方法与步骤

学习目标

了解职业生涯规划的制定方法。
掌握职业生涯规划的基本步骤。

一、职业生涯规划的制定方法

职业生涯伴随人的一生，职业生涯规划直接影响着个人的前途和命运。因此，职业生涯规划一定要科学、正确，这就需要掌握必要的方法和技巧。

职业生涯规划的制定方法有很多，最常用的是 SWOT 分析法和 5W 分析法等。

（一）SWOT 分析法

SWOT 分析法又称为态势分析法，是职业生涯规划中分析效果较好的方法。SWOT 分析是一种功能强大的分析工具，是测试个人天赋、技能、喜好和职业机会的有用工具。通过它，人们可以明确地了解自己的优势和劣势（或叫弱势），并且能评估出自己所感兴趣的职业道路的机会与威胁。其中，S 代表 Strength（优势），O 代表 Opportunity（机会），W 代表 Weakness（劣势），T 代表 Threat（威胁）。S、W 是内部因素，O、T 是外部因素。一般来说，进行 SWOT 分析时，应遵循以下四个步骤。

1. 评估自己的优势和劣势

每个人都有自己独特的技能、天赋和能力。在当今分工非常细的市场经济里，每个人擅长某一领域，而不是样样精通。比如，有些人不喜欢整天坐在办公桌前，而有些人一想到不得不与陌生人打交道心里就发怵，惴惴不安。所以，了解自己无比重要。

请做个表，列出自己喜欢做的事情和自己的优势所在（如果觉得界定自己的优势比较困难，你可以找一些测试习题做一做，做完之后，就会发现优势所在）。同样，通过列表，你可以找出自己不是很喜欢做的事情和你的劣势。找出劣势与发现优势同等重要，你可以基于自己的优势和劣势做出两种选择：一是努力改正常见的错误，提高自己的技能；二是放弃那些自己不擅长而对技能要求又很高的职业。列出自认为所具备的很重要的强项和对自己的职业选择产生影响的劣势，然后再标出那些你认为对自己很重要的强项和劣势。

2. 找出职业机会和威胁

不同的行业（包括这些行业里不同的公司）都面临不同的外部机会和威胁，找出这些外界因素有助于成功地找到一份适合自己的工作，这对求职是非常重要的，因为这些机会和威胁会影响你的第一份工作和今后的职业发展。如果公司处于一个经常受到外界不利因素影响的行业里，很自然，这个公司能够提供的职业机会将会很少，而且没有职业升迁的机会；相反，充满了许多积极的外界因素的行业将为求职者提供广阔的职业前景。请列出自己感兴趣的一两个行业，认真地评估这些行业所面临的机会和威胁。

3. 提纲式地列出今后五年内的职业目标

仔细地对自己做一个 SWOT 分析评估，列出从学校毕业后五年内最想实现的 4～5 个职业目标。这些目标可以包括想从事哪一种职业、将管理多少人、希望自己拿到的薪水属于哪一级别。请时刻记住：必须竭尽所能地发挥出自己的优势，使之与行业提供的工作机会完满匹配。

4. 提纲式地列出今后五年的职业行动计划

这一步主要涉及一些具体的内容。请拟出一份实现上述第三步列出的每一个目标的行动计划，并且详细地说明为了实现每一个目标，你要做的每一件事，以及何时完成这些事。如果觉得需要一些外界帮助，请说明需要何种帮助和如何获取这种帮助。比如，你的个人 SWOT 分析可能表明，为了实现理想中的职业目标，你需要进修更多的管理课程，那么，你的职业行动计划应说明何时进修这些课程。拟订的详尽的行动计划将帮助你做出决策。

（二）5W 分析法

5W 分析法是进行职业咨询和职业规划时比较常用的一种方法，也是一种较为简单和便捷的方法，尤其适合即将毕业的大学生。

1. Who are you（你是谁）

这是对自己进行全面分析的过程，主要包括兴趣、爱好、身体状况、教育背景、以往经历、性格特点、气质类型等。在进行自我分析时，要格外注意对自己的优缺点进行评估，综合分析自己的优势与劣势，并一一列出，对自己有清楚的认识。在评估优缺点时，应争取尽可能多地回答问题，或借助身边熟悉的人对自己的评价作为参考，广泛听取别人对自己的看法，最后加以分析，以便全面、客观、准确地做出评价。

2. What do you want（你想要什么）

检查自己职业发展的心理趋向。兴趣和目标并非一成不变的，每个人在不同的阶段都可能有不同的兴趣和目标，有时甚至是完全对立的。但随着年龄和经历的增长，职业理想会逐渐固定下来，逐渐明确自己的人生目标，并最终锁定自己的终身理想。大学生在寻找这个问题的答案时，可以从童年开始回忆，依次列出各阶段的理想，再依照理想实现程度的大小对这些答案进行排序。

3．What can you do（你能做什么）

考虑自己能做什么就是认识自己能力的过程。在职业生涯规划中，要充分认识自身的能力，尤其要发挥自己的特长，这样才能在未来的工作中游刃有余地展示自我。想要对自己的能力范围有相对客观的认识，就需要在日常生活中不断地充实自己的专业知识和技能，积累工作经验，同时还要注意对自身潜能的开发。开发潜能并不是很容易就能做到的，需要对自我进行深入剖析，在日常生活中不断积累，有不断挑战自我和超越自我的勇气。

4．What can support you（环境允许你做什么）

在做职业选择时，需要考虑自身之外的各种条件。客观方面包括职业的经济状况、人事政策、行业状况、发展空间等，主观方面包括同事关系、社会关系等。两个方面的因素应综合起来看，将一切有利于自己发展的因素调动起来，从而寻找自己的职业切入点。

5．What can you be in the ends（你最终的职业目标是什么）

充分考虑了以上四个问题，就会从各个问题中找到对实现有关职业目标有利和不利的条件，然后列出不利条件最少、自己最想做且能做的职业目标。这时候，有关自己的职业目标是什么，就有了一个清楚明了的框架了。

二、职业生涯规划的基本步骤

职业生涯是一个动态的发展过程，只有掌握了基本的规划步骤，才能帮助个体了解自己、筹划未来，从而设计出符合自己特点的合理而又可行的职业发展路径。

按照顺序和过程划分，职业生涯规划的基本步骤包括知己，知彼，目标确定，职业选择，制定计划并实施，及时评估、反馈和调整六个步骤（见图 2–5）。每个步骤既相互独立，又紧密联系。

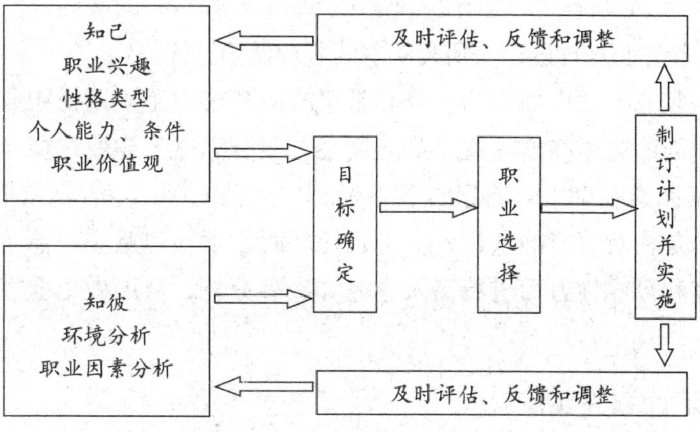

图 2–5 职业生涯规划步骤

（一）知己

知己即自我评估，就是对自己进行全面分析，认识自己、了解自己，这是制定职业生涯规划的重要步骤。理想的职业选择要靠科学的规划，科学规划的基础是准确的评估。自我评估的内容包括个人的兴趣、特长、性格、学识、技能、智商、情商、逆商、财商、健商，以及组织管理、协调、活动等的能力。

对自我的评估要全面、深入，要客观、正确，要通过自我反思、自我分析、他人评价、量表测量、实践验证等多种方式进行。经过自我评估，可以清楚自己的优势和劣势所在及自己有哪些发展机会。

（二）知彼

知彼即环境因素分析。环境因素对个人职业生涯发展的影响是巨大的，它为每个人提供了活动空间、发展条件和成功的机遇。环境因素分析的内容包括对社会环境、组织环境和家庭环境的分析。

环境分析的主要目的，是通过对环境特点及其发展趋势的分析，评估自己职业生涯发展的机会，包括自己与环境的关系、自己在这个环境中的地位、环境对自己提出的要求以及环境对自己有利的条件与不利的影响等。只有对这些情况充分了解，才能做到在复杂的环境中趋利避害，使自己的职业生涯规划具有实际意义。

（三）目标确定

理想的职业生涯目标，对人的发展有着重要的激励作用。由于知识、经验、阅历、态度、各自利益的不同，每个人对自己预期的职业生涯目标也各不相同，应根据自己的需要确定自己的职业生涯目标。

（四）职业选择

通过自我评估、分析环境，并且在确定未来职业生涯目标的基础上，从自己的价值观、理想、成就动机等方面对自己今后所要从事的职业做出选择。

职业选择是职业生涯规划中的一个非常重要的环节，正确选择职业是职业生涯发展的前提和基础，因而必须高度重视。如上所述，要合理进行职业选择，一是要在了解自我特点和环境条件的基础上对自己进行 SWOT 分析和 5W 分析等，清楚自己的优劣势及机会情况；二是在对可能的选择机会进行比较时，要在尊重主观愿望和客观条件的基础上，在满意度和可能性方面进行深入思考和冷静分析，从而做出合理的选择和正确的决定。

（五）制定计划并实施

在确定了职业生涯目标后，行动便成了关键的环节。如果没有可以达成目标的行动，目标和愿望就难以实现，更谈不上事业的成功。但要行动，必须有行动计划和措施。行动计划和措施一般包括工作、训练、教育、提升等多方面的措施。比如在工作方面，你计划采取什么措施，如何提高你的工作效率？在业务素质方面，你计划学习哪些知识，掌握哪些技能，如何提高你的业务能力？在潜能开发方面，你准备采取什么措施开发自己的潜能？等等。所有这些方面，都必须有具体的计划与明确的措施，并注意要使这些计划特别具体，以便于定时检查。

“光说不练假把式”，当计划制定好后，便要采取行动，否则空有计划而无行动，一切都如梦幻泡影。在行动中累积自己的资源，是此步骤的重点之一。

（六）及时评估、反馈和调整

常言道，计划赶不上变化，事物都是处于运动变化中的。自身及外部环境条件的变化等种种不定因素，可能会使原本制订好的计划与实际情况产生偏差，这就需要不断校正。据说航天飞机在航行的过程中，97% 的时间都是偏离航道的，因此不断地修正航道是不可避免的工作。职业生涯规划也是如此，即使能从事自己喜欢的工作，仍然会不时地被杂事缠身，迷失方向。因此，需要对原来的设计做出及时且准确的调整。

总之，对职业生涯规划进行及时评估、反馈和调整，才能使自己的职业生涯始终处于正确的航道上，才能使自己的事业取得成功，使自己的人生不虚此行。

拓展训练

根据本章所学知识和图 2-2，描绘出一个自己的多重角色生涯发展的彩虹图。

请选择单一或多种颜色着色，从而反映出你目前所扮演的全部生活角色，颜色越重越浓，表明你投入越多。如果你的生活朝着你理想的方向发生改变，那么再在你理想的角色上着色。

根据你描绘的生涯彩虹图，思考以下问题。

1. 妨碍了你的理想实现的因素有哪些？

2. 为了实现理想，你准备怎么做？

第三章

大学生的自我认知

案例导入

某高职院校大一学生小孔最近非常苦恼，在填报高考志愿的时候她听说自己所报考院校的会计专业非常热门，所以就毫不犹豫地选择了该院校的会计专业。但是到大一下学期真正接触专业课后，她发现学习起来有很大的困难。原因是她发现自己是一个开朗外向、喜欢与人打交道的人，而会计工作是一份需要安静、耐心、细致的工作，自己并不适合从事这样的工作。她想过换一个自己喜欢的专业，但是因为学习成绩不达标，不符合申请转专业的要求，同时也担心自己换了专业后跟不上新专业的学习进度。所以，她只能坚持学下去，但心里那份烦恼却时时追随着她，难以摆脱。

自我思考

思考一：你认为小孔同学苦恼的根源是什么？

思考二：你对自己有什么样的认知？请举例说明。

第一节
自我认知概述

学习目标

了解自我认知对职业生涯规划的意义。

掌握自我认知的注意事项。

古希腊哲学家苏格拉底曾经说过："人啊！认识你自己。"进行职业生涯规划的第一步就是探索内在的自我，知晓自己的优势与劣势。"天生我材必有用，千金散尽还复来"，任何人都有自身的价值，只有全面、深入地认识自己，找到适合自己发展的职业道路，才能更好地发挥自身的价值，在个人职业生涯中取得事业成功。

认识自己就要弄清楚四个问题：我适合做什么？我喜欢做什么？我能做什么？我应该做什么？找到了这四个问题的答案，我们对自己的性格、兴趣、能力和价值观也就有了大致的了解。

一、什么是自我认知

人们常说："人贵有自知之明。"这句话的意思是说，人要有自我认知。什么是自我？从心理学的角度来看，自我就是自我意识，主要是指个体对自己存在状态的认知，是个体对其社会角色进行自我评价的结果。

自我意识亦即自我认知，是对自己身心活动的觉察，即自己对自己的认识，具体包括认识自己的生理状况（如身高、体重、体态等）、心理特征（如兴趣、能力、气质、性格等）以及自己与他人的关系（如自己与周围人们相处的关系、自己在集体中的位置与作用等）。

自我认知主要包括自我认识、自我体验、自我监控三种心理成分，它们相互联系、相互制约，统一存在于个体的自我意识中。

自我认识是主观自我对客观自我的认识与评价，是自己对自己身心特征的认识，自我评价是在这个基础上对自己做出的某种判断。

自我体验是主体对自身的认识而引发的内心情感体验，是主观自我对客观自我所持有的一种态度，如自信、自卑、自尊、自满、内疚、羞耻等都是自我体验。

自我监控是自己对自身行为与思想言语的控制，具体表现为两个方面：一是发动作用；二是制止作用，也就是支配某一行为，抑制与该行为无关或有碍于该行为而进行的行为。

二、自我认知对职业生涯规划的意义

（一）自我认知是职业选择的前提

择业事关一个人一生的幸福。理想职业不是挣大钱，也不是赶时髦，更不是只图清闲、舒适；相反，它必须与个人的气质、兴趣和能力相匹配。一个人如果一辈子从事不称心的工作，就会一辈子不痛快，工作将成为一份“苦差”，很容易遭受挫折。一个人如果对自己的能力估计太低，不敢尝试和努力，工作就会成为平淡的“闲差”，最终蹉跎岁月，一事无成。如果一个人对自己有客观的认识，能够选择自己乐意做又能够做好的工作，工作起来就会得心应手，也容易取得成功和感到快乐。因此，自我探索是职业生涯规划的基础和事业成功的前提。现代心理学研究表明，一个人要选择一个适合自己的职业，首先要正确地认识自己、了解自己，在职业选择中不要只注重报酬的高低和舒适程度，更要充分考虑是否适合自己，能否发挥自己的才智和特长。

（二）自我认知是职业选择的依据

职业生涯是一个人一生连续担负的工作职业和工作职务的发展道路。一个职业目标与生活目标相一致的人是幸福的，职业生涯规划实质上是追求最佳职业生涯的过程。职业生涯规划要求个人根据自身的特点，将自己定位在一个最能发挥自己长处的位置，以最大限度地实现自我价值。大千世界，芸芸众生在个性生理特征和个性心理特征上各具特色。因此，根据自身特点来规划、选择职业显得尤为重要。大量事例表明，规划、选择职业正确，人生可能事业有成；反之则充满坎坷。

三、自我认知的常用方法

（一）自我觉察法

每个人在现实生活中都有一面镜子，用来看清自己的脸庞及衣着打扮等外在形象。其实，还有另外一面“镜子”，就是觉察个人内心的“内照镜”。在这面“镜子”中，人们可以看到完整的自己，看到自己内心真实的想法，呈现所有的情绪、动机、需求、欲望。

曾子曰：“吾日三省吾身。”修身养性，实际上是一种自我觉察，即通过对照自己内心的“镜子”，反思自己的行为及其后果，从中总结经验。其实，设立座右铭、写日记等都是一种很好的自我觉察过程。

（二）乔哈里窗沟通法

乔哈里窗法又称“橱窗分析法”。“乔哈里窗”又称“自我意识的发现—反馈模型”，它是一种借助直角坐标不同区域来表示人的不同部分的分析方法，它以别人了解或不了解为纵坐标，以自己了解或不了解为横坐标（见图 3–1）。

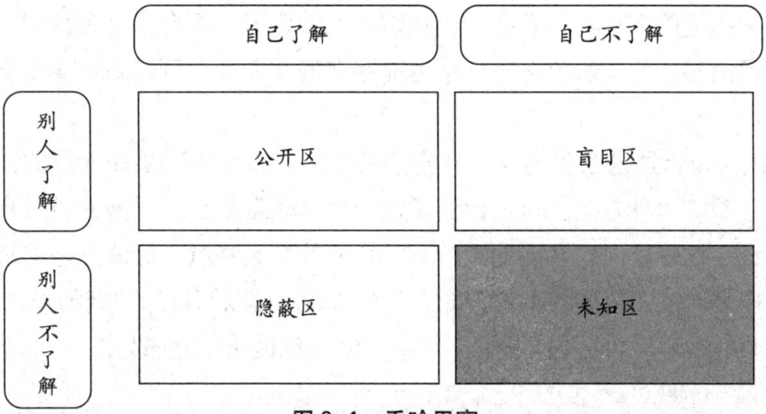

图 3–1　乔哈里窗

第一区域：“公开我”或称“公开区”，指自己知道、别人也知道的部分，由个人展现在外，无所隐藏，如姓名、性别、年龄、学历、婚姻状况、身高和发色等。人与人之间交往的目的就是扩大公开区，实现这一目的的主要做法有提高个人信息的曝光率，主动征求反馈意见。

第二区域：“背脊我”或称“盲目区”，指自己不知道、别人却知道的部分。例如，你的处事方式、别人对你的感受等。大学生可以采取同家人、朋友等交流的方式来了解“背脊我”，要做到尽量开诚布公，对别人提出的意见有则改之，无则加勉。

第三区域：“隐藏我”或称“隐蔽区”，指自己知道、别人不知道的部分。例如，自己的秘密、希望、心愿、好恶，以及自私、嫉妒等平常自己不愿袒露的缺点等。大学生可以采取撰写自传或日记的方式来了解自我，了解自身成长的大致经历和自我计划情况等。

第四区域：“潜在我”或称“未知区”，指自己和别人都不知道的部分。未知区是尚待挖掘的黑洞，它对其他区域有潜在影响，但通常别人和自己都不容易发觉。科学家通过研究发现，每个人都有巨大的潜能，人类平常只发挥了极小部分的大脑功能。如果一个人能发挥一半的大脑功能，那么他将轻易地学会 40 种语言，背整套百科全书，拿 12 个博士学位。有学者指出，一个人一生所发挥出来的能力，只占他全部能力的 4%，也就是说一个人 96% 的能力还未被开发。赫赫有名的控制论奠基人诺伯特 · 维纳（Norbert Wiener）说：“可以完全有把握地说，每个人，即使他是做出了辉煌成就的人，在他的一生中利用他自己的大脑潜能还不到百亿分之一。”由此可见，认识、了解“潜在我”，是自我认识的重点之一。大学生可以通过职业测评来发现自己平时注意不到的潜力，也可以在学习和生活中多做尝试来发现自己的潜力。

（三）360 度反馈法

苏轼的《题西林壁》中有这样的诗句："不识庐山真面目，只缘身在此山中。"正如乔哈里窗第二区域描述的那样，人总有自己认识不到的盲区，而自己没有认识到的问题有时别人反倒能看得清楚。为了避免自我觉察可能存在的片面性，可以采用 360 度反馈法来进行自我认知。

360 度反馈法是指通过收集与自己有密切关系的、来自不同层面人员的评估信息，来全方位地评估自我的一种方法。通过评估反馈，可以获得来自多层面人员对自己素质、能力等的评估意见，比较全面、客观地了解有关自己的个人特质、优缺点等信息，作为自己进行职业生涯规划及能力发展的参考。对大学生来说，可以请自己的老师长辈、父母家人、班级同学、知心好友等对自己进行全面评估。360 度反馈法示意图如图 3–2 所示。

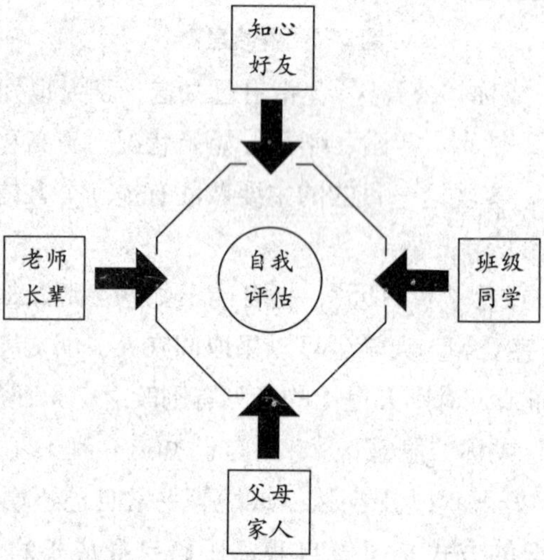

图 3–2　360 度反馈法示意图

（四）职业测评法

所谓职业测评法，是指运用现代心理学、测量学、管理学、社会学、统计学、行为科学及计算机技术的综合测评技术。它通过人机测评、结构化面试、情景模拟、评价中心等技术，对个体的知识水平、能力及其倾向、工作技能、内在动机、个性特征和发展潜能进行测量，并根据工作岗位要求及组织特性进行评价，从而实现对人才全面、准确、深入的了解。

运用测评手段进行自我认知是一种力求客观的认知手段，它的特点是能够在较短时间内测出个体在某方面的特点，并且这一特点是在与群体的比较中得出的。通过测量，大学生能够在短期内获得对自己较为客观的描述和评价。通过评估，分析自我的特点，再结合职业的要求，进行职业选择，这就是人职匹配的过程。

人是极为复杂的，某一个维度的单项测评并不能全面反映一个人的特质。应将多项测评结合起来，还要将测评法与别的自我认知方法结合起来。

四、自我认知的注意事项

知人难，知己更难。自我认知确实不容易，但每个人又必须正确认识自己，否则就无法很好地处理自己与他人、自己与现实之间的相互关系，不利于身心健康。然而，正确认识自己并非易事，人的自我认识有一个发展和完善的过程。所以，自我认知应注意以下事项。

（一）对自己有清晰的认知

首先应当认识到自己是一个具有意识的生命体，即自己可以认识自己；其次认识到自己是一个具有一定智力又能理性思维的个体，即自己有能力客观、正确地认识自己；最后是对自己特性的认识，即认识自己独特的地方。每个人都具有各不相同的意识，这各不相同的意识就是独一无二的自我所在，包括性格、能力、经验、爱好、思想、行为及情感世界等。

（二）坦然面对人生，科学认识人生的道路

人生就是不断学习、不断认识、不断选择、不断作为和不断改变的过程，这也决定了人生的道路是曲折的、不平坦的，人生的航船也并非一帆风顺。不能因为事业的不顺、生活的坎坷、逆境的缠身、不幸的降临等而垂头丧气，也不必怨天尤人，更不要自暴自弃。

（三）要客观、正确地评估自己

一个人对自己的才貌、学识、成绩、贡献以及自己在别人心目中的地位等，常会有估计过高或估计过低的情况。应该看到，一个理智的人，对自己的各个方面都会有一个客观的、正确的评价和定位，在任何时候、任何情况下都不会高估或低估自己。

（四）要积极地肯定和提升自己

客观地分析自己的长处和短处，不拿自己的短处与别人的长处比，也别总看到自己的长处，要做到扬长避短。这样才能把自己的心境调节到最好，把自己的能力发挥到最佳，做到愉快地生活，乐观地奋斗。

（五）不畏人言，做自己该做的事

有人这样定义：做该做的事就是聪明，做不该做的事就是愚蠢。人云亦云，被别人的言论所左右，这是没有主见的表现，也是成功人生的大忌。

第二节 性格认知

学习目标

了解个人性格与职业的关系。

熟练掌握性格测评方法。

一、什么是性格

案例阅读

一位老板想让值得信任的甲、乙、丙三位助手分别负责管理财务、推广业务、策划的工作。这位老板想先了解三位助手的性格特点，然后根据性格为他们分配合适的工作。于是他安排三位助手下班后留在公司与他一起研究问题，在这期间，老板故意制造了一起“小火灾”，以便观察他们三人各自的性格特点。

结果老板发现，三人在火灾中的表现完全不同。甲说：“我们赶快离开这里再想办法。”乙一言不发，马上跑到屋角拿出灭火器去寻找火源。丙则坐着不动，说：“这里很安全，不可能有火灾。”

老板通过三位助手各自的行为表现，找到了满意的答案。他认为，甲首先选择离开危险区，表现了性格的客观、谨慎、稳重、老练；乙积极向危机挑战，抢先救火，忠于公司，表现了性格的勇敢、大胆、敏捷、果断、敢于冒险；丙对公司的安全早有了解和信心，甚至可能是才智过人，早已看出这是一出“戏”，表现了性格方面的沉着冷静、深谋远虑。

老板通过自己的观察，根据三人的性格特征，分别将甲、乙、丙三人安排在不同的岗位上，发挥他们的性格优势，以做到人尽其才。他认为甲的性格适合管理财务工作，乙的性格适合管理业务推广工作，丙的性格适合管理筹划和后勤工作。

通过这个案例不难发现，性格之所以对职业规划影响深远，最主要的是因为人的性格不同，思维方式不同，跟外界的接触方式也不一样。性格对职业规划的影响是巨大而深远的。在进行职业生涯规划时，一定不能忽略性格对职业的影响。

（一）性格的含义

性格是指表现在人对现实的态度和相应的行为方式中的比较稳定、具有核心意义的个性心理特征，是一种与社会最密切的人格特征。性格表现了人们对现实和周围世界的态度，并表现在他的行为举止中。性格主要体现在对自己、对别人、对事物的态度和所采取的言行上。

性格具有稳定性，并不是偶然出现在一个人身上的心理特征。一个人的性格是在一定的教育和环境的影响之下形成的，性格一旦形成就难以改变。职业性格则是指人们在长期特定的职业活动中所形成的同职业相联系的比较稳定的个性心理特征。

具有不同职业性格的人在某些职业领域会表现出不同的职业适应性，不同的职业领域也会对职业性格提出不同的要求。例如，创业者应该具有喜欢冒险、乐观、自信和勇于创新等性格。虽然人的性格一旦形成便较难改变，但并不是说人们只能顺其自然，人们仍然可以通过自身努力，发挥自己性格的优势，避免或减小性格劣势对事业的影响。

（二）性格的特征

1. 态度特征

性格的态度特征是指个体在对现实生活各个方面的态度中表现出来的一般特征。

2. 理智特征

性格的理智特征是指个体在认知活动中表现出来的心理特征。在感知方面，有的个体能按照一定的目的任务主动地观察，属于主动观察型；有的个体则明显地受环境刺激的影响，属于被动观察型；有的个体倾向于观察对象的细节，属于分析型；有的个体倾向于观察对象的整体和轮廓，属于综合型；有的个体倾向于快速感知，属于快速感知型；有的个体倾向于精确地感知，属于精确感知型。在想象方面，有主动想象和被动想象之分，有广泛想象与狭隘想象之分。在记忆方面，有主动与被动之分，有善于形象记忆与善于抽象记忆之分等。在思维方面，也有主动与被动之分，有独立思考与依赖他人之分，有深刻与肤浅之分等。

3. 情绪特征

性格的情绪特征是指个体在情绪表现方面的心理特征。在情绪的强度方面，有的情绪强烈，不易于控制；有的情绪微弱，易于控制。在情绪的稳定性方面，有的人情绪波动性大，很难捉摸；有的人情绪稳定，心平气和。在情绪的持久性方面，有的人情绪持续时间长，对工作学习的影响大；有的人情绪持续时间短，对工作学习的影响小。在主导心境方面，有的人经常情绪饱满，处于愉快的情绪状态；有的人则经常郁郁寡欢。

4. 意志特征

性格的意志特征是指个体在调节自己的心理活动时表现出来的心理特征。自觉性、坚定性、果断性、自制力等是主要的意志特征。

二、性格与职业的关系

人的性格类型与职业之间具有关联性，主要体现在以下三个方面。

（一）性格与职业匹配

性格与职业匹配表现为不同性格类型对不同职业有着不同的适应性，如科技人员的创新、百折不挠和刻苦实干，医务人员的一丝不苟和精益求精，管理干部的长于沟通和善解人意，等等（见表 3–1）。

表 3–1　性格类型与职业的匹配表

性格类型	特征描述	匹配职业
经济型性格	这种性格的人注重实效，其生活目的就是追求利润和获得财富。他们追求财富的目标大部分是为了过上好生活，也有部分是为了精神上的快乐	适宜从事工匠、农民、技师、鱼类和野生动物专家、车工、电工、钳工、矿工、报务员、火车司机、机械制图员、电器师、机器修理工、长途汽车司机、秘书、翻译、代销商以及公司董事等
理论型性格	这种性格的人具有探究世界的兴趣，能客观冷静地观察事物，善于集中精力，尊重事物的合理性，以追求知识和真理为人生目标。他们喜欢系统的有条理的工作任务，具有实际、自控、友善的特点，往往缺乏领导能力	适宜从事科学研究实验员、记账员、银行出纳、成本估算员、核对员、打字员、办公室职员、图书档案管理员、系统员、计算机操作员、法庭速记员等
艺术型性格	这种性格的人对现实生活不太关注，富于想象力，追求美感，以感受事物的美为人生的价值。他们喜欢通过艺术作品来达到自我表现的目的，爱想象，感情丰富，不顺从，有创造性，能反省，但常缺乏办事能力	适宜做室内装饰专家、摄影家、作家、音乐教师、演员、记者、作曲家、诗人、编剧、雕刻家、漫画家等
权力性性格	这种性格的人倾向于权力意识和权力享受，支配性强，追求仕途地位和社会地位。他们喜欢担任领导角色，具有支配、劝说和言语技能	适宜做推销员、商品批发员、进货员、辅导员、福利机构工作者、公司经理、广告宣传员、律师、政治家等
宗教型性格	这种性格的人把宗教信仰视为人生最高目标，追求超脱现实、跨越自我，主张慈善济世、超凡脱俗	适宜从事宗教方面的事业，如销售宗教用品、开素食馆、传播中国传统文化等

（续表）

性格类型	特征描述	匹配职业
社会型性格	这种性格的人能关心他人，献身社会，助人为乐，以为人服务、献身社会为最高的精神境界。他们喜欢社会交往，常出席社交场所，关心社会问题，愿为别人服务，对教育活动感兴趣	适宜做导游、福利机构工作者、社会学者、咨询人员、学校教师、精神卫生工作者、公共保健护士、医生、警察、消防员、救生员等

（二）调整性格适应职业

一方面，职场上没有百分之百适合某个人性格的工作在那里等着某个人，职场上也不可能找到完全适合某个人的工作；另一方面，如果长期从事某种特定的职业活动就会使从业人员按照职业要求不断巩固或者调整原有的性格特征，进而形成一些新的特点。不过，除少数职业对性格类型有较为苛刻的要求，如营销人员的爽朗积极、能言善辩等之外，大多数职业并不一定过分强调与性格之间的严格对应。原因在于，不同类型的性格在同一职业领域能有各具特色的表现，同一性格的人在不同职业领域也会有展示各自魅力的机会。例如，情绪型的人如果从事文学创作，会因感情丰富细腻而将人物的心理活动刻画得惟妙惟肖；如果从事科学研究，则会因善于想象而在非逻辑思维上比理智型的人更胜一筹。而且，人的性格是极其复杂的，任何对性格与职业的关系的固定、静止、片面的看法都是失之偏颇的。

人的性格类型并不是绝对单一的，大多数的人可能主要为某一种性格类型，但还有相近的和具有中性关系的其他性格类型，真正相排斥的并不多。因此，大学生在进行职业生涯规划时不必为此顾虑过多。

（三）更换工作适应性格

过去人们常说“尺有所短，寸有所长”，就是说每个人都有自己特定的禀赋，更适合做某一类工作。有些人觉得目前的工作使自己不快乐，是因为他们认为目前的工作不适合自己的性格，所以，他们总想找一份更适合自己的工作。很多时候，人们对目前的工作不满意，通常会选择跳槽，从某种角度上说，跳槽也不失为一种生存技能。

三、自我性格探索

性格决定了遇到某些事情时，一个人的反应及处理方式。不同的处理方式导致了不同的结果，不同的结果自然会给每个人带来不同的影响。大量的结果自然形成了每个人特有的生命轨迹，也就是命运。我们都知道性格对一个人的命运十分重要，但很多时候我们并不知道自己究竟属于哪一种性格类型，这时我们可以借助人格测评来分析自己的性格类型。这里介绍最常用的一种性格测评方法——MBTI（Myers–Briggs Type Indicator）。

MBTI 是美国心理学家凯瑟琳 · 库克 · 布里格斯（Katharine Cook Briggs）与伊莎贝尔 · 布里格斯 · 迈尔斯（Isabel Briggs Myers）在瑞士心理学家卡尔 · 古斯塔夫 · 荣格（Carl Gustav Jung）的研究基础上发展而成的方法。MBTI 人格理论可以帮助解释为什么不同的人对不同的事物感兴趣，擅长不同的工作，并且有时不能互相理解。它主要应用于职业咨询、团队建议、婚姻教育等方面，是目前国际上应用较广的人才甄别工具。世界五百强中近 80% 的企业对其有所应用。

通过 MBTI 的测量结果，我们可以了解自己的独特性，知道自己现在这样原来是“正常的”，避免经常虽出于好意却总是造成误解的局面，并且我们可以在了解各种倾向的基础上，有意识地修正和培养自己的“辅助心理功能”，从而促进人格的全面发展。

MBTI 倾向显示了人与人之间的差异，而这些差异产生于四个方面：①把注意力集中在何处，从哪里获得动力（外向、内向）；②获取信息的方式（感觉、直觉）；③做决定的方法（思维、情感）；④对外在世界的取向是通过认知的过程还是判断的过程（判断、知觉）。这样就产生了 MBTI 人格理论的指标：共有四个维度，每个维度有两个方向，共计八个方面（见表 3–2）。

表 3–2 MBTI 人格理论的维度解释

维度一		能量倾向：你更喜欢将自己的注意力集中于何处？你从何处获得活力？（E–I 维度）	
	描述	外倾：E（Extroversion）	内倾：I（Introversion）
		注意力和能量主要指向外部世界的人和事，而从与他人的交往和行动中得到活力	注意力和能量集中于自己的内心世界，从对思想、回忆和情感的反思中得到活力
	特征对比	①关注外部环境 ②喜欢用谈话的方式进行沟通 ③通过谈话形成自己的意见 ④用实际操作或讨论的方式能学得最好 ⑤兴趣广泛 ⑥好与人交往，善于表达 ⑦先行动、后思考 ⑧在工作和人际关系中都很积极主动	①关注自己的内心世界 ②更愿意用书面方式沟通 ③通过思考形成自己的意见 ④用思考、在头脑中“练习”的方式学得最好 ⑤兴趣专一 ⑥安静而显得内向 ⑦先思考、后行动 ⑧ 当情境或事件对自身具有重要意义时会采取主动
维度二		接受信息：你如何获取信息？（S–N 维度）	
	描述	感觉：S（Sensing）	直觉：N（Intuition）
		用自己的感官来获取信息。喜欢收集实实在在的、确实已出现的信息。对于周围所发生的事件观察入微，特别关注现实	通过想象、无意识等超越感觉的方式来获取信息。喜欢看整个事件的全貌，关注事实之间的关联。想要抓住事件的模式，特别善于看到新的可能性

（续表）

维度二	特征对比	①着眼于当前的实际情况 ②现实、具体 ③关注真实的、实际存在的事物 ④观察敏锐，并能记住细节 ⑤经过仔细周详的推理一步步得出结论 ⑥通过实际运用来理解抽象的思维和理论 ⑦相信自己的经验	①着眼于未来的可能 ②富于想象力和创造性 ③关注数据所代表的模式和意义 ④当细节与某一模式相关时才能够记住 ⑤靠直觉很快得出结论 ⑥希望在应用理论之前先能对之进行澄清 ⑦相信自己的灵感
维度三		处理信息：你是如何做决定的？（T—F 维度）	
	描述	思考：T（Thinking）	情感：F（Feeling）
		通过分析某一行动或选择的逻辑后果来做出决定。会将自己从情境中分离出来，对事件的正反两方面进行客观的分析。从分析和确认事件中的错误并解决问题中获得活力。目标是要找到一个能应用于所有相似情境的标准或原则	喜欢考虑对自己和他人来说什么是重要的。会在头脑中将自己放在情境所牵涉的所有人的位置上并试图理解别人的感受，然后在此基础上根据自己的价值判断做出决定。从对他人表示赞赏和支持中获得活力。目标是创造和谐的氛围，把每一个人都当作一个独特的个体来对待
	特征对比	①好分析的 ②运用因果推理 ③ 以逻辑的方式解决问题 ④寻求一个合乎真理的客观标准 ⑤爱讲理的 ⑥可能显得不近人情 ⑦公平意味着每个人都能得到平等的待遇	①善于体贴他人、感同身受 ②受个人价值观的引导 ③ 衡量决定对他人产生的后果和影响 ④寻求和谐的气氛和积极的人际交往 ⑤富于同情心 ⑥可能会显得心肠太软 ⑦公平意味着每个人都被作为独特的个体来对待
维度四		行动方式：你如何与外部世界打交道？（J—P 维度）	
	描述	判断：J（Judging）	知觉：P（Perceiving）
		喜欢将事情管理得井井有条，过一种有计划的、井然有序的生活。喜欢做出决定，完成后继续下面的工作。生活通常会比较有规划、有秩序，喜欢把事情敲定下来。照计划和日程办事对他们来说很重要。从完成任务中获得能量	喜欢以一种灵活、自发的方式生活，更愿意去体验和理解生活而不是去控制它。详细的计划或最后决定会使他们感到被束缚。愿意对新的信息和选择保持开放，直到最后一分钟。足智多谋，善于调节自己适应当前场合的需要，并从中获得能量
	特征对比	①有计划的 ②喜欢组织管理自己的生活 ③有系统、有计划 ④ 按部就班 ⑤喜欢制定短期和长期计划 ⑥喜欢把事情落实敲定 ⑦力图避免最后一分钟才做决定或完成任务的压力	①自发的 ②灵活 ③随意 ④开放 ⑤适应，改变方向 ⑥不喜欢把事情确定下来，以留有改变的可能性 ⑦最后一分钟的压力会使他们感到活力充沛

在 MBTI 评测结果中，每个维度上一个人只能有一种偏好，如一个人是内倾的就不可能是外倾的，是知觉型的就不会是判断型的。但是，这并不代表一个人是内倾的就没有丝毫外倾的特征，这就好像右利手的人不代表他的左手是完全没有用处的，有很多时候需要左右手相互配合。性格也是如此，一个人如果是内倾的，就意味着在绝大多数情况下其自

然反应是内倾的，但是也有外倾的时候。在特殊的情境下，甚至可能主要表现为外倾。所以，不要绝对地看待评测的结果。

根据对四个维度每一项倾向性的组合判定，最终可以得出 16 种组合，如表 3–3 所示。其中的每一种类型都将是独特的，没有哪一种类型最好，也没有哪一种类型不好。要记住的是，这就是你，具有独特风格的你。

表 3–3　16 种性格类型特征与较适合的职业

序号	性格类型	性格特征	较适合的职业
1	ISTJ（内向、感觉、思考、判断型）	安静、严肃、一丝不苟、认真负责，而且明智豁达，是坚定不移的社会维护者．讲求实际、非常务实，总是孜孜以求精确性和条理性，而且有极大的专注力．不论干什么，都能有条不紊、四平八稳地把它完成	会计师、财务核查员、工程师、财务经理、警察、技师
2	ISFJ（内向、感觉、情感、判断型）	安静、友好、忠心耿耿、一心一意、有责任感和良知、喜欢助人为乐。由于这种人有很强的职业道德，一旦觉得自己的行动确有帮助，他们便会担起重担	图书馆员、教师、服务性工作者
3	INFJ（内向、直觉、情感、判断型）	喜欢寻求思想、关系、物质等之间的意义和联系；原则性强、善于独立进行创造性思考、有很强的洞察力、坚持自己的价值观；对于怎样更好地服务大众有清晰的愿景；在实现目标的过程中有计划且果断坚定	艺术工作者、音乐家、心理医师、教师、作家等
4	INTJ（内向、直觉、思考、判断型）	在实现自己的想法和达成自己的目标时，有创新的想法和非凡的动力；能很快洞察到外界事物间的规律并形成长期的远景计划；一旦决定做一件事就会开始规划并直到完成为止；多疑、独立，对于自己和他人的能力和表现的要求都比较高	电脑分析师、法官、律师、工程人员、科学家等
5	ISTP（内向、感觉、思考、知觉型）	灵活、忍耐力强，是个安静的观察者，有问题发生时，会马上行动，找到实用的解决方法；分析事物运作的原理，能从大量的信息中很快地找到关键的症结；对原因和结果感兴趣，用逻辑的方式处理问题，重视效率	手工艺者、建筑工程师、机械工作者、保险服务工作者、统计人员等
6	ISFP（内向、感觉、情感、知觉型）	安静、友好、敏感、和善；喜欢有自己的空间，喜欢按照自己的时间表工作；对于自己的价值观和自己觉得重要的人非常忠诚，负责任；不喜欢争论和冲突；不会将自己的观念和价值观强加到别人身上	文书工作者、建筑工作者、音乐家、油漆工作者等
7	INFP（内向、直觉、情感、知觉型）	理想主义者，对于自己的价值观和自己觉得重要的人非常忠诚；希望外部的生活和自己内心的价值观是统一的；好奇心重，很快能看到事情的可能性，使其成为实现想法的催化剂；适应力强，灵活，善于接受，除非是有悖于自己的价值观的	艺术工作者、娱乐工作者、编辑、心理学家、社会工作者、作家等

（续表）

序号	性格类型	性格特征	较适合的职业
8	INTP（内向、直觉、思考、知觉型）	对于自己感兴趣的任何事物都寻求找到合理的解释；喜欢理论性的和抽象的事物，热衷于思考而非社交活动；安静、内向、灵活、适应力强，对于自己感兴趣的领域有超凡的集中精力深度解决问题的能力；多疑，有时会有点挑剔，喜欢分析	艺术工作者、电脑分析师、工程师、科学家、作家等
9	ESTP（外向、感觉、思考、知觉型）	灵活、忍耐力强，实际，注重结果；觉得理论和抽象的解释非常无趣；喜欢积极地采取行动解决问题；注重当前，自然不做作，享受和他人在一起的时刻；喜欢物质享受和时尚；学习新事物最有效的方式是通过亲身感受和练习	账务核查员、工匠、警察、销售人员、服务性工作者等
10	ESFP（外向、感觉、情感、知觉型）	外向、友好、接受力强，喜欢和别人一起将事情做成功；在工作中讲究常识和实用性，并使工作显得有趣；灵活、自然不做作，对于新的任何事物都能很快地适应；学习新事物最有效的方式是和他人一起尝试	育婴师、采矿工程师、秘书、督导等
11	ENFP（外向、直觉、情感、知觉型）	热情洋溢、富有想象力，认为人生有很多的可能性；能很快地将事情和信息联系起来，然后很自信地根据自己的判断解决问题；总是需要得到别人的认可，也总是准备着给予他人赏识和帮助；灵活、自然不做作，有很强的即兴发挥能力，言语流畅	演员、咨询师、记者、音乐家、公关人员等
12	ENTP（外向、直觉、思考、知觉型）	反应快、睿智，有激励别人的能力，警觉性强、直言不讳；在解决新的、具有挑战性的问题时机智而有策略；善于找出理论上的可能性，然后再用战略的眼光分析；善于理解别人；不喜欢例行公事，很少会用相同的方法做相同的事情，倾向于一个接一个地发展新的爱好	演员、记者、营销人员、摄影师等
13	ESTJ（外向、感觉、思考、判断型）	实际、现实主义；果断，一旦下决心就会马上行动；善于将项目和人组织起来将事情完成，并尽可能用最有效率的方法得到结果；注重日常的细节，有一套非常清晰的逻辑标准，有系统性地遵循，并希望他人也同样遵循；在实施计划时坚定而有力	督导、行政人员、财务经理、经理、推销人员等
14	ESFJ（外向、感觉、情感、判断型）	热心肠、有责任心、合作；希望周边的环境温馨而和谐，并为此果断地执行；喜欢和他人一起精确并及时地完成任务；事无巨细都会保持热情，能体察到他人在日常生活中的所需并竭尽全力帮助；希望自己和自己的所为能受到他人的认可和赏识	美容师、健康工作者、秘书、教师等

（续表）

序号	性格类型	性格特征	较适合的职业
15	ENFJ（外向、直觉、情感、判断型）	热情、为他人着想、有责任心；非常注重他人的感情、需求和动机；善于发现他人的潜能，并希望能帮助他们实现；能成为个人或群体成长和进步的催化剂；忠诚，对于赞扬和批评都会积极地回应；友善、好社交，在团体中能很好地帮助他人，并有鼓舞他人的领导能力	演员、咨询顾问、咨询师、音乐家、教师等
16	ENTJ（外向、直觉、思考、判断型）	坦诚、果断，有天生的领导能力；能明察一切事物中的各种可能性，很快看到公司或组织程序和政策中的不合理性和低效能性，并迅速找到改进方法。他们是天才的思想家，做事深谋远虑、策划周全，喜欢发号施令	行政人员、律师、经理、营销人员、工程人员等

性格类型没有优劣之分，每种性格类型都有独到之处，并非每种性格类型只对应一种职业，但是某一性格类型的特点可能更适合某一职位的要求，针对这一职位，每种性格类型有其优势和劣势，因而如何运用优势，避免劣势是了解性格类型的重要目的。

四、完善自己的职业性格

完善职业性格的方法和途径主要有以下几个。

（一）树立正确的职业价值观

微软（中国）公司的前总裁唐骏说：“没有一份工作是十全十美的，工作中难免有压抑、枯燥的时候，把自己喜欢的工作干好是一种享受，把自己不喜欢的工作干好，更需要使命感！”正确的职业价值观是干好工作的前提条件。只有对职业有了正确的认识，才能热爱自己的本职工作，进而主动调适自己不适应职业要求的性格特征。

（二）学习榜样，调适性格

大学生可以通过学习榜样来逐步完善职业性格。这方面的榜样主要包括两类：一类是从事所学专业对应职业群的成功者；另一类是原有性格与职业不相适应，经过调适而取得了成功的人。

（三）严格要求，提高素养

大学生可以从生活、学习、工作、对人对己的思想行为等方面，通过自我分析、自我评价、自我监督、自我誓约等方式来自我要求、自我教育，从而提高自己的职业性格素养。当然，前提是有持久性和较强的自制力。

（四）积极实践，加强磨炼

人们通过长期实践和磨炼，可以养成一种自觉行动，并形成习惯，最终就能结出硕果——形成良好的职业性格。任何职业性格的培养都离不开实践活动，人的职业性格是在职业活动中造就的，特殊的职业造就特殊的性格。

课堂讨论

你所学专业对应的职业，对从业者有哪些性格要求？自己的性格与这些要求有哪些是相符的，哪些是不相符的？应如何改善自己的性格？

第三节 兴趣认知

学习目标

理解兴趣对职业生涯规划的影响。

掌握职业兴趣测评的方法。

了解职业兴趣培养的方法。

一、什么是兴趣

兴趣是指个体力求认识、掌握某种事物，并经常参与该种活动的心理倾向，或者说，兴趣是一个人积极探究某种事物的心理倾向。简单地说，兴趣是个体对某种事物表现出喜好的情绪。人的兴趣是在需要的基础之上，在活动之中发展起来的，而且是推动人们去寻求知识和从事活动的巨大的内在动力。一个人在从事自己感兴趣的活动时，注意力往往会更加集中，思维会更加活跃，行为会更加稳定，并能呈现愉快的心理状态。

由于个体之间存在差异，个人的兴趣也表现出很大的不同，这不仅有兴趣内容上的区别，也有兴趣范围和兴趣持久性上的明显差异。个人兴趣在广度、深度、稳定性和效能方面所表现出的不同特点主要有以下四个。

第一，兴趣具有广阔性。

兴趣的广阔性是指兴趣的范围大小。如有些人兴趣广泛，对什么都感兴趣。

第二，兴趣具有中心性。

兴趣的中心性是指兴趣的深度。人不可能对所有的事物都抱有浓厚的兴趣，只能对某些方面特别感兴趣，因此，只有广阔兴趣与中心兴趣相结合，才能促使人更好地发展。否则，什么都知道又什么都了解不深的人，对各种事物总是浅尝辄止、博而不专，未来很难有大的发展。

第三，兴趣具有稳定性。

兴趣的稳定性是指兴趣的持久稳固程度。人与人之间的差异很大，有的人能长期地对他们从事的工作或研究的问题保持浓厚的兴趣，无论在工作中遇到什么困难都能加以克服，因此，他们在事业上能取得成功。

第四，兴趣具有效能性。

兴趣的效能性是指兴趣对活动效果的影响程度。凡是能促使人积极主动地学习和工作，并产生明显效果的，都是积极的有效能的兴趣。

当人们的兴趣对象指向职业活动时，就形成了人的职业兴趣。职业兴趣主要是回答“我喜欢什么”的问题。职业兴趣是一个人积极探索某种职业活动时所表现出来的特殊个性倾向，它使人对某种职业给予优先的注意，并具有向往的情感。职业兴趣是职业观的意向成分和情感成分，它是人们对某种职业活动所具有的比较持久的心理倾向，并伴随着深厚的情感状态。

二、兴趣与职业的关系

案例阅读

有两份工作摆在你面前：一份工资待遇高，但是与你的兴趣并不吻合；另一份工资待遇低，却是你喜欢的。你将如何选择呢？请看下面这则研究报告：

这是一项针对1500名哈佛商学院毕业生的研究，追踪他们1960—1980年的事业发展状况。这些毕业生一开始就被分成两组，第一组人说想先赚钱，然后才做自己想做的事。第二组人则先追求他们真正的兴趣，认为以后财源自然会滚滚而来。其中，想先赚钱的第一组占83%，共1245人。甘愿冒风险先满足兴趣的第二组人占17%，共255人。

20年后，两组人共产生了101名百万富翁，其中1人属于第一组，100人属于第二组。

实验证明，在影响个人职业生涯规则与发展的众多主观因素中，兴趣所起的作用最大。只有兴趣才能充分调动工作的积极性和创造性，使人取得职业生涯的成功。

职业兴趣对人的职业活动有着重要的影响，一份符合自己兴趣的工作常常能够给人带来愉悦感、满足感。在选择职业时，人们总会将自己是否对此有兴趣作为考虑因素之一。从感到有兴趣开始，到逐渐形成更加稳定、持久的乐趣，进而与自己的奋斗目标相结合，形成有着明确方向感和意志性的志趣，这是人的兴趣发展的过程。

从事自己感兴趣的职业活动时，可以激发出强烈的探索和创造热情，可以在良好的体能、智能、情绪状态之下从事有意义的职业活动，从而心甘情愿地全身心地投入。此外，从事自己感兴趣的职业活动可以使人比较容易适应变化的职业环境，可以使人在追求职业目标时表现出坚定持久的意志力。由此可见，职业兴趣是个人在进行职业选择时必须考虑的重要因素之一。

总之，对个人来说，如果从事有兴趣的工作，就会更加努力，而有努力就会出成就，从某种意义上甚至可以说，兴趣比能力更加重要。具体来说，兴趣对人们的职业活动的影响主要表现在以下三个方面。

（一）兴趣是职业生涯选择的重要依据

兴趣是最好的老师，是一种强大的精神力量。兴趣可以使人集中精力去获得所喜欢的职业知识，启迪智慧并创造性地开展工作。当一个人对某种职业产生兴趣时，就能发挥整个身心的积极性；就能积极地感知和关注该职业知识、动态，并且积极思考，大胆探索；就能情绪高涨、想象丰富；就能增强记忆效果，增强克服困难的意志。对兴趣或兴趣类型有了正确的评估后，就可以预测或帮助自己更好地做出职业生涯选择。

人们选择职业时应尽量选择与自己兴趣类型匹配或相邻关系的职业类型，表 3–4 详细阐明了每种职业兴趣类型的特征与典型职业。

表 3–4　兴趣类型与相应职业表

兴趣类型	概念与特点	相应职业
愿与事物打交道	喜欢同事物打交道，而不喜欢与人打交道	制图员、勘测员、工程技术员、建筑师、机器制造师、出纳员、会计等
愿与人接触	喜欢与人交往，对销售、采访、传递信息一类的活动感兴趣	记者、推销员、服务员、教师、行政管理人员、外事联络员等
愿干有规律的工作	喜欢常规的、有规则的活动，习惯在预先安排好的程序下工作	邮件分拣员、图书管理员、档案管理员、办公室文员、打字员等
喜欢从事社会福利和助人工作	乐意帮助人，试图改善他人的状况，帮助他人排忧解难	律师、咨询人员、科技推广人员、医生、护士等
愿做领导和组织工作	喜欢掌管一些事情，喜欢受到众人尊敬和获得声望，在企事业单位中起着重要作用	行政人员、企业管理干部、学校领导和辅导员等
喜欢研究人的行为	对人的行为举止和心理状态感兴趣，喜欢谈论人的问题	心理学、政治学、人类学、人事管理、思想政治教育等研究工作以及教育、行为管理工作

（续表）

兴趣类型	概念与特点	相应职业
喜欢从事科学技术事业	对分析、推理、测试等活动感兴趣，善于理论分析，喜欢独立地解决问题，也喜欢通过实验有所新发现	生物学、化学、工程学、物理学、地质学工作
喜欢抽象的和创造性的工作	对需要想象力和创造力的工作感兴趣，大都喜欢独立地工作，对自己的学识和才能颇为自信。乐于解决抽象的问题，而且急于了解周围的世界	社会调查、经济分析、各类科学研究、新产品开发等工作
喜欢操作机器的技术工作	对运用一定技术、操作各种机械、制造新产品或完成其他任务感兴趣。喜欢使用工具，特别喜欢大型的、马力强的先进的机器，喜欢具体的东西	飞行员、驾驶员、机械制造工程师、建筑师、石油开采人员、煤炭开采人员等
喜欢具体的工作	希望能很快看到自己的劳动成果。愿从事制作看得见、摸得着的产品的工作，并从完成的产品中得到满足	室内设计师、园林设计师、美容师、理发师、手工制作者、机械维修师、厨师等

（二）兴趣可以提高工作效率，充分发挥个人才能

个人对工作有兴趣时，枯燥的工作也会变得丰富多彩、趣味无穷。因为兴趣可以调动人的全部精力，促进能力的发挥，兴趣和能力的结合会大大提高工作效率。曾有人进行过研究：如果一个人从事自己感兴趣的职业，则能发挥全部才能的 80%～90%，而且能长时间保持高效率而不感到疲劳；如果一个人对所从事的工作没有兴趣，则只能发挥全部才能的 20%～30%，而且时常有倦怠感。

（三）兴趣是保证职业稳定和职场成功的重要因素

在某些情况下（如不考虑经济因素），兴趣对工作满意度甚至具有决定性作用。一般来说，从事自己不感兴趣的职业很难让你和你的领导感到满意，并将因此导致工作不稳定。在选择长期、稳定的职业生涯时，不仅需要知道自己能从事什么样的工作，更重要的是需要知道自己对哪类工作感兴趣。多方面的兴趣也可以使人轻松适应多变的环境。如需变换工作，只要自己感兴趣，就能够很快学会岗位技能，进而求职成功。因此，兴趣是职场成功的一个重要因素，它能将你的潜能最大限度地激发出来，使你长期专注于某一方向，并付出辛勤的努力，最终取得令人瞩目的成绩。

拓展阅读

兴趣理论对大学生的启示

①职业与专业并不是简单的一对一关系，同一个专业有许多职业和岗位可以选择。例

如，护理专业的学生可以依据个人的兴趣选择不同的岗位，如儿科护士、内科护士、外科护士等。

②大学生可以将自己的兴趣与所学专业很好地结合在一起，最大限度地满足自己的愿望。例如，一个学生喜欢幼教工作，却选择了护理专业，那么他可以考虑将来做一名儿科护士，或者到幼儿园当一名保健员。

③即使一个人不得不从事与自己的兴趣爱好不相适应的工作，也没有必要沮丧，因为人的兴趣是可以培养的。社会的需要是职业兴趣产生的基础，专业学习和社会实践是职业兴趣形成和发展的动力。大学生可通过深入了解工作和不断取得成就来培养对工作的兴趣，也可根据实际需要，通过多种途径和自身的努力去发展和改变职业兴趣。

④虽然许多人提倡在选择职业时，尽量达到兴趣与职业的匹配，但实际上，完全的匹配只是一种理想状态。除了工作，人们还可以通过生活中的其他方面来满足自己的兴趣，而不必强求兴趣与职业的完全匹配。

三、自我兴趣探索

选择职业前最好经过职业兴趣测评。职业兴趣测评是指通过个人对客观事物做出反应时的选择，从陈述性的项目中指出自己爱好的部分，以检测出个体行为的倾向性。

职业兴趣测评最早由霍兰德提出，但并不完全符合中国国情，我国学者陈社育参照他的理论框架，研制了“RCCP 通用人职匹配测试量表”。他将职业兴趣类型分为六种，即现实型（R）、研究型（I）、艺术型（A）、社会型（S）、管理型（E）、常规型（C）。一般来说，完全属于某一种典型类型的人并不多，大多数人除了主要表现为某一种兴趣类型外，还可能同时具有另外一种兴趣类型的特点，这样两两交叉就形成了 36 种职业兴趣类型，如表 3–5 所示。

表 3–5　36 种职业兴趣类型表

职业兴趣类型	现实型（R）	研究型（I）	艺术型（A）	社会型（S）	管理型（E）	常规型（C）
现实型（R）	RR	IR	AR	SR	ER	CR
研究型（I）	RI	II	AI	SI	EI	CI
艺术型（A）	RA	IA	AA	SA	EA	CA
社会型（S）	RS	IS	AS	SS	ES	CS
管理型（E）	RE	IE	AE	SE	EE	CE
常规型（C）	RC	IC	AC	SC	EC	CC

表中 RR、II、AA、SS、EE、CC 为典型类型，其余都是综合类型。各种类型及其相匹配的职业类型如下。

①典型现实型（RR）：需要进行明确的、具体的、按一定程序要求的技术性、技能性工作，如机械操作人员、电工技师、技术工人。

②研究现实型（IR）：具有一定科技含量的技术、技能性工作，如计算机编程人员、工程技术人员、质量检验人员。

③艺术现实型（AR）：需要一定艺术表现的技术或技能性工作，如雕刻师、手工刺绣师、家具和服装制作师。

④社会现实型（SR）：与人打交道较多的技术或技能性工作，如出租汽车驾驶员、家电维修人员师。

⑤管理现实型（ER）：需要一定管理能力的技术或技能性工作，如领航员、动物管理员。

⑥常规现实型（CR）：常规性的技术或技能性工作，如计算机操作人员、机械维护人员。

⑦典型研究型（II）：需要通过观察、科学分析而进行的系统的创造性活动的科学研究工作和理论性工作，如数学、物理等学科的研究人员、学术评论者。

⑧现实研究型（RI）：侧重于技术或技能性的科学研究工作，如机械、电子、化工行业的工程师、化学技师、研究室的实验人员。

⑨艺术研究型（AI）：艺术研究方面的工作，如文艺评论家、艺术作品编辑、艺术理论工作者。

⑩社会研究型（SI）：社会科学研究方面的工作，如社会学研究人员、心理学研究人员。

⑪管理研究型（EI）：管理研究方面的工作，如管理学科研者、管理类刊物编辑。

⑫常规研究型（CI）：常规性的研究工作，如数据采集者、资料搜集人员。

⑬典型艺术型（AA）：需要通过非系统化的、自由的活动进行艺术表现的工作，如演员、诗人、作曲家、画家。

⑭现实艺术型（RA）：运用现代科技较多的艺术工作，如电视摄影师、录音师、动画制作人员。

⑮研究艺术型（IA）：具有探索性的艺术工作，如剧作家、时装设计师、工艺产品设计师。

⑯社会艺术型（SA）：侧重于社会交流或社会问题的艺术工作，如作家、播音员、广告设计、时装模特。

⑰管理艺术型（EA）：需要一定管理能力的艺术工作，如节目主持人、艺术教师、音乐指挥、导演。

⑱常规艺术型（CA）：常规性的艺术工作，如化妆师、花匠。

⑲典型社会型（SS）：需要花较多时间与人打交道的说服、教育和治疗工作，如教师、公关人员、供销人员、社会活动家。

⑳现实社会型（RS）：具有一定技术或技能的社会性工作，如护士、职业学校教师。

㉑研究社会型（IS）：需要做些分析研究的社会性工作，如医生、大学文科教师、心理咨询人员、市场调研人员、政治思想工作者。

㉒艺术社会型（AS）：具有一定艺术性的社会工作，如记者、律师、翻译。

㉓管理社会型（ES）：需要一定管理能力的社会工作，如工商行政人员、市场管理人员、公安交警。

㉔常规社会型（CS）：常规性的公益事务工作，如环卫工作人员、工勤人员。

㉕典型管理型（EE）：需要胆略、冒风险且承担责任的工作，主要指管理、决策方面的工作，如企业经理、金融投资者。

㉖现实管理型（RE）：具有一定技术或技能的管理工作，如技术经理、护士长、船长。

㉗研究管理型（IE）：侧重于分析研究的管理工作，如总工程师、总设计师、专利代理人。

㉘艺术管理型（AE）：与艺术有关的管理工作，如广告经理、艺术领域的经纪人。

㉙社会管理型（SE）：与社会有关的管理工作，如销售经理、公关经理。

㉚常规管理型（CE）：常规性的管理工作，如办公室负责人、大堂经理、领班。

㉛典型常规型（CC）：严格按照固定的规则、方法进行重复性、习惯性的劳动，并具有一定自控能力的相关工作，如出纳员、行政办事员、图书管理员。

㉜现实常规型（RC）：需要一定技术或技能的常规性工作，如档案资料管理员、文印人员。

㉝研究常规型（IC）：需要经常进行一些研究分析的常规性工作，如估价员、土地测量人员、报表制作人员、统计分析员。

㉞艺术常规型（AC）：与艺术有关的常规性工作，如美容师、包装人员。

㉟社会常规型（SC）：需要更多时间与人打交道的常规性工作，如售票员、营业员、接待人员、宾馆服务员。

㊱管理常规型（EC）：需要一定管理能力的常规性工作，如机关科员、文秘人员。

请你根据对每一题的第一印象作答，不必仔细推敲，答案没有对错之分，根据与实际情况的符合程度来判断，与实际情况相符合的得 2 分，不符合的得 0 分，难以回答的得 1 分。对于有些你没有机会从事的工作，你可以在假设的情形下做出判断。在做完从现实型到常规型共 108 道题后，再分类统计各自总分，填入后面的成绩登入表，并依次完成类型确定过程。

现实型问题：

①你曾经将钢笔全部拆散加以清洗并能独立地将它装起来吗？

②你会用积木搭出许多造型吗？或小时候常拼七巧板吗？

③你在中学里喜欢做实验吗？

④你对一些动手较多的技术工作（如修钟表、印照片、织毛线、绣花、剪纸等）很感兴趣吗？

⑤当你家里有些东西需要小修小补时，常常是由你来做吗？

⑥你常常偷偷地去摆弄不让你摆弄的机器或机械（如打字机、摩托车、电梯、机床等）吗？

⑦你是否深深体会到身边有一把镊指钳或老虎钳等工具，会给你提供许多便利吗？

⑧看到老师傅在做活，你能迅速、准确地模仿吗？

⑨你喜欢把一件事做完后再做另一件事吗？

⑩做事情前，你经常害怕出错，面对工作安排反复检查吗？

⑪你喜欢亲自动手制作一些东西，从中得到乐趣吗？

⑫你喜欢使用锤子、斧头一类的工具吗？

⑬如果掌握一门手艺，并能以此为生，你会感到非常满意吗？

⑭你曾经渴望当一名汽车司机吗？

⑮小时候，你经常把玩具拆开，把里面看个究竟吗？

⑯你喜欢修理自行车、电器一类的工作吗？

⑰你喜欢跟各类机械打交道吗？

⑱你亲手制作或修理的东西而经常令你的朋友满意吗？

研究型问题：

①你对电视或单位里的智力竞赛很有兴趣吗？

②你经常到新华书店或图书馆翻阅图书（文艺小说除外）吗？

③学生时代你常常会主动地做一些有趣的习题吗？

④你对一件新产品或新事物的构造或工作原理感兴趣吗？

⑤当有人向你请教某事物如何做时，你总喜欢讲清内部原理，而不仅仅是操作步骤吗？

⑥你常常会对一件想知道但又无法详细知道的事物想象出它将是什么或将怎么变化吗？

⑦看到别人在为一个有趣的难题争论不休时，你会加入进去或者独自一人思考，直到解决为止吗？

⑧看推理小说或电影时，你常常分析推理谁是罪犯，并且这种分析时常与最后结果相吻合吗？

⑨你喜欢做一些需要运用智力的游戏吗？

⑩相比而言，你更喜欢独自一人思考问题吗？

⑪你的理想是当一名科学家吗？

⑫你经常不停地思考某一问题，直到想出正确的答案吗？

⑬你喜欢抽象思维的工作吗？

⑭你喜欢解答较难问题吗？

⑮你喜欢阅读自然科学方面的书籍和杂志吗？

⑯你能够做那种需要持续集中注意力的工作吗？

⑰你喜欢学数学吗？

⑱如果独自在实验室里做长时间的实验，你能坚持吗？

艺术型问题：

①你对戏剧、电影、文艺小说、音乐、美术等其中的一两个方面较感兴趣吗？

②你常常喜欢对文艺界的明星品头论足吗？

③你参加过文艺演出、绘画训练或经常写诗歌、短文吗？

④你的朋友经常赞扬你把自己的房间布置得比较优雅并有品位吗？

⑤你对别人的服装、外貌以及家具摆设等能做出比较准确的评价吗？

⑥你认为一个人的仪表美主要是为了表现一个人对美的追求，而不是为了得到别人的赞扬或羡慕吗？

⑦你觉得工作之余坐下来听听音乐、看看画册或欣赏戏剧等，是你最大的乐趣吗？

⑧有美术展览会、歌星演唱会等活动时，你常常去观赏吗？

⑨音乐能使你陶醉吗？

⑩你喜欢成为人们注意到的焦点吗？

⑪你喜欢不时地夸耀一下自己取得的成就吗？

⑫你喜欢做戏剧、音乐、歌舞、摄影等方面的工作吗？

⑬你能较为准确地分析美术作品吗？

⑭你爱幻想吗？

⑮看情感影片或小说时，你常禁不住眼圈发红吗？

⑯当接受一项新任务后，你喜欢以自己独特的方法去完成它吗？

⑰你有文艺方面的天赋吗？

⑱与推理小说相比，你更喜欢言情小说吗？

社会型问题：

①你常常主动给朋友写信或打电话吗？

②你能列出五个你自认为够朋友的人吗？

③你很愿意参加学校、单位或社会团体组织的各种活动吗？

④你看到不相识的人遇到困难时，能主动去帮助他，或向他表示你同情与安慰的心情吗？

⑤你喜欢去新场所活动并结交新朋友吗？

⑥对一些令人讨厌的人，你常常会由于某种理由原谅、同情甚至帮助他吗？

⑦有些活动虽然没有报酬，但你觉得这些活动对社会有好处，就积极参加吗？
⑧你很注意你的仪容风度，这主要是为了让人产生良好的印象吗？
⑨大家公认你是一名勤劳踏实、愿为大家服务的人吗？
⑩旅途中你喜欢与人交谈吗？
⑪你喜欢参加各种各样的聚会吗？
⑫你很容易结识同性朋友吗？
⑬你乐于解除别人的痛苦吗？
⑭对于社会问题，你很少持中庸的态度吗？
⑮听别人谈“家中被盗”一类的事，很容易引起你的同情吗？
⑯你通常不喜欢一个人独处吗？
⑰在工作中，你喜欢听取别人的意见吗？
⑱和一群人在一起的时候，你经常能找到恰当的话题吗？
管理型问题：
①当你有了钱后，你愿意用于投资吗？
②你常常能发现别人组织的活动的某些不足，并提出建议让他们改进吗？
③你相信如果让你去做一个个体户，一定会成为富裕户吗？
④你在上学时曾经担任过某些职务（如班干部、课代表等），并且自认为干得不错吗？
⑤你有信心说服别人接受你的观点吗？
⑥你对一大堆的数字感到头疼吗？
⑦做一件事情时，你常常事先仔细考虑它的利弊得失吗？
⑧在别人跟你算账或讲一套理由时，你常常换一个角度考虑，而发现其中的漏洞吗？
⑨你曾经渴望有机会参加探险吗？
⑩你认为在管理活动中以个人的意志影响别人的行为是很必要的吗？
⑪如果待遇相同，你宁愿当一名商品推销员，而不愿当一名机关办事员吗？
⑫当你开始做一件事后，即使碰到再多的困难，你也执着地干下去吗？
⑬你总是主动地向别人提出自己的建议吗？
⑭你更喜欢自己下了赌注的比赛或游戏吗？
⑮和不熟悉的人交谈对你来说毫不困难吗？
⑯和别人谈判时，你不愿放弃自己的观点吗？
⑰在集体讨论中，你不愿保持沉默吗？
⑱你不愿意从事虽然工资少，但是比较稳定的职业吗？
常规型问题：
①你能够用一两个小时坐下来抄写一份你不感兴趣的材料吗？
②你能按领导或教师的要求尽自己的能力做好每一件事吗？

③无论填报什么表格，你都非常认真吗？

④在讨论会上，如果不少人已经讲的观点与你的不同，你就不发表自己的观点了吗？

⑤你常常觉得在你周围有不少人比你更有才能吗？

⑥你喜欢重复别人已经做过的事情而不喜欢做那些要自己动脑筋摸索着干的事吗？

⑦你喜欢做那些已经很习惯了的工作，同时最好这种工作责任心小一些，工作时还能聊聊天、听听歌曲吗？

⑧你经常将非常琐碎的事情整理好吗？

⑨你总留有充裕的时间去赴约会吗？

⑩对别人借你的和你借别人的东西，你都能记得很清楚吗？

⑪你喜欢经常请示上级吗？

⑫你喜欢按部就班地完成要做的工作吗？

⑬对于急躁、爱发脾气的人，你仍能以礼相待吗？

⑭你是一个沉静而不易动感情的人吗？

⑮你喜欢把一切安排得整整齐齐、井井有条吗？

⑯你经常收拾房间，保持房间整洁吗？

⑰你办事常常思前想后吗？

⑱每次写信你都要好好考虑，写完后至少重复看一遍吗？

请你将上述六个部分答题结果的得分填入表 3-6。

表 3-6　答题结果的得分

类型	得分
现实型	
研究型	
艺术型	
社会型	
管理型	
常规型	

如果你在某一部分的得分明显高出其他部分，说明你属于该种典型类型的人。一般来说，综合性的兴趣特征在生活中居多数。那么，怎么确定自己的综合特征呢？

首先，列出得分较高的两个兴趣类型的代号（　　）（　　）。

其次，将得分最高的兴趣类型代号的字母填入第一个括号。例如，你是现实型，则（R　）（　　）。

最后，将得分较高的兴趣类型代号，从高到低依次填入空格。如果第二个特征是 I，则（R）（I）。

据此可知，这位测试者的兴趣特征是现实研究型。然后，就可以依据这个类型代号在前面所列的职业兴趣类型中进行查阅，从而得知自己的主要职业兴趣。

四、职业兴趣培养

（一）影响职业兴趣的因素

影响职业兴趣的因素来自家庭、社会、自身等多个方面，人们职业兴趣的形成与所处的历史条件、实践活动和自身能力有着密切的关系。概括起来，影响一个人职业兴趣的因素主要有以下四个方面。

1. 家族传统方面

我国重视家族传统的文化因素对求职择业的影响较大，家庭环境的熏陶对一个人职业兴趣的形成具有十分明显的导向作用。一个人最初的职业认识大部分都来自家庭，来自父母的职业情况，因此，一个人的职业兴趣不可避免地带有家庭教育与家族传统的印迹。个体的求职择业常常受到家族长辈对职业选择的影响，在确定职业时，常常需要经过家庭的统一协商才能确定。

2. 个体受教育程度方面

求职者自身的受教育程度是影响其职业兴趣的重要因素。任何一种社会职业从客观上对从业人员都有知识与技能等方面的要求，而求职者本人的知识与技能水平的高低在很大程度上取决于其受教育程度。从一般意义上说，求职者的学历层次越高，其职业取向的领域就越宽。

3. 社会舆论导向方面

主要体现在传统文化、政策导向、社会习俗等方面。就业政策的宣传是主导的影响因素，传统的就业观念和就业模式也往往制约个人的职业选择，而社会习俗与风尚是求职者特别是年轻人追求的目标。

4. 职业需求方面

职业需求对求职者的职业兴趣具有一定的导向性，在一定条件下，它可强化求职者的职业选择，或抑制求职者不切实际的职业取向，也可引导求职者产生新的职业取向。

（二）我国大学生职业兴趣的特点

1. 职业兴趣在大学阶段由于专业的不同而有明显不同

不同专业的学生有不同的兴趣。理工类学生更倾向于现实型职业，文史类学生更倾向于艺术型、社会型和常规型职业，且文史类学生的职业兴趣更加广泛。

2. 职业兴趣因性别不同而有明显差异

男生更倾向于现实型与研究型职业，女生更倾向于艺术型职业，这可能与男女生在气质、性格和能力等方面的差异有关，同时也受社会上对性别赋予一定的角色期望的影响。

3. 职业兴趣受地域的影响

农村学生对现实型和研究型职业有兴趣，而城市学生则更加倾向于艺术型、社会型的职业。

（三）职业兴趣的培养途径

我国当前就业形势较为严峻，但并不意味着不考虑个人需要和兴趣而随意择业。如果将职业仅仅作为谋生的手段而不是达到个人实现自我价值的途径，将导致职业的稳定性降低，不仅会给个人带来困扰，阻碍个人发展，还会造成国家资源的浪费。在选择职业时必须了解自己的兴趣所在，努力使职业与兴趣相吻合。大学生必须正确评价自己的职业理想，客观看待社会发展条件是否允许实现个人职业理想。

人可以主动认识世界和改造世界，个人的职业选择也应该是一个动态的过程。人的兴趣是可以培养的，职业兴趣也一样，虽然职业兴趣一旦形成就具有一定程度的稳定性，但个体可以通过主动培养自己的职业兴趣，从而改善求职择业状况。

培养职业兴趣主要有以下四种途径。

1. 培养广泛兴趣

具有广泛兴趣的人不仅对自己职业领域的东西有浓厚的兴趣，而且对其他领域有一定的兴趣。这种人的眼界比较开阔，解决问题时也可以从多方面得到启发，在职业选择上有较大的余地。

2. 培养中心兴趣

人的兴趣应广泛，但不能过滥，还要有一定的集中爱好，既广泛又有重点，才能学有所长。如果没有中心职业兴趣，就不会有明确的职业方向，也就难以有所成就。所以，大学生还应着重培养自己在某一方面的职业兴趣，促进自己的发展和成才。

3. 保持兴趣稳定

应在某一方面有持久稳定的兴趣，不能朝三暮四、见异思迁，这样才能投入更多的热情和精力，深入钻研相关内容，在事业上才能有所发展和成就。在培养自己职业兴趣的同时，还应客观评价自己的能力，看自己是否适合某种职业，在此基础上形成的职业兴趣才是长久的。

4. 积极参加实践活动

职业实践活动内容十分丰富，包括生产实习、社会调查、参观访问以及组织兴趣小组等。每一个人都可以通过参加各种职业实践活动调节和培养兴趣，根据社会和自我需要，有意识地去培养和发展兴趣，从而为事业的成功创造条件。

拓展阅读

对职业兴趣的认识误区

明确职业兴趣是个人进行职业生涯规划的重要依据之一。大学生在寻找职业兴趣的过程中，要避免形成以下几种错误观念。

一、把简单的喜欢和感兴趣当作职业兴趣

有的人看了几本小说，就认为自己应当去当作家；有的人喜欢打游戏，就觉得自己应该去学计算机。而真正接触这些职业后，却发现并不适合自己。只有想清楚自己想要从事什么样的具体工作，并对工作的内容、职责、性质等有一定了解，且乐于学习达到工作要求的知识技能时，才谈得上对该工作真正有兴趣。

二、从事自己感兴趣的工作，就意味着轻松愉快

做自己感兴趣的工作是快乐的，甚至可以激发工作热情，但不一定轻松。实际上，不管任何职业，都要努力付出才能做出成绩、取得成就。另外，感兴趣的职业不一定经济待遇好、社会地位高，如果坚持自己的职业兴趣，可能要以牺牲一定的经济报酬和社会地位为代价。

三、不是自己感兴趣的工作就不做

能从事自己感兴趣的职业是每个人的理想，但选择职业时，除了兴趣，还要综合考虑自己的性格、能力等，这也是理想与现实之间的矛盾。有调查显示，超过 60% 的大学生正在就读自己不喜欢的专业，50% 的职场人正在做着自己不感兴趣的工作。在遇到这种情况时，个人应立足于现实，把自己不喜欢的专业学好，把自己不喜欢的工作做好，并在这个过程中逐渐培养兴趣、积累技能，寻找新的机会。

拓展训练

阅读下文，进行一次职业兴趣测评。

在苍茫的大海上，我们是一群游客，由于轮船搁浅，我们必须上岛。对于未来是否有可以求救的船只过来，我们知道这种可能性是零，而这些岛屿很有可能就是我们今后一辈子生活的地方，那么你会如何选择？

A 岛——美丽浪漫岛

岛上充满了美术馆、音乐厅，弥漫着浓厚的艺术文化气息。同时，当地的居民还保留了传统的舞蹈、音乐与绘画，许多文艺界的朋友都喜欢来这里找寻灵感。

B 岛——深思冥想岛

岛上人迹较少，建筑物多僻处一隅，平畴绿野，适合夜观星象。岛上有多处天文馆、科博馆以及科学图书馆等。岛上居民喜好沉思、追求真知，喜欢与来自各地的哲学家、科

学家、心理学家等交换心得。

C岛——现代井然岛

岛上建筑十分现代化，是进步的都市形态，以完善的户政管理、地政管理、金融管理见长，岛民个性冷静保守，善于组织规划。

R岛——自然原始岛

岛上保留有热带的原始植物，自然生态保持得很好，也有相当规模的动物园、植物园、水族馆。岛上居民以手工见长，自己种植花果蔬菜、修缮房屋、打造器物、制作工具。

S岛——温暖友善岛

岛上的居民个性温和、十分友善、乐于助人，社区均自成一个密切互动的服务网络，人们多互助合作，重视教育，弦歌不辍，充满人文气息。

E岛——显赫富庶岛

岛上的居民热情豪爽，善于企业经营和贸易。岛上的经济高度发达，处处是高级饭店、俱乐部、高尔夫球场。来往者多是企业家、经理人、政治家、律师等，衣香鬓影，夜夜笙歌。

你总共有15秒钟回答以下问题。

①如果你必须在6个岛之中的一个岛上生活一辈子，成为这里岛民的一员，你第一会选择哪一个岛？

②你第二会选择哪一个岛？

③你第三会选择哪一个岛？

④你最不愿意选择哪一个岛？

选好之后，依次记下四个问题的答案，并与以下结果进行比对。

说明：6个岛屿代表着6种典型的职业生涯兴趣类型（其中，第一个是主要兴趣，第二、三个是辅助兴趣）。

参考答案：

①选择R岛。

类型：现实型。

喜欢的活动：愿意从事事务性的工作，喜欢户外活动或操作机器，不喜欢在办公室工作。

适合的职业：制造业、渔业、野外生活管理业、技术贸易业、机械业、农业、林业和军事工作等。

②选择B岛。

类型：研究型。

喜欢的活动：处理信息（观点、理论），喜欢探索和理解、研究那些需要分析、思考的抽象问题，喜欢独立工作。

适合的职业：实验室工作人员、生物学家、化学家、社会学家、工程设计师、物理学家和程序设计员。

③选择A岛。

类型：艺术型。

喜欢的活动：创造，自我表达，写作、音乐、艺术和戏剧。

适合的职业：作家、艺术家、音乐家、诗人、漫画家、演员、戏剧导演、作曲家、乐队指挥和室内装潢人员。

④选择S岛。

类型：社会型。

喜欢的活动：帮助别人，与人合作，热情关心他人的幸福，愿意帮助别人解决困难。

适合的职业：教师、社会工作者、牧师、心理咨询员、服务性行业人员。

⑤选择E岛。

类型：企业型。

喜欢的活动：领导和影响别人，或为了达到个人或组织的目的而善于说服别人，希望成就一番事业。

适合的职业：律师、政治运动领袖、营销人员、市场或销售经理、公关人员、采购员、投资商、电视制片人和保险代理。

⑥选择C岛。

类型：传统型。

喜欢的活动：组织和处理数据，喜欢固定的、有秩序的工作或活动，希望确切地知道工作的要求和标准，愿意在一个大机构中处于从属地位。

适合的职业：会计师、银行出纳、簿记员、行政助理、秘书、档案文书、税务专家和计算机操作员。

第四节 能力认知

学习目标

了解能力对职业的影响。

掌握根据能力选择职业的方法。

一、什么是能力

能力是指完成一项目标或任务所体现出来的综合素质。能力能够直接影响活动效率，并使活动顺利完成的个性心理特征。能力既是掌握知识、技能的前提，又是掌握知识、技能的结果，它们相互转化、相互促进。能力与个人的职业满意度、工作适应性以及职业稳定性具有直接的正相关关系。如果把性格比作我们的“身份证”，能力就是我们在社会上的“通行证”，因此，在进行职业选择时，能力是参考的重要因素。

能力不同于知识和技能。知识是人脑对客观事物的主观表现，技能是人们通过练习而获得的动作方式和动作系统。

能力按其获得的方式，可以分为能力倾向和技能两大类。能力倾向是与生俱来的，但如果在成长过程中未被开发出来，就会被荒废，就永远只是一种潜能。而技能则是在一定的知识、经验基础上，通过后天的学习和综合培养而形成的能力。技能占据了能力的大部分。在进行职业生涯规划时，应该将能力倾向和技能考虑在内。

（一）能力倾向

能力倾向是指经过适当训练或被置于适当的环境下，能够完成某项活动的可能性。简单地说，能力倾向是指个人能学会做什么，以及个人获得新的知识和能力如何。能力倾向主要包括语言能力、数理能力、空间判断能力、细节觉察能力、书写知觉能力、运动协调能力、动手能力七种，其含义和匹配的职业如表 3–7 所示。

表 3–7　各种能力倾向的含义和匹配的职业

类型	含义	匹配的职业
语言能力	语言能力包括对词语的理解和应用能力，对句子、段落、篇章的理解能力，以及清楚、准确地表达自己的观念和向他人介绍信息的能力	售货员、商务师、导游、演员、导演、编辑、播音员、主持人、教师、律师、审判员等
数理能力	数理能力是指迅速、准确地进行运算、推理，并应用数学方法分析和解决实际问题的能力	会计、银行职员、保险公司职员、税务员、审计员、统计员、自然科学家、计算机工程师等
空间判断能力	空间判断能力是指对立体图形以及平面图形与立体图形之间关系的理解能力，包括能看懂几何图形、能理解立体图形的三维结构、能识别不同物体在空间运动中的联系、能解决几何问题等	技术员、工程师、服装设计师、艺术家、家具设计师、建筑师、摄影师、家电维修专家、自然科学家、军官、司机等
细节察觉能力	细节察觉能力是指正确感知物体或图形的有关细节的能力，以及对图形的明暗、线的宽度和长度等进行比较的能力	技术员、工程师、电工、房管员、咨询师、教练员、导演、图书管理员、会计、银行职员、保险公司职员、审计员、统计员、编辑、自然科学家等

（续表）

类型	含义	匹配的职业
书写知觉能力	书写知觉能力是指对印刷物、账目、表格等材料的细微部分具有正确知觉，善于发现错误并校正的能力	教师、公务员、社会科学家、秘书、打字员、编辑、银行职员、咨询师、经理、记者、作家等
运动协调能力	运动协调能力是指身体迅速、准确、协调地做出动作和反应的能力	运动员、教练、演员、服装设计师、家具设计师、美容师、电工、司机、警察等
动手能力	动手能力是指手和手腕迅速而准确地活动和操作细小物体的能力	医生、护士、药剂师、运动员、自然科学家、技术员、工程师、服装设计师、家具设计师、艺术家、美容师、售货员、服务员、保育员、摄影师、导演等

（二）技能

技能是指个人在特定目标的指引下，运用已有的知识，通过练习而形成的一定的动作方式或智力活动方式。著名职业咨询师辛迪·梵（Sidney Fine）和理查德·鲍尔斯（Richard Bolles）将技能分为三种类型：①专业知识技能；②自我管理技能；③可迁移技能（或称通用技能）。通常人们比较容易想到自己所具有的专业知识技能，但实际上后两种技能更为重要。

1. 专业知识技能

专业知识技能是指那些需要通过教育或培训才能获得的特别的知识或能力，也就是个人所学习的科目、所懂得的知识，如外语、中国古代历史、电脑编程、化学元素周期表等知识。

如果把知识看成一种信息，那么知识性技能则是将信息进行分类、加工、整合等进行应用的一种能力。即知识本身是静态的，而知识性技能则是一种动态的表达。这类技能与专业学习或工作内容直接相关，需要经过有意识、专门的培训获得，不能迁移。事实上，专业知识技能并非只能通过正式、专业的教育才能获得。它的获取还有以下途径：课程学习，课外培训、辅导班、自学，专业会议、讲座或研讨会，资格认证考试，上岗培训，爱好、娱乐休闲、社会实践、社团活动等。

专业知识技能分为基础技能和专项技能。

基础技能指从事专门职业所必须掌握的最基本技能。较高层次技能的培养依赖基础技能的掌握。以师范生为例，不管是历史、中文专业的学生，还是数学或物理专业的学生，作为未来的教师，都应具备基础的教学技能，如表述技能、书写技能、信息处理技能等，即要有标准的普通话和良好的语言表达能力、扎实的三笔（钢笔、粉笔、毛笔）一画基本功及应用现代教学媒体的能力等。这些技能都是教师不可或缺的技能，是教师的基本功。

专项技能指从事某种职业所必须掌握的某项或几项特殊能力。专项技能是在基础技能的基础上进一步发展起来的能力，对不同职业的从业者提出了更高的要求。例如，教师在掌握了基础技能外，在课堂上还应有板书变化技能、提问技能、强化技能、练习指导技能、课堂组织技能、教学技能的综合运用等多种技能。专项技能的高低决定了择业顺利与否，也决定了未来事业的成败。

2. 自我管理技能

良好的自我管理技能能够帮助个体更好地适应周围的环境、应对工作中出现的问题，因此它也被称为“适应性技能”。自我管理技能经常被看作个性品质，被用来描述或说明人具有的某些特征，常以形容词或副词的形式出现，如仔细的、慷慨的、喜悦的、欢快的、聪明的、高尚的等。自我管理技能无论是一个人先天具有的，还是后天习得的，都需要练习。它可以从非工作领域转换到工作领域。

3. 可迁移技能

人们所获得的各种技能之间可以相互作用，已经掌握的技能可能对新的技能起促进作用，也可能妨碍学习新的技能。这种现象叫作技能的迁移。可迁移技能的特征是它可以从生活的方方面面，特别是工作之外得到发展，并且可以迁移应用于不同的工作之中。因此可迁移技能，也被称为“通用技能”。

知识扩展

用人单位最重视的技能

用人单位通常在大学毕业生身上寻求的，也是使得这些学生有资格担任某一职位的东西，包括他们的教育背景、经验和综合素质。有些领域（如医学、程序设计、化工等）需要专门的知识和证书，但大部分职业并不要求有什么特殊的知识技能，而需要的是一些更为普遍、一般性的技能和素质（即可迁移技能和自我管理技能）。根据美国“全国大学与雇主协会”的调查，美国雇主们最为重视的技能和个人品质按顺序排列如下：①沟通能力；②积极主动性；③团队合作精神；④领导能力；⑤学习成绩；⑥人际交往能力；⑦适应能力；⑧专业技术；⑨诚实正直；⑩工作道德；⑪分析和解决问题的能力。

我们可以看到，其中的第①、④、⑥、⑦、⑪位都属于可迁移技能，第②、③、⑨、⑩位都是自我管理技能，而知识技能排在第⑤位和第⑧位。

美国劳工部及美国生涯咨询和发展协会对雇主进行的另一份调查结果也显示，雇主们非常重视员工的自我管理技能和可迁移技能。具体如下：①善于学习；②读、写、算的能力；③良好的交流能力，包括听、说能力；④创造性思维和解决问题的能力；⑤自尊、积极、有奋斗目标；⑥有个人和事业开拓能力；⑦交际、谈判能力及团队精神；⑧良好的组织能力和领导能力。

事实上，中国雇主们所看重的同样是这些能力。许多单位在招聘人才时不仅看其学习成绩，更重视其他综合能力，如良好的沟通、表达能力，较强的分析、组织能力及领导能力，尤其是团队精神。

二、能力与职业的关系

（一）能力影响职业的胜任

对任何一种职业而言，都要求从业者具备相应的能力。能力是职业适应性的首要的和基本的制约因素，因此，个人在择业时，需要考虑到能力与职业的吻合问题。一般来说，一项职业总是需要几种能力的综合，个人在择业时就应考虑自己是否具备这些能力。同时，每个人都有自己的优势和劣势。如果不考虑能力类型，从事与能力不匹配的职业，就会直接影响工作效率以及个人满意度，因此应弄清胜任职业岗位所需要的能力。试想一下，倘若鲁迅继续学医，就不会成为伟大的文学家；假如陈景润还当中学教师，便没有举世闻名的“陈氏定理”；要是达尔文当初听从父亲之命放弃科学考察而去做一名牧师，自然界的生物进化之谜将不知何时才能解开。

（二）能力影响职业的选择

任何一种职业对工作者的能力都有一定的要求，在选择职业时，要特别注意能力与职业的匹配程度。

1. 注意能力类型与职业类型相吻合

首先，职业是可以根据工作的性质、内容和环境而划分为不同类型的，并且对人的能力也有不同的要求，应注意能力类型和职业类型的吻合；其次，对一种职业或职业类型来说，由于所承担的责任不同，又可分为不同层次。不同层次的职业对人的能力有不同的要求。因此，在根据能力类型确定了职业类型后，还应根据自己所达到或可能达到的能力水平确定相吻合的职业层次。只有这样，才能使能力与职业的吻合具体化。最后，每个人的能力系统中，各方面能力的发展是不平衡的，常常是某方面的能力占优势，而其他方面的能力不太突出。对职业选择和职业指导而言，应主要考虑个人的最佳能力，选择最能运用其优势能力的职业。同样，在人事安排中，如能注重一个人的优势能力并为其分配相应的工作，则会更好地发挥一个人的作用。

2. 注意一般能力与职业相吻合

一般能力通常又称为智力，包括注意力、观察力、记忆力、思维能力和想象力等。不同的职业对人的一般能力的要求不同，有些职业对从业者的智力水平有要求，如律师、工程师、科研人员、大学教师等都要求从业者有很高的智商；智力在相当大的程度上决定着人所从事的职业类型。

3. 注意特殊能力与职业相吻合

特殊能力是指从事某项专业活动的能力，也可称为特长，如计算能力、音乐能力、动作协调能力、语言表达能力、事务能力、空间判断能力、形态知觉能力、手指灵活度与灵巧度等。要顺利完成某项工作，除了要具有一般能力外，还要具有该项工作要求的特殊能力，如从事教育工作需要有阅读能力和表达能力，从事数学研究需要有计算能力、空间想象能力和逻辑思维能力等。

需要说明的是，职业能力是可以有意识地培养的。在同样的客观条件下，人的能力发展主要取决于主观努力的程度，“勤能补拙”就是这个道理。

（三）能力影响职业的发展

能力是个人职业发展的基础，个人职业能力越强，各种能力的综合发展越好，就越能促进人在职业活动中的创造和发展，越能给个人带来职业成就感，使其在该工作领域持久地发展。

另外，在职业生涯中，职业的成功不仅与人的个性特点、工作态度、物质条件、健康状况、人际关系等因素有关，而且与一个人的职业能力密切相关。在其他条件相同的情况下，职业能力强的人比职业能力弱的人更能使工作顺利进行，更容易获得成功。

三、自我能力探索

（一）能力倾向探索

能力倾向探索是自我认知的重要组成部分。我们可以通过能力倾向测试，对自己的语言能力、数理能力、空间判断能力、细节察觉能力、书写能力、运动协调能力和动手能力进行综合测评。该能力倾向测评分为七组，每组均有六道题，按五个等级对各题进行评分，能力强为1分，较强为2分，一般为3分，较弱为4分，弱为5分。具体测试步骤如下。

①根据自己的实际情况填写能力倾向测评表（见表3–8），并将每个等级的得分相加，得到合计分数。

表3–8　能力倾向测评表

能力倾向	内容	强（1分）	较强（2分）	一般（3分）	较弱（4分）	弱（5分）
语言能力	表达自己观点的能力					
	阅读能力					
	向他人解释难懂的概念的能力					
	对字、词、段落和篇章的理解分析能力					
	掌握词汇量的程度					
	中学时的语文成绩					
	合计分数					

（续表）

能力倾向	内容	强（1分）	较强（2分）	一般（3分）	较弱（4分）	弱（5分）
数理能力	进行精确测量的能力					
	解算术应用题的能力					
	笔算能力					
	心算能力					
	使用工具（如计算器）的能力					
	中学时的数学成绩					
	合计分数					
空间判断能力	解答立体几何习题的能力					
	画三维立体图形的水平					
	看几何图形的立体感					
	想象盒子展开后的平面形状的能力					
	玩拼图游戏的能力					
	想象三维物体的能力					
	合计分数					
细节察觉能力	发现相似图形中的细微差异的能力					
	识别物体的形状差异的能力					
	注意到多数人忽视的物体细节部分的能力					
	检查物体细节的能力					
	判断图案是否正确的能力					
	中学时查找作业中的细小错误的能力					
	合计分数					
书写能力	抄写资料的速度和准确率					
	在阅读过程中发现错别字的能力					
	发现计算错误的能力					
	在图书馆快速查找编码卡的能力					
	发现图表中的细小错误的能力					
	自我控制能力（如可以较长时间地抄写资料）					
	合计分数					
运动协调能力	在劳动技术课中进行机器操作类活动的能力					
	玩电子游戏或瞄准打靶的能力					
	在广播操、跳舞等活动中，身体的协调性					
	打球姿势的平衡度					
	打字的能力					
	闭眼单腿站立的平衡能力					
	合计分数					

（续表）

能力倾向	内容	强（1分）	较强（2分）	一般（3分）	较弱（4分）	弱（5分）
动手能力	使用手工工具（如榔头、棒子等）的能力					
	使用很小的工具（如镊子、缝衣针等）的能力					
	弹乐器时手指的灵活度					
	做小手工艺品的能力					
	削水果的能力					
	进行修理、装配、拆卸、编织等活动的能力					
	合计分数					

②将每组的合计分数依次填入能力倾向综合评定表（见表3–9）中，并将合计分数除以6，得出每种能力倾向的最后得分（应为1～5分）。

表3–9　能力倾向综合评定表

能力倾向	自我能力强弱统计数据					最后得分
	强	较强	一般	较弱	弱	
语言能力						
数理能力						
空间判断能力						
细节察觉能力						
书写能力						
运动协调能力						
动手能力						

③根据各种能力倾向的得分，判断自己的能力属于哪个等级。

判断方法为，“1”为强，“2”为较强，“3”为一般，“4”为较弱，“5”为弱。能力倾向得分可能为小数，如2.2，表示此项能力稍低于较强水平，高于一般水平。

（二）技能探索

1.通过技能词汇表进行技能测试

技能词汇表中包括专业知识技能词汇、自我管理技能词汇和可迁移技能词汇，如表3–10所示。技能词汇表中的词汇非常丰富，大学生可以选择最符合自己情况的词汇，以便更全面地了解自己拥有的技能。

表 3–10 技能词汇表

技能类型	技能词汇	测试要求
专业知识技能	美学、会计、管理学、农业、解剖学、声学、杂技、飞机、动物、古董、人类学、制陶术、工程学、地理、庆典、发动机、构造、仪器、娱乐、仲裁、化学药品、建筑、教堂、高尔夫球、数学、城市、艺术、艺术史、家庭、机构、气候、图表、衣服、时尚、天文学、语法、运动、颜色、肥料、原子、喜剧、电影、金融、手工艺品、儿童养育、计算机、财务记录、卫生保健、信仰、消防、化妆品、急救、历史、生物学、园艺、插花、植物学、外语、卡通、地理学、新闻业、商品、心理学、养育、设备、地震、预算、经济学、室内装饰、投资、绘画、法律、乐器等	圈出符合自己情况的词汇。如有可能，用一个更具体的词汇来替换这里的词汇。例如，如果你圈出了“外语”这个词，根据你掌握的外语方面的知识，你可以把它替换成“英语”或“日语”等
自我管理技能	诚实、正直、自信、合作、耐心、细致、慎重、认真、负责、可靠、灵活、幽默、友好、真诚、热情、投入、高效、冷静、严谨、踏实、积极、主动、豪爽、勇敢、忠诚、直爽、现实、执着、机灵、感性、善良、大度、坚强、随和、聪明、稳重、朴实、渊博、机智、敏捷、活泼、敏锐、公正、宽容、勤奋、镇定、坦率、慷慨、清晰、明智、坚定、乐观、亲切、果断、独立、成熟、谦虚、理性、客观、平和、有创意、有激情、有远见、有抱负、有条理、想象力丰富、善于观察、坚韧不拔、足智多谋、精力旺盛、多才多艺、彬彬有礼、善解人意、吃苦耐劳等	圈出符合自己情况的词汇，然后思考两个问题：①为什么会这样描绘自己？②有哪些实际生活、学习或工作中的例子可以证明你具备该技能
可迁移技能	执行、照顾、巩固、指导、编辑、建设、洞察、适应、发现、管理、选择、控制、拆除、装配、分类、烹调、展示、劝告、协调、分析、训练、预测、联络、申请、咨询、评价、交流、安排、比较、创造、评估、完成、决定、忍耐、权衡、集中、设计、协助、提高、领会、审核、计算、美化、调和、探测、解释、发明、探索、保存、诊断、表达、领导、生产、分享、学习、编程、感受、搬运、表演、填充、倾听、校对、简化、装载、保护、定位、维修、交际、追随、制造、宣扬、演讲、操纵、提问、调解、阅读、收集、推理、激励、记忆、记录、建议、给予、招聘、总结、统治、监督、引导、修改、讲述、合成、处理、教导、研究、识别、举例、解决、翻译等	圈出所有自己拥有的技能，并试着在这些技能的后面加宾语，如“记忆单词”

2. 了解职业对技能的要求

大学生在对自身具备的技能有所了解后，还需要了解自己掌握的这些技能可以应用到哪些工作中，以及这些工作还有哪些其他方面的技能要求。大学生可以通过以下两种途径来及时了解职业对技能的要求。

（1）参考网站

招聘网站每天都会发布大量的职位信息，并对空缺职位所要求的技能进行较为详细的说明，一些专业网站也会对从事相关职业所需的技能进行简单介绍。大学生可参考这些网站上的信息，对自己想要了解的职业所需技能进行梳理，明确自己需要提高哪些技能、还需要学习哪些技能等。

（2）参考访谈活动

大学生可以利用访谈活动快速了解职业技能要求，如生涯人物访谈等。

四、职业能力的提高

（一）职业能力的形成与培养

1. 知识的学习

知识的学习是职业能力形成和发展的第一个阶段，在这个阶段中，新信息进入短时记忆，与来自长时记忆的原有知识建立一定的联系，并纳入原有的命题网络，从而得到理解。个体通过类属、归纳及并列结合等内在同化过程获得知识，并且运用记忆规律促进知识的保持，用所学知识解决类似或同类课题，做到了知识的迁移。

2. 技能的学习

技能的学习要以程序性知识的掌握为前提，一般通过感性认识（看或听）、模仿（学习）、练习反馈等过程由不会到会再到熟练，从而达到自动化式的定型。

3. 态度的培养

个体对职业不同的态度决定着个体不同的认识和情感，而且会影响个体在职业中的不同表现。态度不是先天就有的，而是社会性学习的结果。在家庭、社会和学校等不同情境的作用下，通过他人的社会示范、指示或忠告，大学生将社会的要求内化为自己的态度，并在一定条件下产生迁移和改变。

4. 知识、技能、态度的内化迁移与整合

知识、技能、态度等的习得或应用，并不等于已具备了职业能力。大学生必须参与特定的职业活动或模拟的职业情境，通过对已有的知识、技能、态度等的类化迁移，并得到特殊的发展与整合，才能形成职业能力。

（二）提高技能的途径

1. 课内学习

课内学习为大学生培养专业技能创造了良好条件。学生要充分利用学校的各种资源，积极培养自身的专业技能，为成就未来的事业打下坚实的基础。

（1）主动参与课堂教学

课堂教学是大学生在校学习的主要形式。大学生应主动参与到课堂的讨论、练习（包括口头、书面）、实际操作（包括模仿性的和创造性的）等活动中，深刻感受知识的内在美，逐步养成良好的习惯，不断提升自己的专业能力。

（2）广泛参加“第二课堂”

“第二课堂”是指课外的各种学习和实践活动。这一领域的开辟，对大学生就业起到了很好的推动作用。大学生应积极参加到各种“第二课堂”中，如学术讨论会，读书报告会，朗诵、演讲、写作、书法等协会活动，并在此基础上，根据自己的爱好和特长，积极参与各种社团活动。大学生可以充分发挥自身的主动性、独立性和创造性，有意识地从事业和未来的工作需要出发培养和锻炼自己。

2. 课外培养

对大学生来说，要将技能的提高放到实践活动中，从实际工作对知识或知识环境的需求出发去寻找相应的知识与能力。现在获取知识的方式有很多种：互联网的进一步发展，为大学生提供了非常广阔的学习平台；课外活动可培养大学生发现问题和运用专业知识解决问题的能力。掌握了学习课本以外知识的方法与途径，具备了分析和解决问题的能力，通过课外实践活动的锤炼，技能会在点滴之间得以积累。

提高大学生技能的课外途径主要有三种：①积极争取和充分利用各种实习机会，选择与职业目标相对应的行业及岗位实习；②积极参加社会实践活动，参与专业技能大赛、教师的科研项目等活动；③参加职业技能培训。

第五节 价值观认知

学习目标

了解价值观、职业价值观与职业生涯规划的关系。

掌握澄清自己职业价值观的方法。

把握确定职业价值观应处理好的几个关系。

一、什么是价值观和职业价值观

价值观是指一个人对周围的客观事物（包括人、事、物）的意义、重要性的总评价和总看法。价值观是人们对社会存在的反映，是社会成员用来评价行为、事物以及从各种可能的目标中选择自己合意目标的准则。

一个人的价值观是从出生开始，在家庭和社会的影响下，逐渐形成和稳定下来的。每个人的价值观都有所不同，并且所处的社会环境、家庭的经济状况和社会地位、父母的职业和价值观、早期的学校教育、媒体宣传内容、个人社会实践等都对一个人的价值观具有重要的影响作用。一个人的价值观一旦形成，就会具有相对的稳定性和持久性。但是，随着人们所处的社会环境等因素的改变，以及世界观和人生观的改变，这种价值观也会随之改变。

现实社会中，各类职业在人们心目中的声望地位有着好坏高低之见（随着现代化程度的不断提高，这些差别在不断缩小），这些评价都形成了人们的职业价值观，并影响着人们对就业方向和具体职业岗位的选择。

各种职业都有各自的特性。不同的人对职业的特性可能有不同的评价和取向，这就是所谓的职业价值观，也称为择业观。价值观对人的一生有重要影响。作为人们对待职业的一种信念和态度，职业价值观往往决定了人们的职业期望，影响着人们对职业方向和职业目标的选择。人们在选择职业时，个人的择业标准和对具体职业的评价集中反映了他们的职业价值观。

价值观是一种内心尺度，它凌驾于整个人性之上，支配着人的行为、态度、信念等。我们这里考察的职业价值观，不是看人们如何看待“职业价值的本质”，而是注重探讨人们在职业选择和职业生活中，在众多的价值取向里，优先考虑哪种价值。

二、价值观与职业的关系

价值观对职业生涯的影响主要体现在选择职业时，充分考虑对生活方式、工作角色的选择。在进行职业生涯规划时，价值观是职业定位的关键因素。

职业与价值观关系密切，如果两者能够很好地匹配，那么，它会让人：

· 降低工作压力。

· 提升士气。

· 提高工作效率。

· 赢得他人的合作。

· 提升理解力。

· 学会尊重他人。

· 充满成就感。

· 成长与成熟。

· 分清事情的轻重缓急。

当我们心目中有了价值观的排序，我们会发现自己做决策时更加坚定准确。在职业生涯规划中，常常需要做出这些选择：是要工作舒适轻松，还是要高标准的工资待遇；是要成就一番事业，还是要安稳太平地生活。当两者有矛盾冲突时，最终影响决策的是存在于内心的职业价值观。价值观提供了“什么对我最重要”这个问题的判断准则。谈到你的职业生涯，没有什么比搞清楚这个问题更重要了。

每个人都有自己独特的价值观，这些价值观本身并没有好坏对错之分，重要的是，我们需要根据符合自己健康发展要求的真实价值观选择职业，在工作中得到极大的满足。有的人不了解自己的价值观，盲目地跟潮流选择职业，日后才发现所选的职业无法提供自己喜欢的工作和生活方式，无法满足自身的价值需求。

但是，我们也要现实地处理价值观与职业的关系。很少会有一种职业能满足我们所有价值观的需求，我们不能简单地因为没有满足我们的某一价值观而轻易放弃工作，而应该结合具体情况理性地思考，处理好现实生活中面临的各种价值冲突。

职业生涯规划实质上就是一个确定职业方向，并不断做出取舍，最终形成的行动方案。职业价值观则是我们在职业选择中，无论如何都不会放弃的那种至关重要的东西，是人生价值观在职业问题上的反映，即职业锚。正如其中“锚”字的含义一样，在职业生涯中，职业价值观既是我们最看重的、最希望得到的、最厚重的、最不易改变的东西，又能使我们从中获得最大的满足感和成就感。它实际上就是人们选择和发展自己的职业时，所围绕的中心。

案例阅读

2017年，某高职院校建筑工程技术专业大二学生小王，正面临着是就业实习还是继续学习深造的选择。作为建筑类专业的学生，他在顶岗实习阶段就深受用人单位青睐，就业完全不成问题，而且当时是建筑行业比较繁荣的时期，在建筑行业的职业发展前景也相当广阔。但是小王始终心怀一个学历梦，他想继续提高自己的学历，争取在以后的就业和职业发展中拥有更好的平台。经过深思熟虑，小王选择了参加相关专业的“专升本”考试，希望继续深造，取得更高的学历。

小王为了圆自己的学历梦，放弃了眼前良好的就业机会。他认为，虽然自己在建筑行业工作的时间会晚一些，但有了本科学历，工作机会会更多，发展速度也会更快。如果以后考研，将会学到更深奥的理论知识，他的选择反映了与其职业选择紧密联系的职业价值观。

三、自我价值观探索

通过职业价值观测试，你可以大致了解自己的职业价值观倾向。了解自己的价值观，你就可以理解在有些问题上，为什么自己和其他同学或同事的看法不同。同时，以此为基础来考虑一些问题，或对一些问题做出抉择，可能会更符合你的心愿，也可以使你在处理问题上更加成熟、理智和客观。

下面有 52 道题，代表 13 项工作价值观，每题有 5 个被选答案（非常重要，比较重要，一般，不太重要，很不重要），请根据自己的实际情况或想法选一个答案。非常重要记 5 分；比较重要记 4 分；一般记 3 分；不太重要记 2 分；很不重要记 1 分。

1. 你的工作必须经常解决新的问题。

A. 非常重要　B. 比较重要　C. 一般　D. 不太重要　E. 很不重要

2. 你的工作能为社会福利带来看得见的效果。

A. 非常重要　B. 比较重要　C. 一般　D. 不太重要　E. 很不重要

3. 你的工作奖金很高。

A. 非常重要　B. 比较重要　C. 一般　D. 不太重要　E. 很不重要

4. 你的工作内容经常变换。

A. 非常重要　B. 比较重要　C. 一般　D. 不太重要　E. 很不重要

5. 你能在你的工作范围内自由发挥。

A. 非常重要　B. 比较重要　C. 一般　D. 不太重要　E. 很不重要

6. 你的工作能使你的朋友非常羡慕你。

A. 非常重要　B. 比较重要　C. 一般　D. 不太重要　E. 很不重要

7. 你的工作带有艺术性。

A. 非常重要　B. 比较重要　C. 一般　D. 不太重要　E. 很不重要

8. 你的工作使你感觉到你是团体中的一分子。

A. 非常重要　B. 比较重要　C. 一般　D. 不太重要　E. 很不重要

9. 不论你怎么干，你总能和大多数人一样晋级和加工资。

A. 非常重要　B. 比较重要　C. 一般　D. 不太重要　E. 很不重要

10. 你的工作使你有可能经常变换工作地点、工作场所或工作方式。

A. 非常重要　B. 比较重要　C. 一般　D. 不太重要　E. 很不重要

11. 在工作中你能接触到各种不同的人。

A. 非常重要　B. 比较重要　C. 一般　D. 不太重要　E. 很不重要

12. 你的工作上下班时间比较随便、自由。

A. 非常重要　B. 比较重要　C. 一般　D. 不太重要　E. 很不重要

13. 你的工作使你有不断取得成功的感觉。

A. 非常重要　B. 比较重要　C. 一般　D. 不太重要　E. 很不重要

14. 你的工作赋予你高于别人的权利。

A. 非常重要　B. 比较重要　C. 一般　D. 不太重要　E. 很不重要

15. 在工作中，你能试行一些你的新想法。

A. 非常重要　B. 比较重要　C. 一般　D. 不太重要　E. 很不重要

16. 在工作中，你不会因为身体或能力等因素被别人瞧不起。

A. 非常重要　B. 比较重要　C. 一般　D. 不太重要　E. 很不重要

17. 你能从工作的成果中知道自己做得不错。

A. 非常重要　B. 比较重要　C. 一般　D. 不太重要　E. 很不重要

18. 你的工作经常要外出，参加各种集会或活动。

A. 非常重要　B. 比较重要　C. 一般　D. 不太重要　E. 很不重要

19. 只要你干上这份工作，就不会再调到其他意想不到的单位或工种上去。

A. 非常重要　B. 比较重要　C. 一般　D. 不太重要　E. 很不重要

20. 你的工作能使世界更美丽。

A. 非常重要　B. 比较重要　C. 一般　D. 不太重要　E. 很不重要

21. 在你的工作中，不会有人常来打扰你。

A. 非常重要　B. 比较重要　C. 一般　D. 不太重要　E. 很不重要

22. 只要努力，你的工资会高于其他同年龄人，或升级、加工资的可能性比其他工作大得多。

A. 非常重要　B. 比较重要　C. 一般　D. 不太重要　E. 很不重要

23. 你的工作是一项绝对智力的挑战。

A. 非常重要　B. 比较重要　C. 一般　D. 不太重要　E. 很不重要

24. 你的工作要求你把一切事情安排得井井有条。

A. 非常重要　B. 比较重要　C. 一般　D. 不太重要　E. 很不重要

25. 你的工作单位有舒适的休息室、更衣室、浴室及其他设备。

A. 非常重要　B. 比较重要　C. 一般　D. 不太重要　E. 很不重要

26. 你的工作有可能结识各行各业的知名人物。

A. 非常重要　B. 比较重要　C. 一般　D. 不太重要　E. 很不重要

27. 在工作中，你能和同事建立良好的关系。

A. 非常重要　B. 比较重要　C. 一般　D. 不太重要　E. 很不重要

28. 在别人的眼中，你的工作是很重要的。

A. 非常重要　B. 比较重要　C. 一般　D. 不太重要　E. 很不重要

29. 在工作中，你经常接触到新鲜事物。

A. 非常重要　B. 比较重要　C. 一般　D. 不太重要　E. 很不重要

30. 你的工作使你能常常帮助别人。

A. 非常重要　B. 比较重要　C. 一般　D. 不太重要　E. 很不重要

31. 你在工作单位中有可能经常变换工种。

A. 非常重要　B. 比较重要　C. 一般　D. 不太重要　E. 很不重要

32. 你的作风使你被别人尊重。

A. 非常重要　B. 比较重要　C. 一般　D. 不太重要　E. 很不重要

33. 你工作单位的同事和领导人品较好，相处比较随便。

A. 非常重要　B. 比较重要　C. 一般　D. 不太重要　E. 很不重要

34. 你的工作会使许多人认识你。

A. 非常重要　B. 比较重要　C. 一般　D. 不太重要　E. 很不重要

35. 你的工作场所很好，比如有柔和的灯光，舒适的坐椅，安静、清洁的环境，宽敞的工作间，甚至恒温、恒湿等。

A. 非常重要　B. 比较重要　C. 一般　D. 不太重要　E. 很不重要

36. 在工作中，你为他人服务，使他人感到很满意，你自己也就很高兴。

A. 非常重要　B. 比较重要　C. 一般　D. 不太重要　E. 很不重要

37. 你的工作需要组织和计划别人的工作。

A. 非常重要　B. 比较重要　C. 一般　D. 不太重要　E. 很不重要

38. 你的工作需要敏锐的思考。

A. 非常重要　B. 比较重要　C. 一般　D. 不太重要　E. 很不重要

39. 你的工作可以使你获得较多的额外收入，如常发实物、常购买打折食品、常发紧俏商品的购物券、有机会购买进口货等。

A. 非常重要　B. 比较重要　C. 一般　D. 不太重要　E. 很不重要

40. 在工作中，你是不受别人差遣的。

A. 非常重要　B. 比较重要　C. 一般　D. 不太重要　E. 很不重要

41. 你的工作结果应该是一种艺术品而不是一般的产品。

A. 非常重要　B. 比较重要　C. 一般　D. 不太重要　E. 很不重要

42. 在工作中，你不必担心会因为所做的事情领导不满意而受到训斥或经济惩罚。

A. 非常重要　B. 比较重要　C. 一般　D. 不太重要　E. 很不重要

43. 在工作中，你能和领导有融洽的关系。

A. 非常重要　B. 比较重要　C. 一般　D. 不太重要　E. 很不重要

44. 你可以看见你努力工作的结果。

A. 非常重要　B. 比较重要　C. 一般　D. 不太重要　E. 很不重要

45. 在工作中，你常常要提出许多新的想法。

A. 非常重要　B. 比较重要　C. 一般　D. 不太重要　E. 很不重要

46. 由于你的工作，经常有许多人来感谢你。

A. 非常重要　B. 比较重要　C. 一般　D. 不太重要　E. 很不重要

47. 你的工作成果常常能得到上级、同事或社会的肯定。

A. 非常重要　B. 比较重要　C. 一般　D. 不太重要　E. 很不重要

48. 在工作中，你可能做一个负责人，虽然可能只领导很少几个人，但你信奉“宁做兵头，不做将尾”的俗语。

A. 非常重要　B. 比较重要　C. 一般　D. 不太重要　E. 很不重要

49. 你从事的工作经常在报刊、电视中被提到，因而在人们心中很有地位。

A. 非常重要　B. 比较重要　C. 一般　D. 不太重要　E. 很不重要

50. 你的工作有数量可观的夜班费、加班费、保健费或营养费等。

A. 非常重要　B. 比较重要　C. 一般　D. 不太重要　E. 很不重要

51. 你的工作体力上比较轻松，精神上也不紧张。

A. 非常重要　B. 比较重要　C. 一般　D. 不太重要　E. 很不重要

52. 你的工作需要和电影、电视、戏剧、音乐、美术、文学等打交道。

A. 非常重要　B. 比较重要　C. 一般　D. 不太重要　E. 很不重要

下面是分析，请对号入座。

(1) 利他主义。说明：工作的目的和价值在于直接为大众的幸福和利益尽一分力。题号：2、30、36、46。汇总得分：(　　)。

(2) 美感。说明：工作的目的和价值在于能不断地追求美的东西，得到美的享受。题号：7、20、41、52。汇总得分：(　　)。

(3) 智力刺激。说明：工作的目的和价值在于不断进行智力操作、动脑思考、学习以及探索新事物、解决新问题。题号：1、23、38、45。汇总得分：(　　)。

(4) 成就感。说明：工作的目的和价值在于不断创新，不断取得成就、不断得到领导与同事的赞扬或不断实现自己想要做的事。题号：13、17、44、47。汇总得分：(　　)。

(5) 独立性。说明：工作的目的和价值在于能充分发挥自己的独立性和主动性，按自己的方式、步调或想法去做，不受他人的干扰。题号：5、15、21、40。汇总得分：(　　)。

(6) 社会地位。说明：工作的目的和价值在于所出事的工作在人们心目中有较高的社会地位，从而使自己得到他人的重视与尊重。题号：6、23、32、49。汇总得分：(　　)。

(7) 管理。说明：工作的目的和价值在于获得对他人或某事物的管理支配权，能指挥或调遣一定范围内的人或事。题号：14、24、37、48。汇总得分：(　　)。

(8) 经济报酬。说明：工作的目的和价值在于获得优厚的报酬，使自己有足够的财力去获得自己想要的东西，使生活过得较为富足。题号：3、22、39、50。汇总得分：(　　)。

(9) 社会交际。说明：工作的目的和价值在于能和各种人交往，建立比较广泛的社会联系和关系，甚至能和知名人物结识。题号：11、18、26、34。汇总得分：(　　)。

（10）安全感。说明：不管自己能力怎样，都希望在工作中有一个安稳的局面，不会因为奖金、加工资、调动工作或领导训斥等经常提心吊胆、心烦意乱。题号：9、16、19、42。汇总得分：(　　)。

（11）舒适。说明：希望能将工作作为一种消遣、休息或享受的形式，追求比较舒适、轻松、自由、优越的工作条件和环境。题号：12、25、35、51。汇总得分：(　　)。

（12）人际关系。说明：希望一起工作的大多数同事和领导人品较好，相处在一起感到愉快、自然，认为这就是很有价值的事，是一种极大的满足。题号：8、27、33、43。汇总得分：(　　)。

（13）变异性。说明：希望工作的内容经常变换，使工作和生活显得丰富多彩，不单调枯燥。题号：4、10、29、31。汇总得分：(　　)。

从得分最高和最低的三项中，可以大致看出你的价值观倾向，在选择职业时可以加以考虑。

四、树立正确的职业价值观

大学生要想树立正确的职业价值观，必须有科学的世界观和正确的人生观，能够正确看待名利与地位。具体来说，要处理好以下五个方面的关系。

（一）处理好职业价值观与金钱的关系

金钱是一种成就的报酬，它是在确定职业价值观时首先要面对的问题。有些经济条件不太好的大学毕业生在求职时，将金钱作为首选价值观，从根本上讲这并没有错。但是对一些人来说，现在拥有的知识、能力、经验和阅历还不足以使其一走上社会就获得大量的金钱回报。怀有一夜暴富的心理是不正常的，更是危险的，容易被社会上的不法分子利用，甚至误入歧途。大学生应理性地降低对金钱的期望值，把眼光放远一些，应尽可能地将自我成长和自我实现作为在毕业求职时的首选价值观。

（二）处理好职业价值观与个人兴趣和特长的关系

职业价值观、个人兴趣和特长是人们在择业时需要考虑的最重要的三个因素。在确定价值观时，一定要考虑它是否与自己的兴趣和特长相适应。

（三）处理好职业价值观的排序与取舍的问题

职业价值观的特性决定人们不会只有唯一的职业价值观，人性的本能也会驱使人们希望什么都能得到，但在现实生活中“鱼与熊掌不可兼得”。然而在选择职业时，人们却不能理性对待。既然是选择，就要付出代价，只有舍，才能得。所以，要对自己的职业价值观进行排序，找出你认为最重要、次重要的方面，并提醒自己不可能什么都得到。否则就会患得患失，终其一生也不清楚自己到底想要什么，更谈不上职业生涯的成功和对社会的贡献了。

（四）处理好职业价值观中个人与社会的关系

人不能离开社会而独立存在，个人只有在工作中为社会做贡献才能实现自己的职业价值。当然，并不是说要忽略择业中的个人因素，只去尽社会责任，这样不但不利于个人，而且是社会的损失。例如，让一个富于科学创造力、不善言辞的学者去从事普通的教师工作，可能使国家损失一项重大的发明，而社会不过多了一个也许并不出色的教师。因此，我们反对的是只为个人考虑，丝毫不考虑国家和社会需要的职业价值观。

（五）处理好淡泊名利与追逐名利的关系

当一个人有了名利时才有资格去谈淡泊。名利是人的欲望使然，欲望可以使人成就大的事业，也可使人自我毁灭。以合理、合法、公正、公平的方式追名逐利，在一定程度上对个人、对社会都有益，但应需要一定的度，该知足时则知足，该进取时则进取。

第四章

大学生的职业认知

案例导入

小邹，某高职院校酒店管理专业毕业生，在一家酒店做大堂接待，薪金微薄，这和她原来所期望的大堂经理职位差了几个级别。由于该地区酒店管理专业的大学毕业生供大于求，她也只能走这条路。但看着身边不少中专毕业生都跟自己干一样的活，还干得比自己熟练，小邹仍然心有不甘。难道传说中的热门专业如今前景就这么惨淡？小邹在这期间也投了不少简历，可就酒店管理类工作而言，没有一家酒店能看上她这么一名刚毕业没有工作经验的女孩子。

小邹英文不错，英语听说能力尤其出众，在大学里还担任过文艺节目主持人，如今却在职业发展上遭遇搁浅。这让小邹很沮丧。不得已，她求助于一家职业顾问公司。职业顾问详细了解情况后，认为小邹的问题在于求职范围过窄。

通过一系列相关测试，职业顾问发现小邹个性活跃、表达能力强，适合从事外向型工作；感性成分居多，不适合做文秘类枯燥工作；与人交往、随机应变的工作较适合她，而偏重理性、需要大量缜密思考的工作应该回避。于是，职业顾问建议小邹可先从涉外导游兼职做起。既有能力来做，又可进一步提高口语水平。酒店管理行业近年人才饱和，而旅游业方兴未艾，正好可借机进入一个新领域。

职业顾问还建议小邹将职业目标定为市场拓展主管或者销售经理。最佳行业定在旅游业及其相关行业，这些行业在中国正处于高速发展阶段，又有望取得高薪。

据此，小邹考取了导游证。很快，她在一家大型旅游公司找到了一份双休日兼职导游工作，且在半年后跳槽去了一家国际商业旅行公司，待遇优厚。

自我思考

思考一：你认为小邹一开始的问题出在哪里？

思考二：请根据案件，试着分析外部环境对职业规划的影响。

第一节 职业环境分析

学习目标

认识职业环境分析的意义。

了解职业环境分析的主要内容。

掌握职业环境分析的方法。

一、什么是职业环境分析

所谓职业环境分析，就是要认清所选职业在社会大环境中的发展状况、技术含量、社会地位和未来趋势等。当前热点职业有哪些、发展前景怎样、社会发展趋势对所选职业有什么要求、影响如何，等等，这些问题都要仔细研究。

一份有效的职业生涯规划应该是在全面认识和了解自己的同时，清楚地认识到外部环境特征，以评估职业机会。即看看外面有没有可以让自己施展拳脚的机会，哪里有机会，是什么样的机会。

二、职业环境分析的内容

如今，科学技术的发展已经改变了人们的生活方式和企业的运作模式，互联网技术早已使地球变小，使个人空间扩大，直接影响到个人生活的方方面面。同时，这个世界变化快，去年时髦的职业，今年可能就被打入“冷宫”。因此，个人要想谋求职业生涯的发展和成功，就必须考虑外部环境的需求和变化趋势，力求适应环境变化。

外部环境分析包括社会环境分析、企业环境分析、行业环境分析和家庭环境分析。

（一）社会环境分析

所谓社会环境分析，包括对社会政治环境、经济环境、法律环境、科技环境和文化环境等宏观因素的分析。通过对社会大环境的分析，了解所在国家或地区的政治、经济、科技、文化、法律和政策等，以寻找各种发展机会。

对社会环境的分析主要包括如下内容。

1. 社会各行业对人才的需求状况

随着社会的变革，社会对各种人才的需求也在不断发生变化。例如，随着信息技术的发展和普及应用，对计算机、网络等方面的应用人才的需求不断增加；同时，对各种管理人才的需求越来越大。对这方面信息的分析可以使个体认识到自己目前具备的知识和技能是否为社会所需要，需求程度如何，自己应在哪些方面学习和提高才能适应社会的需要。

2. 人才资源供给状况

对人才资源供给状况的分析实际上是分析人才竞争的状况。通过对这些信息的分析，个体可以认识到与自己竞争相似职业的人的状况，自己与他人相比较优势在哪里，不足在哪里，如何才能在竞争中取胜。

3. 社会政策

对社会有关政策的分析，可以使个人了解到一些新的工作机会，以便在进行职业设计时利用这些机会。例如，《中华人民共和国个人独资企业法》的出台使得有志于独立创业的个人找到了新的职业发展路线。

4. 社会价值观的变化

不同时代有不同的社会价值观，人们在从事职业时也需要得到社会的认同。了解了社会的价值观，有利于在进行职业设计时做出与社会价值观相一致的职业选择。

（二）企业环境分析

企业是从业者生存和发展的土壤，每个企业都有自己的发展目标和运作模式。此外，企业本身为了生存和发展，也要随时关注、适应社会大环境的变化并采取相应的变革措施，这必将影响到其成员的个人职业生涯。了解企业的基本情况，便于个体迅速适应组织环境。企业环境分析包括企业在本行业中的地位、现状和发展前景，所面对的市场状况，产品在市场上的发展前景，能够提供的岗位等。具体包括以下几个内容。

1. 企业的特色

企业的特色包括企业结构、企业文化、企业规模和企业实力。企业的文化是否与自己的价值观相符？企业在本行业中是否具备很强的竞争力？企业的发展前景如何？

2. 企业发展战略

企业发展战略主要包括企业未来发展的目标是什么？企业的发展领域在哪些方面？企业有什么阶段性的发展目标？企业在本行业中的地位和发展前景如何？目前企业所处的发展阶段是怎样的？企业在社会中的地位和声望如何？企业的产品在市场上的表现和发展前景如何？

3. 企业中的人力资源状况

企业中的人员状况，是指目前成员的年龄、专业、学历结构是什么样的，企业中的人力资源发展政策是怎样的，企业会采取哪些促进员工发展的行动等状况。企业领导人的情况是指企业领导人是真心想干一番事业，还是就想捞钱获利？他的能力足以带领员工开创新天地吗？有没有战略的眼光和措施？

4. 企业制度

企业制度涉及的范围比较广，包括管理制度、用人制度、培训制度等。大学生应尽可能了解这些信息，并分析这些可能对自己的未来带来什么样的影响。特别要注意企业用人制度，能提供教育培训机会吗？提供的条件是什么？自己将来有没有可能在此企业担任更高级的职务或担负更大的责任？个人待遇提升的空间有多大？

通过对企业环境的分析，个体可以确认该企业是不是自己所偏好的职业环境、自己在企业中的发展空间和发展机会如何，从而决定是在该企业中寻求发展，还是脱离该企业到其他企业中寻求发展，哪些类型的企业将是适合自己未来发展的企业。

（三）行业环境分析

行业环境分析包括对目前所想从事行业和将来想从事的目标行业的环境分析。分析内容包括：①行业的发展状况、国际或国内重大事件对该行业的影响。例如，注意国家政策的影响，看一看国家对某一行业是扶持、鼓励还是限制、制约，尽量选择有前景、发展空间较大的行业。②行业优势与问题何在，行业发展趋势如何？例如，科技发展会使某些行业如夕阳坠落，逐渐萎缩、消亡，还有许多极具发展前途的朝阳行业不断出现、发展。

（四）家庭环境分析

家庭环境是影响大学生职业定位的重要因素，一方面，每个人的性格养成都离不开家庭的影响，家庭的教育方式、家长的价值观都在影响着学生的心理发展。家庭教导影响着大学生个性品德的构成，父母的立场使毕业生在择业时有所顾虑，这些都会影响到毕业生的就业心理。另一方面，作为家庭的一员，大学生在做出自己的职业选择时，不得不考虑家庭其他成员的意见以及实际情况。

家庭环境分析指的是对家庭软、硬环境的分析。其中，家庭软环境是指家庭给人的内在情绪和感受，它对人起着潜移默化的作用，是家庭生活中人与人之间相互联系时所形成的一种气氛；家庭硬环境是指特定的物质条件，它是人得以发展的基础条件。每个人从出生伊始就受到家庭环境的影响，这种影响往往是多方面的、深远的，往往能够影响人的一生。

1. 家庭资源

家庭资源可以影响大学生的学习动机。家庭资源的合理配置可以为大学生提供良好的物理环境，使他们在压力适中、条件优越的家庭环境中，发展独立性和自我管理能力，提高学习的主动性。

2. 父母的文化水平和职业状况

父母的文化水平和职业状况也会对子女的学习及将来的职业规划产生影响。其中，父母的文化水平直接影响其教养孩子的方式。

此外，家庭环境还有内环境和外环境之分。其中，家庭内环境是指自己家里的人或事，一般家庭内环境都是说夫妻和睦与否、家长对子女的教育方式等；家庭外环境是指家庭外的环境，如家庭的周围环境、周围人群情况、外部活动场所、外部人际关系等。

三、职业环境分析的方法

案例阅读

学人力资源的小刘在校园招聘会上应聘上了知名金融公司的人力资源助理一职。入职后她才知道，自己虽身处人力资源助理岗位，但干的工作却与人力资源助理没有太大关系。老板安排她管理公司档案和印章，收发报纸和文件，有时还要兼顾会务协调，概括起来就是在打杂。半年多过去了，她对自己的职业发展感到十分迷茫。

小刘之所以感到迷茫，是因为她没有搜集职业信息，对所要从事的工作的职业环境缺少具体分析，造成理想与现实的反差。

（一）职业信息搜集

获取职业信息是进行职业环境分析的必要前提，信息获取的广度与精度直接关系到职业环境分析的准确度。因此，谁拥有更多的职业信息，谁的职业信息更真实有效，谁就能在就业竞争和职业发展中争得主动。

获取职业信息的主要渠道有：①书籍、报刊等出版物。无论是文学作品还是报刊，都能为我们提供一些职业方面的信息。②视听资料。电视节目、广播等都是观察职业信息的生动窗口。③行业展览和人才交流会。④互联网。这是信息时代越来越普遍采用的一种探索职业世界的有效途径。⑤专业协会和俱乐部。参加专业协会和俱乐部的活动，有助于我们了解行业的发展信息，也能观察到职业人群的生存状态。⑥直接现场观察。到现场观察职业环境，对没有工作经验的人来说，是非常有帮助的。⑦情景模拟。主要方式是角色扮演，通过情景模拟，让你体会工作时的感受，从而加深对职业的认识。⑧现场实践。包括教学实习、课余或假期的兼职以及做志愿者、现场实践等。⑨接受信息咨询指导。这是一种通过提供职业信息来帮助大学生增进对职业世界的了解的方法。⑩生涯人物访谈。所谓生涯人物访谈，就是通过与同一行业的数位工作者的深入交流来获取职业信息的一种方法。它能帮助我们检验和印证通过其他渠道获得的信息，并了解与未来工作有关的特殊问题和需要。

（二）职业信息分析

搜集了必要的职业信息后，还要进行分析。通常来说，职业信息分析主要包括对行业、职位和组织的分析。

行业分析的内容和方法主要包括：①国家政策对行业的影响。已出台或即将出台的政策。是鼓励、扶持还是限制？②行业所处阶段。是朝阳产业还是夕阳产业？③行业发展趋势。行业发展状况及前景；目标职业在本行业中的地位与发展前景。④行业标杆单位的动向。⑤行业热门专家的言论。⑥行业薪酬变化的趋势。

职位分析的内容主要包括：①明确以下问题，锁定职位。你的目标职业中有哪些职位？你所学的专业适合哪些职位？最热门的职位是什么？你对什么职位最感兴趣？你能胜任的职位是什么？②深入分析目标职位。可以从三个方面入手。一是通过招聘信息、搜索引擎、生涯人物访谈等了解职位的要求；二是通过职业兴趣、职业性格、职业方向、职业价值取向等，了解该职位与自身的契合度；三是通过有目的地参加社会实践活动，如实习、见习、兼职等去亲身感受职位的具体情况。

组织分析的内容主要包括：①重点内容包括领导者的抱负及能力；组织文化、组织制度，特别是用人制度；组织结构及自己的未来职务；教育培训机会；在组织内实现职业目标的可能性等。②有两类判断方法可以较好地了解目标组织的真实情况，一是近距离判断，即深入单位做实习生，工作一段时间，了解单位的实际情况。这是最为理想的方法，但取决于能否获得这样的实习机会。二是远距离判断，这是对用人单位的外部观察，可以通过查阅公开的单位信息和咨询内部人员等方式做出判断。

第二节
了解就业与创新创业政策

学习目标

了解关于大学生的就业政策。

了解关于大学生的创新创业政策。

一、了解就业政策

高职院校毕业生是国家近几年来培养的应用型人才，为适应经济建设和社会发展的需要，国家制定了相关的就业政策。地方政府为了优化人才资源配置，也推出了各种鼓励就业的优惠政策。因此，高职院校毕业生在面向社会求职择业之时，需要向学校及有关部门了解当年国家在高职院校毕业生就业过程中的具体政策规定，还需要知道自己所在学校、学校所在地区及自己将要去就业的地区、单位的就业政策规定，做到心中有数，从容就业。

（一）主要相关政策

近年来，国家出台了一系列促进高校毕业生就业的政策措施，基本形成了一整套高校毕业生就业政策体系。

2008 年 4 月 14 日，教育部下发《关于做好 2008 年高校毕业生“三支一扶”计划实施工作的通知》，要求继续做好高校毕业生到农村基层从事支教、支农、支医和扶贫工作，引导和鼓励高校毕业生面向基层就业。

2008 年 4 月 20 日，《教育部办公厅关于做好选聘高校毕业生到村任职相关工作的通知》鼓励青年学生深入基层，进一步扩大基层就业渠道。

2009 年 2 月 19 日，《国务院办公厅关于加强普通高等学校毕业生就业工作的通知》提出必须把高校毕业生就业摆在当前就业工作的首位，制定了鼓励毕业生到城乡基层就业等七个方面的重要措施。紧接着，教育部推出六大举措，力促大学生就业。

2009年3月18日，教育部、人力资源和社会保障部发布《国家促进普通高校毕业生就业政策公告》，鼓励高校毕业生到基层、到中西部地区就业，鼓励高校毕业生应征入伍服义务兵役，参与国家和地方重大科研项目等。

2009年4月20日，财政部、教育部、总参谋部印发关于《应征入伍服义务兵役高等学校毕业生学费补偿和国家助学贷款代偿暂行办法》的通知，6月9日，教育部办公厅、公安部办公厅就普通高等学校毕业生应征入伍服义务兵役办理就业手续有关问题再次下发通知。

2009年11月25日，教育部下发《关于做好2010年普通高等学校毕业生就业工作的通知》，明确教育部将采取八项措施力促高校毕业生就业。

2010年5月4日，《教育部关于大力推进高等学校创新创业教育和大学生自主创业工作的意见》要求大力推进创新创业教育，加强创业基地建设，强化创业指导和服务，推动创新创业教育和大学生自主创业工作实现突破性进展。

2011年5月30日，《国务院关于进一步做好普通高等学校毕业生就业工作的通知》要求继续把高校毕业生就业放在就业工作的首位，进一步加大工作力度，多渠道开发就业岗位，完善相关政策措施，切实加强就业服务，千方百计促进高校毕业生就业。为进一步做好高校毕业生就业工作，该通知对很多问题进行了明确规定。

2012年3月26日，人力资源和社会保障部下发《关于加强高校毕业生职业培训促进就业的通知》，为促进高校毕业生的就业，对高校毕业生的职业培训规定了具体的措施。

2014年4月16日，习近平总书记就加快发展职业教育做出重要指示：要更好地支持和帮助职业教育发展，为实现“两个一百年”奋斗目标和中华民族伟大复兴的中国梦提供坚实人才保障。

2014年5月13日发布的《国务院办公厅关于做好2014年全国普通高等学校毕业生就业创业工作的通知》，部署进一步做好高校毕业生就业创业工作。

2017年5月1日，国家发布了依据《中华人民共和国就业促进法》《普通高等学校毕业生就业工作暂行规定》《国务院关于进一步做好普通高等学校毕业生就业工作的通知》和《国务院关于进一步做好新形势下就业创业工作的意见》等相关法规政策，制定的高校毕业生就业服务领域第一项国家标准《高校毕业生就业指导服务规范》，于2017年12月1日起正式实施。

2020年6月，教育部、中央军委国防动员部联合下发通知，首次明确：专科学历学生参军退役并完成专科学业后，从2022年起，可免试入读普通本科或成人本科。

2022年5月5日发布的《国务院办公厅关于进一步做好高校毕业生等青年就业创业工作的通知》(国办发〔2022〕13号)，为做好当前和今后一段时期高校毕业生等青年就业创业工作，作出了最新的决策部署。通知的主要内容如下。

1. 多渠道开发就业岗位

（1）扩大企业就业规模

坚持在推动高质量发展中强化就业优先导向，加快建设现代化经济体系，推进制造业转型升级，壮大战略性新兴产业，大力发展现代服务业，提供更多适合高校毕业生的就业岗位。支持中小微企业更多吸纳高校毕业生就业，按规定给予社会保险补贴、创业担保贷款及贴息、税费减免等扶持政策。建立中小微企业专业技术人员职称评定绿色通道和申报兜底机制，健全职业技能等级（岗位）设置，完善职业技能等级认定机制，落实科研项目经费申请、科研成果等申报与国有企事业单位同类人员同等待遇。设置好“红灯”“绿灯”，促进平台经济健康发展，带动更多就业。稳定扩大国有企业招聘规模，指导企业规范发布招聘信息，推进公开招聘。

（2）拓宽基层就业空间

结合实施区域协调发展、乡村振兴等战略，适应基层治理能力现代化建设需要，统筹用好各方资源，挖掘基层就业社保、医疗卫生、养老服务、社会工作、司法辅助等就业机会。社区专职工作岗位出现空缺要优先招用或拿出一定数量专门招用高校毕业生。继续实施“三支一扶”计划、农村特岗教师计划、大学生志愿服务西部计划等基层服务项目，合理确定招募规模。对到中西部地区、艰苦边远地区、老工业基地县以下基层单位就业的高校毕业生，按规定给予学费补偿和国家助学贷款代偿、高定工资等政策，对其中招聘为事业单位正式工作人员的，可按规定提前转正定级。

（3）支持自主创业和灵活就业

深化高校创新创业教育改革，健全教育体系和培养机制，汇集优质创新创业培训资源，对高校毕业生开展针对性培训，按规定给予职业培训补贴。支持高校毕业生自主创业，按规定给予一次性创业补贴、创业担保贷款及贴息、税费减免等政策，政府投资开发的创业载体要安排30%左右的场地免费向高校毕业生创业者提供。支持高校毕业生发挥专业所长从事灵活就业，对毕业年度和离校2年内未就业高校毕业生实现灵活就业的，按规定给予社会保险补贴。

2. 强化不断线就业服务

（1）精准开展困难帮扶

要把有劳动能力和就业意愿的脱贫家庭、低保家庭、零就业家庭高校毕业生，以及残疾高校毕业生和长期失业高校毕业生作为就业援助的重点对象，提供“一人一档”“一人一策”精准服务，为每人至少提供3～5个针对性岗位信息，优先组织参加职业培训和就业见习，及时兑现一次性求职创业补贴，千方百计促进其就业创业。对通过市场渠道确实难以就业的困难高校毕业生，可通过公益性岗位兜底安置。实施“中央专项彩票公益金宏志助航计划”，面向困难高校毕业生开展就业能力培训。实施共青团促进大学生就业行动，面向低收入家庭高校毕业生开展就业结对帮扶。及时将符合条件的高校毕业生纳入临时救助等社会救助范围。实施国家助学贷款延期还款、减免利息等支持举措，延期期间不计复利、不收罚息、不作为逾期记录报送。

（2）优化招聘服务

推进公共就业服务进校园，逐步实现公共就业招聘平台和高校校园网招聘信息共享。建立高校毕业生就业岗位归集机制，广泛收集机关事业单位、各类企业、重大项目等高校毕业生就业岗位需求计划，集中向社会发布并动态更新。构建权威公信的高校毕业生就业服务平台，密集组织线上线下专项招聘服务，扩大国家 24365 大学生就业服务平台、百日千万网络招聘、“千校万岗”、中小企业网上百日招聘等招聘平台和活动影响力。积极组织服务机构、用人单位进校园招聘。

（3）加强就业指导

健全高校学生生涯规划与就业指导体系，开展就业育人主题教育活动，引导高校毕业生树立正确的职业观、就业观和择业观。注重理论与实践相结合，开展多种形式的模拟实训、职业体验等实践教学，组织高校毕业生走进人力资源市场，参加职业能力测评，接受现场指导。高校要按一定比例配齐配强就业指导教师，就业指导教师可参加相关职称评审。打造一批大学生就业指导名师、优秀职业指导师、优秀就业指导课程和教材。举办全国大学生职业规划大赛，增强大学生生涯规划意识，指导其及早做好就业准备。

（4）落实实名服务

深入实施离校未就业高校毕业生就业创业促进计划，强化教育、人力资源社会保障部门离校前后信息衔接，持续跟进落实实名服务。运用线上失业登记、求职登记小程序、基层摸排等各类渠道，与有就业意愿的离校未就业高校毕业生普遍联系，为每人免费提供 1 次职业指导、3 次岗位推荐、1 次职业培训或就业见习机会。

（5）维护就业权益

开展平等就业相关法律法规和政策宣传，坚决防止和纠正性别、年龄、学历等就业歧视，依法打击“黑职介”、虚假招聘、售卖简历等违法犯罪活动，坚决治理付费实习、滥用试用期、拖欠试用期工资等违规行为。督促用人单位与高校毕业生签订劳动（聘用）合同或就业协议书，明确双方的权利义务、违约责任及处理方式，维护高校毕业生合法就业权益。对存在就业歧视、欺诈等问题的用人单位，及时向高校毕业生发布警示提醒。

3. 简化优化求职就业手续

（1）稳妥有序推动取消就业报到证

从 2023 年起，不再发放《全国普通高等学校本专科毕业生就业报到证》和《全国毕业研究生就业报到证》（以下统称“就业报到证”），取消就业报到证补办、改派手续，不再将就业报到证作为办理高校毕业生招聘录用、落户、档案接收转递等手续的必需材料。

（2）提供求职就业便利

取消高校毕业生离校前公共就业人才服务机构在就业协议书上签章环节，取消高校毕业生离校后到公共就业人才服务机构办理报到手续。应届高校毕业生可凭普通高等教育学历证书、与用人单位签订的劳动（聘用）合同或就业协议书，在就业地办理落户手续（超大城市按现有规定执行）；可凭普通高等教育学历证书，在原户籍地办理落户手续。教育部门要健全高校毕业生网上签约系统，方便用人单位与高校毕业生网上签约，鼓励受疫情影响地区用人单位与高校毕业生实行网上签约。对延迟离校的应届高校毕业生，相应延长报到入职、档案转递、落户办理时限。

（3）积极稳妥转递档案

高校要及时将毕业生登记表、成绩单等重要材料归入学生档案，按照有关规定有序转递。到机关、国有企事业单位就业或定向招生就业的，转递至就业单位或定向单位；到非公单位就业的，转递至就业地或户籍地公共就业人才服务机构；暂未就业的，转递至户籍地公共就业人才服务机构。档案涉密的应通过机要通信或派专人转递。公共就业人才服务机构要主动加强与高校的沟通衔接，动态更新机构服务信息，积极推进档案政策宣传服务进校园，及时接收符合转递规定的学生档案。档案管理部门要及时向社会公布服务机构名录和联系方式。

（4）完善毕业去向登记

从 2023 年起，教育部门建立高校毕业生毕业去向登记制度，作为高校为毕业生办理离校手续的必要环节。高校要指导毕业生（含结业生）及时完成毕业去向登记，核实信息后及时报省级教育部门备案。实行定向招生就业办法的高校毕业生，省级教育部门和高校要指导其严格按照定向协议就业并登记去向信息。高校毕业生到户籍和档案接收管理部门办理相关手续时，教育部门应根据有关部门需要和毕业生本人授权，提供毕业生离校时相应去向登记信息查询核验服务。

（5）推进体检结果互认

指导用人单位根据工作岗位实际，合理确定入职体检项目，不得违法违规开展乙肝、孕检等检测。对外科、内科、胸透 X 线片等基本健康体检项目，高校毕业生近 6 个月内已在合规医疗机构进行体检的，用人单位应当认可其结果，原则上不得要求其重复体检，法律法规另有规定的从其规定。用人单位或高校毕业生对体检结果有疑问的，经协商可提出复检、补检要求。高校可不再组织毕业体检。

4. 着力加强青年就业帮扶

（1）健全青年就业服务机制

强化户籍地、常住地就业失业管理服务责任，允许到本地就业创业的往届高校毕业生、留学回国毕业生及失业青年进行求职登记、失业登记，提供均等化基本公共就业服务，按规定落实就业创业扶持政策。实施青年就业启航计划，对有就业意愿的失业青年，开展职业素质测评，制定求职就业计划，提供针对性岗位信息，组织志愿服务、创业实践等活动。对长期失业青年，开展实践引导、分类指导、跟踪帮扶，提供就业援助，引导他们自强自立、及早就业创业。

（2）提升职业技能水平

适应产业转型升级和市场需求，高质量推动产训结合和职业技能培训资源共建共享，扩大青年职业技能培训规模，拓展学徒培训、技能研修、新职业培训等多种模式，举办各类职业技能竞赛活动。鼓励高校毕业生等青年在获得学历证书的同时获得相关职业资格证书或职业技能等级证书，对需要学历学位证书作为报考条件的，允许先参加考试评定，通过考试评定的，待取得相关学历学位证书后再发放职业资格证书或职业技能等级证书。

（3）扩大就业见习规模

实施百万就业见习岗位募集计划，支持企事业单位、社会组织、政府投资项目、科研项目等设立见习岗位，按规定给予就业见习补贴。鼓励有条件的地方或用人单位为见习人员购买商业医疗保险，提高见习保障水平。离校未就业高校毕业生到基层实习见习基地参加见习或者到企事业单位参加项目研究的，视同基层工作经历，自报到之日起算。实施大学生实习“扬帆计划”，广泛开展各级政务实习、企业实习和职业体验活动。

（二）到基层、中西部地区就业相关政策

基层就业是指到城乡基层工作。一般来讲，“基层”既包括广大农村，也包括城市街道社区；既涵盖县级以下党政机关、企事业单位，也包括社会团体、非公有制组织和中小企业；既包括自主创业、自谋职业，也包括艰苦行业和艰苦岗位。国家实施的基层就业项目包括大学生志愿服务西部计划、“三支一扶”计划、农村义务教育阶段学校教师特设岗位计划、选聘大学生到村任职计划等。

各级政府为毕业生到艰苦地区工作积极创造条件，为毕业生到城市社区、农村乡镇基层就业，到西部从事教育、卫生、公安、农技、扶贫等工作以及其他社会公益事业提供政策支持。鼓励毕业生“支教、支农、支医和扶贫”。中央就业专项资金对中西部地区高校

毕业生就业见习基本生活补助给予适当支持。鼓励医学类高校毕业生到乡镇卫生院工作，充实农村基层卫生服务队伍。鼓励农科高校毕业生到基层从事农技推广服务一线工作。凡在以上地区工作2年或2年以上的毕业生在报考研究生时应优先予以推荐、录取；报考党政机关和应聘国有企事业单位的同等条件下，应优先录用，享受优惠政策。另外，志愿服务西部的毕业生在服务期间计算工龄，两年志愿者服务期满后鼓励其扎根基层或者自主择业和流动就业。

（三）了解求职择业相关程序

1. 供需见面，双向选择

高职院校毕业生在了解相关就业政策和就业信息，做好材料准备和心理准备的基础上，就进入下一关键程序，即“供需见面，双向选择”。

供需见面会多种多样，有地方双选会、学校双选会、集中双选会、分散双选会等类型。高职院校毕业生应积极参加学校的双选会和地方人事部门举办的地方双选会，这对广大高职院校毕业生来说是信息量较大、就业机会较多的两种最主要的双选会。

大规模的应届毕业生“供需见面，双向选择”活动，主要是学校发起组织，即由学校出面组织，确定时间、地点，发邀请函，让用人单位和毕业生进行面对面的选择、咨询、确定取舍、接收个人自荐材料的活动。

各地区的劳动人事部门也会在一段时间内举行大型的招聘会（一般在11～12月、2～3月、4～5月举行）。

针对应届高职院校毕业生的供需见面会通常表现出如下特点。

一是时间性。一般集中在毕业生毕业前的最后几个月，根据用人单位的多少，举办若干次供需见面会，但每一次供需见面会一般在1～2天结束。

二是直接性。用人单位与应届毕业生面对面进行洽谈接触，互相咨询考察，互相展示有关资料和信息，用人单位甚至直接对毕业生进行各种现场的口试、笔试等。

三是明确性。用人单位需求的职位、人数、专业及基本条件比较明确，一般在洽谈前都会张榜公示，并准备相关资料以备索取，毕业生在洽谈过程中也可以向用人单位询问其他相关具体情况并提出自己的要求。

四是高效性。供需洽谈后一般情况下用人单位会宣布录用结果，特别是在学校举办的双选会上选用本校应届毕业生的比例较高，毕业生也会根据录用情况决定自己的取舍。若双方互相认同，签约后择业程序结束。

在“供需见面，双向选择”这一程序中，主办方、用人单位、毕业生各自充当不同的角色，承担着不同的职责。

主办方，即供需见面会的组织者。主办方不仅要保障供求双方的利益，而且要努力创造良好的供需双方相互选择的环境，在会议程序、场地安排、信息宣传、安全保卫、咨询服务等各方面尽可能地提供周到的服务，并使整个供需见面会在有组织、有纪律、有秩序的状态下进行。

用人单位，是需求的一方。用人单位要在供需见面会上向学校和毕业生提供详细准确、真实的单位状况、地域特征、工作条件、福利待遇和需求信息，对洽谈中出现的问题要及时与学校取得联系。

毕业生，是供方角色。毕业生要认真分析用人单位提供的需求信息，在洽谈过程中，要尽可能地向用人单位提供准确、真实的个人资料和去向意愿，不明白的地方要问清楚，自己的特殊要求和看法要当即提出，要有礼貌、勤思考、善判断。

在整个洽谈中，供需双方都有选择的权利。

2. 签订就业协议书

通过供需见面会，毕业生与用人单位针对录（聘）用达成一致意见后，即进入用人单位、毕业生及学校签订就业协议书的程序。

签约前有一点非常重要：一旦遇到问题而犹豫不决怎么办？一般来说，毕业生对就业单位、职位、待遇、工作条件等方面存有疑问，应及时向学校主管就业的教师或身边有丰富经验的亲友咨询，征求他们的意见，经过深思熟虑后方可签约。毕业生切莫同时与多家用人单位签约。

就业协议书一经签订，学校将以此为根据统一汇总纳入学校的就业方案，用人单位也将以此为依据做好相应的人事接收及入职安排。

二、了解创新创业政策

党中央、国务院高度重视大学生创新创业工作。习近平总书记指出，创新是社会进步的灵魂，创业是推动经济社会发展、改善民生的重要途径，青年学生富有想象力和创造力，是创新创业的有生力量，希望广大青年学生在创新创业中展示才华、服务社会。

但是，大学生投身创新创业实践，也面临融资难、经验少、服务不到位等问题。为进一步支持大学生创新创业，教育部会同国家发展改革委、财政部、人力资源社会保障部、科技部、中央宣传部、民政部、国资委、市场监管总局、医保局、税务总局、知识产权局、人民银行、银保监会、证监会、建设银行 15 个部门共同研制了《关于进一步支持大学生创新创业的指导意见》（国办发〔2021〕35 号）。这是我国第一次由国务院出台的专门针对支持大学生创新创业的政策文件，干货满满，为包括高职生在内的大学生创新创业提供了有力的政策扶持。

第三节
职业认知

学习目标

了解职业的特征。

了解我国的职业制度。

了解职业认知的作用。

认清我国职业发展的趋势以及未来职业变化对人的启示。

一、什么是职业

对职业的定义，不同的人有不同的看法和认识。当前的主流观点认为，职业是人们在社会生活中所从事的、以获得物质报酬作为自己主要生活来源，并能满足自己精神需求的、在社会分工中具有专门技能的工作。从社会角度来看，职业是劳动者获得的社会角色，劳动者为社会承担一定的义务和责任，并获得相应的劳动报酬。从国民经济活动所需的人力资源角度来看，职业是指不同性质、不同内容、不同形式、不同操作的劳动岗位。

二、职业的特征

职业作为一种社会劳动，是对人们的生活方式、经济状况、文化水平等方面的综合反映。职业主要包含以下几个特征。

（一）社会属性

职业是人类在劳动过程中的分工现象，体现的是劳动力与劳动资源之间的结合关系，还体现出劳动者之间的关系。劳动产品的交换体现的是不同职业之间的劳动交换关系。这种在劳动过程中结成的关系无疑是社会性的，这种劳动交换反映的是不同职业之间的等价关系，反映了职业活动与职业劳动成果的社会属性。

（二）规范性

职业的规范性包含两层含义：一是指职业内部的操作规范性；二是指职业道德的规范性。不同的职业在其劳动过程中都具有一定的操作规范性，这是保证职业活动专业性的要求。不同职业在对外展现其服务时，还存在一个伦理范畴的规范性，即职业道德。这两种规范性构成了职业规范性的内涵和外延。

（三）功利性

职业的功利性也称为职业的经济性，是指职业作为人们赖以谋生的劳动过程中所具有的逐利性。职业活动在满足职业者的需求的同时，也满足了社会的需求，只有把职业中的个人功利性与社会功利性结合起来，职业活动及其职业生涯才具有生命力和意义。

（四）技术性和时代性

职业的技术性是指不同的职业具有不同的技术要求，每一种职业往往都表现出一定的或相应的技术要求。职业的时代性是指由于科学技术的变化，人们生活方式、习惯等因素的变化，职业被打上了时代的“烙印”性。

三、我国的职业制度

在我国，不同的用人单位根据岗位的情况对求职者提出各种要求，同时根据不同岗位的需要，国家也规定了不同的职业标准和准入制度。我们针对大学生常见的几种就业形式介绍一下职业制度。

（一）职业资格制度

职业资格是对从事某一职业必须具备的职业劳动知识、操作技术和其他能力的基本要求。职业资格可以分为从业资格和执业资格两类：从业资格是指从事某一专业（工种）应具备的学识、技术和能力的起点标准；执业资格是指政府对某些责任较大、社会通用性强、公共利益较强的专业（工种）实行准入资格的控制，是依法独立开业或从事某一特定专业（工种）应具备的学识、技术和能力的标准。

我国的职业资格通常分为五个等级，即初级（国家职业资格五级）、中级（国家职业资格四级）、高级（国家职业资格三级）、技师（国家职业资格二级）和高级技师（国家职业资格一级）。职业资格证书由中华人民共和国人力资源和社会保障部统一印制，各级地方人力资源和社会保障部门按规定办理和核发，各级都有相应的技术能力的要求与标准（见表 4-1）。

表 4-1　国家职业资格等级及其标准

国家职业资格等级	各等级的具体标准
五级（初级）	能够运用基本技能独立完成本职业的常规工作
四级（中级）	能够熟练运用基本技能独立完成本职业的常规工作； 在特定情况下，能够运用专门技能完成较为复杂的工作； 能够与他人进行合作
三级（高级）	能够熟练运用基本技能和专门技能完成较为复杂的工作； 能够完成部分非常规性工作； 能够独立处理工作中出现的问题； 能指导他人进行工作或协助培训一般操作人员
二级（技师）	能够熟练运用基本技能和专门技能完成较为复杂的、非常规性的工作； 掌握本职业的关键操作技能技术； 能够独立处理和解决技术或工艺问题； 在操作技能等技术方面有创新； 能组织指导他人进行工作； 能培训一般操作人员； 具有一定的管理能力
一级（高级技师）	能够熟练运用基本技能和特殊技能在本职业的各个领域完成复杂的、非常规性的工作； 熟练掌握本职业的关键操作技能技术； 能够独立处理和解决高难度的技术或工艺问题； 在技术攻关、工艺革新和技术改革方面有创新； 能组织开展技术改造、技术革新和进行专业技术培训； 具有管理能力

职业资格证书制度是劳动就业制度的一项重要内容，也是一种特殊形式的国家考试制度。它是按照国家制定的职业技能标准或任职资格条件，通过政府认定的考核鉴定机构，对劳动者的技能水平或职业资格进行客观公正、科学规范的评价和鉴定，对合格者授予相应的职业资格证书。

（二）国家公务员制度

国家公务员是指各级国家行政机关中除工勤人员以外的工作人员（包括国家行政机关中从事党团工作的专职工作人员，如人事部机关党委专职副书记等）。公务员的身份必须通过国家专门选任，参加公务员考试，由国家权力机构选举任命或其他法定的程序获得。任何人都不能凭借某种权力或关系自然成为公务员。

1. 国家公务员的类别

我国的国家公务员分为两大类：一类是政务类公务员，即依照宪法和组织法管理、实行任期制的各级政府组成人员，一般由各级人民代表大会选举或任命；另一类是业务类公务员，即担任具体行政事务管理的政府工作人员，主要从事执行性、管理性工作，一般需要较强的专业知识技能。业务类公务员通常通过公开考试择优录取。

2. 国家公务员选拔考核的内容

国家公务员选拔考核的内容依据各部门和地区的实际工作需要设计，主要包含以下三个方面：首先是知识水平，包括通用的知识和招考单位与职业岗位的专项知识；其次是行政职业能力，主要考核知觉能力、数量关系、资料分析、言语理解和判断推理等要素；最后是分析能力，分析能力的考核有两种模式，一是笔试当中的申论，即根据给出的有一定长度的文字材料，对理论问题和实际问题进行思辨性的阐述，二是在面试中对应试者进行情景模拟的测试，以鉴别其分析能力。

（三）专业技术人员管理制度

1. 专业技术职务聘任制度

干部或职员层次的职业岗位可以分为两类：专业技术人员岗位与行政管理人员岗位。从事专业技术工作的人员，一般实行专业技术职务聘任制。专业技术职务聘任制主要在事业单位，如学校、医院、研究所、新闻单位等实施，企业、机关中也参照执行。国家对专业技术职务的类别、各类专业技术职务的任职条件，以及各单位专业技术职务人数及初、中、高级人数比例做出了规定。具有大、中专以上学历且确有真才实学、成绩突出的人员，按照一定手续申报，经审核批准后，即被聘任为某种专业技术职务。

2. 专业技术职务评定制度

事业单位的工程技术人员，实行职称评定与任用分开的管理制度，也称为“评聘分开”。职称反映的是一个人达到的专业水平，不是一个人担任的工作级别。职务则是一个人的工作岗位，反映了一个人的级别和“位置”的高低。专业技术人员在不同部门、岗位有着不同的职称系列，国家颁布了相应的职务试行条例，每一系列又有高级、中级、初级三个等级。

3. 技术操作岗位职务评聘制度

在企事业单位，特别是企业单位有大量的生产操作岗位。除了特殊职业有准入制度以外，劳动和社会保障部也根据不同的岗位技术要求，设置了初级工、中级工、高级工、技师、高级技师系列职务，通过统一组织的考试和评定授予相应的资格，供用人单位选用。

四、职业认知的作用

职业决定了一个人的未来，所以正确认识职业很重要。

（一）帮助人们科学制定职业生涯规划

职业是关系着每一个社会成员一生的重大问题，是人的一种重要生活方式。人们如果能够清晰、全面地了解工作环境，掌握用人单位及工作发展的一般路径和规律等，就能够结合自己的特点在社会中找到属于自己的工作，从而做出合理的生涯决策，而不是盲目跟风追逐所谓的“好工作”，最后迷失在求职大军中。

（二）进一步认识和了解自己

职业是一个人实现其生涯理想的外部平台，如何能够更好地利用这个外部平台，帮助个人实现其理想，是职业生涯中很关键的一部分内容。外部条件的限制，有时会令人沮丧，但是随着对自我和外部环境的思考，就会越来越明确自身的内心追求，了解自身的价值诉求，从而调整自己的行动，走好自己的人生道路。

（三）培养和提升自我能力

职业是个人获得名誉、地位、权利、成就、尊重以及自我实现等精神需要的重要来源。由于职业劳动是按照一定社会规范和内在规律运行的，每种职业都有其独特的活动内容和要求，对从业者的生理和心理必然产生重大的影响。当这种工作能够使个人的才干得到发挥、个性得到不断发展和完善时，它就成为促进个性健康发展的途径。

五、职业发展趋势

职业是人类社会发展到一定历史阶段的产物，是社会进步的标志。随着社会的不断进步，职业的发展变迁呈加快趋势。不能适应社会发展的职业逐渐消失，新的职业不断出现，且不同社会发展阶段会出现相应的热、冷门职业，会对大学生择业产生影响。

（一）单一化向综合化、多元化转化

由于职业自身具有社会性和发展性，职业与职业之间有越来越多的交叉重叠，区分界限越来越模糊。以往每种职业都有相对固定的单一专业基础，现在这种基础已开始向多元化、综合化的方向发展。从最近几年的毕业生就业情况来看，职业岗位的要求和劳动方式逐步由简单向复杂转化，过去单一技能就能胜任的工作，由于如今职业内涵发展扩大了，往往需要相关专业的许多知识和技能，甚至更多的职业需要既跨专业又精通某个领域知识技能的复合型人才。

（二）封闭型向开放型转化

随着改革开放的深入，职业岗位工作的范围和所面向的服务对象越来越广泛，人们接受信息的渠道也必然增多，相互之间的交往和协作也大大加强，这就要求人们具有开放的观念和心态，彻底摆脱封闭的状态。另外，开放型体现在职业岗位工作的性质上，也增加了一些以人与人之间的联络、沟通、信息咨询和交易为表现形式的内容。

（三）制造型向信息化、知识型转化

传统制造业的科技含量相对较少，在技术更新方面比较缓慢，跟不上时代前进的步伐。生产力发展的关键之一是增加职业岗位科技含量，改善劳动组织和生产手段，提高劳动生产率。能大量应用信息管理方法的智能型操作人员，是今后职业岗位更新、工作内容更新需要的新型人才。

（四）体力劳动型向脑力创新型转化

知识经济的到来，要求社会成员必须树立创新意识，在自己的职业岗位上进行创造性劳动。职业体力消耗逐渐减少，脑力消耗逐渐增加，完全靠继承前人技能进行重复操作的工作方式大大落后。国家的知识创新工程，将科技成果迅速转化为生产力，劳动效率的迅速提高改变着现有职业岗位的职业特征。

（五）第三产业职业数量增加

随着科学技术水平的提高、经济的发展以及产业结构的调整，人们的生活水平不断提高，人们对生活质量的要求越来越高，越来越需要社会服务行业为自己排忧解难、提供便利。信息沟通、金融、休闲、娱乐、卫生保健、咨询业以及文化教育等事业，还有提供各种各样服务项目的社区服务业等，将迅速发展壮大，大量新职业不断涌现成为吸纳人才的主要渠道。2022 年 6 月 14 日，人力资源和社会保障部向社会公示“民宿管家”“家庭教育指导师”“研学旅行指导师”“机器人工程技术人员”等 18 个新职业。这些公示的新职业反映了数字经济发展的需要、顺应了碳达峰碳中和的趋势、满足了人民美好生活的需要等特点。预计未来我国第三产业的就业潜力是非常大的。

六、职业变化带来的启示

（一）工作形式更加灵活

未来社会经济组织多种多样、体量庞大，其劳动内容、形式、关系也随之多样化、灵活化。既有编制内的核心员工，又有流动性较强的一般员工；既有参加到经济组织中的各类就业人员，又有大量自己创业、合作营销的劳动者。同时网络工人、临时工、业务承包、契约工作等多种劳动形式并存。

（二）知识的作用占据核心地位

知识经济是未来社会经济的主要形式，未来的社会是人才社会，知识含量在职业劳动中占有的比重越来越大，这就要求人们的知识水平越来越高。知识经验丰富并能将其充分发挥的人，便是未来的“知本家”；而缺乏知识的人，只能陷入困境，处于窘迫的境地甚至面临被社会淘汰的危险。

（三）国际化逐步普及

经济全球化的发展趋势越来越明显，跨国公司、合资企业的大量涌入，为我国提供了许多国际性的岗位。随着“一带一路”倡议的实施，人类命运共同体的不断结合，中国对外开放将越来越多元化，新职业种类、职业劳动技能及职业管理模式的出现，为职业领域带来巨大的示范和引导作用，同时也为大学生提供了更为广阔的发展前景。

拓展训练

以小组为单位进行社会职场调研活动，以所学专业为基点，寻找与所学专业相适应的职业岗位及岗位要求。

活动要求：

1. 学生自愿结组，每组3～5人，至少调查所学专业能够从事的3个岗位。

2. 各调查小组可以采取多种方式进行调研，搜集岗位信息。

3. 选一个职业对其从属行业进行发展趋势分析，大胆预测该职业未来5～10年的发展态势。然后进行总结，向全班汇报。

第五章

职业素养的培养

案例导入

汤姆·布兰德以32岁的年纪升任福特汽车公司的装配车间总领班，在这个“汽车王国”里，他是最年轻的总领班。这样的成就当然来之不易，而他之所以能够取得这样的成绩，和他总是能够全身心投入每一件小事是分不开的。

他初进福特公司时只有20岁，却有着年轻人少有的沉稳。工作之初他就对工厂的生产情形进行了认真的观察和分析，在了解了整个工厂的情况之后，他发现要经过15个部门的合作，一辆汽车才能够从零件变成装配完整的汽车出厂。

同所有的年轻人一样，汤姆有着自己的理想，他想要在汽车制造业中开创自己的事业。于是，他决心深入地了解汽车的全部制造过程。他主动要求成为一名普通的制造厂杂工。工作很琐碎辛苦，但是在汤姆看来，任何一份工作都值得全力去做。就这样，他成了一名既没有固定的工作场所，又没有正式身份的杂工，哪里有零活他就被派到哪里。借着这样的机会，他接触了工厂的各个部门，对所有部门的工作进行了初步的观察和了解。

后来，他申请到不同的部门去工作，先后到了汽车椅垫部、点焊部、车身部、喷漆部、车床部等，所有的有关汽车制造的详细环节他不但了解而且进行了深入的实践。用了将近五年的时间，他几乎干遍了所有的部门。最后他又到装配线上做了一名装配工人。

家人对他的行为极为不解，认为他把精力投入这样的小事，会耽误他的前程。而布兰德说：“我不觉得我做的任何一项工作是不值得的。我将来要能够胜任领导整个工厂的工作，可是现在，我必须了解全部的工作流程。我在任何一个部门的工作都不是小事，因为每一件工作对我都有价值。我要想知道一辆汽车是怎么制造的，就必须从做好一个汽车椅垫做起。”

一段时间后，已经懂得各种零件制造的布兰德在装配线上崭露头角。他成了装配工人中最出色的，并很快得到晋升，成为领班，然后成为总领班，又过了两三年，他升到了经理的职位。

自我思考

思考一：布兰德的经历给了你什么启示?

思考二：你是否意识到了职业素养对一个人的重要性?

第一节 职业素养概述

学习目标

了解职业素养的特征。

认清职业素养的作用。

一、什么是职业素养

“素养”一词最早见于《汉书·李寻传》：“马不伏历，不可以趋道；士不素养，不可以重国。”其含义就是修炼涵养。素养就是在遗传因素的基础上，受后天环境、教育的影响，通过个体自身的体验认识和实践磨炼，形成的比较稳定的、内在的、长期发生作用的基本品质结构，包括人的思想、道德、知识、能力、心理、体格等。从层次结构上划分，深层为自然生理素养，包括体质、体格、本能、潜能、体能、智能等；中层为心理素养，包括认知素质与才能品质、需要层次与动机品质、气质与性格意志品质、自我意识与个性心理品质；外层为社会文化素养，包括科学精神、道德素养、审美素养等。

职业素养则是劳动者对社会职业了解与适应能力的一种综合体现，是人类在社会活动中需要遵守的行为规范，是职业内在的要求。其主要表现在职业道德、职业意识、职业能力、职业形象等方面。其具体量化表现为职商（英文为 Career Quotient，简称 CQ，全称为职业职商），它体现了一个社会人在职场中成功的素养及智慧，所以，职业素养是一个人职业生涯成败的关键因素。影响和制约职业素养的因素很多，主要包括受教育程度、实践经验、社会环境、工作经历以及自身的一些基本情况（如身体状况等）。

美国心理学家莱尔·斯潘塞（Lyle Spencer）和塞尼·斯潘塞（Signe Spencer）于 1973 年提出“质素冰山模型”理论，将企业人员的个体素养分为表面的“冰山以上部分”和深藏的“冰山以下部分”。其中，“冰山以上部分”包括基本知识、基本技能，约占 20%；而“冰山以下部分”包括社会角色、自我形象、特质和动机，约占 80%，对人员的行为与表现起着关键性作用。

如果把一个员工的全部才能看作一座冰山，浮在水面上的是他拥有的资质、知识、行为和技能，这些都是员工的显性素养，可以通过各种学历证书、职业证书来证明，或者通过专业考试来验证；而潜在水面下的东西，包括职业道德、职业意识和职业态度等，称为隐性素养。显性素养和隐性素养的总和，就构成了一个职业人具备的全部职业素养。

隐性素养也称为基本职业素养。职业素养既然有大部分潜伏在水下，就如同冰山有五分之四存在于水下一样，正是这五分之四的隐性素养部分支撑了一个人的显性素养部分。所以，一个人的基本职业素养对一个人的职业发展至关重要。

二、职业素养的特征

（一）普适性

不同的职业对岗位要求不尽相同，但对职业素养的需要却是统一的。

（二）稳定性

一个人的职业素养是在长期执业期间日积月累形成的。它一旦形成，便具有相对的稳定性。

（三）内在性

从业人员在长期的职业活动中，经过自身学习、认识和亲身体验，知道怎样做是对的，怎样做是不对的，从而有意识地内化、积淀和升华这一心理品质。即人们常说的：“把这件事交给某人去做，有把握，让人放心。”人们之所以放心把事情交给他，就是因为办事之人的内在素养好。

（四）发展性

社会的发展对人们不断提出新的要求；同时，人们为了更好地适应、满足社会发展的需要，也要不断提高自身的素养。从这一角度来说，职业素养具有发展性。

三、职业素养的作用

职业素养是衡量一个从业者成熟度的重要指标，在个人的提升、企业的发展及整个社会的进步中都具有十分重要的意义。一个人在职场中能否成功取决于其职商，工作中需要智商，但更需要智慧，而最终起到关键作用的是素养。

许多人总会有这样的疑问：为什么有人总是激情工作，快乐生活？为什么有人总是能得到领导的赏识和器重？为什么有人学历不高，能力似乎也不强，但职务、薪酬却令人羡慕？

有些人也经常会发出这样的感慨：为什么我时常在人际关系方面遭遇挫折？为什么我总是竞争不过他人？为什么我总是难以投入激情，缺乏成就感？

其实，这一切都与个人的基本职业素养息息相关。无论你从事什么工作，成功的基础都是你的态度和素养，这决定了我们在职场上的成就。上面案例中的汤姆·布兰德从一名普通的工人升到经理的职位，靠的是什么？靠的正是他脚踏实地、敢于担当、不懈努力、甘于奉献的基本职业素养。

细节决定成败，素养成就人生。作为一名高职学生，你应当明白，基本职业素养将贯穿于你以后的整个职业生涯，是你笑傲职场的“利刃锐器”和在职场安身立命之本。

第二节 大学生必备的职业素养

学习目标

了解职业素养包含的项目。
了解职业素养各个具体项目的内容。

职业素养是职业人把工作做好应具备的最基本、最核心、最关键的素质和能力。根据我国高等职业教育的培养目标，高职学生的职业素养主要包括以下几个方面。

一、职业道德

职业道德是职业人在一定的社会职业活动中应当遵循的、具有自身职业特征的道德准则和规范，并在个人从业的思想和行为中表现出来的比较稳定的特征和倾向。职业道德的基本规范是爱岗敬业、诚实守信、处事公道、服务民众、奉献社会；职业道德的基本素养有遵纪守法、严谨自律、诚实厚道、勤业精业、团结协作、任劳任怨、开拓创新。职业道德的养成，唯有在职业道德的训练和实践中才能实现，所以大学生应积极参加社会实践，到实践中去领悟、体会和感受职业道德，才能养成良好的职业道德习惯。

二、职业形象

职业形象泛指职业人外在、内在的综合表现和反映。外在的职业形象指职业人的相貌、穿着、打扮、谈吐等，他人能够看到、听到的东西；内在的职业形象指职业人表现出来的学识、风度、气质、魅力等，他人看不到、却能通过活动感受到的东西。职业形象与个人的职业发展紧密相连，在个人的求职、社交活动中起着关键作用，良好的职业形象对职业成功具有比较重要的意义。

三、职业态度

职业态度是个人对职业生涯的设想及其有关问题的基本看法，包括职业生涯设计、对正在从业或即将从业的职业的看法等。对高职学生而言，学校给予的知识和技能是有限的，而以知识经济为特征的当代社会对学生综合素质的要求却是无限的。以有限的知识能力满足无限的社会要求，可能的契机和途径是对学生职业态度养成的最好教育，好高骛远是行不通的。

四、职业技能

职业技能是人们运用理论知识和实践经验完成具体工作任务的活动方式。大学生掌握职业技能，不仅需要教师传授知识，更主要的是需要进行一定的实践操作和训练，这是走向职场的基本条件。

五、表达沟通

表达沟通能力就是通过听、说、读、写等思维载体，利用演讲、会见、对话、讨论、信件等方式将个人的思想、观点、意见或建议用语言或文字准确、恰当地表达出来，促使对方接受自己的能力。表达能力包括语言表达能力和文字表达能力，这是大学生必须具备的基本能力。能够用准确、流畅的语言讲述事实、表达观点；能够撰写计划、总结、调查报告、公函等文书，这是用人单位对当今大学生表达能力的基本要求。

沟通就是信息的传递和理解，沟通能力包括听、说、读、写等。沟通的形式多种多样，最主要的方式是语言沟通，包括口头的和书面的。除了语言以外，非语言方式也是沟通的重要组成部分。非语言沟通也常常被称为身体语言，包括衣着、表情、神态、姿势、动作等。能够准确、高效地将信息传递给信息的接收方，并能正确理解对方的信息，这是大学生就业必须具备的能力要求。良好的沟通能力是大学生在职场通向成功的重要条件。

六、团队合作

团队合作能力是一种为达到既定目标，在团队中所显现出来的自愿合作和共同努力的能力，是个人在工作中与同事和谐共事的能力，是在实际工作中充分理解团队目标、组织结构、个人职责，并在此基础上与他人相互协调配合、互相帮助的能力。它包括个人善于与团队其他人沟通协调、能扮演适当角色、勇于承担责任、乐于助人、保持团队的融洽等。

目前，越来越多的企业意识到团队合作精神的重要性，特别是经营规模宏大的知名企业往往更加重视员工的团队意识和合作精神。团队中的每个成员都必须学会服从，承担起自己的责任，这是构建团队精神的基石。团队合作精神是大学生必须具备的就职条件之一。

七、人际交往

人际交往是指人们为了相互传递信息、交换意见、表达情感和需要等，运用语言、行为等方式而进行的人际联系和人际接触的过程，即通常所说的人际关系。人际交往能力指的是向他人传递思想感情与信息的能力。对正在学习、成长的大学生来说，良好的人际交往能力不仅是大学生活的需要，更是将来适应社会的需要。对一个组织来说，良好的人际交往能力有助于营造良好的组织氛围，而良好的组织氛围可以促进组织成员之间的沟通与交流，可以促进组织内部与组织外部成员之间的人际关系，扩大组织与社会的联系面，掌握更多的社会资源，进而有助于组织目标的顺利实现。因此，在其他条件相同的情况下，用人单位往往更愿意接收和使用人际交往能力强的人。

八、解决问题

解决问题就是通过发现问题，对问题进行分析，最后运用一定的方法和技能化解矛盾，实现工作的目标。解决问题包括辨识问题和采取措施解决问题。该能力可用于寻求方法解决工作、学习和生活中的问题，运用不同的方法寻求解决方案，确定方法的有效性。

在解决问题的能力中，分析判断能力十分重要。分析判断就是为实现一定的目标或解决一定的问题而制定行动方案并优化选择的过程。一个独立处理问题的过程其实就是一个决策的过程，因此，分析判断能力也就是独立处理问题的能力。对于一个特定的问题，分析判断一般包括以下环节：分析问题——分析问题的性质和特点；确定目标——确定最后希望达到的效果；拟订方案——同一目标的实现往往不止有一种方案，通过对不同途径和步骤的排列与组合，拟订数套行动方案备选；评估方案——对备选行动方案的可行性、后果进行综合分析与比较，权衡每一个方案的利弊得失；选择方案——从备选的行动方案中选定最后的行动方案。

了解了分析判断问题的流程后，大学生就可以有针对性地规范和完善分析判断问题的各个环节，从而提高自己的分析判断能力。

九、学习和创新

学习能力是人们在学习、工作及日常生活中必须具备的能力之一。现代社会对人的学习能力的要求越来越高，应届高职毕业生基本上都要经过系统培训才能具备直接进行业务操作的能力。因此，是否具备良好的学习能力和强烈的求知欲望是用人单位十分重视的，往往也是应聘时用人单位重点考察的内容之一。

创新能力是人们革旧布新、创造新事物的能力，包括发现问题、分析问题和解决问题以及在解决问题的过程中进一步发现新问题，从而不断推动事物发展变化的能力。创新能力最基本的构成要素是创新激情、创新思维和科技素质。创新激情决定着创新的产生，创新思维决定着创新的成果和水平，科技素质则是创新的基础。

此外，高职学生的职业素养还包括时间管理能力、心理抗压能力等，限于篇幅，此处不再一一赘述。

第三节 大学生职业素养的培养

学习目标

了解大学生职业素养现状。

掌握大学生提升职业素养的途径。

一、大学生职业素养现状

（一）大学生职业素养方面存在的问题

案例阅读

某民企的员工基本上都是王先生亲自招聘的。他给刚出校门的学生的月薪一般为1500元。但他表示，这一工资数目并不代表对应届大学生现有能力的评价，更不代表对其今后能力的评价，而仅仅代表企业提供的这个岗位的“价码”。王先生曾面试过不少大学生，对于“愿在基层工作几年”的提问，有些人回答“干几个月”，有些人甚至回答“几个星期”。王先生说，这些大学生没有专业经历，却想一来就干主管以上的岗位。“其实我的初衷是将他们当主管、部门经理等中层干部来培养的，可他们不愿从基层起步。”这一方面说明大学生对自己缺乏正确的定位，尚未意识到自身的差距，另一方面说明他们缺乏自信，生怕被一直安排在基层岗位上。事实上，许多民企老板或中高层管理人员就是从最基层的岗位干出来的。

职业素养是一只无形的手，你看不见它，但它无时无刻不在发挥着关键甚至是决定性作用。一个人职业素养的高低，直接关系到他一生的职业成就。一流的员工必定拥有一流的职业素养。

然而，近些年来，我国就业市场出现一种怪现象：一方面不少企业求贤若渴，另一方面求职者一职难求。这一现象的产生，固然有诸多方面的原因，但企业的叫苦不能不引起我们的注意，企业在招聘和用人时最不满意的就是毕业生的职业素养问题，这突出表现在以下三个方面。

一是图安逸，怕吃苦。“大城市、好单位、高薪”是部分大学生的首选。据不完全统计，约有90%的毕业生选择效益好、工资高、地处大中城市的好单位，愿意到急需人才的边远地区和艰苦行业的毕业生仅占2%。

二是善小不为，善大难为。对于一些轻而易举就能干好的小事情，不愿干、不屑干，即使是单位要求，也很不情愿，认为浪费了自己的青春。

三是不愿与人团结互助、共同合作。

除此之外，包括高职学生在内的应届大学毕业生在工作中的表现也常常令管理者头痛不已。

我们知道，大学重视理论教育，培养出来的毕业生普遍自我价值感很高，认为自己应该从事企业的中、高层管理工作。而实际上，由于毕业生缺乏实际操作技能，只能从基层做起。这种强烈的心理落差使得应届毕业生常常抱怨自己得不到重用。

在十几年的学生生涯中，他们所做的一切努力都是为了达到考上一所好的学校，或是拿一个好的成绩等个人目标。进入企业后，这种个人导向的行为习惯与企业追求的团队协作要求格格不入，所以他们常常因和周边的同事产生冲突而受到排挤。

还有，作为“90后、00后”的一代多为独生子女，成长的环境比较优越，一般一代人具有鲜明的特点：有个性、喜欢被关注、习惯被安排、受不了大的挫折等。当他们进入企业以后常表现为：不服管，经常和领导顶着干；目光短浅，没有自己的职业规划，乱跳槽；同学间攀比工资，并向企业要求加薪；遇到困难就叫苦连天、退缩。

在企业中的“不得志”使得很多刚进企业不久的大学生纷纷离职。有数据显示，50%以上的应届毕业生一两年内流失率在30%。一些企业招收的应届大学生流失率更是高达70%以上，甚至像联想集团这样的大型企业，也认为他们为大学生高流失率“交的学费太高”。

可惜，离职并没有带给大学生多大的利益，相反，毕业后前几年的黄金时间都浪费在了跳槽上，也给应届毕业生留下越来越多的负面评价。

如何打破这种“双输”的局面？一些知名的大企业给出了答案，他们通过系统的培训将应届大学生培养成“企业人”“职业人”“专业人”，将应届生的流失率降低至10%。而职业化素养培训对于把应届生培养成“企业人”和“职业人”起到了很大的作用。

（二）影响大学生职业素养的原因

目前，包括高职院校在内的高校职业素养教育较为滞后，专业培养目标不能有效适应市场需求，主要表现在以下几个方面。

1. 认知不足，阻滞了职业素养教育的开展

目前，部分高校对职业素养的认知不足，阻滞了职业素养教育的开展。有些高校，平时很少提到职业素养教育，甚至部分教师认为职业素养教育和自己无直接的联系；部分学生不知道自己的专业学习目标，只是在临近毕业时才开始为就业而了解职业，茫然地临时抱佛脚，缺乏一定的职业意识、责任意识，更谈不上具备较高的职业素养。这就是当前一些企业明确表示不招聘应届毕业生的真正原因。即便在部分高职院校，职业素养教育从认知到贯彻都不够到位，侧重于技术和经验，相比之下，在职业道德和职业心理素质方面缺乏应有的重视。

2. 重理论轻实践，职业技能素质培训不足

目前，部分高等院校在具体的人才培养实施过程中，仍存在一定的重理论轻实践的现象，采用的仍然是纯课本讲授的方式，不能根据学生的认知特点来培养学生的能力，偏重于对概念和理论知识的讲解，内容陈旧，没有把目前生产、生活领域出现的各类实际问题用所学的理论知识加以介绍、解释，使该学科失去了鲜活的生命力。部分教师缺乏相关专业的工作经历，没有切实的实践体验，授课针对性不强，只是纸上谈兵，无法较好地做到理论联系实际，不能很好地运用书本知识去分析社会中的实际问题，也不能用一些模型去评估现行的方针政策，所以学生在一定程度上缺乏分析问题和解决问题的实际能力。

3. 课程设置不合理，职业道德、职业心理素质培养虚位

目前，包括高职院校在内的部分高等院校没有打破传统的教学模式，仍存在着重智能和技能的传授，轻学习动机的激励；重学习材料的记忆，轻认知方式的培养；重书本知识、实训技能的考核和评价，轻日常行为规范、健全人格的评定；重教学内容选择，轻学习进取心、自信心、责任心的培养；重理性训练，轻和谐发展等。在课程设置上，就业指导课常常由日常事务繁杂的学生管理人员兼职并且课时不足，较少开设职业规划、职业道德和职业心理学等课程，学生在一定程度上缺乏相关的职业道德和职业心理素质知识，不知道“为什么而学”“到底应学什么”“怎么去学”等，没有使他们从思想深处真正认识到职业素养是未来职业的需要、民族振兴的需要、国家发展的需要、客观形势的需要。显然，这些现象都有悖于职业素养教育的宗旨，不利于职业激情与品格的培养。

4. 考评方式不合理，缺乏对职业素养的有效考核

不少大学生在显性素养方面表现还可以，但在隐性素养方面因为没有得到过有效的培训考核，所以比较欠缺。目前，在学生成绩的考评方式上，许多高等院校和一些高职院校仍然采用的是期末考试“一锤定音”，即一张试卷判定成绩的考核方法。由于教师出题的任意性和随机性很大，这种考核方式在一定程度上缺乏整体性、全面性和客观性，不能准确地反映学生掌握知识的情况，更不能正确地反映学生职业素养教育的情况。如果做好一张试卷就可以高枕无忧；如果失败，一学期的努力就会付之东流。而且，这种考核方式容易助长学生平时懒散，考前突击、死记硬背甚至作弊等不良倾向，不利于学生职业素养的培养和提升。

二、如何提升大学生的职业素养

目前，企业最看重的是毕业生的职业素养。良好的职业素养是大学生进入企业的“金钥匙”，是个人事业成功的基础，也是企业评价人才的重要指标。

案例阅读

2018 年，常青高考落榜，父母希望他能读一所民办大学，常青却有自己的想法：听朋友介绍说一些 IT 职业教育的课程学期只需一年，毕业后有机会进入 IT 业成为一名白领。怀揣 IT 白领梦想的常青开始了他的 IT 培训生活。

由于目标明确，常青学习很用功，学习成绩一直很棒。为了锻炼自己的综合素质，他还积极参与学校社会活动。

其间，常青被选为学校“魔鬼训练营”讲师。

有一段时间，经过学校楼下的人，总会看到这样的场景：一名同学站在队伍前面，大声说出自己的名字，说一些心里话，并大声喊出“我是最棒的！”，这是常青带领同学们进行的一项心理防线的突破训练。一个优秀的网络技术工程师不仅要有过硬的技术，还要具备良好的与人沟通能力。

“同学们都太害羞了，要加强锻炼。”常青这样认为，也这样努力着。他还根据自己学习职业素质导向课程的心得，整理出一套职业礼仪与职场注意事项的材料，做成 PPT 给同学们讲解。在一年培训期间，常青学到了很多专业技能及职业素养知识。学校的职业导向课程中传授的职业素养、职场礼仪、时间管理等都十分实用，为常青未来的职业生涯增加了筹码，也帮助他在日后的求职面试中脱颖而出。

培训结束后，常青以一名准职业人的状态参与了 IT 岗位的应聘。在教师推荐下，拥有良好技术能力与全面素质的常青还没有正式毕业就顺利通过了一家网络公司的面试，担任运维工程师，负责公司的网络搭建和运维。

一年前，还是一名失落的高考落榜生；一年后，凭借自己的努力成为一名令人羡慕的 IT 白领。这就是常青的从业之路。

那么，大学生该如何提升自己的职业素养呢？通常来说，提升自己的职业素养主要有以下途径。

（一）自我培养

大学生应该加强职业素养的自我修炼，在思想、情操、意志、体魄等方面进行自我锻炼。同时，还要培养良好的心理素质，增强应对压力和挫折的能力，善于从逆境中寻找转机。具体来说，大学生可以着重从以下六个方面对职业素养进行自我培养。

一是在大学生活中培养职业道德。必须把良好道德品质的培养放在首位，形成“说老实话、办老实事、做老实人”的好品质，自觉遵守道德法则。在自我教育、自我管理中做遵纪守法的进步青年，在学习中知法、懂法、守法、不违法；同时通过社会实践活动自觉培养爱岗敬业、奉献社会、服务大家的良好职业道德。

二是在平时的学习活动中培养职业形象。在平时的学习活动中，树立正确的人生观、价值观，陶冶情操，内外兼修，掌握社交技术，灵活应用社交礼仪，塑造良好的职业形象。

三是在实习实训中培养职业态度。在社会实践、校内实习实训等职业环境中了解职业前景，增强对职业的认识和热爱，完善自我，挖掘潜能，通过自我调整，养成正确的职业态度。

四是在专业理论和实践课中培养职业技能。在专业理论和实践课中，获取专业知识，考取各类证书，培养交际能力、竞争能力、合作能力。

五是在学校和班级等的活动中培养良好沟通能力。在活动中，自主创设谈话情景，锻炼口语表达能力，自主训练非有声语言表达能力，有效表达内在思想和气质。

六是在团队活动中培养团队协作精神。通过集体活动和与团队成员沟通，自主培养团体情感，在团体活动中尽情感受竞争与合作的关系、个人与集体的关系，学会欣赏别人、赞美别人。

（二）学校培养

高职院校要把学生基本职业素养的养成作为重点工作，将之纳入学生培养的系统工程，使学生在步入大学校门的那一天起，就明白学校与社会的关系、学习与职业的关系、自己与职业的关系，全面培养大学生的基本职业素养。

学校要构建理论与实践一体化的课程体系，形成以真实工作场景为载体的、课内和课外实训并举的教学模式，突出实际的应用性；注意将表扬鼓励与挫折教育相结合，将职业素养的培训贯穿于日常考核中。

学校还应成立相关职能部门，帮助大学生完成职业素养的全过程培养。如以就业指导部门为基础成立学生职业发展中心，开设相应课程，及时向学生提供职业教育和实际职业指导。

（三）社会培养

大学生职业素养的培养不能仅仅依靠学校和学生本身，社会资源的支持也很重要。很多企业都想把毕业生直接投入“使用”，但是却发现很困难。企业界也逐渐认识到，要想获得具有较高职业素养的大学毕业生，企业也应该参与到大学生的培养中。可以通过以下的方式进行：企业与学校联合培养大学生，提供实习基地以及科研实验基地；企业家、专业人士走进高职院校，直接提供实践知识、宣传企业文化；完善社会培训机制，对大学生进行专业的入职培训以及职业素养拓展训练等。

总之，大学生职业素养的培养是目前高等职业教育的重要任务之一，而这一任务的进行，需要学生、学校及社会等多方面的协同配合。

拓展训练

我们先来看世界著名企业的用人标准：

一、摩托罗拉：5个E

第一个E——Envision（远见卓识），即对科学技术和公司的前景有所了解，对未来有憧憬；第二个E——Energy（活力），即要有创造力，并且灵活地适应各种变化，具有凝聚力，能带领团队共同进步；第三个E——Execution（行动力），即不能光说不做，要行动迅速、有步骤、有条理、有系统性；第四个E——Edge（果断），即有判断力、是非分明、敢于做出正确的决定；第五个E——Ethics（道德），即品行端正、诚实、值得信任、尊重他人、具有合作精神。

二、IBM：高绩效

IBM（国际商业机器公司）需要“高绩效”的人才，在IBM的“高绩效”文化中，主要包括三个方面：“Win”——必胜的决心；“Execution”——又快又好的执行能力；“Team”——团队精神。

三、微软：雇佣有潜质的人

美国微软创始人比尔·盖茨说过：“在我的公司里，我愿意雇佣有潜质的人，而不是那些有经验的人。因为从长远来看，潜质更有价值。如果雇员以加薪或是提升作为条件威胁要辞职，那么即使会造成短期的麻烦局面，我也让他们走，因为不受眼前因素左右的雇佣政策将有利于公司长远发展。”

四、宝洁：八项基本原则

宝洁公司对人才重要性是这样理解的：如果你把我们的资金、厂房及品牌留下，把所有的人带走，我们的公司会垮掉；相反，如果你拿走我们的资金、厂房及品牌，留下我们的人，10年内我们将重建一切。宝洁公司对人才素质的要求可以归结为八个方面：领导能力、诚实正直、能力发展、承担风险、积极创新、解决问题、团结合作、专业技能。需要指出的是，“这八个方面是并列的，没有先后之分”，“诚实正直”和“专业技能”一样重要。

通过上面的阅读，请回答下面的问题：

1. 你认为大学生的职业素养应当包括哪些主要内容？它们对一个人将来在职场上的成长乃至成功有着什么样的作用？

2. 俗话说："人贵有自知之明。"那么，你如何评价自己的职业素养？

3. 根据自己的体会，你认为目前的高职学生应如何提升职业素养？

第六章

职业生涯决策

案例导入

中国香港影星刘德华在其自传《我是这样长大的》一书中，有这样一段描述：

第一次要面对人生抉择是中五毕业那年（中国香港地区的中五，相当于内地的高中阶段，中五毕业就是内地的高中毕业），左手拿着无线艺员训练班的报名表格，右手拿着应届高等程度教育课程的报名表，顿时觉得自己的前途都掌握在自己手中。

要继续学业，还是去读艺员训练班？再念两年，毕业后又何去何从？是再念大学，然后学士、硕士、博士这样一路念下去？还是选修艺员训练班有一技之长，将来无论条件符合与否，台前幕后也好，总算有门专业知识傍身？

一连串的问题此起彼落在我心中响起，魔鬼、天使各据一方，展开辩论大会。

反反复复地考虑，我把自己的优点和缺点逐一写在纸上，自己给自己理智地分析利弊：这样一直念书适合我的性格吗？我喜欢艺术工作吗？我喜欢什么样的人生呢？平稳安定，还是多姿多彩，充满挑战？

直到那一天才明白，人才是自己生命最大的主宰，向左走还是向右走都是由自己决定的。我的心做了我的指南针，只有它才会明白我要的方向，也是它让我选择了左手那张报名表格。

自我思考

思考一：刘德华的人生经历给了你什么样的启示？

思考二：你怎么理解大学生职业生涯决策？

思考三：你知道大学生职业生涯决策的方法有哪些吗？

第一节
职业生涯决策概述

学习目标

了解职业生涯决策的含义。
认清职业生涯决策面临的困难。

一、什么是职业生涯决策

职业生涯决策的概念最早源自英国经济学家约翰·梅纲斯·凯恩斯（John Maynard Keynes）的理论。它是指一个人选择目标或职业时，会选择使其获得最高的收益，并将损失减至最低的过程。其中收益与损失不限于金钱，也包括社会声誉、人身安全、社会流动等任何对个人有价值的事物。

职业生涯决策其实就是综合了个人对自我的认识，以及对教育与职业等外在因素的判断，面临生涯抉择情境时所做的各种反应。其构成要素包括决策者个人目标、可供选择的方案与结果以及对各个结果的评估。其过程与结果则受到机会、机构、文化等社会因素以及个人价值观与其他内在因素的影响。

职业生涯决策不仅包括职业选择，还包括对执行完成选择所需的行为做出承诺的过程。职业生涯决策不仅是一个即时的职业选择行为，还是一个动态的决策过程，伴随人的一生。职业生涯决策包括以下内容：①选择何种专业与行业；②选择行业中的哪一种职业（工作）；③选择适用的策略，以获得某一特定的工作；④从数个工作机会中选择其一；⑤选择工作地点；⑥选择工作的取向，即个人的工作作风；⑦选择生涯目标或系列的升迁目标。

二、职业生涯决策面临的困难

职业生涯决策是个体一生中必定会面临的重要决策，是个体对自己将要从事的职业做出的选择。为何说决策难为？这是因为职业生涯决策如同别的决策一样，总是具有风险性，要求每个决策者为其后果承担责任；同时，影响职业生涯决策的因素相当复杂，而且其中有相当多的阻碍。

（一）职业生涯决策的风险性

每个人在日常生活中，无时无刻不在做着决定，而且每种决策本身都具有风险性，这当然包括职业生涯决策。我们将决策（决定）分为三类来说明。

1. 确定无疑的决定

这是指所有的选择及其结果都是清楚明白的决定。例如，一幢教学楼有左右两个楼梯，而上课的教室位于大楼的右侧，从右边的楼梯上楼到教室要近一点，那么去该教室上课的学生可能就会选择走右边楼梯。

2. 有一定风险的决定

这是指有多种选择，每种选择的后果虽然不完全确定，但个人在一定程度上知道可能会有什么样的选择和结果。例如，一名大学生决定中午在食堂吃什么，因为他天天都在这个食堂吃饭，大体上他知道食堂提供的大多数饭菜是否适合自己的喜好。但有一些饭菜，他从来没有品尝过，并且食堂师傅的炒菜水平可能有波动，因此，对于各种选择的结果并不能完全确定。

3. 不确定的决定

这是指对于有哪些选择、各种选择相应会产生什么样的结果几乎完全不清楚，却又不得不做出的决定。例如，一名完全不懂证券知识的大学生，想投资炒股，他对股市行情的判定则是不确定的决定。

生活中的决定大多不会是第一种，而多属于第二种，也就是说，有可能获得一定的信息，做出某种预测。当面临第三种决定时，最好先尽可能地搜集一些信息，以便把它变成第二种决定。职业生涯规划的目的，也正是尽可能地搜集信息，并以一种理性的方式做出决策，将第三种决定转换为第二种决定，减少风险。

从决定的分类中可以看到，做决定时，通常都不可能拥有全部的信息。大多数决定都有预测的成分，都具有不确定性和风险性。决策的风险使得很多人采取了听天由命、随大流或让父母等他人做主的方式来逃避对决策结果所要承担的责任。但这样的人在逃避决策和责任的同时，也逃离了自由。

世上万事，几乎总是有这样那样的风险。不冒风险的人可以逃避挫折和悔恨，但同时也丧失了学习、感受、变化、成长、生活和爱的机会。其实，生活中最危险的事就是不去冒险。被“稳定”和“安全”锁住，这个人就变成了奴隶。只有敢于冒险的人，才是自由的。无怪乎有人说：“不得不在各种不同的行动方案之间选择，是为自由而付出的代价。”职业生涯决策亦同此理。

（二）职业生涯决策的复杂性

职业生涯决策难做的另一个原因是它的复杂性——有诸多因素可能会影响到每个人的

职业生涯决策。著名的职业辅导理论家约翰·克朗伯兹（John Krumboltz）将影响个人职业生涯决策的因素分为以下四类。

1. 遗传和特殊能力

遗传和特殊能力即个人来自遗传的一些特质，如种族、性别、外表特征、智力、个人天赋等，在某种程度上决定了个人的职业表现或影响到个人的生涯。例如，在现阶段的大学生就业中，不可否认，性别因素仍然影响到求职者是否有机会参与面试和被录取；而身高、体形、健康状况等先天条件在诸如模特、文艺工作者、军人等职业的招募当中也占据了重要的地位。

2. 环境和特殊事件

环境和特殊事件包括人类活动（如社会、文化、政治、经济、家庭、教育）的影响和自然力量（包括自然资源的分布或自然灾害，如地震、洪水以及干旱等）的影响。很显然，家庭的社会经济地位（偏远农村还是沿海城市，是否贫困家庭）、家庭对个人的期望（如是否重视教育）、所在地区的教育水平等，都会在很大程度上影响到个人的求学背景和发展机会。

3. 学习经验

这里所说的“学习”是广义的学习，即每个人在日常生活中不断积累的经验和认识。例如，一个孩子在与小伙伴玩耍的过程中发现，如果自己愿意与伙伴们分享玩具，别人就会更乐意跟自己玩。那么，这个孩子可能由此学到了“分享”“合作”。而如果父母总是为自己的孩子包办一切，不允许他有自己独立的想法或喜好，那么这个孩子就学到了“不负责任”，这样的孩子长到该独立进行职业决策时，就很难承担决策的责任，也没有自己的主见。再如，某小学生恰好遇上了一位特别和蔼可亲、循循善诱的数学教师，于是对数学产生了浓厚的兴趣，对教师这一职业也怀有美好的向往。在成年后，他最终选择数学教师作为自己的终身职业。由此可见，每个人在其成长过程中都积累了无数的学习经验。个体的学习经验是独特的，而这对个体的职业生涯选择又具有重要的影响。一个人是自信还是自卑、敢于冒险还是畏惧变化，他怎样看待他人，他对教师、医生、警察等各种职业有着什么样的印象，他更看重工作带来的成就感还是与家人相处的时间……这一切无不与个人的学习经验有关。

4. 任务取向的技能

受到上述种种因素的作用，个人在面临一项任务时，会表现出特定的工作习惯、解决问题的能力、心理状态、情绪反应和认知的历程，这被称为“任务取向的技能”。例如，面对找工作这件事情，同一个班里所有的学生都没有经验，都感到无从下手。但其中有的学生可能会积极地面对困难，会想到利用学校就业指导中心提供的各种信息和资源（如选修职业生涯规划课程、听讲座、参加学校组织的各种考察实践活动等），向自己的亲友、教师和高年级的同学请教，之后会开始探索和思考自己的兴趣、能力，并着手联系实习的机会。这样，当他们到了快毕业时，已经对自己和劳动力市场都有了相当多的认识，也积累了不少信息和资源，可以说是胸有成竹了。而另外一些学生则一味地拖延，不愿面对困难，直到大学快毕业了才开始着急，或寄希望于自己的某个亲戚能够帮助找一份工作，或埋怨学校不帮助毕业生联系就业单位，最后草草找到一个职位了事。在这个过程中，不同的学生所表现出的心态、习惯和能力，其实反映了他们不同的任务取向的技能。

在上述四类影响职业决策的因素中，前两类因素通常在个人的控制之外，而后两类因素则是个人在成长过程中可以不断积累和更新的。四种因素交互作用的结果，形成了个人对自我和世界的推论或信念。这些推论不一定完全正确，要视个人的学习经验是否丰富而定。但是，人们往往以偏概全，在一两次深刻经历的基础上得出一些刻板的印象和先入为主的偏见，这就是所谓的"非理性观念"。比如，有的学生因为家庭经济困难，就牢牢记住了"没钱就会让人瞧不起"，从而在职业选择上将收入作为考虑的首要标准。再如，有的学生会认为"第一份职业非常重要，会对人的一生产生深远的影响。第一份工作我一定要找好""如果我做出某种决定，那我就永远甩不掉它了。我就会走弯路，浪费时间和精力，甚至再也无法回头。万一这个决定是错误的怎么办呢？""我一定要找到这样的职业，它能帮我得到对我来说非常重要的人的喜爱和赞许，必须父母以为我荣，老师夸奖我""你说的这些方法都挺好，但不适用于我。我跟别人不一样，我各方面的条件比他们差，我做不到你说的那些"，等等。

这些非理性观念的不合理之处在于其绝对化。"应该""必须"这样的表述方式都体现了思想观念上的束缚，将个人的选择限制在狭小的范围内，缺乏弹性，最终阻碍了个人的长久健康发展。在真实情景中，人们或许不会做如此绝对的表述，或者即使持有这种观念，可能在理性上也同意它们是不合理的，只是在潜意识上却仍然相信这些想法，并据此做出判断和行动。例如，有的人希望所有人都喜欢自己，所以如果别人做什么或搞什么活动没有叫上自己，他就会觉得很郁闷。在他的内心深处，可能存在"只有当所有人都喜欢我，我才是有价值的"这样的观念。对于非理性观念，如果你能对其做适当的调整，改为"我希望如此，但如果不能实现，我也能接受"，则你的认识可以更加切合实际，更有利于健康发展。

（三）职业生涯决策的阻碍

职业阻碍是指任何使人难以实现某一职业目标的障碍或挑战，分为内部阻碍和外部阻碍两种。内部阻碍就是存在于人们自身的障碍，通常人们对之有较大的控制力，如焦虑、办事效率低等。外部阻碍则来自外界，是人们难以控制的，如就业中存在的重男轻女现象。在职业生涯决策中，大学生需要明辨内部阻碍和外部阻碍，才能采取相应的对策。

另外，由于影响因素复杂，职业生涯决策有风险，使得职业生涯决策也存在着阻碍。这些阻碍通常分为以下两种。

1. 生涯不确定

生涯不确定是正常的发展性的问题。大学生还处在生涯探索阶段，在以前的学校教育中又缺乏与职业生涯规划相关的内容，造成大学生普遍不了解自己的兴趣或能力、价值观不清晰、缺乏关于工作世界的信息等状况，因此难以进行生涯决策。这种问题通常只要得到关于自我认识、工作环境介绍等相关的信息即可解决，而这可以通过选修生涯规划课程、阅读相关书籍、参加社会实践活动等实现。

2. 生涯犹豫

生涯犹豫是由个人特质引起的，如个人兴趣与能力有差异，个人偏好与社会期待有冲突，价值观受到环境条件限制等。例如，有的人自信心不足，极大地阻碍了其对职业的憧憬与选择；有的人虽然做出了初步选择，却感到非常焦虑；还有的人，虽然经过多方的探索，在职业兴趣方面却仍然相当混乱等。这一类学生需要较长时间的个别生涯辅导，甚至是心理咨询和治疗，来帮助他们提升自我价值感，增进对自我的肯定与信任，并在此基础上改善他们的决策能力。

三、职业生涯决策的原则

（一）社会需求原则

社会需求原则是职业生涯决策最基本的原则。每个人都生活在大的社会环境中，职业生涯决策必须与社会需求相结合，以社会需求为基本出发点的职业生涯决策才具备现实性和可行性。时代在快速发展，新的职业不断涌现，旧的职业不断消亡，这就要求大学生在职业生涯决策过程中，不忽视社会背景和社会需求，紧跟时代步伐。

（二）兴趣发展原则

职业生涯决策第二个重要的原则就是兴趣发展原则。研究表明，当人在做一件自己喜欢的事情时，即使很忙、很累，也不会感觉压力太大，反而觉得很充实。可见，兴趣对一个人来说有多么重要。如果你打算从事某职业，就应该在所学专业或该职业对人才的基本要求的基础上，努力发掘和培养自己的兴趣，逐渐找到学习和工作的乐趣。

（三）能力胜任原则

大学生在职业生涯决策过程中，不仅要找到自己感兴趣的职业，更重要的是要找到自己擅长的职业。每个职业都需要相应的知识和技能，大学生在做职业生涯规划时，需要对自己的能力有所探索和了解，根据自己的能力来判断自己能否胜任这个职业。若发现自己的能力有所欠缺，可以通过努力学习来提升。例如，发现自己的表达能力有所欠缺，那么在大学期间，可以通过参加学生会、演讲比赛等方式来锻炼和提升。

（四）利益整合原则

职业生涯决策不仅涉及个人的兴趣、特长和性格，还涉及职业的报酬、发展等。因此，大学生在进行职业生涯决策时，要考虑各方面（如个人的成就、职业发展的前景等）的利弊，然后对其进行整合，保证自己的利益最大化。

（五）动态目标原则

职业生涯决策是一个动态的过程。在做决策时，决策者会发现自己现在的目标可能和几年前的目标完全不一样，也就是说，各时期的目标是动态变化的。这种动态变化与社会的快速发展和决策者自身因素的变化有关，调整职业目标是为了更好地适应这些变化。但是，动态目标并不是随时都要变化的，有的时候也需要坚持。

第二节 职业生涯决策风格

学习目标

了解职业生涯决策风格的类型。

学会选择职业生涯决策风格。

案例阅读

一位磨坊主和他的儿子一起赶着驴子到邻近的市场上去卖。他们没走多远，遇见了一些妇女聚集在井边聊天。其中一个说："瞧，你们看见过这种人吗，放着驴子不骑，却要走路。"磨坊主听到此话，立刻叫儿子骑上驴。

又走了一会儿，他们遇到了一些正在争吵的老头，其中一个说："看看，那懒惰的孩子骑在驴上，而他年迈的父亲却在下面行走。"磨坊主便叫儿子下来，自己骑了上去。

他们没走多远，又遇到一群妇女和孩子。有几个人立刻大喊道："你这无用的老头，你怎么可以骑在驴子上，而让那可怜的孩子跑得一点力气都没啦？"老实的磨坊主立刻又叫他儿子来坐在他后面。

快到市场时，一个市民看见了他们，开口道："请问，这驴子是你们自己的吗？"磨坊主说："是的。"那人说："你们的恻隐之心到哪里去了，瞧把这头驴子累成什么样啦？"于是，磨坊主和儿子一起跳下驴子，将驴子的腿捆在一起，用一根木棍将驴子抬着向前走。

经过市场口的桥时，很多人围过来取笑他们父子俩。吵闹声和这种奇怪的摆弄使驴子很不高兴，它用力挣断了绳索和棍子，掉到河里淹死了。磨坊主又气愤又羞愧，赶忙从小路逃回家去。

上述案例的结局是磨坊主的性格以及决策风格造成的——他是一个很容易受别人意见左右的人。这也说明了决策风格对一个人的影响巨大。

一、什么是职业生涯决策风格

风格是指不同的人在做事方式上所表现出来的偏好。职业生涯决策风格则是指我们在面对职业生涯决策情境时所表现出来的行为偏好和心理倾向，它反映了一个人在职业生涯决策过程中习惯性的反应模式。由于人们有不同的偏好，人与人之间的职业生涯决策风格也是存在差异的。

一般而言，职业生涯决策风格不仅会受到个性特征、任务和环境的影响，但可能会因年龄的增长、阅历的增多、环境的改变等发生变化。

二、职业生涯决策风格的类型

职业生涯决策风格的类型通常可以分为以下几种。

（一）直觉型

直觉型职业生涯决策风格是指个体基于一时的冲动或自己强烈的感受和情绪反应而做出的决策。这种决策风格的个体做决策的速度通常很快，做决策时只考虑自己想要的，不考虑外在因素，几乎不会系统地搜集相关信息。因此，他们所做的决策发生错误的可能性较大，也容易造成决策的不确定性。

体现这种决策风格的语言有"先做了再说，以后再想结果""感觉还不错，就这么决定了"等。

（二）依赖型

依赖型职业生涯决策风格是指个体知道自己必须做出决策，但依赖他人为自己做出决定。这种决策风格的个体认为一切都是命运的安排，自己做不做决策都一样。他们对自己的决策能力缺乏信心，即使有时自主地做出了决策，在遇到反对意见时一般也不会坚持己见，最后还是顺从了他人。这种决策风格的个体需要适当减轻他人对自己的影响程度，认识到自己应该承担的责任。

体现这种决策风格的语言有“爸妈让我这样做”“他们认为我适合”“船到桥头自然直”“天塌下来会有大个子顶着”“反正一切都是命运”等。

（三）拖延型

拖延型职业生涯决策风格是指个体知道自己必须做出决策，但经常处于拖延或迟疑状态，迟迟做不了决定，或者到最后一刻才做决定。这种决策风格的个体常常对做决策感到恐惧，不愿为自己的决策承担责任，因而用麻痹自己的方式来逃避做决策。他们通常很注重搜集信息，但往往因为选项太多或条件太复杂而无法做出取舍。这种决策风格的个体需要意识到决策的重要性以及决策不当可能产生的危害，努力调整自己，增强职业生涯规划的意识和动机。

体现这种决策风格的语言有“急什么？明天再说吧”“我知道该怎么做，可是我办不到”“我绝不能轻易决定，万一选错了，那就惨了”等。

（四）理性型

理性型职业生涯决策风格是指个体做决策时会分析自身的情况，也会考虑外在环境的要求，广泛搜集信息，用系统分析的方法检验各种选项的利弊得失，从而做出适当且明智的选择。

体现这种决策风格的语言有“一切操之在我”“我是命运的主宰，是自己的主人”等。

通过回答以下问题，你可以对自己的决策风格倾向有一个大致判断。

若路边有一片桃园，每个人都可以进入桃园摘桃子，但只许前进不许后退，且只能摘一次，要摘一个最大的，你会怎么办？

通常，人们面对这种情景，会有以下四种做法：

①对视野范围内的桃子进行比较，形成一个大概的标准，再根据这个标准选择最大的桃子。

②“我感觉这个最大！”凭第一感觉摘一个，或稍微比较后，迅速摘一个。

③去问看守桃园的人或有经验的人，什么样的桃子最大。

④一直往前走，走到最后再摘。

如果你的做法是①，说明你倾向于理智型决策风格；如果你的做法是②，说明你倾向于直觉型职业生涯决策风格；如果你的做法是③，说明你倾向于依赖型职业生涯决策风格；如果你的做法是④，说明你倾向于拖延型职业生涯决策风格。

三、如何选对职业生涯决策风格

职业生涯决策风格受人格特性的影响，但这种风格并非恒定不变。实际上，人们在做决定时，通常会根据实际情况采取不同的决策风格。

一般情况下，理性型职业生涯决策风格是最为理想的决策风格。这种决策风格的个体既能充分地搜集相关信息，又不会被过多的信息所迷惑和困扰；既能果断地做出决策，又不会过于冲动和感情用事；既能广泛参考别人的意见，又不会因盲目从众而失去自我；既能坚定地为自己的选择负责，又不会不顾条件的变化而一意孤行。在面对职业选择时，大学生尤其需要这种决策风格来助自己一臂之力。

但凡事不绝对。在一些情况特别复杂、需要尽快做决定的情况下，或者在获得的信息很有限、很难进行理智分析的情况下，采用直觉型职业生涯决策风格更为可取。例如，刚上大一，父母希望你将来毕业后回老家找工作。但这个时候你不确定毕业后是否会回老家，也不确定是否会考研，是否会在大城市找工作。此时，你可以跟着直觉走，自我探索到一定程度后再做决定。如果决定毕业之后回老家工作，就在大学期间多拓展自己的视野；如果决定将来考研，就要更努力地学习；如果决定将来在大城市找工作，就要多积累一些社会实践的经验。

对于一些比较重大的决定，一旦决策失误很难独自承担责任时，则可以采用依赖型职业生涯决策风格。例如，一个读本科大学的学生有机会保送本校的研究生，但是他又非常渴望考另一所学校的研究生，如果放弃本校保研，外校研究生考不上就会得不偿失。这时，他可以依赖周边的一些资源，多听听专业课教师、班主任、考去外校的师兄和师姐的建议，然后再做决定。而对于一些坏处大于好处的决定，采取回避型职业生涯决策风格可能是最有利的。

第三节

职业生涯决策方法

学习目标

了解职业生涯各个决策方法的具体内容。

掌握职业生涯各个决策方法的具体操作。

案例阅读

小雅上大学以后就感到迷茫。已经上大三了，周围的同学似乎都已经有了目标和方向，她却不知道自己应该升本还是先工作。

小博已经决定了：先工作。但到底是去公司还是考公务员，他仍拿不定主意。父母说公务员工作稳定，收入也不错，他也同意父母的看法，但又想去企业闯闯。

小青本身是学心理学的，她对幼儿教育这一领域非常感兴趣，也已经对此做了不少探索；从自己的性格和兴趣、能力等方面的评估来看，应该也没有什么问题。可是，她却迟迟下不了最后的决心，总是问老师："我真的适合干这一行吗？"

决策是一件不容易的事情，同时又是一件无法回避的事情。从早晨醒来到夜晚入睡，人们都在不断地做决定：如何安排这一天的时间、穿什么衣服、吃什么食品、读什么书、与什么人交往等。当人们清晨听到闹钟响起，考虑是继续睡下去还是立即起床时，就已经在做选择了。每个人的生活充满了成百上千对日常琐事的决定。通常，一个决定对个人越重要，决策也就越困难，比如，挑选一双鞋要比挑选一个职业容易。可见，决策是不可避免、不断发生而又有难度的活动。那么，应该采用什么方式来进行决策呢？

下面几种方法可供参考。

一、计划型决策

在进行重大决策时，为了减少风险，应尽可能充分地考虑到决策所涉及的多方面因素。很多人都使用计划型（Planful）决策，它由沟通（Communication）—分析（Analysis）—综合（Synthesis）—评估（Value）—执行（Execution）五个步骤组成，其英文缩写为"CASVE 循环"（见图 6–1）。

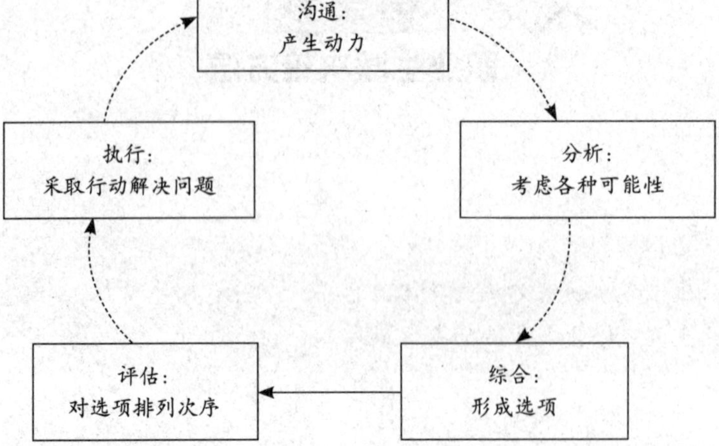

图 6–1 CASVE 循环

（一）沟通

沟通或者叫“与自己的心灵对话”，即个人发现理想与现状有差距，意识到问题的存在，了解自己内部的身心状态和外部一些对自己产生影响的信息。这一步是决策的开始。个人如果没有意识到自己需要解决哪些问题，则后面的步骤都无从谈起。例如，许多大一学生，常常觉得职业生涯规划离自己还很遥远，认为找工作是大三大四的事，自己才大一，只要好好学习就够了。只有当他们具备了职业生涯规划的意识，了解到找工作不是一蹴而就的事情，才会开始产生这方面的需求，从而进入职业决策的下一阶段。

（二）分析

分析是指将问题的各个组成部分相互联系起来，对现状进行评估，了解自己和自己可能做的选择，对所有信息进行分析。这当中还包括确认要做出的决定的性质、具体的目标、决策的标准等。不少人将目标与达到目标的手段混淆，如为了学历而读书，但实际上学历只是手段，就业只是途径，实现价值才是最终目的。如果没有弄清楚自己的目标，是先工作还是先升本，就开始盲目行动，必然不会有理想的结果。可以说，分析是决策过程中最容易出现问题的阶段。许多人倾向于用简单化的方式得出结论，直接跳到行动步骤，而未能真正弄清问题的关键，也未能收集充足的信息。

（三）综合

综合是指在分析的基础上，个人形成可能的解决方法并进一步收集相关信息，确认自己的选择。这里需要注意的是，不要在没做探索之前就匆忙决定，这样会将自己的选择面限制得很窄。在职业生涯规划中，提倡先列出个人的职业前景清单（通常要列出至少 10 个以上可从事的职业），打开视野，充分地看到自己拥有的可能性，再在收集信息的基础上适当压缩（留下 3～5 个最后选项）。

（四）评估

评估是指从可行性和满意度两方面评估信息，并按评估结果对所有选择进行排列，得出最终的选择。例如，可以将所有的重要价值观列成表作为评判的标准，并按每一项对所有的选择进行加权计分，最后按总分排序。

（五）执行

执行是指根据自己最终的选择制订计划，采取行动。需要注意的是，决策是一个循环的过程，也就是说，在行动之后，还需要对自己的决定及其结果进行评估，由此可能进入新一轮的 CASVE 循环决策过程。

二、SWOT 分析法

找到适合自己的工作类型之后，还需要进一步分析自己的优势和劣势以及所面临的机遇和威胁，以提高自己在激烈的竞争环境中求职的成功率。此时，SWOT 分析法可以派上用场。

运用 SWOT 分析法进行职业生涯决策，就是将与自己密切相关的各种主要内部优势因素（Strength）、劣势因素（Weakness）、机会因素（Opportunity）和威胁因素（Threat），通过调查和挖掘罗列出来，并对这些因素进行综合分析，找到利用或弥补的方法（相关知识详见本书第二章第三节）。

使用 SWOT 分析法对自己做进一步分析后，就会得到一个关于自我的系统认识，从而为准确地定位和进行正确的选择奠定坚实的基础。

（一）构造 SWOT 矩阵

构造 SWOT 矩阵就是要分析目前的各种环境因素，包括外部环境因素和内部能力因素。也就是将调查得出的各种因素根据轻重缓急或影响程度等排序的方式构造 SWOT 矩阵（见表 6–1）。

表 6–1　SWOT 矩阵

内部	优势（S）	劣势（W）
外部	机会（O）	威胁（T）

通过与他人相比较，考察自己周围的职业环境，认清自身的优势和劣势以及周围职业环境的机会和威胁，就可以构建出自身的 SWOT 矩阵（示例参见表 6–2）。

表 6–2　某大学生的 SWOT 矩阵

内部	优势（S）	劣势（W）
	个体可控并可利用的内在积极因素： 工作经验；教育背景；丰富的专业知识和技能；特定的可转移技巧（如沟通、团队合作、领导能力等）；人格特质（如职业道德、自我约束力、抗压能力、创造性、乐观等）；广泛的人际关系网络；在专业组织中的影响力	个体可控并努力改善的内在消极因素： 缺乏工作经验；学习成绩较差，专业不对口；缺乏目标，且对自我和工作的认识不足；缺乏专业知识；较差的领导能力、人际交往能力、沟通能力和团队合作能力；较差的寻找工作的能力；负面的人格特征（如职业道德败坏、缺乏自律、缺少工作动机、害羞、情绪化）
外部	机会（O）	威胁（T）
	个体不可控但可以利用的外部积极因素： 就业机会增加；再教育的机会；专业领域急需人才；由于提高自我认识、设置更多具体的工作目标带来的机遇；专业晋升的机会；专业发展带来的机会；职业道路选择带来的独特机会；地理位置的优势；强大的关系网络	个体不可控但可以使其弱化的外部消极因素： 就业机会减少；由同专业大学毕业生带来的竞争；具有丰富技能、经验、知识的竞争者；拥有较好的寻找工作技巧的竞争者；名校毕业的竞争者；缺少培训造成的职业发展障碍；工作晋升机会十分有限；专业领域发展有限；公司不再招聘高职层次毕业生

（二）定量的 SWOT 分析

单纯确定个体的优势、劣势、外在机会、外在威胁中的各个具体因素，只是 SWOT 的初步分析阶段。如果想要更科学地做出职业生涯决策，则需要进行更进一步的 SWOT 分析，即给 SWOT 矩阵中每个维度的每一项因素配以权重，并根据权重进行定量分析。

对于不同的职业，个体的每一项优势、劣势、机会、威胁对其的影响程度都是不同的。而且，在进行 SWOT 分析时，如果只考虑到每项因素的大致影响，那么随着分析项目的增加，这种分析就可能无法得出客观真实的结果，个体也很难了解自己相对于其他竞争对手在进行新的职业选择时是否具有优势。因此只有根据当时当地的人才市场的具体情况，用数量化的方式把个人优势、机会结合起来与劣势、威胁相比较，才能够清晰地分辨出自己选择这项职业是否比他人更具有优势，从而做出最优化的职业决策。

需要注意的是，这里 SWOT 分析的权重分值并不是由个体凭空想象的，而是基于每项评判内容对具体行业的重要性而设定的。当然，每项分析内容的权重分数是可以不同的，你可以给最重要项目的权重分配 10 分，甚至 100 分或 1000 分，但其他比较项的权重也要随之改变。

比如，大学生林某想去会计师事务所工作，但不知道自己是否适合，她根据上面的介绍列出了自己的 SWOT 矩阵后，将其中的所有因素按照 1～10 分的限额进行加权赋值，得到的结果是 S、O 为 62 分，而 W、T 为 57 分。最后，她得出结论：自己适合会计师事务所的工作。

三、职业生涯决策平衡单法

职业生涯决策平衡单法是指将重大事件的思考方向集中到四个主题上，即自我物质方面的得失、他人物质方面的得失、自我精神方面的得失（自我赞许与否）、他人精神方面的得失（社会赞许与否），也就是从“自我—他人”以及“物质—精神”所构成的四个范围内来考量（见图 6–2），以协助当事人客观理性地分析多个潜在选项，然后通过量化的方式评估各个选项的利弊，并确认优先顺序。

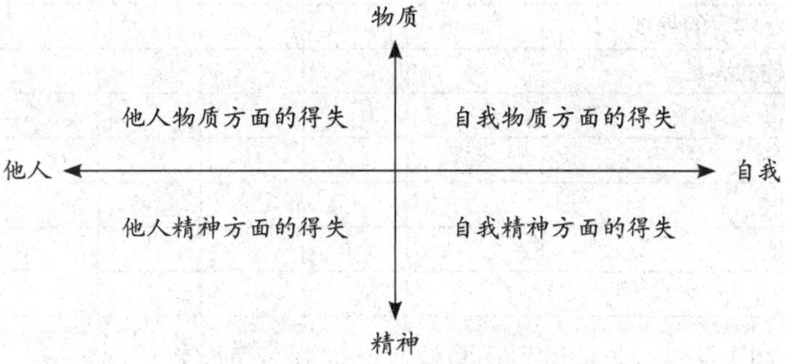

图 6–2　职业生涯决策平衡的主题

（一）具体方法

首先在一张空白纸上以直线隔开左右两栏，两栏上方分别写下 2～3 项难以取舍的事项。在平衡单的左侧，垂直列出你在“自我物质方面的得失”“他人物质方面的得失”“自我精神方面的得失”“他人精神方面的得失”四个方面的重要价值观和考虑因素（示例参见表 6–3）。

表 6–3　生涯决策平衡单

考虑因素		加权指数（–5～+5）	选择项目					
			选择一		选择二		选择三	
			加权分数					
			（+）	（–）	（+）	（–）	（+）	（–）
自我物质方面的得失	收入							
	工作的难易程度							
	升迁的机会							
	工作环境的安全							
	休闲的时间							
	生活变化							
	对健康的影响							
	就业机会							
	其他							
他人物质方面的得失	家庭经济							
	家庭地位							
	与家人相处的时间							
	其他							
自我精神方面的得失	创造性							
	多样性和变化性							
	影响和帮助别人							
	自由独立							
	社会声望的提高							
	挑战性							
	自我实现的程度							
	兴趣的满足							
他人精神方面的得失	父母							
	师长							
	配偶							
	其他							
总分								

给这些因素加以评分，若是得到正面效益就加分，负面效益就减分。要注意的是，究

竟加减几分要视它对个人的重要性有多大。最后，再予以加权计分。如此做下来，就可以计算该选项的总分。总而言之，得分较高的选项通常比较适合自己的选择。假如职业生涯决策平衡单的计分仍不能使你安心地做出抉择，这表示可能你的内心有比较复杂的矛盾或冲突。

（二）填写平衡单的步骤

①明确希望从事的若干职业。

②细化四个主题的具体考虑因素。

③按照自己的情况，给每个考虑因素设置权重（1～5）。

④填写每个考虑因素的具体分数。每个所选职业的得分或失分，可以根据该职业对自己而言的优势（得分）、劣势（失分）来确定。根据自己对考虑因素的擅长程度，填写对应的分数，计分范围为－10～10分。每一因素的得（失）分乘以权重即为该因素的分数。

⑤算出每个职业的得失差数，将每个所选职业的得分和失分求和，算出客观的得失差数。

⑥比较各个职业的得失差数，数值最大者为用职业生涯决策平衡单法所做出的综合效用最大化的决策。

案例阅读

王森的职业生涯决策

1. 基本情况

王森是某大学教育技术学专业三年级学生，他性格外向，开朗活泼，喜欢与人交往，口头表达能力和组织能力较强，是学院学生会干部。还有一年就要毕业了，关于今后的职业选择，他考虑以下三个发展方向：中学信息技术教师、市场销售总监、考取计算机专业硕士研究生。以下是他的具体想法：

（1）王森认为中学信息技术教师这个职业是他的本专业，对他来说具有专业优势，工作也比较稳定，但目前社会需求量并不大。

（2）王森希望用10年的时间实现市场销售总监这个目标。他认为自己的性格适合这个职业，他也有利用暑假和业余时间兼职做销售的经历。此外，他认为自己的专业可以帮助自己更好地开展销售工作。

（3）王森的父母都是高校教师，他们希望王森能够继续深造，考取计算机专业硕士研究生，以后到大学任计算机专业的教师。但王森认为考研有一定的困难，且他不喜欢计算机专业的教学工作。

2. 王森的决策平衡单

王森利用职业生涯决策平衡单法帮助自己做出职业生涯决策，具体如表6-4所示。

表 6–4　王森的职业生涯决策平衡单

主题	考虑因素	权重	中学信息技术教师		市场销售总监		考研	
			得（+）	失（–）	得（+）	失（–）	得（+）	失（–）
自我物质	符合自己理想的生活方式	5		3（–15）	9（+45）			5（–25）
	适合自己的处境	4	8（+32）		9（+36）		7（+28）	
	有较高的社会地位	3	5（+15）			3（–9）	9（+27）	
	工作比较稳定	5	9（+45）			9（–45）	9（+45）	
他人物质	优厚的经济报酬	4	5（+20）		8（+32）		9（+36）	
	足够的社会资源	5	8（40）		7（+35）		9（+45）	
自我精神	符合自己的能力	4	8（+32）		9（+36）		7（+28）	
	符合自己的兴趣	5	5（+25）		9（+45）			8（–40）
	符合自己的价值观	5	6（+30）		8（+40）		5（+25）	
	符合自己的个性	4	7（+28）		9（+36）		6（+24）	
	未来发展空间	5		3（–15）	8（+40）		9（+45）	
	就业机会	4	3（+12）		8（+32）		9（+36）	
他人精神	符合家人的期望	2	6（+12）		5（+10）		9（+18）	
	与家人相处的时间	3	7（+21）		4（+12）		9（+27）	
总分			312	–30	399	–54	384	–65
得失差数			282		345		319	

3. 职业生涯决策分析

通过对职业生涯决策平衡单进行分析，王森的各项选择的得分情况为：

市场销售总监＞考取计算机专业硕士研究生＞中学信息技术教师。综合平衡之后，王森认为市场销售总监这个职业较符合自己的职业生涯目标。

在使用职业生涯决策平衡单时，要注意其目的不仅在于得到最后的排序结果，填写的过程也很重要。列举各项考虑因素、给各项价值观分配加权指数以及给各项选择打分的过程本身，就是要帮助个人理清自己的思绪。通过这样一个仔细思索和反复推敲的过程，可能比单纯得到一个结果更为重要，更能够帮助个人做出适合自己的决策。

显而易见，这样的决策方式需要比较多的时间和精力的投入。和许多事情一样，决策虽然有各种方法和技巧，但却没有捷径可走。

四、多因素量化分析法

除了以上几种常规办法，还可以运用多因素量化分析法来进行职业的优选决策。同一类型的职业，往往有多种类别可供选择。例如，常规型职业中，有会计员、出纳员、统计员等，还有文书、秘书、办公室人员等具体职业。即使选择教师职业，也存在着大学、中学、小学或幼儿园教师职业层次上的差别，以及存在着教什么科目的差别。个体该如何选择，美国心理学家V.H. 弗鲁姆（V.H.Vroom）的择业动机理论给出了答案。

弗鲁姆认为，人的行为动机强度主要受两个因素的影响：①效价，即个体对一定目标重要性的主观评价；②期望值，即个体对实现目标可能性大小的估计，亦即目标实现的概率。个体行为动机强度取决于效价大小和期望值。上述理论可用以下公式表示：

F（行动动机强度）=V（效价）×E（期望值）

如果效价越大，期望值越高，行为动机就越强烈，即为了达到一定的目标，个体就会付出极大的努力。弗鲁姆将这一期望理论用来解释个人的职业选择行为，具体化为择业动机理论。该理论将个人职业选择分为两步走。

第一步，确定择业动机。用以下公式表示：

择业动机 = 职业效价 × 职业概率

第二步，比较择业动机，进行职业选择决策。择业者对其视野内的几种目标职业进行价值评估，并获取该项职业可能性的评价，在对几种职业择业动机量化测定的基础上，横向进行择业动机比较。择业动机是对职业的全面评估，已经对多种择业影响的因素进行了全面的权衡。一般来说，多以择业动机分值高的职业作为自己的选择结果。

比如，大学生小孔对未来的职业有三个选择：A 是出国留学，B 是考公务员，C 是到会计师事务所工作。小孔首先对 A、B、C 项做出价值判断，并对这三项的可能性进行了评估（见表 6–5）。

表 6–5　小孔的职业生涯决策择业动机理论比较表

职业选择要素	职业价值观（1）	A 职业要素评估（2）	B 职业要素评估（3）	C 职业要素评估（4）	A 职业评价（5）＝（1）＋（2）	B 职业评价（6）＝（1）＋（3）	C 职业评价（7）＝（1）＋（4）
兴趣	5	6	5	7	11	10	12
工资	4	4	6	7	8	10	11
职业声望	3	7	8	5	10	11	8
劳动条件	3	8	4	9	11	7	7
效价合计					38	42	38
职业概率					0.6	0.7	0.8
择业动机					22.8	29.4	30.4

对小孔来说，B 职业效价是三项职业中得分最高的，为 42 分，高于 A 职业和 C 职业效价，应该是最佳选择。但是，获取 C 职业的可能性最大，职业概率为 0.8，比 A 职

业概率（0.6）和B职业概率（0.7）都大一些，即要谋取B职业需要付出更艰辛的努力。经过计算和权衡，结果C职业的择业动机得分为30.4分，均高于A职业择业动机的22.8分和B职业择业动机的29.4分。于是小孔更倾向于选择C职业，即到会计师事务所工作，其次是考公务员。

拓展训练

请回忆填报高考志愿时的过程，并参考以下问题进行。

1. 你是怎么认知自己当时的需求的？

2. 你是如何分析自己的需求、收集相关信息的？

3. 你是如何形成解决方案的？以你今天的眼光，你是否能看到自己当时所没有看到的其他可能性？

4. 你当时如何在不同的解决方案之间做选择？你的选择标准是什么？

5. 你是如何落实行动的？过程是否如你所预期的那样？

6. 你怎样评价自己当时的决策过程？你对结果感到满意吗？如果不满意，是哪个步骤出现了问题？

分析完上述六个重大决策过程之后，请回答下面两个问题。

1. 你对于自己当时的决策模式有什么新的了解？

2. 这对你处理现阶段面临的职业决策问题有什么指导意义？

第七章

职业生涯规划的实施与管理

案例导入

大壮（因强壮而得名）是我从小到大的朋友，我们18岁高中毕业分开后，几乎每隔两三年见一次面。每一次见面我都喜欢问他同一个问题：你将来的目标是什么？而我得到的答案总是不相同，下面记录的是我和大壮每次谈及目标时他的原话。

18岁，高中毕业典礼上：我发誓要当第二个李嘉诚！我要当中国首富！

20岁，春节老同学聚会上：我想创立自己的公司，30岁前拥有资产2000万。

23岁，在某市工厂当技术员，第二职业是炒股：我正在为离开这家工厂而奋斗，因为在这里工作太没前途了。我将全力炒股，三年内用5万元炒到300万元。

25岁，炒股失意，开始准备结婚：我希望一年后能有10万元，让我风风光光地结婚。

26岁，不太风光的结婚典礼上：我想生一个胖小子，不久的将来当个车间主任就行，别的不想了。

28岁，工厂效益下滑，偏偏正是妻子怀胎十月的时候：希望这次下岗名单里千万不要有我的名字……

自我思考

思考一：案例中的大壮虽然有自己的职业目标，但工作似乎并不如意，你认为导致他出现这种情况的原因是什么？

思考二：大壮的职业生涯轨迹能给你带来什么样的启示？

思考三：你对职业生涯规划的实施与管理有什么样的了解？

第一节 大学期间职业生涯规划方案的制定与实施

学习目标

了解职业生涯路线的设计方式。

了解职业生涯目标实施的步骤。

掌握职业生涯规划方案的制订方法。

掌握职业生涯规划方案的实施措施。

一、确定职业生涯路线

（一）职业生涯路线的内涵

做出职业生涯决策，选定职业发展目标之后，还应该确定达到这一目标的职业生涯路线。职业生涯路线是指个人的自我认知、职业成长和晋升的管理方案，也是制定职业生涯规划方案的准备工作之一。

职业生涯路线是对前后相继的工作经验的客观描述，而不是对个人职业生涯发展的主观感觉。它实际上包括一个个职业阶梯，个人由低至高拾级而上。例如，大学教师的职业生涯路线通常是“助教—讲师—副教授—教授”。而在企业中，财务人员的职业生涯路线可以是“会计员—主管会计师—财务部经理—公司财务总监”。这一过程描述了在一种职业中个人发展的一般路线或理想路线，但它仅是一种流动方式，而不是纵向、横向流动或稳定的硬性规定。

职业生涯路线还包括一个人选定职业目标后从什么方向上实现自己的职业目标，是向专业技术方向发展，还是向行政管理方向发展？因为，即使同一职业，也有不同的岗位，有的人适合搞行政，可以在管理方面大显身手，成为一名卓越的管理人才；有的人适合搞研究，可以在某一领域有所突破，成为一名著名的专家学者；有的人适合搞经营，可以在商海大战中屡建功勋，成为一名经营人才。

（二）职业生涯路线选择的影响因素

职业生涯路线选择是人生发展的重要环节之一。在进行职业生涯路线选择时，可以从以下三个方面考虑。

①个人希望向哪一条路线发展，主要考虑自己的价值观、理想、成就动机，确定自己的目标取向。

②个人适合向哪一条路线发展，主要考虑自己的性格、特长、经历和学历等主观条件，确定自己的能力取向。

③个人能够向哪一条路线发展，主要考虑自身所处的社会环境、政治与经济环境、组织环境等，确定自己的机会取向。

职业生涯路线选择的重点是对生涯选择要素进行系统分析，在对上述三个方面的要素进行综合分析的基础上确定自己的生涯路线。

此外，我们在设计自己的职业生涯路线时还应该包括以下内容。

①描述各种流动的可能性。

②反映工作内容、组织需要的变化。

③职业生涯发展道路上每一职位对知识技能与资历的要求。

总之，选择自己的职业生涯路线，一定要结合实际，综合考虑自己的个性、价值观、兴趣、能力和社会与组织环境条件，权衡确定。

（三）主要的职业生涯路线设计方式

1. 传统职业生涯路线

这种模式将个人的发展限制于一个职业部门内或一个组织单位内，从一个特定的工作到下一个工作纵向发展，通常由工作年限来决定职业地位。例如，某一单位的销售部门从下而上设计为销售小组、社区销售、地区销售、全国销售及全球销售五个等级，一个销售人员可在 5 年后成为销售组长，10 年后成为社区销售主管，15 年后成为一个地区的销售主管，25 年后成为跨国公司在某一国家的销售主管，30 年后成为全球销售总监。其最大优点是职业路线一直向前清晰地发展；缺陷是它基于以往对岗位的需求而设计。但实际上随着外部环境及单位内部的发展，原有职业需求可能已不再适应发展的要求，技术的进步、外部环境的变迁、战略的改变都会影响对人力资源的需求。这种情况下，行为职业生涯路线就显得更有优势了。

2. 行为职业生涯路线（网状职业途径）

行为职业生涯路线是一种建立在对各个工作岗位的行为需求分析基础上的职业发展路径设计。它要求进行工作分析来确定各个岗位上的职业行为需要，然后将具有相同职业行为需要的工作岗位化为一族（这里的族，是指对基本素质及技能要求基本一致的工作岗位的集合)，以族为单位进行职业生涯设计，包括纵向的工作序列和一系列横向上的机会。网状职业途径承认在某些层次的经验的可替换性，以及晋升到较高层次之前需要拓宽本层次的经历。

这种设计产生的职业生涯路线是呈网状分布的（见图 7–1），分属于不同职业部门的岗位 A 与岗位 B 对基本技能的要求及基本工作活动是相似的，因此可将这两个岗位化为同一工作族。AA 岗位→与 BB 岗位→对工作的技能要求也基本相同，可化为同一工作族，但它们对工作技能的要求比 A →和 B →要更高一些。按照传统的职业发展路径设计，处于 A 岗位的将会沿着 A → AA → AAA → AAAA 的方向发展，处于 B 岗位的将会沿着 B → BB → BBB → BBBB 的方向发展。按照行业职业发展计划的思想，由于 A 岗位与 B 岗位所要求的基本技能大致相同，A 岗位可以有三种选择：可以水平移动，转换到 B 岗位上，沿着 B 部门的职业发展路线前进；可以在本部门内沿着传统的职业发展路线前进；可以提升到 BB 岗位上，再沿着 B 部门的职业发展路线前进。同样 B 岗位也有三种选择，这里不再详述。这样如图 7–1 所示，一个人的职业发展路线就呈现出一个网状结构。这里我们只列出了两个具有相同技能要求的工作岗位，现实中一个组织可能拥有多个具有相同技能要求的岗位，那么职业发展路径也就更为复杂。

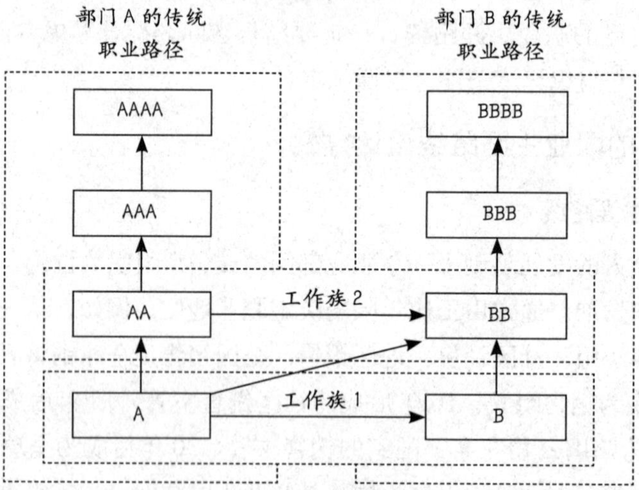

图 7–1　行业职业路径

这种灵活的职业生涯路线设计显得更有优势。首先，它减少了堵塞的可能性，带来了更多职业发展机会，尤其是当原所在部门的职业发展机会较少时，就可以转换到一个新的工作领域中，开始新的职业生涯；其次，这种职业生涯路线设计也便于个体找到真正适合自己的工作，找到与自己兴趣相符的工作，实现自己的职业目标。

3. 横向职业生涯路线

前两种职业生涯路线都被视为传统高级管理层的升迁之路，但高层职位是有限的，且一个人并不一定会终身从事同一项工作，而长期从事同一项工作也会让人倍觉枯燥无味，以致影响员工的工作效率。因此，也可采取横向的调动来使工作具有多样性，使员工寻找新的机遇，迎接新的挑战。按照这种思想制定的职业生涯路线就是横向职业生涯路线，如图 7-1 所示由“A”到“B”、由“AA”到“BB”。

4. 双重职业生涯路线

双重职业生涯路线主要用来解决个体在某一领域中具有专业技能，既不期望在自己的业务领域内长期从事专业工作，又不希望随着职业的发展而离开自己的专业领域的情况。因此，有必要进行双重职业生涯路线设计，即在进行正常的职业生涯路线设计的同时，设计另一条职业发展的路径。

二、职业生涯目标实施的步骤

（一）既定目标的分解

职业生涯目标分解是根据观念、知识、能力差距，将职业生涯长期的远大目标分解为有时间规定的长、中、短期分目标，直至将目标分解为某确定日期可以采取的具体步骤。目标分解是将目标清晰化、具体化的过程，是将目标量化成可操作的实施方案的有效手段。

案例阅读

有一位名不见经传的选手曾两次获得马拉松冠军，当记者问起他取胜的秘诀时，他总是只说这么一句话：“凭智慧战胜对手。”若干年后，他在写个人自传时才公布了他战胜对手的“智慧”。

他在自传中是这么说的：每次比赛之前，我都要乘车把比赛的线路仔细看一遍，并把沿途比较醒目的标志画下来，比如第一个标志是银行；第二个标志是一棵大树；第三个标志是一座红房子……这样一直画到赛程的终点。比赛开始后，我就奋力地向第一个目标冲去，等到达第一个目标后，我又以同样的速度向第二个目标冲去。40 多千米的赛程，就被我分解成这么几个小目标轻松跑完了。起初，我并不懂这样的道理，我把我的目标定在 40 多千米外终点线的那面旗帜上，结果我跑了十几千米时就疲惫不堪了，我被前面那段遥远的路程给吓倒了。

在现实中，我们做事之所以会半途而废，往往不是因为难度较大，而是觉得成功离我们较远。确切地说，我们不是因为失败而放弃，而是因为倦怠而失败。在人生的旅途中，我们稍微具有一点案例中那位马拉松选手的智慧，人生中也许会少许多忏悔和惋惜。

想想也是，在参加马拉松赛跑时，如果跑了 20 多千米，还望不到头，还有 20 多千米，是什么感觉？觉得“我已经这么累了，可是还有那么远”，一种强大的心理负担先把自己击垮了。可是如果你用案例中目标分解的方法，同样是跑了20多千米，又是什么感觉？“我已经实现了一个又一个目标，而下一个目标已经可以看到，就在几千米之外。我被一次又一次阶段性的成功喜悦激励着！”这就是目标分解的作用。

目标分解能帮助我们在现实环境和美好愿望之间建立起可以拾阶而上的途径。一直分解到你知道为实现你10年以后的目标今年干什么、明天干什么。如果你不知道你明天应该干什么，你10年以后的目标永远是一个美好的愿望，变成不了现实。所以目标分解是实现目标非常重要的方法。

目标分解的方法主要是按性质分解和按时间分解。按性质分解是指把目标分成外职业生涯目标和内职业生涯目标。按时间分解是把目标分解成为最终目标、长期目标、中期目标、短期目标和近期目标。

1. 按性质分解

人的职业生涯可以分为外职业生涯和内职业生涯，所谓外职业生涯是指从事一项职业的工作内容、条件、待遇、职务、地点等因素的组合及变化过程。内职业生涯是指从事一项职业所需具备的知识、能力、经验和内心感受的组合及变化过程。

外职业生涯的因素通常由别人决定、给予，也容易被别人否定、剥夺；内职业生涯的因素主要靠自己探索、获得，并且不随外职业生涯的因素改变而丧失。内职业生涯发展是外职业生涯发展的前提，内职业生涯的发展带动外职业生涯的发展。外职业生涯目标侧重于职业过程的外在标记，内职业生涯目标侧重于在职业生涯过程中的知识、经验的积累，观念、能力的提高和内心感受。

因此，我们在分解和组合自己的职业生涯目标时，外职业生涯目标与内职业生涯目标是同时进行的，而且内职业生涯目标是应该重点掌握的内容。

（1）外职业生涯目标

外职业生涯目标都是可以具体描述的，如在哪个单位上班、每天的工作是什么、职务是什么、工资是多少、上班的地点是哪儿、工作环境如何、几点上班、几点下班等，其中最重要的有两个——职务目标和经济目标。

对于职务目标，必须明确是哪一类专业的职务。因此职务目标是“专业”加“职务”，如“人力资源经理”“财务经理”“负责销售的地区经理”等。

对于经济目标，也要有一个规划，比如30岁之前赚取20万，40岁之前赚取100万、1000万等。经济目标要敢于制定。

2. 内职业生涯目标

通常，外职业生涯的因素多数是别人给予的。尤其是在职业生涯初期，这些外在因素很容易被剥夺。如果只是去追求那些外职业生涯的内容，就会经常陷于痛苦之中，总是会怀疑上级对自己不公，甚至会担心下岗名单里有自己。与此相对应的是，内职业生涯里的内容即知识、经验、能力、观念、心理素质、内心感受，这些因素不是别人给予的，而是通过努力自己获得、掌握的，而且一旦获得后是不会被轻易剥夺的。

第一，工作能力目标。

工作能力是对处理职业生涯中各种工作问题的能力统称。如能够和上级领导无障碍沟通的能力；组织大型公共关系活动的能力；组织结构设计的能力等。

如果将职业生涯定义为职务的连续晋升，就很容易导致一个错误的观念：似乎只有职务的不断提升才能代表职业生涯的发展；而职务没有变化，则代表职业生涯停滞不前。

职务提升是职业生涯发展的一个标志，但不是唯一的标志，也不是最为重要的标志。因为在职业生涯发展中，个人的发展可以体现在三个方面：在现有的职务上能否将工作做得更好；现在职务的职责、权力能否进一步扩大；职务晋升。

在前两种情况下虽然没有职务晋升，但是仍然可能以更新的观念、更充足的知识、更有效的手段来进行工作，进而得到更令人满意的工作结果。一个员工只有具备从日常工作中总结管理工作规律的能力，才能为其管理职务的晋升打下基础。因此在制定职业生涯规划时，工作能力目标应优于职务晋升目标。事实上，新职务的设立、职务的晋升不完全取决于管理人员本人，但其能否增长新的知识、能否用更有效率的方法做出更优异的工作成绩则主要取决于其本人。对工作能力目标的设定比对工作职务目标的设定更能够让人感觉到自己是职业生涯的主人。

第二，工作成果目标。

工作成果目标是指发展和应用新的工作方法、发表与工作相关的文章、创造新的业绩等。工作成果目标既有外职业生涯内容，又有内职业生涯内容。工作成果本身属于外职业生涯目标，如秘书部主任计划用 2 年时间编写一本详细的秘书工作手册。但在取得工作成果目标的过程中所获得的知识和经验、提高的心理素质和能力属于内职业生涯目标。

第三，心理素质目标。

最终能够实现职业生涯目标的人和最终没能实现目标的人，区别并不在于是否在实现的过程中遇到困难，而在于心理素质不同。前者认真寻找真正的不足所在，并努力学习掌握克服这些困难的方法；而后者或者根本没有找到不能实现这些目标的阻力，或者虽然发现了一些困难，却没有勇气找到合适的方法解决这些困难。

心理素质可以通过情绪智力的培训加以提高。最重要的是能够经受住挫折，经受住成功，能够做到临危不惧、宠辱不惊。

第四，观念目标。

观念是对人对事的态度、价值观，职业生涯中应当追求符合现代社会的观念，如成功的人和不成功的人就差一点点：成功的人可以无数次修改方法，但绝不轻易放弃目标，而不成功的人总改目标，就是不改方法；在职业生涯发展的道路上，只要不放弃目标，每一次挫折、每一次失败都是有价值的；企业不仅是挣钱谋生的场所，更是学习进步、实现人生价值的舞台；等等。

2. 按时间分解

按时间分解是给按性质分解的目标做出明确的时间规定。要区分最终目标与阶段目标。最终目标取决于一个人的价值观念、知识能力水平，是对环境、组织、自身条件、家庭条件等做大量分析之后得到的结果。

案例阅读

小张高考落榜后到长沙富丽华大酒店当保安，成为一名普通的打工仔。他从小爱车，在酒店里看到外面泊了各式各样的小汽车，十分喜欢，于是才18岁的他立下了一个大志愿：一定要为自己买一辆名车！为了开名车的志向，他先抽时间考了驾照，并利用不多的工资买了大量汽车杂志，使自己对国际名车的各种性能都了如指掌。为了挣钱，他辞去了保安的工作，做了一名薪水较高的采购员。2年后他算了算自己攒的钱，离买一辆名车还差得远呢！怎么办？小张反复想了20天，后来想通了：既然我没有能力拥有名车，为什么不去做开名车的司机呢？

经过一个月的寻找，他发现他的资历根本不足以说服别人聘他做专业司机。为了提高自己的驾驶技术，也为了提高自己的应聘砝码，小张先做了一名出租车司机。

一年后，他终于如愿以偿地开上了某老板的奔驰S500，初步实现了自己的梦想。而半年后，在他对这辆车的性能都已了解时，他又找到了一份工作，这次开的是宝马。在开名车的日子里，小张认识到，光有一流的驾驶技术是不够的，为了自己的梦想，他还利用业余时间学习法律、经济、文学等方面的知识。由于他工作踏实认真，又好学，很多老板都很喜欢他，主动帮他推荐其他的工作。就这样，在3年的时间里，他一共开过奔驰、宝马、凯迪拉克等12种、18款名车。

2001年，小张在一位老板的帮助下，在深圳开办了一家名牌汽车护理中心，他对汽车的热爱，他渊博的汽车知识，他的经历，使他在6年内由打工仔成为老板。他离自己拥有一辆名车的梦，又近了一步。

从打工仔到老板，从保安到实现自己的梦想，小张在不自觉中执行着自己的职业生涯规划，经过对自己的了解、对现状的不断分析，将长期目标分解成为一个一个近期目标，最终走上成功之路。

有的人在30岁已能预见自己的最终职业目标，但也有些人到退休时仍未能搞清自己的最终职业目标所在。目标的期限体现着一个人的心理成熟程度。

一般而言，找到最终目标是在确定职业锚之后，平均年龄是40岁。

最终目标可以几十年为期限，长期目标可以十几年为期限，中期目标以几年为期限，短期目标则为1～2年，而近期目标则短至几个月。对于短期和近期目标，应详细规定实现的时间和明确的方法（见图7-2）。

职业生涯目标
- 最终目标：至退休或去世
- 长期目标：10年以上
- 中期目标：2年以上
- 短期目标：1～2年
- 近期目标：数月

图7-2　按时间分解职业生涯目标

（二）既定目标的组合

目标组合是处理不同目标之间相互关系的有效措施。目标组合主要着眼于各目标之间的因果、互补关系，如果只看到目标之间的排斥性，就只能在不同目标之间做出排他性选择；如果能看到目标之间的因果关系与互补性，就会积极进行不同目标的组合。

1. 时间上的组合

职业生涯目标在时间上的组合可分为并进和连续两种情况。

目标在时间上的并进又可分为两种情况：一种是指同时着手实现两个现行工作目标，如有的组织的行政总监实际在完成人力资源管理和行政管理两项工作；二是指建立和实现与目前工作内容不相关的预备职业生涯目标，如一个行政助理为了今后的发展在做好本职工作的同时业余学习新闻专业的硕士课程。

目标在时间上的连续是指目标之间的前后连接，即实现一个再进行下一个。职业生涯的阶段目标与职业生涯最终目标相关联，但应更为明确：它是一个在一段特定的时间内想要达到的明确结果。若将职业生涯的阶段目标转变为职业生涯最终目标，只需将各个阶段目标连接起来，加上一个时间表，再加上一个衡量目标达成结果的评估方式就行了。

2. 功能上的组合

（1）因果关系

有些目标之间有非常明显的因果关系，比如能力目标实现（原因），将有利于职务目标的实现（结果）；职务目标的实现（原因），会带来经济收入目标的实现（结果）。通常情况下，内职业生涯是原因，外职业生涯是结果。

（2）互补作用

一个管理人员希望在成为一个优秀的部门经理的同时得到MBA证书，这两个目标之间存在着直接的互补作用：实际管理工作为MBA的学习提供实践的经验体会；而MBA学习又为实际的管理工作提供理论和方法指导。

(3) 全方位组合

全方位的组合指个人事务、职业生涯和家庭的均衡发展、相互促进。事业成功，学业有成，不等于家庭一定成功。目标组合可以超出职业生涯范围而和全部人生活动联系起来。在建立职业生涯目标时，应考虑自己在个人发展、家庭生活和职业生涯发展中的各种愿望。最常见的愿望涉及如下方面：职业生涯、社会尊重和社会权力、感情生活和家庭生活、物质成功、个人事务等。完美的职业生涯规划并不把生活中的其他内容排斥在外，而应在生活中建立不同目标间的协调关系。

从目前我国的实际情况看，大部分高职学生对个人的发展计划并不明确，而职业生涯规划理论能够指导学生规划未来的人生发展方向，推动学生主动地为自己的职业生涯进行提前准备，准确定位。高职学生职业生涯规划应分阶段进行，在不同阶段制定相应的目标，并选择恰当的方式和途径，以增强其正确规划人生的能力。

三、职业生涯规划方案的制定

目标分解和目标组合只是一种方法，具体的行动方案还要结合自己的实际情况认真计划。许多人心中虽有一个大致、模糊的设想，但没有形成文字性的东西，而且计划不清晰、不具体，也缺乏可操作性，影响了职业生涯发展的进程。因此，制定一份职业生涯规划书是非常必要的。

（一）职业生涯规划书的制定

1. 撰写职业生涯规划书的意义

职业生涯规划书是对自己的职业生涯发展目标的选择、实施计划及行动方案的书面表达，是个人生涯的“蓝图”，其意义主要有以下几点。

①它能够帮助个人真正系统地了解和认识自己，准确评价自己的特点和优劣势，重新认识自己的价值并使其增值。

②它能够帮助个人以既有的条件为基础，确立自己的人生方向。

③它能够帮助个人分析环境，评估个人目标和现状的差距。

④它能够帮助个人明确自己的职业发展方向，拟订职业发展规划。

⑤它能够为个人提供今后奋斗的策略和行动的计划，使得生活更为充实，时间安排更为合理。

⑥它能够将个人、事业与家庭联系起来。

⑦它能够帮助个人增强职业竞争力，使其在具体的求职环节中脱颖而出。

可以说，写一份翔实的职业生涯规划书，就是完成了一次系统的职业生涯规划。

2. 撰写职业生涯规划的原则

职业生涯规划书的撰写须遵循一定的原则来进行。

（1）独特性——应针对自己的实际情况量身定制

世界上没有两片完全相同的叶子，更没有两个完全相同的人。每个人都各有千秋，内在的性格特征、知识结构、兴趣爱好、能力倾向等都有自己的特点，家庭条件、所处的社会环境也都不同，因而在制定职业生涯规划书时，不可能找到完全相同的路径，必须综合考虑个人各个方面的实际情况而量身定制。

（2）可行性——应以实际可操作性为前提，实现理想和现实的统一

每个人都有自己的职业理想，但是理想是否能够实现，则有赖于用以实现职业生涯理想的规划方案是否可行。规划方案的可行性体现在两个方面：首先是生涯目标的可行性，即目标的设定是否建立在现实条件的基础上；其次是职业行动计划的可行性，指行动计划是不是自己可以做到并根据一定标准进行考核监督的。

（3）阶段性——职业生涯规划应体现个人发展的阶段性

根据舒伯的生涯彩虹图，个人的发展具有阶段性，每个人在自己人生发展的不同阶段所承担的重点角色是不同的，有着不同的发展任务。个人的职业生涯规划也应该根据自己的年龄和所处阶段设计不同的内容，以适应每个发展阶段的特点，使每个阶段都能充实度过，并逐步达成阶段性目标。

（4）发展性——职业生涯规划书的内容不是一成不变的

职业生涯规划要求具有一定的超前性和预测性。事物是不断发展变化的，规划并不总能适应新出现的情况，因此应根据自我发展、社会变迁以及其他可预测的因素，主动适应各种变化，及时评估，灵活调整，不断修正、优化自己的职业生涯规划。

在调整职业生涯规划的过程中，短期目标有可能需要调整，但目标的重新选择应和长远的人生目标保持一致，使得整个规划始终围绕自己的人生目标而展开，过去、现在和未来应有内在的一致性和延续性。

3. 撰写职业生涯规划书的要求

一份好的职业生涯规划书应能满足以下六项基本要求。

（1）资料翔实，步骤齐全

收集资料有多种途径，可以通过访谈、报刊图书摘抄、上网下载等方式获取资料，要尽可能注明资料的出处，并多运用图表数据来说明问题，以提高资料来源的可信度和说服力。主要包括四个步骤：①分析需求，分析条件及目标设定；②分析阻碍和可行性研究；③设计方案和提升（改变）计划；④制定详细的实施计划和措施。

（2）论证有据，分析到位

要了解有关的测评理论及知识，认真审视并思考自己的测评报告并对照自我认识与测评结果的异同，分析与测评结果形成差距的原因，从而确定自我评估结果，达到“知己”；要了解自己所处的环境（包括居住的地方、喜欢的地方、亲朋的意见等），明确自己最大的兴趣是什么、最喜欢与之共事的人的类型、最重视的价值与目标、最喜欢的工作条件是

什么，再通过目前环境评估（社会影响、家庭影响、学校因素、就业形势等）和当前社会环境分析（组织环境分析、技术的发展、经济的兴衰、政策法规的影响等）来确定自己的职业方向，做到说理有据，层层深入，达到“知彼”。

（3）言简意赅，逻辑严密

语言朴实简洁，用词精练准确，行文流畅，条理清楚，这是最基本的写作要求。撰写时还应注意整篇文章的结构和重心所在。职业生涯规划书一般包含对职业规划的认识、对自我的剖析、对所学专业的认识、对职业方向的探索及确定目标并制定计划这几个方面的内容。在对这些内容进行分析阐述时，必须紧紧围绕职业目标这条主线展开，从而体现文章论述的逻辑性和连贯性，要将重点放在自我评估、环境评估、目标实施上。职业生涯规划是自己将来的规划，这个规划只有建立在对自我和职业的充分认识的基础上才能体现出科学性和可行性。

（4）目标明确，合理适中

撰写职业生涯规划书应围绕论述的中心展开，职业生涯目标不能过于理想化，应“择己所爱”“择己所长”“择世所需”“择己所利”。职业生涯规划书撰写是否成功，在很大程度上取决于有无正确适当、切实可行的目标。

（5）分解合理，措施具体

目标分解、实现路径选择要有理论依据，而且备用路径之间要有内在联系性。目标组合要注意时间上的并进、连续，功能上的因果、互补作用，全方位的组合要涵盖职业生涯、家庭生活、个人事务等方面。

（6）格式清晰，图文并茂

内容完整，格式清晰，版面美观大方，创意新颖，不能有错别字。

4. 职业生涯规划书的常见格式

（1）表格式

表格如果设计得当，可以很好地包含分析与论证的全部过程，而且清楚明白、一目了然。但也有很多表格式的职业生涯规划书只是作为日常警示使用的，类似个人发展计划实施方案表，只包含最简单的目标、分段实现时间、职业机会评估和发展策略四个项目。

（2）条列式

条列式的规划书具有职业生涯规划的主要内容，但大多只是作为简单的表述，没有详细的材料分析和评估。文章精练，但逻辑性和说理性不强。

（3）复合式

复合式的规划书就是表格式与条列式的综合。复合式的规划书综合运用表格式和条列式的优点，具有较好的适应性和实用性。但复合式的规划书结构比较复杂，设计不好，容易给人零乱的感觉。

（4）论文式

最完整的职业生涯规划书通常采用论文式。论文式的职业生涯规划书能够对一个人的职业生涯规划做全面、详细的分析和阐述，是一份研究自己未来发展道路的可行性分析报告。

（二）大学期间职业生涯规划实施方案的制订

制订大学生职业生涯与发展具体行动计划，应与职业生涯目标相一致。如职业生涯目标有大学三年的去向目标，有在去向目标下制定的学业目标、生活成长目标和社会实践目标等，也有以年度、学期、月、周、日为规划单位的阶段性目标。根据这些目标，分别制定出三年、两年、一年计划，一学期以及一月、一周、一日的计划。制订计划好后，再从一日、一周、一月计划实行下去，直至实现自己的一年、两年、三年目标，使自己在毕业时能轻松地踏入社会，开始自己真正的职业生涯。

1. 大学三年行动计划

大学三年行动计划是根据你的毕业去向总目标制订的，可以以年度为单位来制订，如表 7–1 所示。

表 7–1　大学三年行动计划表

实施时间		学业方面		生活成长方面		社会实践方面	
		目标	方案	目标	方案	目标	方案
第一学年	上学期						
	下学期						
第二学年	上学期						
	下学期						
第三学年	上学期						
	下学期						

2. 年度（或学期）计划

年度（或学期）计划是为了完成年度任务而制订的配套的实施方案，如表 7–2 所示。比如，你第一年要考过英语四级，那你每月要完成多少单词的学习，或者前三个月完成学习单词的准备，后三个月学习语法，再用三个月锻炼阅读能力和听说能力，最后三个月进行模拟考试和考试技巧的培训等。

表 7–2　年度（或学期）计划表

实施时间	学业方面		生活成长方面		社会实践方面	
	目标	方案	目标	方案	目标	方案
1 月						
2 月						
3 月						

（续表）

实施时间	学业方面		生活成长方面		社会实践方面	
	目标	方案	目标	方案	目标	方案
4 月						
5 月						
6 月						
7 月						
8 月						
9 月						
10 月						
11 月						
12 月						

3．月度计划

月度计划围绕月度目标来制定，它应以每周为单位来制订，如表 7–3 所示。比如，你计划本月完成 3000 个单词的学习，前两周每周安排 1000 个单词的学习，后两周每周安排 500 个单词的学习等。这些计划包括对要做的工作、应完成的任务、质和量方面的要求等。

表 7–3　月度计划表

实施时间	学业方面		生活成长方面		社会实践方面	
	目标	方案	目标	方案	目标	方案
第 1 周						
第 2 周						
第 3 周						
第 4 周						

4．周计划

周计划围绕周目标来制定，但应以每天的行动方案为单位来制订，如表 7–4 所示。比如，一周要完成 1000 个单词的学习，那你每天至少要完成 150～200 个单词的背诵。

表 7–4　周计划表

实施时间	学业方面		生活成长方面		社会实践方面	
	目标	方案	目标	方案	目标	方案
星期一						
星期二						
星期三						
星期四						
星期五						
星期六						
星期日						

5. 日计划

日计划是计划中最细小的单位，它围绕每天的目标来制订，一般计划到每小时的工作安排，非常具体，如表 7–5 所示。比如，你每天安排早上 6 ： 00 ~ 7 ： 00、晚上 9 ： 00 ~ 10 ： 00 两个小时学习英语等。每天晚上进行当日总结和考虑明天的计划。

表 7–5 日计划表

实施时间	学业方面		生活成长方面		社会实践方面	
	目标	方案	目标	方案	目标	方案
6：00～7：00						
7：00～8：00						
8：00～12：00						
12：00～14：00						
14：00～17：00						
17：00～18：00						
18：00～19：00						
19：00～21：00						
21：00～22：00						
22：00～6：00						

总之，有了科学合理的大学期间职业生涯规划和与之配套的实施方案，还必须根据该方案严格执行，才能使自己的职业生涯规划目标得以实现。许多情况下，大学生活中可能出现许多意外或紧急事件，干扰你的计划，打乱了你的安排，这时你就应该加倍珍惜时间，把耽误的时间抢回来。同时，在制订具体方案时，要留有一定的机动时间处理这些特殊事件。

四、实施职业生涯规划方案的措施

以下措施，可以帮助大学生更好地实施自己的职业生涯规划方案。

措施一：保证经常回顾构想和行动规划，必要时做出变动。有些人有计划，但总是将计划放在心上，只要有事做，就不知道自己努力的方向在哪里，缺乏时间观念，结果贻误职业生涯发展机会。

措施二：如果自己的理想蓝图发生变化，职业生涯构想和行动规划也要做出相应的变动，目标和策略也应随之变化。计划毕竟是计划，往往需要和现实结合起来，实施动态管理。否则，缺乏灵活性，也会导致计划落空。

措施三：把学业构想和任务方案存入计算机文件或贴于床头等经常看见的地方。为了避免自己忘记重要的学习目标和时间表，最好将这些内容放在自己经常能看得见的地方，如写在日历上，时刻提醒自己。

措施四：当做出一个对学习和生活极其重要的决定时，请考虑一下职业生涯构想和行动规划，并确保正在仔细考虑的决策与自己的本意相符。有些情况下，可能有一些重要的诱因能获得短期内的收获，但从长期考虑有损失。比如，很多高职学生在毕业后是升本还是就业的问题上犹豫不决，这时就应拿出自己的规划表好好看一下，明确自己的本意和设想，这样可以避免出现随大流的盲目行为。

措施五：与亲朋好友讨论自己的职业生涯构想和行动方案，并询问实现该构想的途径。向亲朋好友公开自己的职业生涯规划，往往能督促自己的行动。如果计划只有自己知道，往往在遇到困难时容易退步，而且心理上没有压力。反之，如果事先将自己的设想告诉家人和朋友，先征求别人的意见和建议，再采取行动，一方面，可以集中集体的智慧，帮助自己设计最优的策略和方案；另一方面，可以对自己进行约束，增强责任心及激励力量。

措施六：至少每 3 个月检查一次自己的学习进度。过程监督十分重要，监督可以发现职业生涯规划中存在的问题，可以考察计划的落实情况，可以有针对性地提出解决方案。如果感到生活过于忙乱，那就意味着目标定低了，需要进行调整，适时适当地调高目标。这样，可以使自己的目标难度更合理，使成就水平更高。如果感到自己的生活节奏很慢，效率很低，没有实现原职业生涯规划的目标，首先要考虑自己的动机水平是否足够。

措施七：要有毅力。在大学里，可能朋友交际会比较多，有时很多人都在娱乐，自己也有兴趣参加，如果没有职业生涯规划观念和自觉性，通常会使计划流产。一旦起初的职业生涯落空，以后也容易放弃。

第二节 职业生涯规划实施方案的评估与修正

学习目标

了解职业生涯规划评估的要点。

掌握职业生涯规划修正的内容。

案例阅读

小孙是物流管理专业的应届毕业生，学习成绩优异，专业技能过硬，获得过某省物流综合技能大赛二等奖。小孙性格开朗，有较强的沟通能力，有一定的创新意识。大一上职业生涯规划课后，小孙就对自己作了全面的分析，树立了自主创业的目标，并在大二时将此目标付诸实践，成立了自己的校园物流公司，主要客源是在校学生。公司在他的打理下，生意很红火，在校园众多物流公司中一枝独秀。

临近毕业，小孙面临一个两难的选择：一家大型跨国物流公司为打开西南片区的市场，看重他的经验和能力，破格录用他为学校所在城市营销负责人，待遇很好，还有出国培训的机会。一边是自己亲手创建的物流公司，虽然不大，但发展势头不错；一边是实力雄厚的跨国企业，有较好的发展平台和完善的升迁制度，虽然是替人打工，但前途一片光明。

两项选择都很有吸引力，小孙一时陷入了迷茫。

在现实生活中，影响职业生涯规划的因素有的是可以预测的，而有些则难以预料。成功的职业生涯规划需要时时审视内外环境的变化，不断对自己的设计进行评估和修订，并调整自己的前进步伐。

一、职业生涯规划的评估

职业生涯规划评估主要是对各阶段的预定目标和实际的结果之间的差距进行分析，找出产生差距的原因。

（一）产生差距的原因

目标和结果出现差距主要有以下三个原因。

1. 目标定得过高或过低

目标过高，超过个人的能力，再努力也白搭，这时要适当调低自己的目标，否则会挫伤自己的自信心；目标过低，自己不需要花费大的精力就可以达成，这种目标也没有什么价值，这时要及时调高自己的预期目标，使自己的能力能充分发挥出来。

2. 目标适合而行动方案与之不匹配

当目标合适而行动方案与之不相配时，可能导致目标无法实现。例如，大一的学业规划目标有考英语四级，但在实施方案中没有安排足够的英语学习时间。

3. 目标和行动方案都适合，但执行不力

例如，目标是考大学英语四级，实施方案中安排了英语学习的具体时间，但其他许多事情耽误了英语学习，导致目标没法实现。这是执行不力的问题。

（二）职业生涯规划评估的要点

一般来说，职业生涯规划的评估可以归结为自我素质和行为对现实环境的适应判断，分析自己的现状，特别是针对变化的环境，找出偏差所在，并做出修正。

1. 抓住最重要的内容

对职业生涯规划的评估不必面面俱到，要抓住一两个关键的目标和最主要的策略方案进行追踪。在大学生职业生涯的某一阶段，如1～2年，总有一个最重要的目标，其他目标都是指向这个核心的，完全可以通过优先排序，重点评估那些可能达到这个核心目标的策略及其执行效果。

2. 分离出最新的需求

针对变化了的内部环境，要善于发掘新的趋势和影响。俗话说"跟上形势"。对于新的变化和需求，怎样的策略才是最有效且最有新意的？大学生在职业生涯规划过程中，要善于抓住外部环境的最新变化而制定适当的策略，使自己的职业规划不落伍。

3. 找到突破口

有时候，每在某一点上取得突破性的进展将使整个局面发生意想不到的改变。在之前规划中的策略方案，哪一条对目标的达成有突破性的影响？达到了吗？如何寻求新的突破？

4. 关注最弱点

管理学中的木桶理论，即一只沿口不齐的木桶，其容量的大小取决于最短的那块木板。在反馈评估过程中，当然要肯定自己取得的成绩与长处，但更重要的是切合变化的环境，发现自己的素质与策略的"短木板"，然后想办法修正，或者把这块木板换下，或者把它加长，唯有如此，你的职业生涯这只"木桶"才有更大的容量。你可以在一两年或者三五年后回过头看看，通过阶段行动的努力是否有所改观？如果没有，为什么会行而无效或者行不通？差距又在哪里？

一般而言，短木板可能存在以下四个方面的差距。

①观念差距。观念陈旧往往会造成策略的失误，导致行动失败。要不断检查自己的观念、更新自己的观念。

②知识差距。实施策略所积累的知识不够，学错了方向。要取得职业的成功，需要重建合理、科学的知识结构。

③能力差距。环境在变化，对人的能力的要求也在不断地变化。彼时你通过种种努力

提高了某些能力，但此时可能又会出现新的差距。另外，前一阶段是否坚持按计划措施来提高能力、提高了多少、遇到什么困难等，对以后都是重要的启发。

④心理素质差距。很多时候，人们没有取得预期的进步，并不是规划得不够好，或者措施不够得当，而是心理素质不够好。一个人职业生涯的发展过程，首先是心理素质的成长过程。要不断加强心理素质锻炼，提高心理的适应力、承受力，树立良好的职业心态以及阳光心态。

二、职业生涯规划的修正

人生目标往往是基于特定社会环境和条件而制定或实现的，这样的环境和条件总是变化的，确定了的目标也应该进行修改和更新。对大学生来说，就业环境的不断变化，使不断修正和更新自己的职业生涯与发展规划成为必需。

（一）职业生涯规划评估与修正的目的

通过评估与修正，应该达到以下目的。

①对自己的强项充满自信（知道自己的强项是什么）。

②对自己的发展机会有清楚的了解（知道自己什么地方还有待改进）。

③找出关键的有待改进之处。

④为这些有待改进之处制订详细的行动改变计划。

⑤以合适的方式答复那些给予反馈的人，并表示感谢。

⑥实施行动计划，确保取得显著的进步和职业成就。

（二）职业生涯规划修正的内容

以上问题的答案将作为修正新的职业生涯规划的参考依据。职业生涯规划进行修正的内容包括：①职业的重新选择；②职业生涯路线的选择；③阶段目标的修正；④人生目标的修正；⑤实施措施与计划的变更。

（三）职业生涯规划修正过程中应注意回答的问题

①你的人生价值是什么？②你有哪些技能和条件？③你最感兴趣的事情是什么？④你的人格特质是什么？⑤你是否好高骛远？⑥你建立了自己的就业信息网络吗？

总之，职业生涯规划完成并实施后，要对阶段性结果进行评估，根据评估的结果找出规划与结果之间的差距，分析差距产生的原因，有针对性地对计划进行调整，并按新调整的方案围绕目标有效地行动。评估和修正可按表 7–6 的模式进行。

表 7-6　规划与实施结果评估样表

阶段目标（预计结果）	实施结果	评估差距	分析差距产生原因	修正措施

第三节　职业生涯管理

学习目标

掌握职业生涯管理的内容。

了解职业生涯管理的方法。

职业生涯的规划与管理直接决定了一个人将会过一种什么样的生活，并且规划从任何时候开始都不晚。因为职业生涯是一个贯穿个体一生的教育、培训、工作的综合，是一个动态与不断变化的过程。在人一生的生涯发展过程中，大学阶段是个非同寻常的时期，它处于个体对整个职业生涯的探索阶段，个体在这一阶段将为未来的职业生涯做好一定的知识、能力、心理等方面的准备。对大学生来说，实施职业生涯管理具有寻找人生的真正使命，开拓有意义的人生；促进职业的成功；明确大学阶段的努力方向和发展目标等方面的重要意义。

一、职业生涯管理的内容

（一）适应从大学到职场的转换

告别校园，步入职场，是大学生从学生成为职业人的第一步，也是至关重要的一步。但相关调查显示，走上岗位的大学生就业满意度不是很高。究其原因，一些大学生走出校园的前几年，对自己的职业和未来的发展没有清晰的认识，一直到工作很久以后，还找不到自己职业发展的定位与方向；还有一些大学生频繁更换工作，最后发现其实哪家单位都差不多，问题不在单位，而在自己。因此，了解学校和职场、学生和职业人的差别，建立对职场客观、合理的期待，在心理上做好进入职业角色的准备，实现从学生到职业人的顺利转变，是十分必要的。

1. 大学与职场的区别

大学生初入职场，是指大学毕业生走出校园，初次步入工作单位，完成从学生到职业人的转换。这是大学毕业生社会化过程中的重要一步，也是大学生职业生涯至关重要的一步。对初涉职场的大学生来说，转型是否成功，将对其职业生涯发展产生重要的影响。

在大学生心中，学校是家庭的延伸，教师像父母一样关心爱护学生，以至于许多学生的母校情结始终挥之不去，伴随一生。部分大学生毕业之后，仍然徘徊在校园里也是这个原因。但是，学校始终只是一个驿站，大学生终究要走向职场，成为社会的建设者和接班人。然而，学校生活与职场生存的差别使得部分学生迟迟难以进入状态。

（1）环境不同

①物理环境不同。

大学生面临的是学校环境，是寝室—教室—图书馆—食堂四点一线的简单环境，有寒暑假，自由支配时间多，生活相对安逸；职业人面临的是社会环境，工作紧张，没有寒暑假，自由支配时间少，生活节奏快。这种变化，给刚一入职的毕业生造成很大的心理和精神压力。

②社会环境不同。

随着学习时间的延长和年龄的增长，有的毕业生一毕业就面临租／买房、结婚、生子、赡养父母等问题。这些复杂问题与职场共同作用，直接或间接影响毕业生的职场适应。毕业生刚一入职，就要扮演如此多的角色和面对这么复杂的社会环境，往往不知所措。

（2）存在基础不同。

学校是非营利机构，是传播知识和学问的地方，同学之间是纯洁的友谊关系，师生之间是良师益友；职场却是一副天下熙熙皆为利来、天下攘攘皆为利往的场景，是各种为了特定目标集合在一起的组织的聚合体，是以利益往来和利益交换为存在基础的。

（3）文化不同

校园文化以宽容、平等、包容、自由为主旋律。不同的校园有着不同的文化，但主旋律是相同的。企业文化，一般指企业在长期发展中形成的共同理想、基本价值观、作风、生活习惯和行为规范的总称，是企业在经营管理过程中创造的具有本企业特色的精神财富的总和，对企业成员有感召力和凝聚力，能把众多人的兴趣、目的、需要，以及由此产生的行为统一起来，是企业长期文化建设的反映。它包含价值观、最高目标、行为准则、管理制度、道德风尚等内容。它以全体员工为工作对象，通过宣传、教育、培训、文化娱乐和交心联谊等方式，以最大限度地统一员工意志、规范员工行为、凝聚员工力量，为企业总目标服务。不同企业有着自己不同的企业文化，许多企业的文化甚至是相反的。这些都给初入职场的大学生带来了困惑。

2. 从学生到职业人的区别与转换

（1）学生与职业人的区别

学生与职业人的区别主要包括以下几点。

①立场不同。

学生与职业人处于不同的立场。对学校而言，学生是当仁不让的主体，学生享有主体地位，学校是为学生服务的；对职场而言，职业人则是客体，职业人是为职场服务的。因此大学生必须明确不同的立场，便于角色的转化。

②心态不同。

大学里是学生心态，学生等着老师上课，老师教什么，学生学什么，是一个被动等待、被动接受的过程；职场上是职场心态，没有人会为你主动上课，也没有人教你怎么做，需要职场人发现问题，主动思考，主动提问，主动学习，主动解决。

③责任不同。

大学生需要不断学习，在不触犯法律、法规的条件下，有一定的容错率，由于自己的疏忽、马虎造成的错误，影响的无非是分数的高低，不用承担过多的责任。成为职业人以后，如果在工作中犯了错误，可能会给企业带来巨大的损失，当事人视情节而定，将要承担相应的风险，轻的扣工资，重的甚至会被解雇。

④年龄不同。

在学校，同学都是同龄人，都有着共同的目标——学习知识。生活经历也往往较为相似，共同点多、交流的话题也多，学生在来到大学不久就能够融入集体，找到家的感觉。在职场，尤其是一些机关、事业单位和国企，员工年龄分布均匀且跨度大，有即将退休的老同事，也有年富力强的骨干力量，同事在工作之余谈论的话题因经历、阅历不同而千差万别，刚入职的毕业生往往没有生活经验和切身体会，一些毕业生能够慢慢融入，而另一些毕业生由于不能融入组织和集体而选择离职。

⑤思维方式不同。

学校与职场是不同的社会结合体，学生与职业人的思维方式、行事规则也完全不同。学生时代，处事交往、待人接物都简单直接，是指点江山、挥斥方遒的理想化思维方式。进入职场后，作为职业人必须学会职场规则，要立足现实，高效做事，以结果为导向，并且敢于承担责任。

（2）角色转换中存在的问题

在学生向职业人角色转换的过程中，由于跨度大，问题多，通常会遇到以下几个方面的问题。

①对学生角色的依恋心理。

苦读十多载，大学生对学生角色的体验可以说是非常熟悉的，学生生活使每个大学生都养成了一种特定的学习和生活习惯。刚走上工作岗位，大学生常常会表现出对学生角色的依恋，自觉地将自己置于学生角色之中，以学生角色来要求自己和对待工作，以学生的思维方式来观察和分析事物，从而造成适应上的困难。

②观望等待的依赖心理。

大学生活处于依赖与摆脱依赖的过渡期。当大学生离开学校走向社会，承担起成人的职业角色时，成人的自觉性和独立性还没有养成，因而初入职场的大学生往往存在着一种观望等待的依赖心理。在这种依赖心理的作用下，部分大学生对工作上手慢，对时代变化意识慢，不能因工作和时代更新自己的专业能力。而且，工作上容易拖拖拉拉，没有人催，就今日复明日，工作缺乏主动性和创新性。

③消极退缩的自卑心理。

大学生初入职场，面对新的工作环境和生疏的人际关系，往往缺乏应有的自信。一些大学生在工作中放不开手脚，看到别人工作经验丰富，驾轻就熟，相比之下觉得自己这也不行，那也不行，胆小、退缩，不知工作应从何入手，担心自己做错了事会造成不好的影响。另外，大学生初入社会，很容易产生不被重视的“自卑感”。在校园内，每个学生都是平等的，但到了一个新的工作单位，作为新来的试用者，常常要从最基层干起，且各方面都很难引起人们的重视，也很难有表现自己的机会。因此，很多大学生产生沮丧的情绪，产生“不求有功，但求无过”的消极心理，进而产生自我否定心理。

④苦闷压抑的孤独心理。

走出校门，踏入社会，大学生旧的交际圈已四分五裂，而新的交际圈尚未建立。面对新的工作环境和一张张陌生的面孔，每个人都会产生一段短暂的友情真空时期，特别是那些远离家乡的求职者，孤独感更加强烈。另外，工作单位等级分明的上下级关系，居高临下的命令方式等也容易使大学生产生压抑感。

⑤眼高手低的自傲心理。

一些大学生自以为接受了高等教育，已经学到不少知识，尤其是到了单位，发现很多同事没有自己学历高，就开始骄傲，看不起基层工作和基层工作人员，甚至认为大学毕业从事基层工作、干一些不起眼的事是大材小用，有失身份。在这种心理下，部分大学生在现实中表现为眼高手低，大事做不了，小事不愿做，最终一事无成。

⑥见异思迁的浮躁心理。

大学毕业生在角色转换中还容易表现出不踏实的作风和不稳定的情绪。有的大学生工作几个月后还静不下心来，抱着骑驴找马的心态，三心二意，这山望着那山高，一阵子想干这项工作，一阵子又想干另一项工作，整日恍惚不定。有些名牌大学毕业生不到两年就换好几份工作，他们自己还困惑，为什么找不到心仪的岗位？其实，几年后他们发现，有的同学踏踏实实，工作逐渐走上了正轨，而那些浮躁的同学只是把相同的工作干了几年，在人力资源市场上，最先淘汰的就是这些浮躁的人。

3. 初入职场的应对

（1）快速走出职场“蘑菇期”

职场“蘑菇期”是指初入职场的大学毕业生常常会被置于阴暗的角落，不受重视或从事打杂跑腿的工作，甚至接受各种无端的批评、指责，代人受过，得不到必要的指导和提携，处于自生自灭的状态。蘑菇生长必须经历的过程，人的成长也肯定会经历类似的过程。如何快速走出“蘑菇期”？那就是从小事做起，认真对待每一件事。

初涉职场的年轻人是一张白纸，能力和经验没有太大的区别，他们不能深刻地了解组织的文化理念，一般不会被委以重任，往往是做些琐碎的工作。但不能因为事小就不认真对待，敷衍了事，如果连小事都做不好，谁敢把大事交给你呢？“一屋不扫，何以扫天下？”因此，无论做什么事情，都应该尽心尽力，一丝不苟，因为究竟什么才是大事，什么才是最重要的，这一点其实我们并不清楚。也许，在我们眼里微不足道的细节，实际上却可能生死攸关。

案例阅读

有一位职场成功人士讲过这样一件事：

公司新来一个名牌大学毕业的女孩子，共事一段时间后大家都觉得她是一个聪明活泼又有想法的人，做事积极主动，乐于学习，行动力强。作为她的主管，我知道她是个潜力很大的人，我开始给她安排一些协调性工作，让她尝试着独自处理，诸如负责各部门及各分公司间的业务联系和沟通。

她接下了工作，但不久后却不解我为何总让她做这些琐碎事，她认为这些事并没有完全展现她的实力，她的能力不仅仅是做这些。她直言自己一直比别人优秀，却不料毕业后却在做如同实习生一样的工作，没有成就感，也不被重视。而在她看来，帮我贴发票、报销再去财务走流程取现金，就是最无意义而浪费时间的工作。这些想法并没有出乎我的意料，我一笑了之，并与她讲起我当年面对琐碎事时的做法。

1988 年，我从财务部被调到了总经理办公室，担任助理工作。其中有一项工作，就是帮总经理报销所有的票据，在此期间，我发现票据中的数据透露出的是总经理乃至全公司营运有关的费用情况，我便将这些数据按照时间、数额、消费场所、联系人、电话等进行分类，整理成了一个表格。虽然一开始我建立表格的目的仅仅只是想让财务上有据可循，我能及时应答上司对相关数据的提问，但是时间一久，我发现表格透露出一个规律，比如哪类商务活动常在怎样的场合举办，费用预算大概多少，总经理对公共关系常规和非常规的处理方式等。

后来，总经理发现交给我的工作我都能超出预期地完成，像是知道他的想法一样，此后便将越来越多的重要工作交给我，慢慢地，一种信任和默契就此产生，我也很快升职，并成为总经理助理。

我和这个新来的优秀女孩做过一样的琐碎事务，但总经理对我的肯定，便是职场人想获得的成就感，不要太计较做了什么，重要的是职场人能从做的事情中总结出什么。

从上述的案例我们可以看出，每个人都一样，最开始很难预测将来要从事什么工作，也无从知晓从事的工作是否跟学过的东西有关。刚参加工作的几年里，重要的不是做了什么，而是在工作中养成了哪些良好的工作习惯。这个习惯指的是认真、踏实的工作作风，学会用最快的时间接受新事物，发现新事物规律，在比别人更短时间内掌握这些规律并处理好它们。具备了以上要素，就能成长为职场中被人信任的人。

每个上司都愿意把任务交给那些用起来顺手的人。当你具备了被人信任的基础，并且在日常工作中逐渐表现出踏实、聪明和细致的优点时，上司就会把越来越多的工作机会提供给你。原因很简单——用一句话就能交代清楚并能被你顺利完成的工作，谁愿意说三句话甚至花半小时交代给一个怎么都弄不明白的人呢？沟通也是一种成本，沟通的时间越少，内耗越少，这是管理者最清楚的一件事。当你有比别人更多的工作机会去接触那些你没有接触过的工作时，你也就有了比别人更多的学习机会。我们都喜欢聪明勤奋的人，作为管理者，更是如此。

有小聪明的人，总认为自己的能力很强。时间长了，他会抱怨自己运气不好，抱怨那些看起来资质平庸的人总能比自己更走运，甚至转而抱怨那些人容貌比自己好，或者他们更会讨领导欢心等。慢慢地，就会影响自己的心态。所谓的怀才不遇，有时就是这种情况。其实，真正聪明的人是那些在工作中踏实且用心的人。

（2）不避平凡，不可平庸

一支军队只有一名统帅，却有千万个士兵；一家企业只有一个老板，却有许多员工。在职场中，大多数人的职位是普通的，工作是平凡的，这是人生常态，无需抱怨。生活需要我们埋下头去做一个平凡的人，但这并不阻碍我们走向伟大。金字塔固然高耸云端，美轮美奂；小园林也幽静典雅，别有情趣。努力工作，把平凡的工作做好做久，把简单的产品做精做细，一样可以从平凡走向卓越，从卓越走向伟大。

（3）面对压力，不退缩、不放弃

古语云：“天将降大任于斯人也，必先苦其心志，劳其筋骨，饿其体肤，空乏其身，行拂乱其所为。”古之立大事者，不唯有超世之才，亦必有坚忍不拔之志。当今职场，也是如此。员工想要成就一番事业，除了要具备一定的能力，扛得住重压、坚持到最后的毅力也是必不可少的。有一个年轻人行走在雨中，路面非常泥泞，便在途中跌倒了，他爬起来继续行走，可不久又跌倒了。如此几次，他终于趴在地上不再起来，还自言自语道："反正爬起来还会跌倒，不如趴着就算了。"人不可能总一帆风顺，如果跌倒了就此趴下，一蹶不振，就永远不会到达胜利的巅峰。而跌倒了再爬起来的人，总是会有希望成功的。

（4）克服职场"玻璃心"

"玻璃心"是一种网络用语，意指自己的心像玻璃一样易碎，用来形容敏感脆弱的心理状态，经不起批评指责或者嘲讽。职场"玻璃心"主要是指自己做错了事，领导还没开口，自己就委屈地哭上了，或是患有"被迫害妄想症"，总觉得别人是在针对自己，总认为别人对自己怀有敌意，打不得，骂不得，调侃不得，稍微一不顺心就辞职。

有些大学生在职场上拥有一颗"玻璃心"，他们在面对领导的批评时，不是努力改正，完善自我，而是经不起批评和指责，有着"说不得"的心态。领导一批评就辞职不干，说走就走，这是对工作、企业和自己的极度不负责任。

（5）善待自己的身体

众所周知，高负荷、高强度的工作，让很多职场人士累得喘不过气来，疲劳、焦虑、亚健康已然成了新常态。然而，这种亚健康状态还有提前到来的趋势，并延伸到了大学。一部分学生，由于在大学沉迷网络游戏，浑浑噩噩，身体状况逐年下滑；一部分学生学习压力大、紧张，忽视了体育锻炼，导致虽然找到了理想的工作，但由于身体不合格，在最后的体检环节被刷下来，非常可惜。其实，身体健康是一个永恒的话题，只有有了良好的身体，才能更好地工作。大学是一个锻炼身体的好地方，有专业的教师，有健全的体育设施和较低的锻炼成本，大学生应该利用这些资源，保证每周至少锻炼 2～3 次，每次不少于 40 分钟。善待自己的身体，这样才能以崭新的面貌迎接未来工作中的挑战。

（二）提升职业综合素质

1. 强化职业意识

（1）职业意识的内涵

社会进步带来了劳动分工，五花八门的职业应运而生，也就产生了职业意识。职业意识是人们对职业的认识、评价、情感和态度等心理成分的综合反映，即人们对特定职业的综合情感（如职业认同）、理性认识（如职业性质、职业道德、职业信念、职业目标、职业能力和职业道路等）和工作态度（如自信、负责、团结合作、服务意识和创新意识等）。

在工作中，有很多影响个人发展的因素，职业技能是一方面，即以往的学习和工作的背景会影响个人的发展；运气是另一方面，也就是人们常说的工作机遇；最后一个最关键的方面就是职业意识。曾有人认为，一个人要想获得职业成功，60%取决于职业意识，30%取决于职业技能，而 10%则靠运气。也就是说，职业技能和运气固然重要，但是没有正确的职业意识，成功的概率势必将大大降低。所以，只有建立起正确的职业意识，才能使我们获得更大的工作动力，更主动、更努力地去工作，也才更容易获得职业成功。

（2）增强职业意识的途径和方法

我们该如何强化自己的职业意识呢？一般来说，必须做到以下几点。

第一，主动承担责任，为自己负责，培养责任感。

不管在什么行业，不管在什么地方，我们总能遇到一些逃避责任、投机取巧之人。他们习惯等候和按照领导吩咐做事，似乎这样就可以不负责任，即使出了错也不会受到谴责。他们经常会说："领导将会关注这件事的。""我只管干活。"这种"只管干活"的心态只能让人觉得你目光短浅，既不能获得同事的信任和支持，也不可能获得上司的信赖和尊重。一个没有责任感的员工，将永远不会被列为升迁的人选。

责任感是人走向成功的关键品质，是一个人立足的重要资本。工作就意味着责任，主动承担责任是成功的必备素质，也是为自己负责。在这个世界上，没有不需承担责任的工作，相反，你的职位越高，权力越大，你肩负的责任就越重。不论你的工作现状怎样，只要你能够忠于职守，将自己的热情与精力倾注到工作中，在渐渐感到骄傲的同时，也将赢得他人的尊重。不要畏惧承担责任，可以把责任的"深重感"当作哑铃来面对，在平时的点滴积累中慢慢适应，责任感也就会成为一种习惯。因此我们在工作中要拒绝"借口"这一侵蚀责任感的"毒药"，它会让人消极颓废，应该勇于负责并面对一切，不找借口地执行，从细节处做起，自觉主动地工作，注意兼顾岗位责任与全局责任，尽职尽责不仅仅有益于企业，而且最终受益的是你自己。

第二，坚持不懈，提高自我的成就欲。

在如今激烈的竞争环境中，工作总是充满着挑战，让人备尝艰辛或充满喜悦，同时又让人处于兴奋与疲惫之中。如果没有对工作的热爱，没有全力以赴并坚持不懈地投入工作，并要在此领域取得成功的欲望，做好一项工作是很难的。所以一定要对工作抱有乐观态度，并有坚信成功的信念，将困难看成考验，不逃避，不畏惧，充分利用优势与潜能克服困难。同时，以榜样为参照进行自我激励，把握你的事业，认识到只要付出足够的努力就一定能实现既定的目标。还要多一些耐心，将梦想转化为动力，激发追求梦想的强烈愿望，注意捕捉那些具有特殊意义的"光辉时刻"或"转折点"，保持自信而健康的心态，把工作当成事业来做，成就你的梦想。

哈佛大学的心理学家威廉·詹姆斯（Willian James）说："很多时候，人们想象自己是什么样子，现实中就真是什么样子。"如何规划人生是完全由你自己掌握的，就如同你如何看待半杯水，它是半满还是半空完全由你决定。正确的人生观虽然不一定能保证人生与事业一定成功，但是不正确的态度肯定会导致失败或造成停滞、让人故步自封。

第三，追求卓越，打造专业精神。

美国励志学家安德鲁·卡内基（Andrew Carnegie）认为，人们的工作状态有三类：

第一类是连分内的工作也不做，第二类是只做分内的工作，第三类是比分内的工作再多做一点。“得胜的就是靠这一点”。卡内基说：“做你的工作，再加上一点，前途无量。”无论从事什么样的职业，都要全心全意地去做，不断累积工作经验，精进知识与技能。你给生活一个微笑，生活也会回报你一片阳光。这就是在潜移默化地打造你的专业精神，并对自己的岗位更有使命感，专心致志做事。

能让工作变得完美，需要极高的个人品质。率先主动是一种极其珍贵、备受看重的品质素养，它能使人变得更加敏捷、更加积极。身为员工，必须努力培养自己的主动意识，在工作中勇于承担责任，主动为自己设定工作目标，不断改进方式和方法，养成“每天多做一点”的好习惯。同时要有意识地提高自己的工作效率，一次只关注一件事，心无旁骛。古人云：“定而后能静，静而后能安，安而后能虑，虑而后能得。”对工作要有责任感，勿以事小而不为，培养做事一丝不苟的美德，不单是把事情做完，同时也注重其中的过程及最后的成果。这都是专业精神的体现。因此，追求卓越的专业精神，就是集中精力地工作；就是暂时把问题放在一边，有放松的能力；就是不断正视困难；就是高标准地工作等。成功的秘诀无他，不过是凡事都自我要求做到最好而已。

第四，协同作战，树立团队精神。

群体成员互相提供帮助和鼓励，每个人都能贡献自己独特的技能，团队一致性和认同感激励着各成员为实现共同的目标而奋斗，这就是团队精神。对于一个集体、一个公司大到一个国家，团队协作都是非常关键的。微软公司在美国以特殊的团队精神著称。像Windows2000这类产品的研发过程，就有3000名开发工程师和测试人员参与，写出了5000万行代码。没有高度统一的团队精神，没有全部参与者的默契与分工合作，这项工程是根本不可能完成的。

一个优秀团队的潜力是不可估量的，“三个臭皮匠，赛过诸葛亮”就是这个道理。正是集体的力量，使得一个团队能超越简单的、按部就班的累加，达到能力的飞跃。衡量一个人的工作表现优劣，有时并不只看个人的成绩。若你在工作中我行我素、形单影只，也可能会成为你通往成功之路上的暗礁。因此，作为组织成员，要承担起自己应负的职责，明确自己和他人在组织中的各自定位，积极参与团队决策与合作，尊重团队中的每一位成员，不做损坏团队协作的事，共同朝着共同的目标迈进。

2. 加强职业道德修养

职业道德修养是指人们为了在职业道德方面达到一定的水平而进行的自我教育、自我锻炼、自我改造和自我完善的过程。职业道德修养是围绕着从业人员所应遵循的基本原则和规范在职业活动中进行的。其目的在于使人培育出良好的职业道德品质，达到较高的职业道德境界。

职业道德修养可分为职业道德意识修养和职业道德行为修养两个方面。

（1）职业道德修养的分类

第一，职业道德意识修养。

职业道德意识是指人们对客观存在的职业道德活动和道德关系的认识和理解。其内容包括从认识到情感、转为意志、上升为信念等各个层次。

职业道德认识是指从业人员对职业道德原则和规范的认知和理解，是从业人员增强道德责任感、形成良好道德品质的第一步。

职业道德情感是指从业人员在职业活动中对事物进行善恶判断所引起的情绪体验。它比职业道德认识深化了一步，并且有一定的稳定性。它是一个人职业良心的重要体现。

职业道德意志是指从业人员在履行职业道德义务的过程中所表现出来的自觉地克服困难、完成任务的毅力和精神。一旦有了坚强的职业道德意志，就能够抵御外来的不良侵蚀和影响，就能够坚守道德规范，坚决推进职业活动。

职业道德信念是指人们对所从事的职业道德义务发自内心的笃信和强烈的责任感。它是职业道德认识、情感、意志的升华与结晶，是职业道德意识的最高层次。人们一旦确立了某种道德信念，就会矢志不渝地遵循它来选择行为，履行义务，并以此作为评定自身和他人行为的标准。

第二，职业道德行为修养。

职业道德行为是职业道德意识的外在表现。良好的职业道德行为是在职业活动中不断得到强化的，主要体现为从业者将道德知识内化为道德信念，再将道德信念外化为道德行为。

（2）提高职业道德修养的途径

提高职业道德修养的途径主要有三个方面：一是学以致用，重在实践，努力做到言行一致，知行统一；二是经常自省，加强自律，开展道德评价，勇于解剖自己；三是学习先进典型，不断激励自己，自觉追求“慎独”的精神境界。在培养职业道德修养时，要牢记四个要素：根在实践，贵在自觉，重在坚持，难在“慎独”。

3. 修炼职业情商

情商（EQ）又称情绪智力，是近年来心理学家提出的与智力和智商相对应的概念，主要是指人在情绪、情感、意志、承受挫折等方面的品质。以往认为，一个人能否在一生中取得成就，智力水平是第一位的，即智商越高，取得成就的可能性就越大。但现在心理学家普遍认为，情商水平的高低对一个人能否取得成功也有着重大的影响，有时其作用甚至要超过智力水平。

（1）情商对人生和事业的作用

在生活中，我们常常遇到这样一种现象：一些智商很高的人并不见得一定会成功，而一些情商很高的人则必定会成功。为什么呢？因为智商高的人一般都是专家，而情商高的人却具备一种综合与平衡的能力。如果以我们的中华古训来解释一下，那就是一个成功的人应是一个人情练达的人。

如果说智商是一处深埋的宝藏，那么情商就是开发、挖掘这处宝藏最好的工具。一个人前半生取决于智商，后半生取决于情商。电子商务先锋人物马云认为成功与否跟情商有关系，跟读多少书没关系。但是成功以后就跟读书很有关系了，成功人士不读书一定往下滑，而且会滑得很惨。可见，情商影响智商，甚至是再生智商。平庸与卓越在智商上的差别远远小于情商上的差别。具有坚强毅力、强烈的自信心和进取精神，好胜、谨慎的人往往能成功。总之，情商高的人在外在形象上就能让其他人为之折服。

不仅如此，情商对于个人人生成功、职场顺利和家庭幸福都是至关重要的。人们经过调查，总结出了影响家庭幸福的前五个因素，分别是健康、情商、财商、家庭责任以及社会环境。家庭成员缺乏情商，会不断产生摩擦，导致家庭如同地狱。有情商的家庭里则充满和谐，其乐融融。情商的重要性，可见一斑。

（2）管理好自己的情绪

不断进步、日趋复杂的社会为现代人带来了日益凸显的情绪危机，来自生活、学习、工作、环境和精神孤独等方面的压力，使许多人背负了情绪失调的困扰，焦虑、浮躁、忧郁、恐惧、自卑等负面情绪，使人们心理失衡、失去动力，已成为人们健康的障碍，所以如何调整和控制情绪成为当今社会日益关注的话题。

①情绪管理的重要性。

《黄帝内经》中说，人有七情六欲，怒伤肝、喜伤心、思伤脾、忧伤肺、恐伤肾。不良情绪是一种心理疾患，它就像一把利刃，既会伤害自己，也会伤害别人，又可能使自己失去珍贵的亲情与友谊，失去真正的成功与快乐。一个成熟的职业人，应该有很强的情绪控制能力，要将情绪作为重要的精神资源管理起来，让其发挥重要的积极作用。积极情绪表现为热情、活泼、愉悦、快乐、自信、振奋、体贴、宽容、进取、努力、挑战、灵活等。

情绪如四季般自然地发生，一旦情绪产生波动，个人就会表现出愉快、气愤、悲伤、焦虑、失望等各种不同的内在感受，假如负面情绪常出现且持续不断，就会对个人产生负面的影响，如影响身心健康、人际关系或日常生活等。

第一，影响生理健康。《礼记》上说“心宽体胖”，意思就是心胸开阔，外貌就安详，因而人也发胖，而且越来越健康。如果有人跟我们说：“你最近怎么面黄肌瘦？”亦即意味着我们最近常常情绪低落，茶不思、饭不想，导致脸色越来越差，甚至身体健康上出现状况。这就是心理学上所说的心身症，也就是因心理上生病，如过度焦虑、情绪不安，或不快乐，而致生理上也出现疾病。另外，相关研究指出，当一个人产生负面或消极情绪（如愤怒、紧张）时，人体内分泌亦受影响，从而形成生理上的疾病。由此可见，时常面带微笑，保持愉快心情，并以乐观态度面对人生，则有助于增进生理健康。

第二，影响人际关系。人际关系是否良好取决于一个人的情绪表达是否恰当。倘若常在他人面前任由负面情绪“决堤”，乱发脾气，久而久之，别人会视我们为难以相处之人，甚至将我们列为拒绝往来户。反之，若常面带微笑，多赞美他人，以亲切态度与别人和谐相处，人际关系自然会逐渐改善，从此人生也变得不寂寞、不孤独，而且处处有人相伴，共度人生岁月。

每个人都面临着两种生活方式的抉择，要么满怀抱怨，不开心地活着；要么轻松、快乐、勇敢地生活。虽然不能改变环境，但是可以改变心态。其实，到底开不开心并不在于环境，而在于自己的抉择。若心态被环境决定，而不是由自己决定，那么我们在职场中就不会感到快乐。如果换种心态，也许一切都会改变。无论是工作还是生活，不如意之事十之八九，学会适时地管理自己的情绪，战胜不良情绪是宽恕他人，也是放过自己。同时，在不知不觉中可以提升自己的情绪控制素质，打造一种非常卓越的情绪管理能力。

遇到脾气急躁或不公正的上司，反抗或顺从都不好，而是应该有技巧地让上司意识到自己的问题和错误。一般来说，老板或上司容易发现自己的长处，不容易关注自己的不足。而作为员工，应该找到和掌握一定的技巧使上司意识到自己的问题。

②情绪管理能力的培养。

情绪管理即以最恰当的方式来表达情绪。在职场上，那些善于控制自己情绪的人总能得到领导的信任、同事的支持，而那些喜怒无常、容易冲动的人，获得发展的机会就少得多。

那么如何提升自己的情绪管理水平、展现良好情商呢？

第一，心胸宽广。

职场人士需要修炼自己的格局，成就大格局。正所谓牢骚太多防肠断，所以我们要保持自己的心胸宽阔。“风物长宜放眼量”，做人千万不能太斤斤计较、小家子气。如何使自己的心胸宽阔呢？首先，要给自己树立远大的目标，目标远大眼光自然也长远，就不容易斤斤计较，因为做大事的人，不会花太多时间、精力在这些微不足道的事情上；其次，可以看一些伟人英雄的事迹，高尚、胸有千壑、指点江山，会让你不由自主地跟着热血沸腾，认为大丈夫当如是也，格局和气概于是变大；最后，业余的时候可去一些开阔壮丽的地方走走看看，如高山、海边，可以洗涤心情，使人神清气爽、心胸宽广。

第二，提升抗压能力。

调节、改善情绪，提升抗压性很重要，那么就要给自己设立一些有挑战性的目标，做有挑战性的工作。一般来说，随着个人能力、职位的提升和工作内容、难度的增加，个人的抗压能力也会随之提升，但同时抗压能力的提升也需要一个过程，而人的潜力就在此过程中得到展现，不可一下子从弱到强。比如一个妈妈虽力气不大，但总是要抱宝宝的。宝宝 10 斤重的时候她抱着，等宝宝 20 斤重的时候，她仍然抱着，直到宝宝再重一些的时候，她还能抱得动，这就是在几年的过程中，抗压能力慢慢在提升。而如果让她从第一天抱 10 斤的重量一下子到第二天就抱 40 斤的重量，相信她肯定抱不起来。

第三，拥有同理心。

同理心是职场思维中很重要的一个思维。拥有同理心的话，你会发现很多时候对方不是故意为难你，所以同理心就是从对方的角度和立场去考虑问题。常常人与人合作沟通的时候，我们会认为怎么能这样呢？怎么不考虑我的困难呢？于是情绪越来越激动。其实如果多从对方的角度和立场考虑问题，很多事都是可以理解的。所以如果我们能多用同理心去彼此理解，多方面沟通，很多合作就会更顺利、更和谐。

第四，适当宣泄情绪。

一个人在如此现实的社会中工作和生活，时间长了肯定会积累一些负面情绪，那么就需要寻找途径宣泄，或者说发泄。疏解情绪的目的在于给自己一个理清想法的机会，让自己好过一点，也让自己更有能量去面对未来。从这几个角度去选择适合自己且能有效疏解情绪的方式，你就能够控制情绪，而不是让情绪来控制你。比如在高职院校，很多男生通过高强度的运动来宣泄情绪，跑出一身汗，或者大吼几声，情绪就被宣泄了。女生通过逛街购物宣泄情绪，钱花出去了，心情也变好了。

第五，缓和情绪。

常常能看到一些大企业家在办公室里，不是泡工夫茶，就是写书法。而他通过这样的方式能使自己平心静气、缓和情绪，因为企业越大，位子越高，做的决策的影响面就越大，有的时候一个决定会导致企业“升上天”或者“坠入地”，所以要理性，不可意气用事。一幅书法作品写下来，一轮工夫茶泡下来，心绪宁静，做的决策自然更加客观理性。当然，大部分的人可能没有条件在办公桌上写书法或者泡工夫茶，但是你可以吃一些甜品，因为医学证明吃甜的东西能使人安静；或者听听轻音乐；或者在情绪激动想脱口而出之前，强迫自己先默念 1～10，然后再说话，那个时候，语气会平和许多，情绪也能得到控制。

（3）打造良好职业心态

英国著名的文豪查尔斯 · 狄更斯（Charles Dickens）曾经说过：“一个健全的心态比一百种智慧都更有力量。”这句不朽名言告诉我们一个真理：有什么样的心态，就会有什么样的人生。因为从根本上决定我们生命质量的不是金钱，不是权力，甚至不是知识和能力，而是心态。

积极的职业心态滋养、创造你的职业人生，消极的职业心态消耗、阻碍你的职业人生。

①对大学生职业心态的要求。

第一，以正确心态对待工作。

工作在不同人心目中的定位不一，理想与工作高度和谐的人视之为事业；学以致用的人视之为职业；也有多数人将工作视为谋生的基本手段。定位不同，对待工作的态度大有差异。但是，任何组织都有责任引导和启发员工树立最基本的心态——敬业。敬业不是组织的“要求”，确切地说应该是组织的一种“期望”。而对员工而言，在从事某项工作时，他生命中的一段时光便在完成这些任务的过程中流逝。人最基本的是要“自己对自己负责”。现代管理学之父彼得·德鲁克（Peter F.Drucker）将其称为员工的“自我管理”。启发员工认识和省悟对自己负责的心态，是能够自我管理的第一步。如果员工个人在心理上并未将做某项工作“当回事儿”，尽管也可能在工作中表现出敬业和责任心来，但那一定不长久，也不是一种真正意义上的职业化。

第二，以正确心态对待同事。

传统文化强调人应该具备美德，并以“君子”作为榜样。在企业中，常常将人性道德修养作为衡量一个人职业操守的标准。因而，社会人的道德观也用来调停工作中人与人（企业人）之间的关系。但是，人在成长和受教育过程中已然形成了自己的道德观，企业从何切入、引导和教化增进团队合作的职业心态？我们先不谈“达人达己”，从上述理解来看，最基础的工作，仍是回归到如何对自己负起责任来。每个人都应该认识到，自己生活在一种交错的人际环境中，在这个自然环境中，能量守恒定律依然适用。凡由自己向组织中的任何一个人发出的任何一种作用力，最终都会传递回来，作用于本人。比如，自己提交的某项成果，或在某个环节上对他人提供的某个配合，或对组织中的某些事、某些人发表自己的评价，这些都可视为一种“作用力”。发出积极的、健康的力量，将最终有益于自己。这种“达己”又“达人”的省悟行为，应是对待同事有效的职业化行为。

第三，以正确心态看待个人发展。

现代组织中的人相比以往更为重视个人的发展，与这个目标背道而驰的是个人非职业化心态——片面、割裂地追求个人的发展。片面的结果，导致不少人心理失衡，怀才不遇，恃才放旷，郁郁寡欢，孤芳自赏，牢骚满腹……更有甚者与所服务的组织反目成仇。如何看待这种现象？很简单，人不能脱离自然孤立存在，员工也不可能脱离组织独立发展。反其道而思虑，是对自己的不负责任——这种思考问题的方式已然违背了自然规律。将自己置于组织之中，由组织的目标反观个人的目标如何顺应和设定；由组织的发展反观个人的机会如何寻找和获取；由组织所能提供的现实条件反观个人做出何种积极的反应。“组织化生存”的概念，如同信息时代的“数字化生存”一样，是每个人重新理解个人发展的起点。

也就是说，职业心态是取得工作成就的基础，也是获得个人发展的起点。

②大学生职业心态的培养。

怎样塑造良好的职业心态呢？这里介绍几种常用方法。

第一，改变态度。

改变不了事情，就改变对事情的态度。一个人因为发生的事情所受到的伤害，不如他对事情的看法更严重。事情本身不重要，重要的是人对事情的看法。

改变了态度往往就能产生激情，有了激情就有了奋发向上的斗志，结果往往就会变化。古时候有甲、乙两个秀才去赶考，路上看到了一口棺材。甲说：“真倒霉，碰上了棺材，这次考试死定了。”乙说：“棺材，升官发财，看来我的运气来了，这次一定能考上。”

当他们答题的时候，两人的努力程度就不一样了，结果乙考上了。回家以后他们都跟自己的夫人说："那口棺材可真灵啊。"可见，心态可以影响人的能力，能力可以改变人的命运。保证当下心情好是保证一天心情好的基础。如果我们能保证每天心情好，我们就会获得很好的生命质量，体验别人体验不到的精彩生活。

第二，享受过程。

享受过程，精彩每一天。生命是一个过程，不是一个结果，如果一个人不会享受过程，结果如何不言而喻。生命是一个括号，左边括号是出生，右边括号是死亡，我们要做的事情就是填括号，要争取用精彩的生活、良好的心情把括号填满。

怎么享受生命这个过程呢？把注意力放在积极的事情上。生命如同旅游，记忆如同摄像，注意决定选择，选择决定内容。如甲、乙两个人看风景，开始的时候你看我也看，两人都很开心。后来甲耍了一个小聪明，走得快一点，比乙早看一眼风景。乙一看，怎么能让你比我早看一眼，就走得更快一点超过甲。于是两人越走越快，最后跑起来了。原来是来看风景的，现在变成赛跑了，后面一段路程的沿途风景两人一眼也没看到，到了终点两人都很后悔。这就是不会享受生命的过程。

第三，活在当下。

活在当下的真正含义来自禅。有人问一位禅师，什么是活在当下？禅师回答，吃饭就是吃饭，睡觉就是睡觉，这就叫活在当下。

如果这样问：对一个人来说，什么事情是最重要的？什么人是最重要的？什么时间是最重要的？

有人可能会说，最重要的事情是升官、发财、买房、购车，最重要的人是父母、爱人、孩子，最重要的时间是高考、毕业答辩、婚礼。其实这些都不是，最重要的事情就是现在你做的事情，最重要的人就是现在和你在一起的人，最重要的时间就是现在，这种观点就叫活在当下。

现在连接着过去和未来，如果你不重视现在，就会失去未来，还连接不上过去，你能够把握的只有现在。如果一味地为过去的事情后悔，你就会消沉；如果一味地为未来的事情担心，你就会焦躁不安。因此，我们应该把握现在，认真做好现在的事，不要让过去的不愉快和将来的忧虑像强盗一样抢走现在的愉快。

活在当下，就要学会发现每一件发生在自己身上的好事情，要相信自己的生命正以最好的方式展开。如果我们不会活在当下，就会失去当下。

第四，情感独立。

情感独立，就是不要把自己幸福的来源建立在别人的行为上，能把握自己幸福的人的只有自己。

一次，北宋文学家苏东坡和禅师佛印逛庙，发现庙里的观音菩萨手里也拿着念珠。苏东坡问："人持念珠念观音，观音持念珠念谁？"佛印回答："还念观音。"苏东坡又问："为什么观音还念观音，念自己呢？”佛印的回答是：“求人不如求己。”因此，要想让自己内心状态良好，就要学会情感独立。

有人总是为未来担心，忧心忡忡。不要庸人自扰，如果我们担心的事情不能被自己左右，就随它去吧。我们只能考虑力所能及的事情，力所能及则尽力，力不能及则由它去。据说考清华大学经管学院博士生，50个人才录取一个，竞争非常激烈。有人说：“我要是考不上多丢脸啊，我的未来怎么办啊？”其实48个人都跟你一样考不上，你能把握的就是努力考试，把考试当作人生的一次经历。

第五，学会感恩。

某企业老总说，他招聘大学生时首先看他们孝不孝敬父母，如果他们连父母都不孝敬，也不会忠诚于企业。招聘时，他会问：“放寒暑假你们都干什么？”应聘者回答：“玩、旅游、休息。”他又问：“经常回家乡吗？”他们说：“经常回啊。”老总接着问：“都干什么呀？”他们说：“找同学吃饭、聊天、一块儿玩。”老总最后问：“在家里都干什么？”他们说：“睡觉、看电视。”老总对这样的应聘者是不满意的，你怎么就不提孝敬父母，你可以帮父母干点活，讲一些大学的见闻啊。学会感恩，首先是要对父母感恩，这很重要。

西方有感恩节，人们在那天都会感谢别人对自己的帮助。许多人会给所有曾经帮助、支持、爱护过自己的人发一条短信，感谢他们对自己的关照。你发一条短信，别人就会回复，并给自己需要感恩的人发短信，这样就会产生连锁反应，感恩节大家就会过得都很愉快，人际关系就会变得更加和谐。感恩能够使人获得好心情。西方有一条格言是：“怀着爱心吃菜，比怀着恨意吃牛肉要香。”

第六，“天堂”“地狱”由心造。

一个人幸福不幸福，在本质上与财富、地位、权力没关系。幸福由思想、心态决定，心可以造“天堂”，也可以造“地狱”。

案例阅读

一个武士问老禅师：“师父，请问什么是‘天堂’？什么是‘地狱’？”老禅师轻蔑地看了他一眼，说：“你这种人根本不配和我谈‘天堂’。”

武士被激怒了，“嗖”地拔出刀，把刀架在老禅师的脖子上，说：“糟老头，我要杀了你！”老禅师平静地说：“这就是‘地狱’。”

武士明白了，愤怒的情绪就是“地狱”。于是把刀收了回去。

老禅师又平静地说：“这就是‘天堂’。”武士明白了，心情好就是“天堂”。

这个故事说明，我们要学会善待身边的人。有人把办公室的同事当成对手，他们都错了，关键时刻能及时给予你帮助的，还是你的同事或身边的人。如果你把别人看成魔鬼，你就生活在“地狱”里；如果你把别人看成天使，你就生活在“天堂”里。如果你能把别人变成魔鬼，你就在制造“地狱”；如果你能把别人变成天使，你就在制造“天堂”。怎么才能把别人变成天使呢？要学会感恩、欣赏、给予、宽容。

第七，压力太大的时候学会弯一弯。

案例阅读

加拿大有一对夫妻总吵架，处在离婚的边缘。于是，他们决定出去旅游，试图挽救自己的婚姻。

两人来到魁北克省的一条南北向的山谷，他们惊奇地发现山谷的东坡长满了各种树，西坡却只有雪松，为什么东、西坡差别这么大呢？为什么西坡上只有雪松能生存呢？后来两人发现西坡雪大，东坡雪小，雪松枝条柔软，积雪多了，枝条会被压弯，雪掉下去后，枝条就又复原了。而别的树硬挺，最后树枝会被雪压断，树也就死了。

两人明白了，人在压力大的时候，也要学会弯一弯。

丈夫赶快向妻子检讨：“都是我不好，我做得不对。”妻子一听丈夫检讨了，马上说：“我做得也不够。”于是，两人和好如初。

刀再锋利，如果一碰就断，也没有什么用。我们不妨向中国传统文化中的太极学习，以柔克刚；向古币学习，外圆内方。当然这样很难，但是我们要努力。

4. 提升职业能力

（1）加强职业观念的培养

大学阶段是大学生学习知识、培养能力、发展智力、丰富阅历、积累经验、准备承担成人责任的过渡期，也是大学生步入社会的准备期。对每一个大学生来说，大学阶段都是一生中最重要的时期之一。因此，要在这一时期，随时注意培养自己的职业观念。

（2）合理进行时间规划

权威的研究数据表明，每天一个人可利用的有效时间为3～4小时，如果你一分钟都不浪费，全部投入职业能力的发展，那么你最多能够有多少时间转移高级能量、增长职业能力呢？你职业能力训练的时间是从现在到毕业前一年的10月份，因为正式开始找工作的时间不是毕业那年，而是毕业前一年的10月份。所以如果你是大一的学生，最多还有3300个小时，大二最多还有2100个小时，大三最多还有1500个小时。告诉你，这个时间的计算把你在寒假放烟花的时间都包括进去了。这1000多个小时有多少用于职业能力的专项训练，为你人生创造多少价值，将决定你一辈子挣20万还是1000万。

（3）多方面提升自己的职业能力水平

无论从事什么职业，语言表达能力、人际交往能力、团队合作能力等都是不可或缺的，因此，要注意培养自己多方面的能力。而且要了解现代企业的基本架构，明确企业各职能部门的工作任务，以及各职能部门对从业者的基本能力要求。另外，要根据自身的特点及爱好选择自己今后可能进入的部门，并针对本部门对从业者的能力要求来训练自己，使自己在毕业前基本具备必要的素质，做到有的放矢。同时，由于就业竞争压力很大，所以要尽可能多地了解各行业，对各行业的发展状况和发展潜力有一个基本认知，以便在今后的择业中有多方向选择，并做出正确决策。

5. 注重培养职业核心能力

俗话说："一招鲜，吃遍天。"作为高职学生，我们应该注意培养自己的职业核心能力，如发现问题、分析问题、创新等能力。而对一个高职院校的大学生来说，具备了良好的职业核心能力，不论在校学习期间还是走上职业岗位，都有助于对专业技能的掌握。

6. 塑造美好职业形象

职业形象是指一个人在职场公众面前树立的形象。在即将踏入社会之前，每一位大学生都应该对自己的职业形象有一个基本设想。

（1）职业形象与个人的职业发展有着密切的关系

①个人的性格特征通过形象表达，并且容易形成令人难忘的第一印象。

毋庸置疑，第一印象在个人求职、社交活动中会起到关键的作用。特别是许多企业的人力资源部门在招聘员工时，对应聘者职业形象的关注程度要远远高于我们的估计。因为他们认定，那些职业形象不合格、职业气质差的员工不可能在同事和客户面前获得高度认可，极有可能令工作效果打折扣。

②职业形象强烈影响个人业绩。

俗话说："人靠衣装马靠鞍。"商业心理学的研究告诉我们，人与人之间的沟通所产生的影响力和信任度，来自语言、语调和形象三个方面。它们的重要性所占比例分别是语言占 7%、语调占 38%、视觉（即形象）占 55%。由此可见，形象的重要性。

一个人的形象应该为自己增辉。当你的形象成为有效的沟通工具时，那么塑造和维护个人形象就成了一种投资，长期持续下去必然会带来丰厚的回报。

③职业形象会影响个人晋升概率。

获得上司的认可是晋升的核心要素之一，如果因为在上司面前出现职业形象问题导致误会、尴尬甚至引发上司厌恶，业绩再好也难有出头之日。如果在同事同级层面上因为职业形象问题导致离群、被孤立或被排斥，那么晋升可能性就会大大降低。

美国一位形象设计专家对美国财富排行榜前 300 位中的 100 人进行过调查，调查的结果是：97%的人认为，如果一个人具有非常有魅力的外表，那么他在公司里会有很多升迁的机会；92%的人认为，他们不会挑选不懂得穿着的人做自己的秘书；93%的人认为，他们会因为求职者在面试时的穿着不得体而不予录用。

④职业形象影响组织的发展。

作为一个企业，员工的职业形象在很大程度上影响着企业的成败。只有当一个人真正意识到了个人形象与修养的重要性，才能体会到个人形象给自己带来的机遇有多大。同时要注意交往的对象，比如与大众传播、广告或是设计之类等需要天马行空般灵感的行业人士交往时，个人形象方面可以活泼、时髦些；而与金融、保险或是律师，以及日系公司等以中规中矩形象著称的行业人士交往时，则尽量以简单稳重的造型为佳。如果你注意到了这一点，那么你已经成功了一半。

总之，交往中最需要表现给上司、同事、商务伙伴以及客户以专业稳重的个人印象是至关重要的，因此在出门上班前，正确地选择服装、发式，注意自身的言谈举止，对你的工作绝对有加分的效果。

（2）大学生职业形象的塑造途径

①注意语言。

语言是人类交往沟通活动的基本工具。人们靠语言交流思想、传递信息、表达感情，文明的语言树立人文明的形象，雄辩的语言树立人雄辩的形象，幽默的语言树立人幽默的形象，虚伪的语言树立人虚伪的形象。人际关系的融洽，离不开交流的技巧。比如，面试是踏入职场的第一关，知道如何面对你的提问对象，尊重你的面试官，才能让你的潜能和才智有可能在平和而融洽的空间里，按你的预期逐步展示。

②注意风度。

风度是指一个人的风貌仪表和举止态度，同时指一个人精神、气质、品格的外在表现。因此风度实际包括精神状态、仪表礼节、行为态度和言辞谈吐。它反映出一个人的道德、品格、性格、气质、学识修养、处世态度等。有人说："高雅的风度是通向朋友心灵的畅通无阻的护照。"这是每位渴望择业成功的高职学生都值得拥有的"护照"。

③注意仪表。

仪表是大学生职业形象的重要方面。仪表形象主要是指一个人的仪容和体形。它是由个体生理特征和服饰共同构成的一种直观的外在形象。仪表之美是人类的天然美，具有仪表美的人为自己赢得了获取成功的最初机会，因为现代社会中人们习惯用美的标准来评价人、选择人。不合时宜的穿着，不彰显气质的发型，孩子气的面容，会让你的仪表大打折扣。

④注意具体行为。

从生理学角度来说，行为就是包括脸部在内的身体各部位做出的动作，这些动作可以是有意识的，也可以是无意识的。人们的举手投足，一颦一笑，都会给人持久的印象，并产生意想不到的效果。行为动作，对个人形象的影响是不可等闲视之的。

总之，作为一名大学生，我们一定要知道，一个人的内在能力固然重要，但形象是走在能力前面的，一个良好、出众、得体的形象将对我们的择业、交友、公关起到推动的作用。完美的形象可以使人在社会的激流中搏击前进，健康的姿态可以让我们在广阔的天空中翱翔，时代赋予我们高职学生新的使命，新的使命要求新的素质、新的形象。相信自己，战胜一切，让我们塑造自己完美的职业形象，在自信中开辟成功。

（三）把握职业成功规律

1. 什么是职业成功

职业成功是指一个人累积起来的积极的与工作相关的成果或心理上的成就感。

西方学者一般将职业成功分为客观成功和主观成功两部分。客观的职业成功指标包括总体报酬、晋升次数和其他能表示个人成就的外部标志；主观的职业成功被认为是个人感觉到对工作和职业发展的满意程度。

2. 职业成功的标准

职业成功标准是人们对职业成果意义的认识和评价，它取决于人们自身的需要和愿望。既然人的需求是多种多样的，人对职业成功的评价就必然是多元化的。当我们越是关注职业成功的主观标准时，多元化的特点就越明显。

我们至少可以将职业成功的标准概括为以下几种。

财富标准：认为通过工作获得更多的经济回报，发财致富就是现代人的成功标志。

晋升标准：认为职业成功就是晋升到组织等级体系高层或者在专业上达到更高等级。

安全标准：渴望长时间的稳定工作，以获得职业上的安全。

自主标准：强调职业成功就是在工作中自主自由，对职业和工作有最大限度的控制权。

创新标准：标新立异，做出别人没有做出的事情。

平衡标准：在工作、人际关系和自我发展三者之间保持有意义的平衡。

贡献标准：对社会、组织、家庭做出贡献。

影响力标准：在组织中、行业内、社会上有足够的影响力，能够改变他人的心理和行为。

健康标准：在繁重工作的压力下依然保持身心健康。

以上几种职业成功的标准不是完全独立、相互排斥的。在每一个人的心目中，职业成功的标准是一个有层次的结构，与其内在的需求体系相对应。

职业成功标准的多元性还体现在个体职业成功标准的阶段性上。

在职业生涯发展的不同阶段，人们所面临的任务不同，追求也不一样，评价也会有变化。在职业生涯的早期，养家糊口、成家立业都需要财力物力，人们可能更注重财富标准；到了中期，人们可能会更关注职业发展的机会、家庭工作平衡、自我价值的实现；而到了晚期，临近退休，人们可能更强调安全、有保障。当我们研究职业成功标准时，一定不能忽略这种复杂性。

总之，职业成功很难用一个绝对的标准来衡量。可是，职业成功作为一个评价性的概念，不论从哪个角度对成功做出评价，都与评价者的职业价值观紧密连在一起，或者说它是职业价值观的重要组成部分。因此，讨论职业成功的标准问题，实际上是在探讨职业成功价值观问题。所以，我们研究职业成功标准的目的不是去寻找一种人人认同的客观标准，而更多去关注不同的人们是怎样定义职业成功的，这种定义又怎样影响着人们的行为。从个人角度而言，认清自己的内在需要，定义自己的职业成功标准而不是盲目攀比、追求时尚，才不至于在职业生涯的旅途中迷失方向；对组织来说，了解员工的职业成功定位，有针对性地采取因人而异的激励方案，是留住员工的有效措施。这就是我们反思、探讨职业成功标准的目的所在。

3. 提高职业成功的条件

鲜花和掌声从来都是成功的点缀，每个人内心里都涌动着渴求成功的暗流。歌手渴望走红，所以“走在这舞台，听到掌声响起来，我的泪禁不住流下来”；学生渴望考试成功，以使老师和家长肯定赞许的目光在自己身上停留和定格。现在的高职学生虽然已经不再有昔日“天之骄子”的光芒，但一旦走出校园走向社会，大都还是雄心万丈，豪情满怀，“天生我材必有用”“我辈岂是蓬蒿人”，渴望用成功来证明自身价值。

但是，人的一生不可能总是一帆风顺的，困难和挫折会不停地向人们发起挑战，成就自己的理想和事业需要许多努力，有时还需要在困境中探索，走迂回曲折的道路。因此，提高职业成功的条件，掌握相关理论知识，对自身的成功成才才会有更大的帮助。

（1）志存高远，但不要好高骛远

常常可以听到很多人哀叹自己这辈子“心比天高，命比纸薄”。其中原因，也许不是这些人真的“命运不济”，而原因恰恰在于，他们的“心比天高”。

做人应该有志气，立大志，确定人生理想和目标；但在你为自己绘制奋斗蓝图时，一定要切合自身实际。“志当存高远”，并不是说可以完全不顾自身的实际和社会的需求，一味追求高远。一个根本不可能实现的理想，只能是妄想空谈，这样的“志向”不但不能激发起前进的动力，反而会挫伤你的斗志，使人耽于幻想，一辈子一事无成，甚至自暴自弃。

世界上大多数人都是平凡人，但大多数平凡人都希望自己这辈子能成为不平凡的人。梦想成功，梦想才华获得赏识、能力获得肯定，拥有名誉、地位、财富。不过，遗憾的是，真正能做到的人，似乎总是少数。因为，他们都经意或不经意地陷进了好高骛远的泥潭里。

作为将要踏入社会的高职学生，我们应当明白，人生虽有许多种力量，但实力是建设人生最重要的手段和最基本的力量。在奔赴成功的艰辛路途中，我们绝不能好高骛远，我们需要的只有实力，只有实力才能对人生的事业与理想起到帮助和推动作用，使人生增值。

“三百六十行，行行出状元。”成功之路有千万条，别人成功之路自己当然可以走，但这并不意味着每个人都可以走。因为人与人在兴趣、能力等诸多方面千差万别，每个人都有着不同于他人的“自身实际”。因此，我们在确立自己的奋斗目标时，一定要切合自身的实际。

（2）有所为，有所不为

我们应当明确的是，人生没有目标固然不行，但目标多了同样不行。从数学逻辑上看，人生的成败就取决于对追寻目标的把握上——人的一生若除以唯一的目标，成功率就是 100%；人的一生若除以两个目标，成功率就成了 50%；以此类推，追求的目标越多，成功的概率越小，人生之路、事业的追求也就越渺茫。

人一辈子的得失成败、人和人之间的差距和区别，往往就取决于 1÷1、1÷2、1÷3……这么简单的数学逻辑上。大凡出类拔萃者，多是目标始终如一的人。奇怪的是，在现实生活中，绝大多数的人都把小学时就学的简易除法忘了，拿单一的人生除以杂七杂八的追寻和欲望，使自己的成功率（也就是除法得数的商）一再变小，直至迷失了自我、虚度了人生。

“年轻人事业失败的一个根本原因，就是精力太分散。”这是美国励志大师戴尔·卡耐基（Dale Carnegie）在分析了众多个人事业失败的案例后得出的结论。事实的确如此。许多生活中的失败者几乎都在好几个行业中艰苦地奋斗过。然而如果他们的努力能投入在一个方向上，就足以使他们获得巨大的成功。

爱迪生说过，高效工作的第一要素就是专注。他说：“能够将你的身体和心智的能量，锲而不舍地运用在同一个问题上而不感到厌倦的能力就是专注。对大多数人来说，每天都要做许多事，而我只做一件事。如果一个人将他的时间和精力都用在一个方向、一个目标上，他就会成功。”

古人云：“有所为，有所不为。”这就是说，目标只能确定一个，这样才会凝聚起人生的全部合力，集中力量将其攻下。这种理念，与其说是一种严肃的哲学思考，倒不如说人们为了生存和发展得更好，一种本能的自我优化。

人们常说，十年磨一剑，一生只做一件事。没有任何东西可以代替一个专注的目标，教育不能，天分不能，才智不能，勤奋不能，意志的力量也不能。假如你的人生没有一个专一的目标，那么无论你做事多么努力、多么勤奋、多么专注，那你这辈子注定也是失败的一生。

（3）只有认真的态度，才有卓越的成就

著名的管理大师彼得·杜拉克（Peter F. Drucker）先生谈过这样一件事：古希腊著名雕刻家菲狄亚斯，被委任为雅典的帕德嫩神殿制作雕像。他很认真地雕刻着这尊位于雅典山丘最高点的巨大雕像。别人对他说：“除了雕像的正面，我们什么也看不到。你何必雕刻背面也那么认真呢？”菲狄亚斯却说：“你错了，上帝看得到。”

我们做任何事情，上帝都看得到。这个上帝就是我们的良心和我们做人的品德。对事情的认真态度反映的正是我们做人的品格。

万事怕就怕"认真"二字，成功的道路都是认真铺出来的。一个成功的经营者说过："如果你能认真制好一枚别针，应该比你制造出粗糙的蒸汽机赚的钱更多。"然而，在现实生活中，很多人并没有领悟到这个道理。

认真工作才是真正的聪明，因为认真工作才是提高自己的最佳方法。聪明的人把工作当作一个学习机会，从中学习处理业务，学习人际交往。这样不但可以获得很多知识，还为以后的工作打下良好的基础。将来走上工作岗位后，无论你面对的工作环境是松散还是严谨，你都应该认真工作。认真工作的员工不会为自己的前途操心，因为他们已经养成了一个良好的习惯，到任何公司都会受到欢迎。你只有在工作中锻炼自己的能力，使自己不断提高，加薪升职的事才能落到你头上。反之，如果你凡事得过且过，从不认真工作，那你就会被老板毫不犹豫地排斥在他的选择之外。在工作中投机取巧或许能让你获得一时的利益，但却会给你的人生和处世态度上埋下隐患，从长远来看，对你个人的发展是有百害而无一利的。

认真对待工作的人，才是可能取得成功的人。而且，好品质需要一贯地展示，不管老板在不在，都要负责任，都要全身心投入。千万不要因为老板要过问，才加强责任意识；不要因为老板盯着，才认真工作。老板并不是傻瓜，相反，绝大多数老板都非常精明，他们不会因为某个员工偶尔表现好就委以重任。他们常常会不动声色地花很长的时间来考察一个人，在确信这个员工值得重用时，他们才肯做出重用的决定。"认真干，机会是属于你们的。"这是老板经常对员工说的一句话。这句话很普通，事实上，它却是老板们的真实想法，干得好的，真的就可以得到机会，干得不好的，就绝对得不到机会。

在这个世界中，任何人都不能回避"认真"二字，只有"认真"才能有所成就，才能成功。纵观世界历史我们会发现，凡是国家强大起来的民族，无不有着极其认真的工作态度。如德国人，遇到红灯绝不抢行，即使是深更半夜、四周无人也是如此；又如日本人，为了提高效率，把铅笔放在桌子上时，铅笔头朝自己一面，还是朝对面，都是有讲究的；再如意大利人，件件产品实行完美主义，以至于意大利的产品在国际上就是名牌、精品的代名词。

只有最认真的人，才能创造出最优秀的产品。同样，也只有最认真的人，才会有最卓越的成就。

(4) 要养成良好的习惯

所谓习惯，是指积久养成的生活方式。习惯的力量是巨大的，因为它具有一贯性。它通过不断重复，使人们的行为呈现出难以改变的特定的倾向。就像一句古老的箴言："习惯就像一根绳索。每天我们都织进一根丝线，它就会逐渐变得非常坚固，无法断裂，把我们牢牢固定住。"我们每天高达90%的行为是出自习惯的支配。可以说，几乎是每一天，我们所做的每一件事，都是习惯使然。

那些成功人士何以会成功？为什么许多人活了一辈子却连成功的边都摸不到？其实原因很简单。成功人士并不见得比其他人聪明，但是，好习惯让他们变得更有教养、更有知识、更有能力；成功人士也不一定比普通人更有天赋，但是，好习惯却让他们训练有素、技巧纯熟、准备充分；成功人士不一定比那些不成功者更有决心或更加努力，但是，好习惯却放大了他们的决心和努力，并让他们更有效率、更有条理。我们都知道，好的习惯有助于身体健康、生活快乐和事业成功；相反，坏的习惯会给你的健康和事业带来不利的影响。所以，如果有好的习惯，则应当保持。至于坏的习惯，则应想办法戒除。事实上，在这个世界上，没有不可改变的习惯。

有位哲学家说过："你可以改变你的习惯，当然不像滚动木头那样简单，但是你可以办得到，只要你真心希望这样做。"

那么，如何才能真正改变我们的坏习惯呢？办法并不复杂，就是不断地"重复"。

简单地说，任何一种行为只要不断地重复，就会成为一种习惯。同样的道理，任何一种思想只要不断地重复，也会成为一种习惯，在不知不觉中影响人的行为。

行为心理学研究表明：21 天以上的重复会形成习惯；90 天的重复会形成稳定的习惯。即同一个动作，重复 21 天就会变成习惯性的动作；同样的道理，任何一个想法，重复 21 天或者重复验证 21 次，就会变成习惯性想法。所以，一个观念如果被别人或者自己验证了 21 次以上，它一定已经变成了你的信念。

习惯的形成大致分三个阶段。

第一阶段：1～7 天。此阶段的特征是"刻意，不自然"。你需要十分刻意提醒自己改变，而你也会觉得有些不自然、不舒服。

第二阶段：7～21 天。不要放弃第一阶段的努力，继续重复，跨入第二阶段。此阶段的特征是"刻意，自然"。你已经觉得比较自然、比较舒服了，但是一不留意，你还会回复到从前。因此，你还需要刻意提醒自己改变。

第三阶段：21～90 天。此阶段的特征是"不经意，自然"，其实这就是习惯。这一阶段被称为"习惯性的稳定期"。一旦跨入此阶段，一个人已经完成了自我改造，这项习惯就已经成为他生命中的有机组成部分，会自然而然地不停地为人们"效劳"。

也许你并没有很好的天赋，但是，一旦你有了好的习惯，它一定会给你带来巨大的收益，让你的人生从此改观。

（四）培育领导力

美国成功学大师拿破仑 · 希尔（Napoleon Hill）说过："领导才能不是与生俱来的，是可以培养出来的。"要想在职场取得成功，就必须培养自己的领导力。

1. 什么是领导能力

在某种意义上，领导能力就是影响力。

真正的领导者是能影响别人，使别人追随自己的人物，他能使别人参加进来，跟他一起干。他鼓舞周围的人协助他朝着他的理想、目标和成就迈进，他给了他们成功的力量。

领导能力首先是一个人的个性和洞察力——他作为一个人的最核心的东西。最好的领导者就是能不断成长、发展、学习的人。他们愿意付出当领导者的代价：为了能不断提高自己的水平，扩宽自己的视野，增加自己的技巧，发挥自己的潜能，他们会做出种种必要的牺牲。他们通过自己的努力变成受别人敬仰的人。

有良好个人品质的可信赖的人，比没有受人敬仰的品质的人更有可能成为领导者。但单靠良好个人品质还不能成为领导者，这些品质还必须与能积极与人沟通的能力结合起来。领导者要懂得和别人建立良好的人际关系，开始关怀别人，学会与别人交谈和调动别人的积极性。个性、理想、与别人沟通和激发别人积极性的能力等都是构成领导才能的基本要素。

(1) 领导者必须具有的素质

一般来讲，领导者必须具有下列一些重要素质。

①勇气和正义感。勇气和正义感是领导者必不可少的素质。没有跟随者愿受缺乏自信和勇气的领导者指挥，没有聪明的跟随者会长期被这样的领导指挥。没有公平和正义感，任何领导者都不可能获得下属的尊敬。

②自制性和坚定的决心。不能控制自己行为的人永远不能控制其他人。有坚定的决心的人自制性更高，他的自我控制能力为跟随者树立了榜样，他们会更聪明地进行仿效；而犹豫不决的人既不能肯定自己，也不能成功地领导他人。

③责任感和协作精神。成功的领导者必须愿为下属的缺点和错误承担责任。如果他只知道推卸责任，就不适合担任领导职务。就像一场重大的足球或者其他比赛，如果失败了，主教练往往要把自己的相关责任承担下来。

④沟通能力和团队精神。所谓沟通是一个人向另一个人传递信息并获得理解的过程。作为领导者，必须在员工、上司、别的领导和组织外围重要团体之间保持沟通关系。成功的领导者还必须善于运用团队精神，并能指导下属也这样做。

请记住这样一个事实：一个真正的领导者，在今日这个竞争激烈、适者生存的社会，其实就是一个将军带领着一个部队在作战。

⑤冒险精神和创意。“一旦看准，就大胆行动”，已成为今日许多成功人士的经验之谈。“幸运喜欢光临勇敢的人”，冒险是表现在人身上的一种勇气和魄力。

唯物辩证法告诉我们，冒险与收获常常是结伴而行的。要想有卓越的结果，就应当敢冒风险。既有成功的欲望，又不敢冒险怎么能够实现伟大目标？希望成功又怕担风险，往往就会在关键时刻失去良机，因为风险总是与机会联系在一起的。

光冒险还不够，领导者还需时时有创意，并激发员工去想一些新的点子。除非领导者常常带给大家新观念、新刺激，否则团体难以有进步和发展。要是领导者自满于现状，会使大家变得苟安，这样就会退步。创意不是浅薄的随意思考。不要以为灵感是刹那间涌现的，其实在心中早已酝酿很久了。有创意的心追逐的是长远的理想。在追求理想的过程中，领导者一定要从深刻的思考、困苦和折磨里得到一些创新的想法。

（2）领导者应该具有的人格魅力

领导者不能仅凭借权势压人，而应该“以德服人”。领导者应该具有以下这些人格魅力。

①关心体恤下属。领导者应关心、尊重、理解下属，并给其提供成长发展的机遇。

企业经营者要注重善待员工，把对人的管理放在首位。资方不再把工人简单地当作劳动力的出卖者，而是当作为完成共同目标分工不同的合作者，让他们积极参与公司的工作和重大决策，尊重他们的人格，只有这样，劳资双方才能在维护公司利益上取得共识。因此，人是企业中第一宝贵的因素。钱没有了可以赚回来，机器坏了可以换回来，但如果失去了员工的向心力，只怕千金也买不回来。只有赢得了人心，才能最终赢得企业的成功。

事实上，领导者只要真正关心、尊重、理解下属，并为其提供成长发展的机遇，就能换来下属对你的一片忠诚。

②善于分工授权。所谓分工授权，即大权集中，小权分散，把职务、权力、责任、目标四位一体授予合适的各级负责人，这是用人的要诀。“事无巨细皆决之”“事必躬亲”，是封建时代领导者的做法，在现代社会已不适用。用人之道就是要“明其责，授其权”。

管理界有句行话“有责无权活地狱”。意思是，把权力授予敢负责任的下属，对人是人尽其才，对管理是提高效能，这才是有效的领导者。所以西方管理学者卡尼奇曾说：“当一个人体会到他请别人帮他一起做一件工作，其效果要比他单独去干好得多时，他便在生活中迈进了一大步。”

③用人不疑，疑人不用。即要充分信任下属，又要放手让他工作，不信任就不要用，用之必信。对能力比自己强的人，不要嫉妒、不要怕“功高盖主”。很多领导者担心下属智慧比自己高，能力比自己强，因而不敢充分信任，这是最愚蠢的。美国企业家、“钢铁大王”卡耐基本人对钢铁的制造、钢铁生产的工艺流程，照他自己的话说，知道得并不多。但他手下的精兵强将在这方面都比他懂，他的卓越才干就是善于用人、用好人。

（3）领导者应具有宽容精神

宽宏大量是现代领导者、企业家必须具备的品质。社会心理学中，把宽容理解为有权力责备处罚，而不加以责备处罚，有权力报复而不加以报复的一种道德心理结构。这就应了佛家一个说法：“大肚能容，容天下难容之事。”

“宰相肚里能撑船。”成功的企业家认为，受聘人员犯“合理性的错误”是可以得到原谅的。如果不允许别人犯错误和失败，那些真正敢于直言的人，敢干、能干的人才就难以脱颖而出，企业也就难以得到大的发展。所以，领导者要有容人之量，宽以待人，这是领导者处理好与下属关系的又一不可缺少的品质。如果员工有了错误就一味地指责，反倒会打击一部分人的工作积极性，从根本上动摇企业的根基。

（4）领导要适当运用幽默语言

领导者要提高自己的谈话技巧，善于运用诙谐幽默的谈吐融洽与下属的交往气氛。在人际交往中，诙谐、幽默的谈吐，常常是讨人喜欢并使别人乐意与之交往的重要心理品质。作为一个领导者，如能注意自己的谈话技巧，就能使自己在与下属的交往中保持轻松和谐的气氛，并大大提高影响力。此外，诙谐、幽默的谈吐常能调节人际交往中的一些小摩擦和小冲突，能“化干戈为玉帛”。

（5）领导者要与员工同甘共苦

若干年前，麦当劳公司曾一度出现了严重亏损，当时的公司总裁克罗克亲自到公司各部门检查工作。他发现公司各职能部门的经理都习惯于坐在高靠背椅上指手画脚，于是便向各地麦当劳快餐店发出指示，必须把所有经理坐的椅背锯掉，以此促使经理们深入现场发现问题、解决问题并和员工同甘共苦。这一招竟使麦当劳公司的经营状况获得了巨大转机。因为老板与员工同乘着公司这条船，只有平时同甘共苦，情况紧急时才会同舟共济。

（6）做一个谦逊的领导者

在现代人看来，谦逊似乎已经变成领导者的一种缺点，很多人认为它会妨碍领导者实现自己的宏伟目标。而实际上，谦逊有着令人难以置信的力量，它是自信与高尚的融合。它以“我们”为中心，而不是以“我”为中心，它只是暂时地舍弃注意力和荣誉。一个谦逊的人能无声地、持续地创造惊人业绩，因为他着眼的是比个人一时得失更远大的事业。

没有人能全知全能，这是我们需要合作的原因。作为一个领导者，你或许很有能力和天赋，但是你必须把你的才智与谦逊结合起来。

美国著名政治家富兰克林说过这样一段话：“我定了一条原则，避免与别人在情绪上发生直接冲突，避免说绝对的话。我不用那些代表绝对的词和表达方法，比如肯定、毋庸置疑等。取而代之的是我感觉、我理解、我想。当别人做出我认为错误的断言，我不会幸灾乐祸地马上反驳，而是对他说，在某种情况或环境下，他的说法可能是正确的，但现在的情况不是这样。这种作风让我尝到了甜头，我参与的谈话都变得很愉快。我以谦逊的态度提出的意见让人很容易接受；当我错了的时候，很少受到嘲笑；当我碰巧对了的时候，很容易让别人放弃错误的立场来支持我。最初我强迫自己运用这种方式，后来发现这很容易坚持，到最后就变成了习惯。也许在过去的半个世纪里，从没有人听我说过武断的话。”

作为领导者，权力往往使其具有比平常人更大的人性弱点：不能正确听取别人的意见，也很难因为别人的建议有任何行动。古罗马元老院议员在演讲时，有专门的仆人站在他身后，对他不断耳语“记住，你是凡人”。同样，现代的领导者也需要经常如此告诫自己，提醒自己。

2. 培育领导力的原则

想要获得成功必须得到别人的支持和配合，而想要得到其他人的支持和配合，则必须具有领导力。领导力即领导能力，它是可以后天培养出来的。

培育领导力，务必要要注意以下几大原则：

（1）识人先识己

成功之道，务在识贤。但识贤并非人人所能为，尤其是当贤者还不出名时，或大智若愚之时，更不容易识别。因此，识贤的人理所当然要更“贤”，无论在识人的素质方面，还是识人的技巧方面，都要有自己的看家本领。

在历史上，凡成就大业者，往往视事业高于一切，为了成大业，个人的私利都在所不计。要学人之长，补自己之短，万不可以自己之长来衡量别人之短。多看人家的长处，多看自己的短处，尤其是在看别人的短处时，要在短中见长，看自己的长处时，更应该看到自己长中之短。

有了缺点时，要主动地承担自己的责任，敢于揭短，敢于自我批评，要有家丑也可外扬的精神。我们常说，“要用显微镜看自己的短处，用放大镜看别人的长处”，说的就是这一个道理。

（2）学会人性化管理

真正卓越的领导人应该使用人性化的管理方式。

首先，遇到跟人或事有关的难题时，要及时反问自己：“处理这件事最合乎人性的方法是什么？”当你的部属不能胜任工作，或某一个员工制造了相当棘手的问题时，千万不要讽刺他们，不可做刻薄的人，也不可把别人说得一文不值，更不可当场骂人。处理问题时多想想合乎人性的方法，一定会有回报，不管快慢，都会使你喜出望外。

其次，要把别人看得都很重要，要关心和赞赏部属的成就。这是一个很普通的原则：你愈关心一个人，他愈会努力为你服务，你的成就也愈大。尽量在每一个场合称赞你的部属，在你的上司面前称赞他的能力，这样不但不会降低你在上司眼中的地位，反而会使你成为一个大度而又谦虚的人，比那些轻浮的人更容易受人尊敬。赞美本身就是对于人最大、最好、最方便的鼓励，而且又不花钱，何乐而不为呢？

（3）知识渊博，才会有魅力

一个领导者知识的渊博程度能够影响其魅力。对于一个领导者来说，知识素养是相当重要的。在领导者进行领导的过程中，知识素养不但决定了他的思想观念和思维方式，而且决定了员工对他的信服程度。

领导者要想在工作中赢得服从，就必须培养自己超凡的魅力，而超凡魅力的培养中，必须注意知识素质的提高。因为知识素质是超凡魅力的重要基础之一。拥有知识的领导者和没有知识的领导者不但在处理业务的能力上有天壤之别，在言谈举止上也差别巨大。因此，要想成为将来的领导者，就一定要注重知识素质的提高，通过提高知识素质来培养超凡魅力。

（4）威信比权力更重要

古人云：“威不足而多怒，信不足而多言。”我们要想成为将来的领导者，就应当明白：威信比权力更重要。

领导者为完成任务，被赋予一种强制别人的力量，这个力量就是权力。它可以用来指示、指导员工，也可用以纠正员工的过失。

虽然如此，但如果太仰仗权力，采取强硬手段来压制员工，口口声声说“我说这么做就这么做”，不厌其烦地一再向人们显示自己的权力，不但不能使员工信服，还会引起员工的反对。

领导下达命令要符合实际情况，指责应该有充分的理由，而不应因为被赋予了某种权力就滥加应用。把强制及使人服从的力量藏而不露，才是聪明的做法。

身为下属，就算不受强制，也会有服从的心理，如果领导用一种以上压下的态度来对待员工，即使性格温顺的人也会暴躁起来。所以领导不能借助权力压人，靠本身的威信使人信服才是明智之举。

权力并不是万能钥匙，你不用多表现，大家也知道你是领导。因此，放弃手中的权力，把精力放在建立威信上，效果会更好一些。聪明的领导往往在工作中，通过展现自己的能力和良好的品德来逐步建立威信。有了威信，大家才能信服你。这时，你才具备了无形的感召力，你所做出的决定才会得到大家的拥护。随心所欲地使用你的权力，只会使你失去威信。

3. 培育领导力是一个长期的过程

培育、提升一个人的领导力，并不是一朝一夕就可以的，需要一个有意识、有目的、长期努力的过程。成功需要机遇，但往往是那些有准备的人才能更好地抓住机遇。培育领导力需要切实的努力，而不是赵括般的“纸上谈兵”。空谈不能培育出领导力来。如果因为自己的懈怠，失去了大好机会，要么是让机遇像一阵风似的从身边溜走，要么是使自己成了“扶不起的阿斗”，让人笑话，这些都是让人遗憾的。每个人都渴望成功，渴望当成功的领导，有句谚语说：“与其临渊羡鱼，不如退而结网。”许多大学生常常有眼高手低的不足，“拿出行动来”是最为重要的一步。这一步如果走得好，人生或许就会有不一样的风景。

法国的拿破仑有句名言：“不想当元帅的士兵不是好士兵。”想当将才、帅才的愿望是美好的，但是想当好将才、帅才，必须培育领导力。领导力是成功的关键要素，它是可以后天培育的。大学时代正是“激扬文字，挥斥方遒”之际，如果我们用心去培育自己的领导力之花，将来一定可以结出沉甸甸的果实。

二、职业生涯管理的方法

职业生涯管理是有规律可循的，在大学生职业生涯管理过程中，可以借鉴一些有效的方法，提高职业生涯管理的效率。下面就从几个方面介绍大学生职业生涯管理的有效方法，供同学们参考学习。

（一）阶段发展任务管理法

在职业生涯管理过程中，首先一定要明确职业生涯各个阶段的发展任务，只有明确任务，才能在职业生涯管理过程中有效实现自己的目标。职业生涯任务管理法对职业生涯发展有着重要意义，既可以作为大学生职业生涯规划的参考，也可以作为职业发展各阶段实施状况的一个衡量标准。当然，各阶段的任务具体到某一个特定的个体和其所从事的职业，会有一定的差异，但从共性来看主要包括以下内容。

1. 成长阶段，职业准备期（多为 24 岁之前）

身份：学生／求职者

在此阶段的主要任务是接受适当的教育或者培训，以进行知识储备和技能的有效培训。

①在知识的学习、业余爱好的形成和提高，以及各种活动中，洞察自己的需要与兴趣，不断发现并发挥自身的才干、知识和能力。

②从人际交往与反馈中锻炼角色领悟能力，对自己的存在状况做出判断，初步选择职业方向。

③了解有关职业信息，做出有倾向性的学习计划。

④寻找试验性的工作或兼职，探索满足自己需要的职业方向。

2. 进入工作领域阶段，职业选择期（多为 24～27 岁）

身份：组织新成员

这个阶段是职业生涯积累、沉淀经验和素材的阶段，主要任务是发现自身职业特质和职业兴趣与具体职位的匹配度，锻炼心理素质，继续进行知识储备。

①衡量组织提供的职业信息，如工作环境、职业种类、待遇等，是否与自己的需要相匹配。

②学会处理理想与现实之间不相吻合所带来的问题。

③学会与第一个上司／培训者相处，建立初步人际关系网。

④尽快熟悉组织文化，尽快了解内情，一定程度上学会采用“圈子”内独特的语言、行为模式与他人沟通。

3. 早期职业确立阶段，职业适应期（多为 27～32 岁）

身份：组织中的正式成员

已经成为组织的正式成员，承担某一项工作的责任，发挥并发展自己的能力，为提升或进入其他职业领域做准备。

①学会应付第一项工作带来的成就感或挫折感。

②根据领导与同事对自己工作的反映，以及组织提供的职业道路与发展机会，评价自己的工作能力，并评估自己所选择的职业是否正确。

③学会应付各种复杂的人际关系。

④调整态度与价值观，努力使之与组织、工作相适应，并进一步判断在组织中的去留。

4. 职业生涯中期阶段，职业稳定期（多为32～45岁）

身份：管理者／咨询顾问

在这一阶段，有的人可能被提升，承担更大的责任；有的人可能仍然保持着自己原来的职业，如医生、教师；有的人可能在原来的职位上继续自己的专业钻研，保持技术权威地位；有的人可能要被组织转换到另一横向职业领域；有的人甚至离开组织。

①处理自我发展、家庭发展带来的压力，并使之与工作协调起来。

②继续学习，保持自己的职位。

③发展自己的职业绩效标准，形成自己独立的见解，相信自己的决策。

④重新评估自己与组织的依附关系，是否进行新的职业选择。

5. 职业生涯后期阶段，职业衰退期（多为45岁以后）

身份：领导人／非领导人（为组织做出贡献的人／咨询者／朽木）

在这一阶段，要么在自己的职业领域成为技术权威，要么成为领导人。

领导者：

①学会整合别人的努力，扩大自己的权威影响。

②学会行使权力的技巧与技能。

③学会处理组织内部或组织与环境之间的矛盾与冲突。

④从主要关心自我转到更多地为组织的长远利益服务。

⑤学会承担领导者的角色，挑选与发展接班人。

⑥正确处理好与家庭的关系，应付各种家庭变故。

⑦树立良好的公众形象。

非领导者：

①保持技术上的竞争力，保留自己的技术权威地位。

②学会成为一名良师，学会怎样带好新员工。

③发展所需要的人际和群体技能。

④扩大和加深兴趣并拓展技术的广度和深度。

⑤应付比较有能力的年轻成员对自己的职位威胁。

⑥提高应付家庭中出现的正常和非正常变化的能力。

（二）标杆管理法

标杆管理是现代企业的一种新型的经营管理模式，对于提高企业自身产品质量和经营管理水平，增加企业竞争实力，有突出的效果。标杆管理的先驱和最著名的倡导者施乐公司的罗伯特·开普认为，在职业生涯的管理过程中，每一个人都必须随时准备与全球各地的同行进行比较，向优胜者学习，需要运用标杆管理的方法进行自我完善。

职业生涯的标杆管理主要包括以下几个方面的内容：

①确认标杆管理的目标。标杆管理的目标也就是大学生职业生涯管理学习的对象，即标杆。确立的标杆可以是自己的专业领域或自己感兴趣行业领域中的生涯典范，也可以是周围所熟悉的同学、朋友或老师、父母，标杆要具体，并有参照的意义。在你的一生中，在不同阶段会有不同的标杆，你向他学习，受他鼓舞，一步一步向他靠拢。

②通过自我分析，对照设定的标杆，找出自身差距，确定学习目标。首先通过自我分析找出自身职业生涯发展中的问题所在，然后确定学习目标。学习目标一定要具体，它可以是你的标杆的某一项突出职业技能，也可以是一项重要的职业素养，总之，是你的标杆典范在生活、工作等方面表现出来的成功的品质。找到差距后，通过与标杆的交流或访谈，收集与分析数据，确定标杆各项指标。

③瞄准标杆管理的目标，制定可行的学习目标，把学什么细化、量化。这个步骤是职业生涯标杆管理中最关键的一个部分。首先结合标杆的各项指标，找到可操作性强的缩短差距的有效途径；再在这一基础上进行系统学习与改进，实施标杆管理。在这一步骤中，要结合实际，创造适合自己的职业生涯管理方式，要注意超越自我，克服学习中的惰性。学习无止境，改进无终点，只要不断努力，一定能在职业生涯管理过程中取得长足的进步。

（三）日计划管理法

“千里之行，始于足下。”紧紧抓住易逝的今天，从现在做起，从今天做起，才是每一个渴望成功的莘莘学子的唯一选择。要把握今天，就要善于规划好一天的生活。职业生涯日计划管理模式将为你在这方面提供有效的帮助。

日计划管理的 7 个步骤：

①写下今天的目标任务。

②估计每一项目标任务完成的时间长短。

③列出目标任务的计划行动方法和步骤。

④预测目标任务完成可能遭遇到的问题以及应对措施。

⑤留些缓冲时间给未预见的事情。

⑥确定目标任务的优先顺序。

⑦追踪与检讨。

每天，你要在晚上或早晨做日计划，反省你每天所做的事情是否与周目标相吻合，或者说累计成一周以后，你所做的事情是不是跟你的月目标相吻合，你每个月做的事情是不是跟你的季目标相吻合，你今年所做的事情是不是跟你的人生目标相吻合。日计划的规划与管理是大学生职业生涯发展的重要基础。

（四）问题诊断与解决法

随着职业生涯管理的不断变化，在实际的职业生涯发展中，大学生一方面须保持职业生涯规划的稳定性和积极性，不断提高自身的知识技能以拥有更好的职业化能力；另一方面，大学生还要具备良好的心态与理念，以适应外部环境的变化，保持自己的职业竞争力。然而，现实情况是，多数大学生希望自己所掌握的技术和技能能够长久适用，自己在专业的优势作用始终得以保持，这是多数大学生都存在的潜在矛盾。职业生涯问题诊断与解决法可以帮助大学生有效地处理这两对矛盾，使大学生的职业生涯进一步完善。

同学们可以参考下列问题，对自己的职业生涯规划进行诊断。

①我最辉煌、最成功的是哪一段时间？辉煌、成功到什么程度？

②导致成功的因素是什么？其中外部因素是什么？内部因素是什么？

③现在这些因素还具备吗？

④怎样才能使成功因素持续下去？

⑤目前影响我进一步发展提高的最大瓶颈是什么？

⑥造成这些瓶颈的因素有哪些？其中自身可控因素是什么？

⑦自身可控因素中，哪些是客观因素？哪些是主观因素？

⑧哪些必须借助他人或他人参与才能控制或改变？

⑨哪些因素自己就可以控制或改变？

⑩哪些现在就可以改变？

⑪哪些需要创造条件才能改变？

⑫需要创造什么条件？

⑬由谁创造条件？

⑭从现在做起，我应该做什么？

通过以上问题的诊断分析，能够对自己的职业生涯发展现状做出深刻的剖析，请将这些诊断分析记录下来，并思考你现在最需要解决哪些问题？将这些亟待解决的问题整理出来，并思考如何解决它们。最后，将以上的思考汇总在下面这张表格里。

表 7-7　问题现象与对策表

问题现象 1	
问题透视	
解决策略	
问题现象 2	
问题透视	
解决策略	
问题现象 3	

问题透视	
解决策略	

拓展训练

要求：

为自己制作一份职业生涯规划书。

目标：

1. 确定自己的努力方向和目标，规划自己的前程和未来。
2. 尽快完成从校园人向职业人的转变，探索自己的职业发展道路。
3. 调整和完善个人的职业生涯规划。

时间：

30 分钟。

活动步骤：

按照以下步骤独立完成活动，要求论证有据、分析到位、言简意赅、结构紧凑、重点突出、逻辑严密、目标明确合理。

1. 认识自我，包括个人基本情况、职业兴趣、职业能力及适应性、个人特质、职业价值观、自我分析小结。
2. 影响职业生涯发展的社会环境因素分析，即宏观环境分析（包括经济发展环境分析、人口资源环境分析、科学技术环境分析、政治法律环境分析、教育文化环境分析、生态自然环境分析）以及微观环境分析（包括企业环境分析、学校环境分析、院系环境分析、家族环境分析和人际关系分析）。
3. 职业目标定位。
4. 分解与组合职业目标，确定职业发展路线。
5. 差距分析，即分析自身现实状况与要实现的目标之间的差距。
6. 找到缩小差距的方法，确定实施计划和方案。
7. 评估调整预测：评估的内容、评估的时间、规划调整的原则。
8. 完成职业生涯规划书。

第八章

创新与创新素养培养

案例导入

2022 年 7 月 21 日，由百度与央视新闻联合举办的以“AI（人工智能）深耕、万物生长”为主题的“2022 百度世界大会”在线上召开。

在这次大会上，百度最新 AI 技术成果集中亮相，并首发了多个全球领先产品，尤其以百度第六代量产无人车——Apollo RT6 最引人注目。

Apollo RT6 是百度面向未来出行自主研发、正向设计的量产车，支持有方向盘、无方向盘两种模式，实现了 100% 车规级和整车全冗余系统，相较于市面上的改装车可靠性高出两到三个数量级，全面保障乘客出行安全。

基于自动驾驶技术的重大突破，Apollo RT6 成本降低为业界的 1/10，仅为 25 万元。根据规划，Apollo RT6 会于 2023 年率先在萝卜快跑上投入使用，可以在全国各地部署上万辆。基于无人车成本的降低，百度测算未来打无人车要比现在打车便宜一半。

萝卜快跑是百度 2021 年发布的自动驾驶出行服务平台，目前已进入 10 个城市。大会上披露，“萝卜快跑”的订单量已经累计超过了 100 万，是全世界最大的自动驾驶出行服务商。

根据相关调查，目前，中国已经有 83% 的人接受无人驾驶，北京一小伙一年打无人车 600 多次，已经成为一年内全球打无人车最多的人。有了聪明的车、智慧的路，以及乐于接受无人车的用户，随着政策的进一步开放，无人驾驶服务将成为人类汽车史上创造价值最大的颠覆式创新。

自我思考

思考一：请谈一谈你对百度在AI方面创新的认识和理解。

思考二：你接触过AI方面的产品吗？你认为它们还存在哪些不足和问题，该如何进一步创新？

第一节 创新意识与创新精神

学习目标

了解创新意识和创新精神的含义。

熟悉创新意识的培养方法。

把握创新精神的培育方法。

一、创新意识

（一）创新意识的概念

创新意识是指人们根据社会和个体生活发展的需要，引发创造前所未有的事物或观念的动机，并在创造活动中表现出的意向、愿望和设想。它是人们进行创造活动的出发点和内在动力，是创造性思维和创造力的前提。

（二）创新意识的主要特征

1. 新颖性

创新意识或是为了满足新的社会需求，或是用新的方式更好地满足原来的社会需求。创新意识就是求新意识。

2. 社会历史性

创新意识是以提高物质生活和精神生活水平需要为出发点的，而这种需要在很大程度上受具体的社会历史条件的制约。在阶级社会里，创新意识受阶级性和道德观制约。在现代文明社会，人们的创新意识激发的创造活动和产生的创造成果应为人类进步和社会发展服务，创新意识必须考虑社会效果。

3. 个体差异性

人们的创新意识和他们的社会地位、文化素质、兴趣爱好、情感志趣等相适应，它们对创新起着重大推进作用。而在这些方面，每个人都会有所不同，因此对于创新意识既要考察社会背景，又要考察其文化素养和志趣动机。

（三）创新意识的构成

创新意识包括创造动机、创造兴趣、创造情感和创造意志。

创造动机是创造活动的动力因素，它能推动和激励人们发动和维持创造性活动。

创造兴趣能促进创造活动的成功，是促使人们积极寻求新奇事物的某种心理倾向。

创造情感是引起、推进乃至完成创造的心理因素，只有具有正确的创造情感才能使创造活动取得成功。

创造意志是在创造中克服困难、冲破阻碍的心理因素，具有目的性、顽强性和自制性。

创新意识与创造性思维不同，创新意识是引起创造性思维的前提和条件，创造性思维是创新意识的必然结果，二者之间具有密不可分的联系。创新意识是创造型人才所必须具备的。创新意识的培养和开发是培养创造型人才的起点，只有注意从小培养创新意识，才能为成长为创造型人才打下良好的基础。教育部门应以此为教学改革的重点之一，因为一个具有创新意识的民族才有希望创造知识经济时代的科技强国。

（四）创新意识的作用

1. 创新意识是决定一个国家、民族创新能力最直接的精神力量

在今天，创新能力实际上就是国家、民族发展能力的代名词，是一个国家和民族解决自身生存、发展问题能力大小的最客观和最重要的标志。

2. 创新意识促成社会多种因素的变化，推动社会的全面进步

创新意识根源于社会生产方式，它的形成和发展必然进一步推动社会生产方式的进步，从而带动经济的飞速发展，促进上层建筑的进步。创新意识进一步推动人的思想解放，有利于人们形成开拓意识、领先意识等先进观念。创新意识会促进社会政治向更加民主、宽容的方向发展，这是创新发展需要的基本社会条件。这些条件反过来又促进创新意识的扩展，更有利于创新活动的进行。

3. 创新意识能促成人才素质结构的变化，提升人的本质力量

创新实质上确定了一种新的人才标准，它代表着人才素质变化的性质和方向，它输出着一种重要的信息：社会需要充满生机和活力的人、有开拓精神的人、有思想道德素质和现代科学文化素质的人。它客观上引导人们朝这个目标提高自己的素质，使人的本质力量在更高的层次上得以确认，它激发人的主体性、能动性、创造性的进一步发挥，从而使人自身的内涵获得极大丰富和扩展。

（五）激发创新意识的途径

1. 破除思维定式

在长期的思维实践中，每个人都形成了自己所惯用的、格式化的思考模型，当面临外界事物或现实问题的时候，我们能够不假思索地把它们纳入特定的思维框架，并沿着特定的思维路径对它们进行思考和处理，这就是思维定式。

（1）破除“权威定式”

有人群的地方就有权威，权威是任何社会都实际存在的。对权威的尊崇常常演变为神化和迷信；在思维领域，人们习惯于引证权威的观点，不加思考地以权威的是非为是非，这就是权威定式。

思维中权威定式的形成主要通过两条途径：第一条途径是从儿童到成年过程中所接受的“教育权威”；第二条途径是“专业权威”，即由深厚的专门知识所形成的权威。

在封建社会，权威定式的强化往往是由于统治集团有意识的培植，而且权威确立之后常会产生“泛化现象”，即把个别专业领域内的权威扩展到社会生活的其他领域内。

权威定式有利于惯常思维，却有害于创新思维。在需要推陈出新的时候，它使人们很难突破旧权威的束缚。历史上的创新常常是从打倒权威开始的。

（2）破除“从众定式”

从众定式的根源在于，人是一种群居性的动物，为了维持群体生活，每个人都必须在行动上奉行“个人服从群体，少数服从多数”的准则，然而这个准则不久便会成为普遍的思维原则，从而成为“从众定式”。

从众定式使得个人有归属感和安全感，以众人之是非为是非，人云亦云随大流，即使错了，也无须独自承担责任。人们大部分的行为选择其实都是从众的结果，而很少经过自己独立的深思熟虑。

在封建社会中，统治阶级不断强化人们的从众定式，而排斥那些惊世骇俗的言行和特立独行的人物。

（3）破除“知识—经验定式”

知识与经验有许多不同之处。简单点说，一个人掌握与了解的一些事物的现象与本质是知识；如何运用自己所了解的事物的现象与本质则是经验。一般地把这两种定式统称为“知识—经验定式”。

知识、经验与创新思维的关系，是个较为复杂的问题。知识、经验具有不断增长、不断更新的特点，从而有可能使我们看到它们的相对性，经过比较发现其局限性，进而开阔眼界，增强创新能力。知识、经验又是相对稳定的，而且知识是以严密的逻辑形式表现出来的，因而又有可能导致人们对它们的崇拜，形成固定的思维模式，由此削弱想象力，造成创新能力的下降。

思维上的“知识—经验定式”在以下三个方面构成了“思维枷锁”。

第一，知识、经验本身是一种限定或框架，“任何肯定即否定”，因而使人难以想到框架之外的事物；

第二，知识与现实并不能完全吻合，而过去的经验也不一定能适用于现在和未来，因此“运用之妙存乎一心”；

第三，知识经过“纯化”之后，常常只提供唯一的标准答案，既不能完全符合现实，也会扼杀人的创新思维。

为弱化“知识—经验定式”，或从根本上阻止其形成，人们应该经常进行创新思维训练，以便灵活地运用已有的知识和经验，让它们与自己的智慧同步增长。

2. 扩展思维视角

“视角”就是思考问题的角度、层面、路线或立场。我们应该尽量多地增加头脑中的思维视角，学会从多种角度观察同一个问题。

（1）肯定—否定—存疑

思维的肯定视角就是，当头脑思考一种具体的事物或者观念的时候，首先设定它是正确的、好的、有价值的，然后沿着这种视角，寻找这种事物或观念的优点和价值。

思维中的“否定视角”正相反。否定，也可以理解为“反向”，就是从反面和对立面来思考一个事物，并在这种视角的支配下寻找这个事物或者观念的错误、危害、失败、缺失之类的负面价值。

对于某些事物、观念或者问题，一时也许难以判定，那就不应该勉强地“肯定”或者“否定”，不妨放下问题，让头脑冷却一下，过一段时间再进行判定。这就是“存疑视角”。

（2）自我—他人—群体

人在观察和思考外界事物时，总是习惯以自我为中心，用我的目的、我的需要、我的态度、我的价值观念、我的情感偏好、我的审美情趣等作为“标准尺度”，去衡量外来的事物和观念。

“他人视角”要求一个人在思维过程中尽力摆脱“自我”的狭小天地，走出“围城”，从别人的角度，站在“城外”，对同一事物和观念进行一番思考，发现创意的苗头。

任何群体总是由个人组成的，但是，对于同一个事物，从个人的视角和从群体的视角看，往往会得出不同的结论。

（3）无序—有序—可行

“无序视角”的意思是说，人在创意思维的时候，特别是在思维的初期阶段，应该尽可能地打破头脑中的所有条条框框，包括那些“法则”“规律”“定理”“守则”“常识”之类的东西，进行一番“混沌型”的无序思考。

“有序视角”的含义是，人的头脑在思考某种事物或者观念的时候，按照严格的逻辑来进行，透过现象，看到本质，排除偶然性，认识必然性。

创意的生命在于实施，一个人必须实事求是地对观念和方案进行可行性论证，才能保证头脑中的新创意能够在实践中获得成功，这就是“可行视角”。

①培养求知欲。学而创，创而学，这是创新的根本途径。我们只有具备勤奋求知精神，不断地学习新知识，才能在自主创新中发挥主力军作用。

②激发好奇心。将蒙昧时期的好奇心向求知时期的好奇心转化，这是坚持、发展好奇心的重要环节。要对自己接触到的现象保持旺盛的好奇心，敢于在新奇的现象面前提出问题，不怕问题简单，不怕被人耻笑。

③提高创造力。不满足于现成的思想、观点、方法及物体的质量、功用，要经常思考如何在原有基础上创新发明、推陈出新，大脑经常思考“能否换个角度看问题，有没有更简捷有效的方法和途径”等问题。

④培养质疑欲。“学起于思，思源于疑。”有疑问才能促使学生去思考，去探索，去创新。因此，在教学中，教师要鼓励学生大胆质疑、提出多种解决问题的方案及最佳方法，从多角度培养学生的思维能力，激励学生创新。鼓励学生提问，大胆质疑，是培养学生创新意识的重要途径。提出问题是取得知识的先导，只有提出问题，才能解决问题，从而认识才能前进。

创新意识的培养是一种严肃、严密、严格的创造活动，也要按客观规律办事，不能把创新意识培养简单化、表象化和庸俗化，削弱创新精神的科学性和严肃性。在培养创新意识的过程中一定要注意树立科学的创新理念，明确创新的真实含义，既要面对现状勇于创新，又要防止把创新当时髦，把创新当成没有实质性内涵的新提法、新名词；既要着眼于解决现有手段不能解决的问题，又要着眼于用发展的眼光、发展的思维制定解决未来可能出现的新情况、新问题的措施。我们一定要注意把创新精神培养与科学求知态度结合起来，转变重创新的过程、轻创新的结果，重创新的数量、轻创新的质量，重一般技术的创新、轻科技含量高的核心技术创新的思想。我们一定要注意把创新精神的培养与继承中华民族优秀传统文化紧密结合，“天行健，君子以自强不息”，要增强自己培养创新意识的信心、勇气和能力。

总之，创新意识的培养，要有创新思想和创新实践，允许在创新过程中犯错误；要大胆地试、大胆地闯，才会尽快成长起来。

二、创新精神

（一）创新精神的定义

创新精神是指具有能够综合运用已有的知识、信息、技能和方法，提出新方法、新观点的思维能力和进行发明创造、改革、革新的意志、信心、勇气和智慧。

创新精神是一个国家和民族发展的不竭动力，也是一个现代人应该具备的素质。

（二）创新精神的内涵

创新精神是一种勇于抛弃旧思想旧事物、创立新思想新事物的精神。例如：不满足于已有认识（掌握的事实、建立的理论、总结的方法），不断追求新知；不满足于现有的生活生产方式、方法、工具、材料、物品，根据实际需要或新的情况不断进行改革和革新；不墨守成规（规则、方法、理论、说法、习惯），敢于打破原有框框，探索新的规律、新的方法；不迷信书本、权威，敢于根据事实和自己的思考，质疑书本和权威；不盲目效仿别人的想法、说法和做法，不人云亦云、唯书唯上，坚持独立思考，说自己的话，走自己的路；不喜欢一般化，追求新颖、独特、异想天开和与众不同；不僵化、呆板，能灵活地应用已有知识和能力解决问题……这些都是创新精神的具体表现。

创新精神是科学精神的一个方面，与其他方面的科学精神不是矛盾的，而是统一的。例如，创新精神以敢于摒弃旧事物或旧思想，创立新事物、新思想为特征，同时创新精神又要以遵循客观规律为前提，只有当创新精神符合客观需要和客观规律时，才能顺利地转化为创新成果，成为促进自然和社会发展的动力；创新精神提倡新颖、独特，同时又要受到一定的道德观、价值观、审美观的制约。

创新精神提倡独立思考、不人云亦云，并不是不倾听别人意见，孤芳自赏、固执己见、狂妄自大，而是要团结合作、相互交流，这是当代创新活动必不可少的方式；创新精神提倡胆大、不怕犯错误，但这并不是鼓励犯错误，只是犯错误是科学探究过程中不可避免的；创新精神提倡不迷信书本、权威，并不反对学习前人经验，任何创新都是在前人成就的基础上进行的；创新精神提倡大胆质疑，而质疑要有事实和思考的根据，并不是虚无主义地怀疑一切……总之，要用全面、辩证的观点看待创新精神。

只有具有创新精神，我们才能在未来的发展中不断开辟新的天地。

案例阅读

虽然现在品牌商品在直播网站找明星直播带货已经成为日常，但敢在直播网站上第一个高调吃螃蟹的品牌是美宝莲。

2016 年 4 月，美宝莲在新品发布会中请来了艺人助阵，并全程配合淘宝视频直播。该艺人从堵车在途与粉丝闲聊、到后台补妆时与观众分享自己的美妆小技巧，她的每个赶场细节都被收录进了直播镜头中，营造出一种与明星近距离接触的氛围。

同时，还有另外50位美妆网红与该艺人同步直播。她们从50个视角、以自己不同的解说方式向观众展示后台化妆师为模特化妆的全过程。这场直播带来了超过500万人次的观看和超过1万支口红的销售额。

在此之后，伴随着天猫和淘宝的手机App不断完善直播功能，品牌通过直播卖货变成了现在电商运营的常态。

（三）创新精神的培养

作为“00后”大学生，无论是肩负起建设祖国的重任，还是为了职业生涯的发展，我们都必须具有创新的精神。

1. 对所学习或研究的事物要有好奇心

牛顿少年时期就有很强的好奇心，他常常在夜晚仰望天上的星星和月亮。星星和月亮为什么挂在天上？星星和月亮都在天空运转着，它们为什么不相撞呢？这些疑问激发着他的探索欲望。后来，经过专心研究，牛顿终于发现了万有引力定律。

能提出问题，说明在思考问题。在学习过程中，自己如果提不出问题，那才是最大的问题。好奇心是包含着强烈的求知欲和追根究底的探索精神的，谁想在茫茫学海获取成功，就必须有强烈的好奇心。正像爱因斯坦说的那样：“我没有特别的天赋，只有强烈的好奇心。”

2. 对所学习或研究的事物要有怀疑态度

不要认为被人验证过的就一定都是真理。许多科学家对旧知识的扬弃，对谬误的否定，无不是从怀疑开始的。例如，伽利略始于对亚里士多德“物体依本身的轻重而下落有快有慢”的结论的怀疑，发现了自由落体规律。

怀疑是发自内心的创造潜能，它激发人们去钻研，去探索。我们不要总认为课本是专家教授们写的，就不可能有错误。专家教授们专业知识渊博精深，我们应该认真地向他们学习。但是，事物在不断地变化，有些知识这时候适用，将来不一定适用。再说，现有的知识也不一定没有缺陷和疏漏。老师不是万能的，任何老师所传授的专业知识也不能说全部都是正确的。对待我们所学习或研究的事物我们应做到，不要迷信任何权威，应大胆地怀疑。这是我们创新的出发点。

3. 对所学习或研究的事物要有追求创新的欲望

如果没有强烈的追求创新的欲望，那么无论怎样谦虚和好学，最终都是模仿或抄袭，只能在前人划定的圈子里周旋。要创新，我们就要坚持不懈地努力，勇敢面对困难，要有克服困难的决心，不要怕失败，要相信失败乃成功之母。

案例阅读

著名学者周海中教授在探究梅森素数分布时遇到了不少困难，有过多次失败，但他并不气馁。由于具有追求创新的欲望和坚持不懈的努力，他终于找到了这一难题的突破口。1992 年他给出了梅森素数分布的精确表达式。这项重要成果被国际上命名为“周氏猜测”。

4. 对所学习或研究的事物要有求异的观念

创新不是简单的模仿。要有创新精神和创新成果，必须有求异的观念。求异实质上就是换个角度思考，从多个角度思考，并把结果进行比较。求异者往往要比常人看问题更深刻、更全面。

5. 对所学习或研究的事物要有冒险精神

创新实质上是一种冒险，因为否定人们习惯了的旧思想可能会招致公众的反对。冒险不是指要做危及生命和安全的冒险，而是一种合理性冒险。大多数人都不会成为伟人，但我们至少要最大限度地挖掘自己的创造潜能。

6. 对所学习或研究的事物要做到永不自满

一个有很多创造性思想的人如果就此停止，害怕去想另一种可能比这种思想更好的思想，或已习惯了一种成功的思想而不能产生新思想，这个人就会变得自满，创新也就无从产生。

第二节 创新思维与创新能力

学习目标

了解创新思维包含的种类和训练方法。

把握创新能力的构成要素和培养方法。

一、创新思维

（一）创新思维的种类

创新思维有很多种，以下七种最为常见。

1. 发散思维

发散思维又称为辐射思维、放射思维、扩散思维或者求异思维，是指在对事物或对问题的研究中，保持思想活跃和开放状态的思维。发散思维作为一种创新思维方法，不仅被广泛运用于科学研究和科技发明中，也被广泛运用于企业经营中。

在解决具体的问题时，如何运用发散思维并没有固定不变的模式。对不同的外界条件，运用这种思维的方式也是不同的。一般来说，发散思维的具体方法有以下三种。

（1）一般方法

材料发散法：以某个物品尽可能多的“材料”，以其为发散点，设想它的多种用途。

动能发散法：从某事物的功能出发，构想出获得该功能的各种可能性。

结构发散法：以某事物的结构为发散点，设想出利用该结构的各种可能性。

形态发散法：以事物的形态为发散点，设想出利用某种形态的各种可能性。

组合发散法：以某事物为发散点，尽可能多地与别的事物组合成新事物。

方法发散法：以某种方法为发散点，设想出利用此方法的各种可能性。

因果发散法：以某个事物发展的结果为发散点，推测出造成该结果的各种原因，或者由原因推测出可能产生的各种结果。

（2）假设推测法

假设的问题无论是任意选取的，还是有所限定的，所涉及的都应当是与事实相反的情况，是暂时不可能的或在现实不存在的事物对象和状态。由假设推测法得出的观念可能大多是不切实际的、荒谬的、不可行的，但这并不重要，重要的是有些观念在经过转换后，可以成为合理的、有用的思想。

（3）集体发散法

发散思维不仅需要用上自己的全部大脑，有时候还需要用上我们身边的无限资源，集思广益。集体发散思维可以采取不同的形式，如我们常戏称的“诸葛亮会”。发散思维的培养方法有很多，见表 8–1。

表 8–1　发散思维的培养方法

序号	方法	解析
1	考虑所有因素	尽可能周全地从各个方面考察和思考一个问题，这对问题的探索、解决都有很大的帮助

（续表）

序号	方法	解析
2	预测各种结果	思考一个问题的时候应考虑各种“结果”或最终可能出现的结局，这有利于对事物的发展有较明确的推测，并从中寻求最佳方案
3	尝试思维跳跃	当解决某个问题遇到困难时，可以采用思维跳跃的方法，即不从正面直接入手，而是独辟蹊径，从侧面突破
4	寻求多种方案	思考问题时，可快速“扫描”并指向事物或问题的各个点、线、面、立体空间，寻找多种方案，从而找到新的思路与方法

2. 收敛思维

收敛思维的核心是聚焦、锁定目标，其思维方法主要有求同组合法、归纳综合法和目标明确法。

（1）求同组合法

求同组合法是指寻找一个共同点，把所有感知的对象依据一定的标准“聚合”集中为一个，即通过有机整合，形成新事物，产生新功能。

（2）归纳综合法

归纳综合法是指在思考问题时，透过表层，层层分析，向问题的核心步步逼近，逐步省略或抛弃那些非本质的、繁杂的表面特征，揭示出隐藏在事物表象内的深层本质，形成更为全面、更高瞻远瞩、更富于创意的意见。这种能力也可称为“求合”能力。

案例阅读

美国总统罗斯福在执政期间，每当遇到重大问题时，他总是把自己的一位助手请来，告诉他：“请你独自研究一下这个问题，要注意保密。”然后，罗斯福又分别找来其他几位助手，对他们都如此吩咐一番。最后，每位助手都把自己的独特研究成果呈报给总统。罗斯福在分析比较、广泛吸纳每个人建议的基础上做出最终决策。

（3）目标明确法

目标明确法是指解决问题的过程中，确定目标后，层层剥离表面的、虚假的、枝节的内容，直逼核心，找出事物的本质和关键，以此来寻求问题的答案。

3. 逆向思维

逆向思维是指对司空见惯的似乎已成定论的事物或观点反过来思考的一种思维方式。逆向思维让思维向对立面的方向发展，从问题的相反面深入地进行探索，树立新思想，创立新形象。逆向思维的思维方法主要有以下三种。

①反转型逆向思维法：指从通常思考问题的思路的相反方向进行思考的一种思维方法。

②转换型逆向思维法：指由于解决问题的常规手段受阻而转换成另一种手段，或者转换思考的角度，以使问题得到解决的一种思维方法。比较典型的例子就是司马光砸缸。有人落水，常规的思维模式是“救人离水”，而司马光面对紧急险情，运用了逆向思维，果断地用石头把缸砸破“让水离人”，救了小伙伴的性命。

③缺点型逆向思维法：指将事物的缺点变为可利用的东西，化被动为主动，化不利为有利的一种思维方法，如利用金属腐蚀原理进行金属粉末的生产，或进行电镀等。

逆向思维的特点如下：

（1）普遍性

逆向思维有多种形式，如性质上对立的两极的转换：软与硬、高与低等；结构、位置上的互换、颠倒：上与下、左与右等；过程上的逆转：气态变液态或液态变气态、电转为磁或磁转为电等。无论哪种方式，只要从一个方面想到与之对立的另一个方面，都是逆向思维。

（2）批判性

逆向是与正向相比较而言的，正向是指常规的、常识的、公认的或习惯的想法与做法。逆向思维则恰恰相反，是对传统、常规的挑战。它能够克服思维定式，破除由经验和习惯造成的僵化的认识模式。

（3）创新性

循规蹈矩的思维和按传统方式解决问题虽然简单，但容易使思路僵化、刻板，摆脱不掉习惯的束缚。任何事物都具有多方面的属性，人们容易受经验的影响，看到熟悉的一面，而对另一面视而不见。逆向思维能克服这一障碍，往往给人出乎意料、耳目一新的感觉。

4. 想象思维

想象思维是指人脑对存储的形象进行加工、改造或重组，从而形成新形象的思维活动。想象思维分为无意想象和有意想象两种类型。

（1）无意想象

无意想象是指无目的的、无计划的、不受主观意志支配的想象，既可以是想入非非的梦想，也可以是无根据的假想、猜想，还可以是不切实际的幻想、妄想。虽然有时荒诞、离奇，但常常会引导人们产生创新灵感，帮助人们找到解决实际问题的思路或方案。

（2）有意想象

有意想象是指一种有目的的、有意识的、受主观意志支配的想象。它可以分为再造想象和创造想象两种类型。

再造想象是指根据语言文字的讲述或图样的示意，在大脑中随即形成相应的形象思维过程。创造想象是指完全不依据现成的描述和引导而独立创造出新形象的思维过程。如在发明创造过程中形成新概念、构思新形象、设计新产品、研制新技术的过程，都是创造想象。

5. 质疑思维

“疑是思之始，学之端。”质疑思维是以怀疑的态度，通过不断地追问，获得更多新的信息，从而达到创新的目的。就如牛顿在23岁时发现“苹果落地现象”，从而引起了他的思考：“为什么苹果会落地？”“为什么……”正是牛顿对苹果落地的质疑，使他创造了伟大的成就。

6. 组合思维

组合思维是指把多项貌似不相关的事物通过想象加以连接，从而使之变成彼此不可分割的新的整体的思维方式。几种物质的组合有时能产生奇异效果，会导致新物质或新产品的诞生。常用的组合方式包括同物组合、异物组合、重组组合以及过渡组合等。

7. 灵感思维

灵感思维是指经过长期的苦思冥想之后，瞬间产生的新设想、解决问题的新思路等突发思维活动。灵感思维是突如其来、瞬间产生的神奇思维，是一种顿悟，是思维过程中的一种短暂的最佳状态。灵感具有偶然性、神秘感和不确定性。当灵感一闪现，我们可以马上就掏出纸笔记录下来，经过进一步思维加工和实验，或许就是很有价值的创造成果。灵感源于艰苦学习和长期实践。

（二）创新思维的训练

著名教育学家陶行知说过：“处处是创造之地，天天是创造之时，人人是创造之人。”当代大学生必须树立创新意识，掌握创新方法，培养创新思维，逐步地通过各种途径进行自我创新思维训练。

1. 日常生活中的创新思维训练

大学生必须进行长期而艰苦的训练来启发和引导创新思维的形成。学习创新思维主要靠自己的独立思索，多思多练，形成解决问题的正确思路。大学生在日常生活中要自觉进行创新思维训练，培养敏锐的观察力、丰富的想象力、灵活的独立思考和创新的能力，通过训练提高创新思维能力。

2. 专业学习中的创新思维运用

培养创新思维，必须从构建良好的知识结构开始。没有扎实的知识基础，创新就成了无源之水、无本之木。知识和经验越丰富、越扎实，就越能发现问题，开阔视野，找出解决问题的办法。因此，要学会创新，就必须打好学习基础。对于专业课程的学习，在扎实掌握课堂知识的前提下，不要满足于现成的思想、观点、方法，多换个角度看问题，经常思考如何在原有基础上创新发明、推陈出新，理论联系实际，了解行业的发展趋势，勇于发现、思考并解决问题。

3. 实习实践中的创新工作方法

人们的思想源于实践，实践的发展推动思维的发展。大学生的社会实践主要包括社会调查、志愿者服务和校外实习等，它对于大学生深入社会、参与社会生活和生产劳动、了解社会、增长见识具有重要意义，它可以使大学生加深对专业的了解、确定适合的职业、增强就业竞争优势，从而为向职场过渡做准备。因此，大学生应主动参加社会实践活动，在实践中加深对课堂知识的理解，拓展相关学科的知识面，培养信息加工能力、动手操作能力、创新技术的运用能力、创新工作方法能力，进而提高自己的创新能力。

二、创新能力

（一）创新能力的内涵

所谓能力是人们完成某种活动的具体方式，以及顺利、成功地完成某种活动所必需的个性心理特征。创新能力是在前人发现或发明的基础上通过自身的努力创造性地提出新的发现、发明或改进革新方案的能力。创新是一种变革，包括从产生新思想到产生新事物，再到将新事物推向社会的一系列变革活动。创新能力主要包括动手能力或操作能力以及熟练掌握和运用创新技法的能力、创新成果的表现能力等。

（二）创新能力的特性

1. 可塑性

创新能力不是天才的专利，正如前文提到的，人人是创新之人，天天是创新之时，处处是创新之地。无论身体是否健康，年龄多大，从事什么职业，都不会影响一个人的创新能力。创新能力并不是与生俱来的，也不是固定不变的，它是可以通过教育、训练被不断激发培养的。

人类创新能力的形成首先要遵循遗传规律。遗传素质是人类创新能力的物质基础，我们承认它，但不把它当作唯一。环境是人的创新能力形成和提高的重要条件，环境优劣影响着个体创新能力发展的速度和水平。人是社会的人，人的创新实践并不是在“真空”中进行的，必然受到环境的影响。大学生平时可以多参加讨论，“独学而无友，孤陋而寡闻”，与同学们一起讨论争辩，互相启发，这样容易激发灵感，获得创新成效。

案例阅读

汉灵是一个农民，他事事爱动脑筋，所以常常花费比别人更少的力气取得更大的收获。一次，又到了收获土豆的季节，村里的农民进入了最繁忙的工作期。他们不仅要把土豆从地里收回来，还要把土豆按个头分成大、中、小三类。这样劳动量实在太大了，每个人都起早摸黑地干，希望能早点把土豆运到城里去卖。

但汉灵一家与众不同，他们根本不做土豆分拣工作，而是直接把土豆装进麻袋就运走。但是，在向城里运送土豆时，他们不走平坦的公路，而是走颠簸不平的山路。数千米的路走下来，因为车子不断颠簸，小的土豆落到麻袋的最底部，而大的自然就留在了上面。到了市场，汉灵再把大小土豆进行分类出售。由于节省了时间，汉灵的土豆在市场上上市最早，卖出了比别人更理想的价钱。

可见，创新没有身份地位的区分，创新就发生在日常工作与生活当中，但是创新往往青睐于对工作与生活勤于思考的人。

2. 综合性

创新能力是在创新过程、创新活动中所体现出来的各种创造能力的总和。创新思维是创新能力的核心。创新思维需要一个人具备自我创新、预测角色、应变、处理信息、组织协调和语言沟通表达能力。创新能力是这些能力的综合，每个人在这些能力的发展上存在差异，也正因为如此，才有了各行各业的创造性人才。

3. 倍增性

大量实践证明，开发和提升人的创新能力可以创造出超出传统经济时代多倍的效益。经济学家指出，在知识经济时代，进行管理或进行经营分析的时候，1+1 不一定等于 2，其结果可能是 0、−10、−100，−1000……，或是 10、100、1000、10000，甚至更大，产生的是除或乘的效应。这是由于其投入的成本包括了一种特殊的成本因素，这就是创新或者说是智慧。技术上的革新固然重要，但其获利不会增加很多，如果在产品品种、市场拓展等方面进行创新，则可以获得高附加值的回报。知识经济的动力就源于此。那种传统的“成本 + 利税 = 价格”的理论已经站不住脚了。与传统的经济理论不同之处在于新理论的经营成本包括了一种特殊的内容，就是创新和智能成果的成本，它与技术和管理成本不一样，它是技术和管理的发展和创新，是所有投入中最有价值和附加值最高的部分。

（三）创新能力的构成

1. 发现问题的能力

发现问题的能力，是指发现那些让人难以觉察的、隐藏在习以为常现象背后的问题的能力。它表现为意识到存在于周围环境中的矛盾、冲突、需求，意识到某种现象的隐蔽未解之处，意识到寻常现象中的不寻常之处。例如，两块从悬崖上落下的石头尽管大小悬殊，却同时落到了深谷的底部，没有人因此对亚里士多德关于物质下落的速度和它的质量成正比的理论提出疑问，只有伽利略能意识并发现这一问题的存在。这一意识促使他进行了比萨斜塔上的试验，该试验证明了铁球和铅弹的下落速度同它们的质量无关，从而纠正了影响人们2000多年的错误理论。正是由于伽利略独具慧眼，看出破绽，他才能对亚里士多德自由落体定理做出科学的修正与创新。

发现问题的能力在创新活动中通常是由认知风格和工作风格来体现的。认知风格是个人所具有的在打破心理定式和理解复杂问题过程中表现出来的气度、能力和心理特点。工作风格是指能长时间集中精力和聚焦问题的工作态度和工作能力。

2. 独立创新的能力

独立创新的能力是指寻求不同寻常的思想的能力和新奇的、独特的解决问题的能力，能想出别人想不到的，看出别人看不到的。它是一种求新求异的能力。具有独创能力的人往往与他人不同，他们独具卓识，能提出新的创见，做出新的发现，实现新的突破，具有开拓性。而缺乏独创能力的人，只会一味地模仿和一味地盲从，只知道遵从传统习惯。他们每天都进行一些重复性的活动，说一些千篇一律的话。如果只是依靠吸收、模仿、学习等重复的方法，而不进行变革、突破，就不可能创新。独创能力是创新能力最本质、最重要的核心要素，它反映了一个人创新能力水平的高低。同时，独创能力是人们在创新活动的各个阶段或各个领域都需要具备的最基本的能力，无论在技术产品开发上，还是在生产、管理和市场开拓上，甚至在日常学习和生活中，都需要独创能力。

一般人的创新能力大体是流畅性第一，变通性次之，独创性最低。独创能力是最重要也是最难的，它主要体现在以下五个方面。

（1）打破常规

打破常规要求思维具有批判性。所谓批判性思维就是对要解决的问题所依据的条件进行反复推敲，对计划、方法和方案等反复考察，不盲从，不迷信，不拘泥于现成结论，大胆推翻原有结论，提出新思想。富于技创能力的人，常常用一种挑剔的眼光来看问题，并总能提出与众不同的、罕见的、非常规的想法。

（2）求新求异

求新就是以新的角度看问题，以新的思路、新的方式提出新设想。求异就是要独特，提出的设想与常规的设想相比要有很大不同，是一般人不容易想到的。

（3）变通能力

变通能力是指思维迅速地、轻易地从一类对象转变到另一类对象的能力。它要求人们能够从一种思想转换到另一种思想，或是多角度思考问题，能用不同分类或不同方式研究问题。具有变通能力的人，一般都能根据客观情况的变化来解决问题，思维灵活应变，不囿于条条框框，敢于提出新观点，思想活跃；而缺乏变通能力的人，往往机械呆板，墨守成规，没有创新精神，思想陈旧，观点保守。

创新实践表明，凡是在创新方面大有作为的人，大都思路开阔，妙思泉涌。越是能带来重大突破的创新，越是需要借助于其他领域的知识，吸取外来的思想。例如，19 世纪的英国化学家道尔顿提出了化学原子论，恩格斯称誉他为“近代化学之父”。当时，他是一位气象学家，原来他研究的是水吸收气体和大气吸收水等物理问题。他认为气体发生混合同水吸收气体都是没有亲和力作用的过程。他从大气物理的角度进行考察，从当时使化学家感到迷惑不解的溶液均匀性问题中，揭示出关于元素化合物的倍比定律，进一步提出了化学原子论。

创新需要多向思维，仅仅有流畅的思维远远不够，还需要变通的能力。变通性不只反映思维的广度，还反映思维的维度及多样化。单一不能变通，多样才能灵活。变通的类型有性质变通、方向变通、时间变通、形状变通、功能变通、蕴含变通等。要提高变通的能力，就必须克服思维定式，打破传统的思维习惯，还必须以广博的学识为基础。

（4）制定方案的能力

创新的设想能否实现取决于方案的制定和实施。所谓制定方案的能力，是指把一个创新的想法变成一个具体的实施方案的能力。方案是为了解决特定的问题，达到预期目标而采用的方法和手段。制定方案时，首先，明确创新目标是什么，明确方案是围绕着实现创新目标而制定的。其次，分析实现这个创新设想存在哪些问题和困难，了解其有利因素和不利因素。再次，针对需要解决的问题，选择采用的主要方法和途径，并确定需要解决的重点和方向。最后，制定方案的实施步骤。

从设想、构思、证明到具体的设计、修改、完善，需要做大量的创造性工作。创新是一项探索性的工作，没有现成方法和模式可以照搬，它不是对人类已有认识和实践的重复，而是在此基础上进行新的创造。因此，创新过程不可能一帆风顺，其中必然会遇到许多挫折和失败。为此，就需要拟定多套方案以备选择。解决同一问题可以用多种方法，这些方法之间并不是互相排斥的关系，而是互相补充、互相融合、取其所长、去其所短的关系。如果只找到一种方案，就难以相互比较好坏，区别优劣，就没有选择的余地。因此，应拟定多种方案，以备挑选，从挑选中比较，从挑选中择优。同时由于每个备选方案都有其合理性和局限性，因此，在优选的基础上，还可以吸收其他方案的长处，补充所选方案，使之更加完善。

（5）评价的能力

评价的能力是指通过评审从许多方案中选择出一种方案的能力。在创新活动中，需要冲破约束，解放思想，从而提出大量的设想、构思和方案。在多种方案中，除了个别的可能是“闪光”的设想之外，不可避免地伴随着大量的在技术、经济上暂不可行的设想，因而需要通过评价，选出技术和经济上可行的、有希望获得成功的方案。如果不进行评价，往往会造成人力、物力和财力的浪费。评价还可以促进创新过程中方案的优化。没有正确的评价，没有正确的筛选，就无法保证得到最优的创新方案。

不仅在创新初期阶段要进行方案选择的评价，以寻求最佳方案，而且在创新过程中，也要多次对活动进行评价，这样可以帮助我们寻找到最佳的创新方法，指明创新的方向。在创新完成时也要对创新结果进行评价，以确定创新的价值和水平。

据统计，在所有的创新方案中，一般只有10%～20%是最终成功的。可见创新的成功率很低。因此，选择方案不可能通过一次评价就能确定下来。在创新的初期，无论是设想还是方案，都有许多不确定的因素。例如，方案的成本、设想实现的可靠程度等，常常是不确定的，未被选取的方案也有可能发展、深化为成功的方案。在创新过程中会有这样的事发生，如某公司提出的创新方案，未被公司采用，或本公司评价后认为不可行，后来却被其他公司采用了，并且获得了很大的成功。因此，对方案的评价和筛选是一件值得慎重考虑的事情。

对方案主要应从科学性、逻辑性、美学、技术、经济和社会等方面进行综合评价。其中，科学性主要是看是否正确反映了事物的本质和规律。例如，伽利略用试验方法去评判亚里士多德的物理学理论，发现亚里士多德的物理学说与事实不符，是错误的。逻辑性主要是看是否存在矛盾，是不是具有一致性。例如，现代数学常常利用数理逻辑的公理化系统来判明一个数学理论的一致性。美学标准主要是“优美”和“简单性”。德国物理学家海森堡曾经给科学理论的“优美”做过这样的解释：优美是各部分相互之间以及整体之间真正的协调一致。爱因斯坦指出，实际上，自然规律的简单性也是一种客观事实，而且正确的概念体系必须使这种“简单性”的主观方面和客观方面保持平衡。他甚至说，科学理论的进化是遵循不断增加的“逻辑基础简单性”的方向前进的。在评价新的立意、新的思想时，美学标准尤为重要。对应用研究方案应主要从技术评价、经济评价、社会评价以及对这三者的综合评价来进行分析。其中，技术评价主要是围绕功能进行的；经济评价主要是围绕效益进行的；社会评价主要是围绕方案的实施可能会给社会公众心理或其他方面带来什么影响进行的。

（四）创新能力的培养

创新能力和其他能力一样，可以通过不断的学习、练习和实践培养出来。

1. 学习

天才、伟人、科学家、发明家之所以获得成功，是因为他们具有独特的思维方式——创新思维。创新思维可以通过学习获得，因此，大学生应学习并掌握创新思维的种类及方法，了解束缚创新思维的枷锁，并有意识地摆脱固定的思维模式。

2. 练习

练习是提高创新能力的必要途径，通过练习，头脑能够变得更加聪明和灵活。通常，练习的内容主要包括想象力、逆向思维能力、发散思维能力、联想思维能力、逻辑思维能力、创新构想等。由于具有创新性的构想往往是从众多的构想中产生的，因此，要先有“量”后有“质”，做到“量”中求“质”。

3. 实践

实践就是用创新的思维、创新的技法创造性地解决各类问题。用创新思维去观察事物就会发现，大量的问题有待解决。例如，日本一家柴油机厂在企业内部开展了“一日一构想”活动，要求每个员工每年提出 100 条可采纳的构想，结果每个员工平均每年提出了 300 条以上的构想。凭借员工的这些构想，这家企业制定了一系列创新发展计划，每年的经济效益递增 20% 以上。

4. 坚持

大学生要认识到创新的重要性。在经济快速发展和科技日新月异的当今社会，只有创新才能促进发展，赢得未来。因此，我们应该把开展创新活动、迅速提升人的创新能力作为一项长期的任务来抓，不断坚持下去，这样才能取得实质性的进步。

第九章

创新发明与创新成果应用

案例导入

受做木匠的大伯影响，出生于1993年的黄兆从小就喜欢木工，在他七八岁时便开始给自己做木头玩具，中学时就能给家里做木桌、木椅。在大学期间，他的木工设计课的结业作品更是拿了年级的最高分。

“你这作品做得太棒了，都可以去市面上卖了！”一位学长无心的一句话，让黄兆产生了一个创建木制家具品牌的念头。2014年夏天，他开创了自己的原创家具品牌“物应”，并在淘宝上线。因原创，创业初期虽艰难但仍坚持品质品牌。创建之初，还是大学生的黄兆只有自己一个人，什么事都要他自己去做。为了找到一个适合的代工厂，他带着自己的作品四处奔走。最后，一家有着30余年历史的木制家具工厂的老板对黄兆的原创设计很感兴趣。老板说他们工厂之前就是忽略了家具的原创性，才渐渐与市场脱节了，如今正要转型。黄兆带的木制手机支架作品设计精巧，顿时让工厂老板对他的原创能力刮目相看，很快便与他确立了合作关系。

在去工厂上班前，黄兆去进行了市场调研，他发现市面上流行的红木、檀木家具虽然材质好，但家具形式太过千篇一律，缺乏原创性，而时下年轻人的审美在不断变化，老旧的样式已经让他们提不起兴趣了，市场需求也在不断下滑。因此，他专注于进口樱桃木和黑胡桃木，因为这两种木质设计出的作品品质更适合追求原创和时尚的年轻人。

黄兆白天没课就去工厂，有课就去上课，下课再去工厂，晚上回到家做电脑设计、品牌筹划，他经常夜里一两点才上床休息。

为了保留木材的原创质感，黄兆从切割、拼接、挖槽、开刀、打磨、上釉直至抛光等各个工序都要求手作，而且尽量减少金属部件的应用。

从网店到800多平方米的线下店，“物应”得益于用心的原创，但也为原创保护问题而烦恼。黄兆设计的原创家具在网上上线后便得到了很多网友的喜爱，但没过多久，黄兆就发现有人抄袭他的作品。为了解决这个问题，他为自己的家具申请了专利并入驻了阿里平台治理部推出的一个原创保护平台，入驻平台之后他发现效果明显。因为手稿和图片上传后，一旦发现被抄袭，系统就会自动检测到并通知原创人，这样黄兆就可以快速地对侵权商家投诉并获得反馈，这一举措对侵权商家起到了很强的警告作用。

他说，自从入驻了原创保护平台，其他店再也不敢随便出山寨版了，以前从“物应”上扒图片直接放到自己网店的现象没了，所以该店的销售额也在不断递增。最初黄兆还在为没有线下体验店发愁，如今他已经在杭州富阳开了一家800多平方米的线下旗舰店。

在黄兆看来，中国的原创保护在往好的方向发展。他说，“我相信，原创的、个性化的家具，未来一定能走到市场的前面！”

自我思考

思考一：请谈一谈黄兆为什么能与这家有着30余年历史的木制家具工厂建立合作关系？

思考二：黄兆为什么为他创造的产品申请了专利？

第一节 开展创新发明

学习目标

了解发明的概念、特点。

熟悉发明的类型和发明的过程。

回望人类历史，从石器时代到蒸汽时代，从电气时代再到互联网时代，人类的每一次进步都离不开创新发明。

一、什么是发明

发明是应用自然规律解决技术领域中的特有问题而提出的创新性方案，以及为实现这一技术方案所应用的措施和最终成果。这里所说的自然规律是指在自然界中存在的物理、化学、经济、政治等领域的原理或者定律。

二、发明的特点

发明具有以下几个特点。

（一）发明必须包含技术创新或模式创新

与现有技术或模式相比，发明必须具有实质性的显著进步，而不是对前人成果的重复。当然，利用和借鉴前人成果，在他人现有成果的基础之上做出改进，也是一种发明。

（二）发明必须是一种技术方案或基础方案

发明是为了解决特定的技术难题或特定的社会问题。因此，发明必须是一种方案，唯有如此，人们才能按照方案进行产品制造、技术创新、模式复制等。

（三）发明必须利用自然规律

发明是一种技术方案，而技术则是在利用自然规律的基础上发展起来的各种工艺操作方法和生产技能，从这个意义上说，发明要求的技术是利用自然规律的结果。因此，没有利用自然规律的方案不能称之为发明。

案例阅读

2020 年，在全国上下大力推进生态文明建设之际，浙江金融职业学院大二学生胡文帅发明了一款以太阳能为动力的生态循环净水系统。

胡文帅出身于工程师家庭，他从小就有一个科技发明的梦想。在读高中时，他就对水污染治理非常感兴趣，还查阅了很多相关资料。但受限于繁重的课业压力，他不得不将这个梦想留到以后去实现。

考入浙江金融职业学院后，他与学院同学组建了研究团队，拟针对市面上传统净水产品存在的造价高、安装麻烦、维修不易、净水方式单一等问题，着手研发一款依靠太阳能供电的设备。

然而，通往成功的道路并不是一帆风顺的。面对失败，他不得不与团队成员一稿又一稿地修改设计方案，一次又一次地深入工厂，记录数据。终于，他们将重复走成了一条成功的路，研制出了一款集净水、美观于一体的净水系统。这个系统由四个净水处理系统集合而成，主系统与水生植物净化系统、水生动物净化系统、微生物填料净化系统相互补充，共同构建出了一个生态微循环，从而能够更高效、更便捷地净化水源。

目前该设备已经在杭州市多处水域投放使用，净水成效显著。该项目也获得了浙江省第十六届挑战杯一等奖、浙江省职业院校挑战杯特等奖等荣誉。

三、发明的类型

发明种类繁多，根据不同的分类标准，可以分为不同的类型。

（一）专利发明和非专利发明

根据发明的目的和结果，可以将发明分为专利发明和非专利发明。专利发明是指以获得专利为目的，并且最终确实获得了相应专利的发明创造。非专利发明是指不以获得专利为目的，并且最终也未获得专利的发明。

（二）物品发明和方法发明

根据存在形式的不同，可以将发明分为物品发明和方法发明。物品发明是指以有形的物品形式存在的发明，包括材料类物品发明，如塑料、玻璃；器具类物品发明，如弓箭、蒸汽机等。方法发明是指以无形的现象或过程形式存在的发明，包括工艺性方法发明，如塑料制造工艺、酿酒工艺；非工艺性方法发明，如疾病的诊断和治疗方法等。

（三）简单发明和复杂发明

根据难易程度的不同，可以将发明分为简单发明和复杂发明。简单发明是指结构简单，容易实现的发明。发明者的个人杰作多为简单发明。复杂发明是指结构复杂、难以实现的发明。众多发明者智慧的共同结晶多为复杂发明。从某种程度上讲，复杂发明也是多个简单发明的组合，如电视机就是电阻器、电感器、显像管等简单发明的组合。

（四）独立发明和协作发明

根据完成发明人数的不同，可以将发明分为独立发明和协作发明。独立发明是指在整个发明过程中，发明者从始至终未与其他人发生任何形式的合作，独自完成的发明。协作发明是指在发明过程中，发明者与其他人通过不同形式的协作共同完成的发明。

（五）创建型发明和完善型发明

根据创造性程度的不同，可以将发明分为创建型发明和完善型发明。创建型发明是指那些新的、前所未有的发明。这些发明一般仅有基本的雏形结构，处于最初始的发展阶段，如贝尔发明的电话、巴贝奇发明的计算机等。完善型发明是指在原有发明的基础上，通过局部结构的改善和功能的丰富而形成的发明。例如，笔记本电脑就是在台式电脑的基础上发明的。

（六）生活资料发明和生产资料发明

根据用途的不同，可以将发明分为生活资料发明和生产资料发明。生活资料发明是指作为生活资料应用于人们生活中，以满足人们日常需求的发明，如手机、运动鞋、沙发、茶几、自行车、电视机等。生产资料发明是指作为生产资料应用于社会生产领域，以服务于社会生产活动的发明，如收割机、播种机、织布机、挖掘机、起重机、车床等。

（七）自然科学发明和社会科学发明

根据所依据自然规律的不同，可以将发明分为自然科学发明和社会科学发明。自然科学发明是指通过对具体科学规律的能动利用而产生的发明。例如，人们通过对力学原理的利用，发明了杠杆、滑轮等。社会科学发明是指通过对具体社会规律的能动利用而产生的发明，如股份制度的创建、货币制度的创建、中国古代郡县制的创建、英国君主立宪制的创建等。

四、发明的过程

尽管不同专业领域的发明活动的内容及所采用的方法有很大的差别，但其发明过程基本一致，一般都需经过以下几个阶段。

（一）发现问题，选择方向

在使用某一产品或方法的过程中，如果发现该产品或方法存在某些问题，且通过调研，确定目前还没有针对这一问题的改良方案，那么可以将其作为发明的方向。

（二）分析问题，提出初步解决方案

首先，应根据选定的发明方向，确定问题产生的原因。其次，利用掌握的知识和相应的工具、设备等，对问题进行分析，提出初步的解决方案。

（三）优化方案

初步的解决方案难免会存在一些不足，因此，需要进行进一步的验证和优化。

（四）发明实施

发明实施是指发明由构思转化为产品并进行应用的过程。

第二节 创新成果保护与转化

学习目标

了解创新成果的概念和特征。

掌握著作权、专利权、商标权取得的途径和方法。

熟悉创新成果的转化方法。

有了创意、创新想法后，接下来就要考虑如何去实现这些想法，即将这些想法转化为创新成果。

因为只有将创意、创新想法转化为创新成果，这些创意、创新想法才能进行创新和应用。此外，也只有把创意、创新想法转化为创新成果，创造者才能运用法律武器对自己的创意、创新想法加以保护。

一、创新成果的含义

创新成果是指为了达到一定的目的，遵循事物发展的规律，对事物整体或其中的某些部分进行变革，从而使其得以更新与发展的活动成果。简单地说，创新成果就是创新活动的结果。我们这里谈论的创新成果，主要是指推向市场取得商业成效的新成果。

二、创新成果的特征

创新成果有别于一般的实践成果，它有其自身的独特性，主要表现在以下几点。

（一）目的性

创新活动是一种有特定目的的生产实践。例如，发明电话是为了便于人们通信，发明轮椅是为了便于腿脚不便的人行走等。目的性贯穿创新过程的始终。

（二）新颖性

对“新颖性”进行简单理解就是“前所未有”。其包含两种含义：一是指创新成果是具有创造性的，之前没有过类似的东西；二是指虽然已有类似的东西，但通过创新使其在某些方面有了新的突破。新颖性是创新成果最鲜明、最根本的特征。

（三）时效性

求新是创新活动的内在要求，当创新成果运用一段时间后，它必将被更新的成果所替代，这就使创新成果永远处于更替状态，每一次创新的成果都不是最终结果。

（四）价值性

创新活动具有很强的价值。创新实践的成果一般都会满足某些主体的某些需要，其满足主体需要的程度越大，价值也就越大。而一些有社会价值的创新成果，则会推动社会的进步和人类的发展。

我国大学的专业可分为文科和理科。其中，文科专业包括经济类、管理类、文学类、历史类、教育类、哲学类，艺术类、法学类等专业；理科专业包括土建类、水利类、电工类、电子信息类、化工制药类等专业。

根据文科、理科的专业特点，文科专业大学生的创新成果较多体现为无形的精神成果，如提出一种新的理论、新的方法、新的制度、新的方案等。理科专业大学生的创新成果主要体现为有形的物质成果，如发明一项新技术、制造一种新产品等。

有研究表明，当前大学生有创新的兴趣，但持久性较差；有灵感，但缺少技能；思维敏捷，但缺少系统的创新思维方式；有创新思维潜质，但缺少激活与开发……囿于这些特点，当前我国大学生的创新成果主要是小范围内的微创新，如改进产品、应用信息化手段优化工艺、变化产品包装形式等技术难度不大、研究不需要过于深入的创新。

综合来说，微创新具有以下几个特点：①技术难度不大，但通过采用新的商业模式，市场效果非常好。例如，360 杀毒软件就是最为典型的代表，由于其免费且病毒库随时更新（新的商业模式），再加之它使用非常方便，因此其客户在前些年呈现爆发式增长。②大部分人都可以参与。由于微创新要求不高、难度不大，因此，大部分人都可以参与微创新。③竞争压力相对较小。多数情况下，在刚开始时，特定的微创新不会被市场所关注，因此，创新者起步时也就不会被围追堵截。

三、创新成果的保护

创新成果是发明创造者经过很长时间的艰苦努力，甚至在花费了大量的人力、物力、财力后，才能取得的成果，是发明创造者劳动和智慧的结晶。

为了使创新成果得到有效的保护，同时也为了保护发明创造者的创新积极性，各国都制定了有关创新成果保护的法律法规。国际上也成立了相应的组织，用以解决各成员国之间有关知识产权方面的纠纷。

所谓知识产权，是指人们的智力劳动成果可依法享有的专有权利，通常是国家赋予创造者对其智力成果在一定时期内享有的专有权或独占权。知识产权分为两类：一是著作权；二是产业产权。其中，产业产权主要包括专利权与商标权。在我国，保护知识产权的法律法规主要有《中华人民共和国著作权法》及其实施条例，《中华人民共和国专利法》及其实施细则，《中华人民共和国商标法》及其实施条例。

（一）著作权

著作权也称版权，是指作者对其创作的文学、艺术和科学作品依法享有的权利。著作权包括发表权、署名权、修改权、保护作品完整权、复制权、发行权、出租权、展览权、表演权、放映权、广播权、信息网络传播权、摄制权、改编权、翻译权、汇编权及应当由著作权人享有的其他权利。

著作权的取得，主要分为自动取得和注册取得两大类。自动取得是指著作权自作品创作完成时自动产生，不需要履行任何批准或登记手续。注册取得是指以登记注册为取得著作权的条件，作品只有登记注册或经批准后才能取得著作权。

在我国，著作权是自作品创作完成之日起自动产生的，无须经过任何批准或登记手续。此外，无论作品是否发表，在其被创作完成的那一刻就能享有著作权保护。

（二）专利权

专利权是指政府有关部门向发明人授予的在一定期限内生产、销售或以其他形式使用其发明创造的独占权或专有权。《中华人民共和国专利法》第 2 条规定，发明创造是指发明、实用新型和外观设计。其中，发明是指对产品、方法或者其改进所提出的新的技术方案；实用新型是指对产品的形状、构造或者其结合所提出的有实用价值的新的技术方案；外观设计是指对产品的整体或者局部的形状、图案或者其结合，以及色彩与形状、图案的结合所作出的富有美感并适合工业生产的新设计。

1. 专利权的特征

①排他性，也称独占性或专有性。专利权所有人对其拥有的专利权享有独占或排他的权利，未经其许可或者出现法律规定的特殊情况，任何人不得使用，否则即构成侵权。

②时间性，指法律对专利权的保护不是无期限的，而是有时间限制的，超过这一时间限制则不再予以保护，专利随即成为人类的共同财富，可被任何人使用。

③地域性，指任何一项专利权，只在特定的地域内受到法律保护。该地域通常是一个国家或多个国家。

2. 专利申请的原则

为了更好地保护发明创造，发明创造者必须及时向有关部门申请专利。申请专利应遵循以下原则。

（1）形式法定原则

申请专利的各种手续都应当以书面形式或国家知识产权局规定的其他形式办理。以口头、电话等非书面形式办理的各种手续均视为未提出，不产生法律效力。

（2）单一性原则

一件专利申请只能限于一项发明创造。但是，属于一个总的发明构思的两项以上的发明或者实用新型，可以作为一件申请提出；同一产品两项以上的相似外观设计，或者用于同一类别并且成套出售或者使用的产品的两项以上外观设计，也可以作为一件申请提出。

（3）先申请原则

两个以上的申请人分别就同样的发明创造申请专利的，专利权授予最先申请的人。

3. 专利申请的流程

专利申请的程序包括提交申请、受理、初步审查、公布、实质审查及授权六个阶段。其中，实用新型和外观设计的专利申请不进行公布和实质审查。

（1）提交申请

申请人向国家专利行政部门提出专利申请，并提交相关文件。提交的文件必须采用书面形式，并按照规定的格式填写。申请发明或实用新型专利的，应当提交请求书、说明书及其摘要、权利要求书等文件；申请外观设计专利的，应当提交请求书、该外观设计的图片或照片，以及对该外观设计的简要说明等文件。

（2）受理

专利局收到专利申请后进行查看，对符合受理条件的专利申请，专利局将确定该专利的专利申请日，并发放申请号和受理通知书，然后通知申请人缴纳申请费。对不符合受理条件的专利申请，则不予受理。

（3）初步审查

按照规定缴纳完申请费的专利申请自动进入初审阶段。在初审阶段，专利行政部门要对申请是否存在明显缺陷进行审查。对审查合格的，将发放初审合格通知书。

（4）公布

专利申请从获得初审合格通知书起进入公布阶段。公布以后，该专利申请就获得了临时保护。

（5）实质审查

在实质审查阶段，国家专利行政部门将对专利申请是否具有新颖性、创造性、实用性及法律规定的其他实质性条件进行全面审查。

（6）授权

经实质审查未发现驳回理由的，由国家专利行政部门作出授予专利权的决定，并发放专利证书，同时予以登记和公告。专利权自公告之日起生效。

案例阅读

用磁控发光的二极管代替粉笔，既避免了教师将粉笔灰吸入体内，又节能环保。2012年9月，这项新技术获得国家发明专利授权，这也是山东科技大学学生孙朝阳获得的第20项国家发明专利。

孙朝阳是一位非常优秀的学生，不仅学习成绩是本专业的第一名，还每年都获得校优秀共青团员、学生会优秀干部等荣誉称号。他家住德州市临邑县，父母都是面朝黄土背朝天的农民，家庭并不富裕。因此，他立志要好好学习，以自己的能力为家庭减轻经济压力。从大一开始，他就积极参加各种科技创新活动和各类比赛，靠奖学金和学校给的发明专利的奖金生活。此外，他还把奖金的一部分作为他搞发明研究的经费。

孙朝阳能有今天的成绩全凭自身的勤奋和努力。在大学期间，他先后获得第三届"高教杯"全国大学生先进成图技术与产品信息建模创新大赛机械类个人全能奖一等奖、全国三维数字化创新设计大赛山东赛区特等奖、第六届全国信息技术应用水平大赛二等奖、全国三维数字化创新设计大赛二等奖、青岛市第二届大学生科技节先进成图技术与产品信息建模创新大赛机械类一等奖等。这些都为孙朝阳的发明奠定了非常扎实的基础。

（三）商标权

商标是用以区别商品和服务来源的商业性标志，由文字、图形、字母、数字、三维标志、颜色组合、声音或者上述要素的组合构成。

商标权是指商标所有人依法对其商标享有的受国家法律保护的专有权。商标所有人拥有依法支配其商标并禁止他人侵害的权利，包括商标所有人对其商标享有的排他使用权、收益权、处分权、续展权和禁止他人侵害的权利。

要取得商标专用权，商标持有人需依照有关法律法规进行商标注册。商标注册的一般流程如下。

1. 选择注册方式

商标所有人可以自行通过国家知识产权局商标局的网上服务系统在线提交商标注册申请，也可以到国家知识产权局商标局委托地方市场监管部门或知识产权部门设立的商标受理窗口办理。

2. 准备资料

办理商标注册申请，应当提交下列文件：①商标注册申请书一份。申请人为法人或其他组织的，应当在申请书的指定位置加盖公章；申请人为自然人的，应当由申请人使用钢笔或签字笔在指定位置签字确认。②申请人身份证明文件及其复印件。③商标图样。④

要求优先权的，应当提交书面声明，并同时提交或在申请之日起3个月内提交优先权证明文件。

3. 提出申请

《商标注册用商品和服务国际分类表》将商品和服务分成了45个大类，其中商品为1～34类，服务为35～45类。申请注册时，申请人应按商品与服务分类表的分类确定使用商标的商品或服务的类别。同一申请人在不同类别的商品上使用同一商标的，应分别按不同类别提出注册申请。

4. 初步审定

对申请注册的商标，商标局自收到商标注册申请文件之日起9个月内审查完毕。对于符合商标注册有关规定的商标，予以初步审定公告。

5. 领取商标注册证

对初步审定公告的商标，自公告之日起3个月内无人提出异议的，予以核准注册，发给商标注册证，并进行公告。

四、创新成果的转化

（一）创新成果转化概述

创新成果转化是指创新成果知识产权人通过自己使用、许可使用、转让、特许经营等方式行使创新成果知识产权的财产权利，实现创新成果知识产权的经济价值。创新成果知识产权的转化，既为权利人实现其财产权利提供了渠道，又让社会大众分享了创新成果的效用，从而实现了激励创造、鼓励传播、促进社会进步的目的。

就创新成果而言，单纯的创新不是目的，单纯的保护也不是目的，在当今世界发展浪潮中，经济竞争正在从有形的竞争转化为无形的竞争，其中的知识含量已经愈发成为决胜的关键，创新成果的取得和保护的最终目的就是让所创造出的智力成果转化为经济价值和市场效益。

案例阅读

创新成果成功转化有多重要?

在苹果公司和SGI公司，李开复共度过了八年，走过了从科学家到产品副总裁的路程。在这段路程上，他有许多成功案例，如苹果的Quick Time VR项目。但是在SGI公司，他碰到了巨大的挫折。他的团队开发了一个非常酷、非常棒的三维浏览器，获得了许多大奖。但在当时他们只顾埋头创造，却没有做好市场分析和调研，结果这么酷、这么棒的浏览器并没有被市场上的普通用户所接受。这个浏览器在市场上失败了，这个创新无法为公司创造任何价值，整个团队和产品被公司廉价卖掉。通过这件事，他明白了仅仅有科学家“新”“酷”的创新是不够的；创新必须是针对用户的，必须是有用的；做产品管理，必须把用户放在第一位。

李开复于1998年夏天回到中国，在中国开创微软中国研究院。这次，他把这个教训带入了中国团队。他在极短时间内创建了一个国际一流的计算机研究院，曾被《麻省理工学院技术评论》评为“最火的计算机实验室”。

（二）创新成果转化的模式

1. 自主创业

自主创业即自己使用、自主开发，是指个人、科研院所、大专院校、企业等创新者的新成果在内部进行的一种成果转化模式。其特点是创新成果的成果源与吸收体融为一体，将市场交易内部化，消除了中间环节，转化交易成本较低，转化效率较高。例如，1984年，中科院原计算所（现为中科院数学与系统科学研究院）投资20万元成立了中科院联想控股有限公司。当时公司由11名科技人员组成，主要对原中科院计算所的科研成果和技术进行转化。目前，联想集团已成为国内IT行业排名前列的高新技术企业。

对于朝气蓬勃的大学生而言，通过自身的创业，把青年人充满奇思妙想的创新思维转化为商品和利润，显得更为重要和紧迫。大学生是实施创新驱动发展战略和推进大众创业、万众创新的生力军。近几年，毕业人数的不断攀升，对于我国这样的一个人口大国来说，是一个严峻的就业压力。创业，不再是少数人的专利，而是多数人的选择。

2. 许可使用

创新成果的许可使用是指产权人授权他人在一定时期和范围内，以一定的方式行使创新成果的使用权并获得相应报酬的行为。法律规定“许可是在不转让财产所有权的条件下让渡财产中的权利”，这句话包含了以下几点含义：创新成果产权中的人身权利不得许可使用；许可使用不导致产权所有权的主体发生变化；许可使用不得超出许可人自身所拥有的权限；被许可人不得超出合同约定范围行使权利。著作权、专利实施和商标都可以进行许可使用。

（1）著作权的许可使用

著作权许可使用指著作权人授权他人在一定的地域、期限内，以一定方式使用其作品并获得报酬的行为。著作权许可使用是最常见的著作权贸易方式，是著作权人实现其著作财产权的主要方式。

案例阅读

2015年，福建省作协吸纳了一批人气网络文学作者为会员。加入福建省作协的大多是新生代实力派，笔名为“卷风”的湖北文理学院广播电视编导专业大二学生樊艳森成为该批次的最小会员。到2015年年底，低调的他已经创作了六部网络小说。对于他的成就，周围同学都很意外。“平时看他跟我们一样上课学习，没想到竟然是当红网络小说作者。”该校学生木旺风一脸的惊讶。对于同学的反应，樊艳森则习以为常。“曾经的室友很喜欢看小说《八荒龙脉》，却不知道我就是作者。”樊艳森说，他喜欢低调创作，也没想引起太多人关注。

樊艳森是福州一家网络文学公司的签约作家，他的作品以玄幻、都市小说为主，他已经写了《八荒龙脉》《万古龙帝》《百炼成帝》《神鼎天尊》等六部小说，共1000多万字。他是“安卓读书”“畅读书城”等读书软件的人气作者，《极品高手》在网上的阅读量超过200万人次。

刚开始写小说时，家里很反对，樊艳森却一直坚持。为了创造写作条件，他曾经租了一间卫生间改造的小房子。“一个月房租30多元钱，空间特别小，环境很差。”樊艳森回忆，那段时间他一边积极创作，一边不断向各大网站投稿。终于，第一部小说《八荒龙脉》写到一半时，被一家小说网站的编辑看中。一个月后，他拿到了自己的第一笔稿费500元。最终这部小说成稿139万字，付费点击量达到30万人次。

（2）专利实施许可

专利实施许可是指专利权人授权他人在一定地域、期限内，以一定方式，包括使用、制造、销售等方式，实施其专利并获得报酬的行为。专利实施许可是最常见的专利贸易形式，是专利权人获得经济价值的主要途径之一。

（3）商标的许可使用

商标许可使用是指注册商标所有人授权他人在一定地域、期限内，以一定方式使用其注册商标并获得报酬的行为。商标许可使用是现代商标法的主要内容，是商标注册人实现其商标经济价值的主要形式。

3. 产权转让

创新成果的产权转让是指创新成果产权所有人依法将其享有的创新成果的产权中的财产权利全部或部分转让给他人的行为，包括著作权转让、专利权转让、注册商标转让等。当前，许多创新成果是以转让获取利益为主要目的的。有偿转让创新成果是实现其经济价值的主要途径之一。

（1）著作权转让

著作权转让是指著作权人依法将其享有的著作财产权的全部或者部分转移给他人的行为。通过著作权转让，受让人成为该作品全部或者部分财产权的权利人，转让人丧失相应权利。

（2）专利权转让

专利权转让指专利权人依法将其专利权转移给他人的法律行为。转让人有权依照合同收取转让金；受让人有权受让该项专利权，成为新的权利主体。

案例阅读

2014 年 12 月，重庆科技学院一名研究生研发的国内首台低成本 3D 打印抛光机，通过中央电视台科教频道的《发明梦工场》栏目竞拍，获 200 万元专利转让费。

大四就加入学校大学生创新创业团队的刘洪伟，在老师的带领下开始研究 3D 打印抛光机。通过温度的控制、耗材的选择等一系列改进设计，刘洪伟自主研发出一种环保材料，运用材料转移技术为 3D 打印成品抛光。

“国内尚没有成熟的 3D 打印抛光机，国外的产品售价则高达几万美元，而且所使用的耗材极其昂贵。”刘洪伟说。而他自主研发的 3D 打印抛光机售价只有 2000～5000 元/台，价格大大低于国外产品，而且抛光速度很快。

中央电视台科教频道《发明梦工场》栏目播出了刘洪伟的发明，一共有 6 家企业举牌参加竞拍。由于该发明填补了国内空白，最终该专利以 200 万元实现转让。

第十章

创业机会与创业风险

案例导入

1959年，安藤百福经营着自家的一间小食品作坊。他每天都要乘坐电车，看到许多人在车站旁的饭馆前排队，等着吃热面条。有一天他突然灵机一动：如果能生产一种“只用开水一冲就可以吃”的面条，估计居家旅行者都会愿意大量购买。于是，他毅然确定了开发“方便面条”的发明课题。

安藤百福马上投入发明试验。他买来一个轧面机，在众人的怀疑下开始了方便面条的创新。

为了实现“方便、简易”，他想到“油炸”，这样可以便于贮存。面条在油炸后自然会出现很多细孔，这些细孔在热水浸泡时起到吸水作用，可以使方便面很快变软，油炸后的面条味道还会更好。在这期间，他还发明了添加调味料的方法，使自己的方便面味道鲜美、可口。

经过长达3年的苦心钻研，安藤百福终于研制成功了“鸡肉方便面”。1962年，安藤百福的日清公司获得了制造方便面技术的专利权，方便面开始打入市场。这种新奇的商品很快赢得了部分顾客。

经过几年的发展，安藤百福的方便面销售额在逐渐增长。此时，公司的市场研究部门提出，在方便面的消费群体开发方面，应当着重外出旅行人员。为了拓展这一部分市场，日清公司于1971年又研制了碗装方便面。

自我思考

思考一：安藤百福的成功给你什么样的启发？

思考二：如果毕业后你也准备创业，你觉得你的创业机会在哪里？

第一节 创业机会识别

学习目标

了解创业机会的特征。

熟悉创业机会的来源。

掌握创业机会的识别方法。

一、什么是创业机会

（一）创业机会的含义

创业机会是创业的起点，创业过程就是围绕着创业机会进行识别、开发和利用的过程。

顾名思义，创业机会就是商业机会，通俗地讲，就是赚钱的机会。大学生创业，说到底是一个以把握机会为前提，以智慧博取成功，以实践获得经验，以成功实现自我的过程。如何从繁杂多变的市场环境中找到富有潜在价值的商业机会，进而开发并最终转化为新创企业，是创业研究的重要内容。

（二）创业机会的特征

正确了解和认识创业机会的特征，其目的是深刻了解机会的内在本质和重要作用。

创业机会具有以下特征：

一是普遍性。凡是有市场、有经营的地方，客观上就存在着创业机会。创业机会普遍存在于各种经营活动过程之中。

二是偶然性。对于一个创业者来说，创业机会的发现和捕捉带有很大的不确定性，任何创业机会的产生都有“意外”性。

三是消逝性。创业机会存在于一定的时空范围之内，随着催生创业机会的客观条件的变化，创业机会可能会转瞬即逝。

（三）创业机会的分类

1. 根据创业机会的来源划分

（1）问题型机会

问题型机会是指由现实中存在的未被解决的问题所产生的机会。

（2）趋势型机会

趋势型机会是指在变化中看到未来的发展方向，预测到将来的潜力的机会。

（3）组合型机会

组合型机会是指将现有的两项以上的技术、产品、服务等因素组合起来，以实现新的用途和价值而获得的机会。

2. 根据目的、手段关系的明确程度划分

（1）识别型机会

识别型机会是指市场中的目的、手段关系十分明确，创业者可通过目的、手段关系的连接来辨识的机会。

（2）发现型机会

发现型机会是指目的或手段中的一方不明确，需要创业者去发掘的机会。

（3）创造型机会

创造型机会是指目的和手段都不明确，创业者需要比他人更具有先见之明，才能创造出有价值的机会。

二、创业机会的来源

创业机会的来源主要分为四种。

（一）技术变革

技术变革可以为人们提供新的技术或手段，使其能够去做以前不可能做到的事情，或者更高效地去做以前只能低效完成的事情。例如，物联网技术、人工智能和云平台的出现为智能共享单车的诞生创造了技术条件，为致力于改变出行方式的创业者带来了创业机会。同时，技术变革也能改变企业之间的竞争模式，为创业者创办新企业带来大量机会。例如，网络电话协议技术使得传统的资本密集型的电话业务转变成为一种只需要少量资金就可运营的业务，为那些资金缺乏的创业者提供了新的机会。

（二）政策和制度变革

政策和制度变革往往意味着打破禁区、消除障碍、扭转价值观念和创造新的价值，进而带来大量的创业机会。例如，环境保护和治理政策的出台，会将那些污染严重、对环境破坏大的企业的资源转移到生态文明建设领域，从而带来一些创业机会；专利保护制度的严格执行，使得那些缺乏核心技术的企业沦为加工厂或破产倒闭，并为拥有核心专利技术的人员带来了创业机会。

（三）社会和人口结构变革

社会和人口结构变革可以改变人们的偏好或创造新的需求，从而带来创业机会。例如，随着社会经济的发展和收入水平的普遍提高，人们对精神生活的追求日益强烈，从而带来精神文化生活方面的创业机会；由于现代社会的快节奏发展和工作压力的日益剧增，人们对休闲度假的需求增加，从而带来旅游活动相关的创业机会；随着人口老龄化的发展和生育政策的调整，人们对老年人健康保障用品、幼儿护理服务、亲子教育服务等方面的需求增加，从而带来相关领域的创业机会等。

（四）产业结构变革

产业结构是指一个国家或地区的产业组成（即资源在产业间的配置状态）、产业发展水平（即各产业所占比重）及产业间的技术经济联系（即产业间相互依存、相互作用的方式）。随着社会生产力的发展，产业结构会不断发生变革，从而催生大量的创业机会。例如，随着计算机和网络技术的飞速发展，信息产业在国民经济中所占的比重越来越大，催生了信息设备制造、信息采集与存储、信息传递与交换等各个领域的创业机会。

三、创业机会评估

对创业者来说，成功获取创业机会的关键在于从众多机会中找出真正有价值的创业机会，并采取快速行动来把握机会。一般而言，创业机会可以从产品、技术、市场与效益等几个方面进行评估其价值潜力，且常用的评估方法有定性评价法和定量评价法两类。

（一）定性评价法

定性评价方法是根据评价者对评价对象平时的表现、状态或文献资料的观察和分析，直接对评价对象做出定性结论的价值判断。定性评价强调观察、分析、归纳与描述。

1. 蒂蒙斯的创业机会评价模型

美国“创业教育之父”蒂蒙斯总结出一个包含 8 类分项指标的创业机会评价模型，涉及行业与市场、经济因素、收获条件、竞争优势、管理团队、创业家的个人标准、理想与现实的战略性差异、致命缺陷等 8 个方面的 52 项指标（见表 10–1）。一些风险投资商、政府基金和创业大赛就是借用了该模型对创业项目进行评价。

表 10–1 蒂蒙斯的创业机会评价模型

评价要素	评价指标
行业与市场	经济因素
	顾客可以接受产品或服务，愿意为此付费
	产品的附加价值高
	产品对市场的影响力大
	将要开发的产品生命长久
	项目所在的行业是新兴行业，竞争不激烈
	市场规模大，销售潜力达到 1000 万～100000 万美元
	市场成长率为 30%～50%，甚至更高
	现有厂商的生产能力几乎完全饱和
	项目所在行业在 5 年内能占据市场的领导地位
	产品拥有低成本的供货商，具有成本优势
经济因素	达到盈亏平衡点所需要的时间短于 1.5 年或 2 年
	盈亏平衡点不会逐渐提高
	投资回报率在 25% 以上
	项目对资金的要求不是很高，能够获得融资
	销售额的年增长率高于 15%
	有良好的现金流量，能占到销售额的 20%～30%
	能获得持久的毛利，毛利率要达到 40% 以上
	能获得持久的税后利润，税后利润率要超过 10%
	资产集中程度低
	运营资金不多，其需求量是逐渐增加的
	研究开发工作对资金的要求不高
收获条件	项目带来的附加价值具有较高的战略意义
	存在现有的或可预料的退出方式
	资本市场环境有利，可以实现资本的流动
竞争优势	固定成本和可变成本低
	已经获得或可以获得对专利所有权的保护
	竞争对手尚未觉醒，竞争较弱
	拥有专利或对专利具有某种独占性
	拥有发展良好的网络关系，容易获得签订合同的机会
	拥有杰出的关键人员和管理团队
管理团队	创业团队是优秀管理者的组合
	行业和技术经验达到了本行业内的最高水平
	管理团队的正直、廉洁程度能达到最高水平
	管理团队知道自己缺乏哪方面的知识

（续表）

评价要素	评价指标
创业家的个人标准	个人目标与创业活动目标相符合
	创业家可以做到在有限的风险下实现成功
	创业家能承受薪水减少等损失
	创业家渴望创业这种生活方式，而不只是为了赚大钱
	创业家可以承受适当的风险
	创业家在压力下身心状态依然良好
理想与现实的战略性差异	理想与现实情况相吻合
	管理团队已经是最好的
	管理团队在客户服务管理方面有良好的理念
	所创办的事业顺应时代潮流
	所采取的技术具有突破性，不存在许多替代品或竞争对手
	管理团队具备灵活的适应能力，能快速地进行取舍
	创业家始终在寻找新的机会
	定价与市场领导者的定价几乎持平
	产品能够获得销售渠道，或已经拥有现成的销售网络
	项目能够允许失败
致命缺陷	创业机会不存在任何致命缺陷

（1）评价体系说明

①主要适用于具有行业经验的投资人或资深创业者对创业企业的整体评价。

②该指标体系必须运用创业机会评价的定性与定量方法才能得出创业机会的可行性及不同创业机会间的优劣排序。

③该指标体系涉及的项目比较多，在实际运用过程中可作为参考选项库，结合使用对象、创业机会所属行业特征及机会自身属性等进行重新分类、梳理简化，提高使用效能。

④该指标体系及其项目内容比较专业，创业导师在运用时一方面要多了解创业行业、企业管理和资源团队等方面的经验信息，一方面要掌握这50多项指标内容的具体含义及评估技术。

（2）蒂蒙斯创业机会评价体系的局限性

①评价主体要求比较高。蒂蒙斯的创业机会评价指标体系是到目前为止最全面的评价指标体系，其主要是基于风险投资商的风险投资标准建立的，这与创业者的标准还是存在一定差异的。这些评价标准经常被风险投资家使用，创业家可以通过关注这些问题而受益。

该评价体系的运用要求使用者具备敏锐的创业嗅觉、清晰的商业认知、丰富的管理经验和系统的行业信息，要求比较高。创业导师自己使用一般问题不大，而如果直接给初次创业者或大学生创业者来做创业机会自评，效果则不会太好。即使如此，仍然不影响该评价体系作为创业者的项目选择与评价的参考标准。

②蒂蒙斯指标体系维度有交叉重复问题。该指标体系的各维度划分不尽合理，存在交叉重叠现象。比如，在竞争优势、管理团队、创业家的个人标准和理想与现实的战略性差异这四个维度中，都存在“管理团队”的评价项目。维度划分标准不够统一。再比如，行业与市场维度中的第11项“产品拥有低成本的供货商，具有成本优势”，与竞争优势维度中的第1项“固定成本和可变成本低”存在包含关系与重叠问题。这会直接影响使用者的评价难度和考量权重，在一定程度上影响了机会评价指标的有效性。

③指标体系缺乏主次，定性定量混合，影响效度。蒂蒙斯指标体系另外一个比较明显的缺点是指标多而全，主次不够清晰；其指标内容既有定性评价项目，又有定量评价项目，而且这些项目中有交叉现象。一方面，评价指标太多，使用不够简便。另一方面，在运用其对创业机会进评价时，实际上难以做到对每个方面的指标进行准确量化并设置科学的权重，实践效果不够理想。

2. 刘常勇的创业机会评价框架

我国台湾地区的创业学者刘常勇教授归纳出的创业机会评价基本框架，是一种比较简单的评价方法。他认为创业机会评价主要围绕市场和回报两个层面展开。

（1）市场评价

①是否具有市场定位，专注于具体顾客需求，能为顾客带来新的价值。

②依据波特的五力模型进行创业机会的市场结构评价。波特五力模型是商业管理界公认的“竞争战略之父”迈克尔·波特于20世纪80年代初提出的，他认为行业中存在着决定竞争规模和程度的5种力量，即同行业内现有竞争者的竞争能力、潜在竞争者进入的能力、替代品的替代能力、供应商的讨价还价能力、购买者的议价能力。这五种力量综合起来影响着产业的吸引力和现有企业的竞争战略决策。

③分析创业机会所面临市场的规模大小。

④评价创业机会的市场渗透力。

⑤预测可能取得的市场占有率。

⑥分析产品成本结构。

（2）回报评价

①税后利润至少高于5%。

②达到盈亏平衡的时间应该在2年以内，如果超过3年还不能实现盈亏平衡，则这样的创业机会是没有价值的。

③投资回报率应高于25%。

④资本需求量较低。

⑤毛利率应该高于40%。

⑥能否创造新企业在市场上的战略价值。

⑦资本市场的活跃程度。

⑧退出和收获回报的难易程度。

（二）定量评价法

定量评价方法是通过数学计算得出评价结论的方法，是指按照数量分析方法，从客观量化角度对科学数据资源进行的优选与评价。

1. 标准打分矩阵法

标准打分矩阵法是通过选择对创业机会成功有重要影响的因素，并由专家小组对每一个因素进行最好（3分）、好（2分）、一般（1分）三个等级的打分，最后求出对于每个因素在各个创业机会下的加权平均分，从而可以对不同的创业机会进行比较的一种评价方法。表10−2列出了10项主要的评价因素，创业者在实际使用该方法时，可以根据具体情况选择其中的全部或部分因素来进行评价。

表10−2　标准打分矩阵评价表

评价因素	专家打分			
	最好（3分）	好（2分）	一般（1分）	加权平均分
易操作性				
质量和易维护性				
市场接受性				
增加资本的能力				
投资回报				
专利权状况				
市场大小				
制造的简单性				
口碑传播潜力				
成长潜力				

2. 威斯丁豪斯法

威斯丁豪斯法实际上是计算和比较各个机会的优先级。其计算公式如下：

$$\text{机会优先级}=\frac{\text{技术成功率}\times\text{商业成功率}\times(\text{价格}-\text{成本})\times\text{投资生命周期收入}}{\text{总成本}}$$

在该公式中，技术成功率和商业成功率是用百分比（0～100%）表示；价格和成本是以单位产品成本计算；投资生命周期收入是指可以预期的所有收入；总成本包括研究、设计、制造和营销等环节的成本之和。对于不同的创业机会，应将具体数值代入计算。特定创业机会的优先级越高，该机会越有可能成功。

3. 珀泰申米特法

珀泰申米特法是通过计算创业机会成功潜力的各项指标分值来评价创业机会的一种方法（见表 10–3）。对于每个因素来说，不同选项的得分范围为 −2 分到 +2 分。创业者可以通过加总所有因素的得分，得到最后的总分。总分越高，说明特定创业机会的成功潜力越高。只有那些最后得分高于 15 分的创业机会，才值得创业者进行下一步的策划，而低于 15 分的都应被淘汰。

表 10–3　珀泰申米特法评价表

评价因素	得分
税前投资回报率的高低	
预期的年销售额增长率	
生命周期中预期的成长阶段时间	
从创业到销售额高速增长的预期时间	
投资回收期长短	
获得领先地位的潜力大小	
商业周期的影响大小	
产品定高价的潜力大小	
进入市场的容易程度	
市场试验的时间长短	
对销售人员的要求	
总　分	

第二节 创业风险管理

学习目标

了解创业风险的定义及类型。

熟悉创业风险的来源及特征。

掌握创业风险的防范策略与技巧。

创业有风险，但也可以有效地规避和防范。风险规避和防范的第一步就是要正确、全面地识别可能面临的各种潜在风险。

一、什么是创业风险

创业风险是指企业在创业过程中存在的各种风险。创业环境的不确定性，创业机会与创业企业的复杂性，创业者、创业团队与创业投资者的能力和实力的有限性，导致创业活动结果的不确定性，就是创业风险。

案例阅读

身材高挑、容貌秀丽的女孩杨柳，从小多才多艺，热爱表演，中学毕业后父母送她到艺术学校学习音乐舞蹈专业。在校期间，她参加了本地电视台举办的一个选秀节目，并获得了二等奖。为了获得更多的舞台表演经验，杨柳和艺校的几个同学自编自导了一台节目，有歌曲、舞蹈、乐器表演、小品等。在这台节目里，杨柳不仅是主力演员，也是导演兼主持人。在朋友的推荐下，杨柳和自己的同学经常到本地的一些娱乐场所演出，她们的节目获得了合作单位和观众的一致好评。她们不但得到了丰富的舞台经验，也获得了相应的经济收入。

从艺校毕业后，杨柳和这些同学几乎都没有找到与本专业有关的工作，但杨柳不想放弃自己的专业，她又把这些同学召集起来，利用业余时间编排节目，并继续兼职到本地的娱乐场所演出。这支演出团队由于表演专业，不断创新，很受欢迎，名气越来越大，得到的出场机会也越来越多。这时杨柳有了创业的想法，决定辞去公司的文秘工作，专门负责联系和组织演出，因为她意识到想要让自己的团队在本地演出市场长期稳定地发展，仅靠目前临时性的草台班子是不行的，必须成立一家演艺公司，这样才能建立稳定的团队，做好持续的艺术创新，形成真正的市场竞争力。

但杨柳手头并没有开办公司所需的资金，她想了很多办法，找了很多亲戚朋友借钱，和演出团队的伙伴们一起凑，但天不遂人愿，杨柳最终还是没有凑齐所需的启动资金。就在这时，一个多次合作过的专职演出经纪人老余找到了杨柳，他提出要和杨柳合作开一家演艺公司，他负责出资并联系客户，杨柳负责组织演员和演出。当时杨柳对老余的为人并没有足够的了解，由于她正急于解决开办公司的资金问题，所以几乎想也没想就答应了老余的提议。

于是，杨柳和老余正式合作了，老余出资办理了公司的相关手续，租赁办公场所，并出任公司的总经理，杨柳任公司的艺术总监，杨柳原来演出团队的几个骨干也加入了公司。杨柳和老余约定，并在公司章程中明确，杨柳以技术入股，拥有公司40%的股份。

公司开业后，因为老余是本地的资深演出经纪人，拥有很多客户资源，再加上杨柳在节目编排、演员组织和演出实施上精益求精，故而公司的业务发展得很好，收益也相当可观。公司运营了一年多时间，正当大家为公司的快速发展而高兴的时候，杨柳却发现了严重的问题。

在公司管理上，老余只让杨柳专门负责专业领域这一块，公司的财务和市场营销从来不让杨柳插手。杨柳除了工资和演出应得的劳务收入外，老余再没有给她一分钱。年底的时候，杨柳曾向老余提出，作为拥有公司40%股份的股东，自己应当获得当年的收益分红，可老余却拿出了一大堆发票和杨柳看不懂的账簿，并解释说公司开销很大，一年下来并没有挣多少钱。可杨柳对公司一年来的收益大致还是有数的，她不相信老余的话，更何况她知道并没有其他收入的老余前不久刚买了一辆价格不菲的高档轿车。虽然杨柳对老余的解释很不满意，但经验不足的她无法有效反驳，只好默不作声地忍了下来。

多次沟通无效后，杨柳终于清醒了，她认识到老余并不是和自己真诚地合作，而是在利用自己的演出专长和演出团队资源，自己继续和老余合作下去是没有前途的。杨柳和公司的几个演出骨干沟通后，大家一致认同她的看法，于是杨柳正式向老余提出了终止合作的要求。老余非常生气，他要求杨柳把名下的股份转让给他，但不给她任何补偿。虽然老余的要求很无理，但对和老余合作已经彻底绝望的杨柳还是无偿地放弃了自己的股份，离开了公司。杨柳原来演出团队的成员也相继离开了公司。

…………

后来，吸取了教训的杨柳在亲朋和伙伴们的帮助下，重新成立了一家演出公司，开始了第二次创业。新公司成立后，杨柳召集了演出团队的原班人马，大家一起编排新的节目，一起开拓市场、联系客户。杨柳的新公司不但承接一般的商业演出，还把业务拓展到了商业活动策划实施、各种庆典的策划实施、礼仪模特经纪等相关领域。由于专业水平高、服务认真细致、收费公平合理，公司慢慢地有了起色。杨柳和她的团队成员凭借着自己的专业、勤奋和真诚，终于再次在本地市场赢得了一席之地。

二、创业风险的类型

（一）按创业风险产生的原因划分

按风险产生的原因进行划分，可分为主观创业风险和客观创业风险。

主观创业风险是指在创业阶段，由于创业者的身体与心理素质等主观方面的因素导致创业失败的可能性。

客观创业风险是指在创业阶段，由于客观因素导致创业失败的可能性，如市场的变动、政策的变化、竞争对手的出现、创业资金的缺乏等。

（二）按创业风险产生的内容划分

按创业风险产生的内容划分，可分为技术风险、市场风险、政治风险、管理风险、生产风险和经济风险。

技术风险是指由于技术方面的因素及其变化的不确定性而导致创业失败的可能性。

市场风险是指由于市场情况的不确定性导致创业者或创业企业损失的可能性。

政治风险是指由于战争、国际关系变化或有关国家政权更迭、政策改变而导致创业者或企业蒙受损失的可能性。

管理风险是指因创业企业管理不善产生的风险。

生产风险是指创业企业提供的产品或服务从小批试制到大批生产的风险。

经济风险是指由于宏观经济环境发生大幅度波动或调整而使创业者或创业投资者蒙受损失的风险。

（三）按创业风险对资金的影响程度划分

按风险对所投入资金即创业投资的影响程度划分，可分为安全性风险、收益性风险和流动性风险。创业投资的投资方包括专业投资者与投入自身财产的创业者。

安全性风险是指从创业投资的安全性角度来看，不仅预期实际收益有损失的可能，而且专业投资者与创业者自身投入的其他财产也可能蒙受损失，即投资方财产的安全存在危险。

收益性风险是指创业投资的投资方的资本和其他财产不会蒙受损失，但预期实际收益有损失的可能性。

流动性风险是指投资方的资本、其他财产及预期实际收益不会蒙受损失，但资金有可能不能按期转移或支付，造成资金运营的停滞，从而使投资方蒙受损失的可能性。

（四）按创业过程划分

按创业过程划分，可分为机会的识别与评估风险、准备与撰写创业计划风险、确定并获取创业资源风险和新创企业管理风险。创业活动须经历一定的过程，一般而言，可将创业过程分为四个阶段：①识别与评估机会；②准备与撰写创业计划；③确定并获取创业资源；④新创企业管理。

机会的识别与评估风险得指在机会的识别与评估过程中，由于各种主客观因素，如信息获取量不足、把握不准确或推理偏误等使创业一开始就面临方向错误的风险。另外，机会风险的存在，即由于创业而放弃了原有的职业所面临的机会成本风险，也是该阶段存在的风险之一。

准备与撰写创业计划风险是指创业计划的准备与撰写过程带来的风险。创业计划往往是创业投资者决定是否投资的依据，因此创业计划是否合适将对具体的创业产生影响。创业计划制定过程中各种不确定性因素与制定者自身能力的限制，也会给创业活动带来风险。

确定并获取资源风险是指由于存在资源缺口，无法获得所需的关键资源，或即使可获得，但获得的成本较高，从而给创业活动带来一定风险。

新创企业管理风险主要包括管理方式，企业文化的选取与创建，发展战略的制定，组织、技术、营销等各方面的管理中存在的风险。

（五）按创业与市场和技术的关系划分

按创业与市场和技术的关系划分，可分为改良型风险、杠杆型风险、跨越型风险和激进型风险。

改良型风险是指利用现有的市场、现有的技术进行创业所存在的风险。这种创业风险最低，经济回报有限，即风险虽低，但要想生存和发展，获取较高的经济回报也比较困难。一方面会遭遇已有市场竞争者的排斥或进入壁垒的限制，另一方面即便进入，想要占有一定的市场份额也非常困难。

杠杆型风险是指利用新的市场、现有的技术进行创业时存在的风险。该风险稍高，对一个全球性公司来说，这种风险往往是地理上的，常见于挖掘未开辟的市场。

跨越型风险是指利用现有市场、新的技术进行创业存在的风险。该风险稍高，主要体现在创新技术的应用方面，往往反映了技术的替代，是一种较常见的情况，常见于企业的二次创业。领先者可获得一定的竞争优势，但模仿者很快就会跟上。

激进型风险是指利用新的市场、新的技术进行创业存在的风险。该风险最大，如果市场很大，可能会带来巨大的机会，对于第一个行动者而言，其优势在于竞争风险较低，但是知识产权保护力度很弱，市场需求不确定，确定产品性能有很大的风险。

（六）按创业中技术因素、市场因素与管理因素的关系划分

按创业中技术因素、市场因素与管理因素的关系划分，可分为技术风险、市场风险和管理风险。

这三类风险之间相互作用，使得创业企业运作的各个层面上的诸多因素的不确定性更加复杂，并且在创业企业不同的发展阶段上，各因素的风险性质也将产生一定的变化。

三、创业风险的来源

创业环境的不确定性，创业机会与创业企业的复杂性，创业者、创业团队与创业投资

者的能力与实力的有限性，是创业风险的主要来源。研究表明，创业的过程往往是将某一构想或技术转化为具体的产品或服务，在这一过程中，存在着几个基本的、相互联系的缺口，它们是形成上述不确定性、复杂性和有限性的直接影响因素，也就是说，创业风险在给定的宏观条件下，往往就直接源于以下这些缺口。

（一）融资缺口

融资缺口存在于学术支持和商业支持之间，是研究基金和投资基金之间存在的断层。其中，研究基金通常来自个人、政府机构或公司研究机构，它既支持概念的创建，还支持概念可行性的最初证实；投资基金则将概念转化为有市场的产品原型（这种产品原型有令人满意的性能，对其生产成本有足够的了解并且能够识别其是否有足够的市场）。创业者可以证明其构想的可行性，但往往没有足够的资金将其实现商品化，从而给创业带来一定的风险。通常，只有极少数基金愿意鼓励创业者跨越这个缺口，如实力雄厚的个人专门进行早期项目的风险投资，以及政府资助计划等。

（二）研究缺口

研究缺口主要存在于仅凭个人兴趣所做的研究判断和基于市场潜力的商业判断之间。当一个创业者最初证明一个特定的科学突破或技术突破可能成为商业产品基础时，他仅仅停留在自己满意的论证程度上。然而，这种程度的论证后来不可行了，在将预想的产品真正转化为商业化产品（大量生产的产品）的过程中，即具备有效的性能、低廉的成本和高质量的产品，而从市场竞争中生存下来的过程中，需要大量复杂而且可能耗资巨大的研究工作（有时需要几年时间），从而形成创业风险。

（三）信息和信任缺口

信息和信任缺口存在于技术专家和管理者（投资者）之间。也就是说，在创业中，存在两种不同类型的人：一是技术专家；二是管理者（投资者）。这两种人接受不同的教育，对创业有不同的预期、信息来源和表达方式。技术专家知道哪些内容在科学上是有趣的，哪些内容在技术层上是可行的，哪些内容根本就是无法实现的。在失败类案例中，技术专家要承担的风险一般表现为在学术上、声誉上受到影响，以及没有金钱上的回报。管理者（投资者）通常比较了解将新产品引进市场的程序，但当涉及具体项目的技术部分时，他们不得不相信技术专家，可以说管理者（投资者）是在拿别人的钱冒险。如果技术专家和管理者（投资者）不能充分信任对方，或者不能够进行有效的交流，那么这一缺口将会变得更深，带来更大的风险。

（四）资源缺口

资源与创业者之间的关系就如颜料和画笔与艺术家之间的关系。没有了颜料和画笔，艺术家即使有了构思也无从实现。创业也是如此，没有所需的资源，创业者将一筹莫展，创业也就无从谈起。在大多数情况下，创业者不一定也不可能拥有所需的全部资源，这就形成了资源缺口。如果创业者没有能力弥补相应的资源缺口，要么创业无法起步，要么在创业中受制于人。

（五）管理缺口

管理缺口是指创业者并不一定是出色的企业家，不一定具备出色的管理才能。进行创业活动主要有两种：一是创业者利用某一新技术进行创业，他可能是技术方面的专业人才，但却不一定具备专业的管理才能，从而形成管理缺口；二是创业者往往有某种“奇思妙想”，可能是新的商业点子，但在战略规划上不具备出色的才能，或不擅长管理具体的事务，从而形成管理缺口。

四、创业风险的特征

创业风险通常具有以下几个方面的特征。

（一）客观性

创业的风险是客观存在的，是不以人的意志为转移的，无论创业者是否意识到，它都会客观地存在于一定的市场环境中，企业的内外部环境的发展变化具有不确定性，因而创业风险也是无处不在、无时不有地客观存在着。如产品都有其生命周期，在每个阶段都会客观存在着风险，如果产品的结构、质量、更新换代速度等方面与市场需求脱节，产品缺乏竞争力，就会被市场淘汰，企业也可能被迫停止运行。因此，这种客观性特征要求创业者能采取正确的态度，承认和正视风险，积极应对风险。

（二）不确定性

创业风险最主要的特征是不确定性，也即难以预知性。创业风险会随着环境的变化而产生，并随着环境的变化而消失，如国家政策的变化，遭受意外事故（战争的爆发、台风的袭击），人为失职破坏等，虽有其发生的具体原因，但发生的时间是难以预计的，这种难以预知性便造成了风险的不确定性。客观条件的不断变化导致的不确定性是风险的客观体现，所以风险是创业过程中各种不确定性因素的伴随物。不确定性有多种表现形式，包括不幸事件发生与否的不确定性、损失发生的不确定性、可测定的不确定性。

（三）潜在性

风险不仅具有随机性，同时它也包含于投资过程中的某些确定事物中，并通过它们的发生而起作用。从创业的规律来看，其风险具有潜在性，不是显现在表面的东西，但这并不是说风险是不可认识的。认识到这点，对于预防风险具有重要意义。如企业的信誉在很多情况下就超过了产品对消费者的影响力，企业如果在产品或服务等方面与消费者发生纠纷甚至造成消费者的重大损失，就会使企业的整体形象严重受损，企业信誉度大大降低，导致企业陷入危机，例如，人们所熟悉的“瑞典红牛饮料事件”“三株口服液事件”就都属于这类情况。

（四）损益双重性

风险和机会其实是一个事物的两个方面，在一定范围内，风险会随着创业环境的变化而产生，但也会随着时间的推移而减弱和消失，甚至演变为机会。风险对于创业收益不是仅有负面影响，如果正确认识并且充分利用风险，反而会使风险很大程度上受到控制，并转化为新的创业机会。

案例阅读

2000 年 1 月，中美史克公司由于感冒咳嗽药处方中含有 PPA（苯丙胺）成分而遭遇“PPA 禁令”，公司的主导产品康泰克被停止使用和销售，中美史克为此蒙受的直接经济损失高达 6 亿多元人民币。但经过及时的信息沟通、媒体关系管理和新产品的开发，PPA 事件 289 天后，新康泰克以“国家药监局验证通过新康泰克、新配方，不含 PPA。OK！确认无误！”“新康泰克还是早一粒，晚一粒。远离感冒困扰”的广告语重返感冒药市场，并迅速获得了大额订单。中美史克公司有效控制并处理了重大危机，并占领了更多的市场份额。

风险的双重性说明，对待风险不应该消极地预防，更不应该惧怕，而是要将风险当作一种经营机会，要敢于承担风险，在与风险的斗争中战胜风险。

（五）可测性

虽然风险具有不确定性和潜在性，但创业者可以根据以往发生的一系列类似事件的统计资料进行分析，对某种风险发生的概率及其造成的经济损失程度做出客观判断，从而对可能发生的风险进行预测和预防。例如，根据许多企业使用人才的经验分析，新招聘入职的人员会面临 3 个“三”流失高峰的风险，即新入职人员在三周内、三个月内、三年内的流失率最高，那么企业除了在这三个时期要针对流失人员的具体情况做出相应的措施外，还要根据企业经营状况做好适当的人员储备，以保证企业的正常运营不会因人员的变动而发生变化。风险的测量过程就是对风险的分析过程，它对风险的控制与防范、决策与管理具有举足轻重的作用。

（六）相关性

创业者面临的风险与其投资创业行为及决策是紧密相关的。同一风险事件对不同的创业者会产生不同的风险，同一创业者由于其决策或采取的策略不同，也会面临不同的风险结果。如 20 世纪 80 年代，全球范围的兼并、收购热潮，使众多的大公司、跨国公司实现了多元化经营，在随后几年里，这些扩张性公司中很多公司没有达到预期效果，有的甚至发现自己进入了一个完全陌生的行业，既做不好新行业的经营，又耗费资源和时间，最终以失败而告终。但也有公司成功了，企业规模得到了较大的扩张，多元化经营使得企业在市场竞争中游刃有余，有效地提升了企业的效益。决策是创业者根据企业经营状态自主选择的结果，决策是否正确，直接影响着创业者面临的风险及其程度。

五、创业风险的管理

（一）风险识别

风险识别是指在风险事件发生之前，风险管理人员在搜集资料和调查研究的基础上，运用各种方法对尚未发生的潜在风险进行系统归类和全面识别的过程。其任务是查明各种不确定性因素和风险来源，预估各种风险事件的可能后果，确定哪些因素对创业构成威胁，哪些因素可能带来机会，从而为风险管理做好准备。

风险识别的具体方法主要有以下几种。

1. 业务流程法

按创业企业经营过程的内在逻辑制作流程图，并针对流程中的关键环节和薄弱环节进行调查分析，找出可能存在的风险，进而分析该风险存在的原因和可能造成的损失。

2. 咨询法

委托咨询公司或保险代理人对创业企业进行风险调查和识别，由其提出风险管理方案，供创业者参考。

3. 现场观察法

通过直接观察创业企业的各种生产经营设施和具体业务活动，了解和掌握企业面临的各种风险。

4. 财务报表法

通过分析资产负债表、损益表和现金流量表等报表中的每一个会计科目，确定创业企业在何种情况下会有何种潜在损失及其成因。由于每个企业的经营活动最终都要涉及商品和资金，而财务报表可集中反映商品和资金的流转情况，所以用财务报表法分析企业风险比较客观、准确。

（二）风险评估

风险评估是指在风险识别的基础上，对可能发生的某类风险的预计、度量等。在这一阶段，创业者可先按照相关风险的发生概率，评估出大概率风险、一般风险和小概率风险，同时对风险事件可能带来的损失规模进行分析，以使风险分析科学化；然后，综合考虑风险事件的发生概率、损失程度与其他综合因素，并比较风险管理所需支付的费用，进而决定是否需要采取风险控制措施及控制措施实施到什么程度，从而为风险决策提供可靠的依据。

（三）风险防范

创业者评估风险后，若认为某类风险会给企业带来较大的损失，就可以针对该类风险采取相应的防范措施。

1. 财务风险的防范

创业者可通过以下措施来防范财务风险：①对创业所需资金进行合理估计，避免筹资问题影响企业的健康成长和后续发展。②为创业企业建立信用，以提高成功筹集资金的概率。③正确权衡企业的长远发展和当前利益，设置合理的财务结构，从恰当的渠道获得资金。④妥善管理现金流，避免现金断流，进而造成财务拮据甚至破产清算的局面。

案例阅读

股神巴菲特是一个善于规避风险的高手。1956 年，26 岁的巴菲特靠亲朋凑来的 10 万美元白手起家；52 年后，《福布斯》最新全球富豪排行榜显示，巴菲特的身价已位居全球首位。如今看来，巴菲特的故事无异于神话，但仔细分析巴菲特的成长历程后会发现，他并非那种善于制造轰动效应的人，而是一个脚踏实地的平凡人。

在巴菲特的投资名言中，最著名的无疑是这三条：第一，尽量避免风险，保住本金；第二，尽量避免风险，保住本金；第三，坚决牢记第一、第二条。为了保证资金安全，巴菲特总是在市场最亢奋、投资人最贪婪的时刻保持清醒头脑而急流勇退。1968 年 5 月，当美国股市一片狂热的时候，巴菲特却认为再也找不到有投资价值的股票了，他卖出了几乎所有的股票并解散了公司。结果在 1969 年 6 月，股市大跌，渐渐演变成了“股灾”。到 1970 年 5 月，每种股票都比上年初下跌了 50%，甚至更多。

巴菲特的稳健投资，绝不干“没有把握的事情”的策略使他躲避过一次次股灾，也使他所掌握的资本在机会来临时迅速增值。

2. 竞争风险的防范

创业者可通过以下措施防范竞争风险：①回归到产品本身，提高产品质量，丰富产品种类；②关注竞争对手的动向和用户需求，找到竞争对手的弱点，据此找到市场竞争的突破口，进而为用户提供独一无二的产品。

3. 技术风险的防范

创业者可通过以下措施防范技术风险：①加强技术创新方案的可行性论证，减少技术开发与技术选择的盲目性，并通过建立灵敏的信息预警系统，及时预防技术风险；②通过组建技术联合开发体或建立创新联盟等方式，减少技术风险发生的可能性；③高度重视专利申请、技术标准申请等，通过法律手段降低技术风险出现的可能性。

4. 市场风险的防范

创业者可通过以下措施防范市场风险：①以市场为导向，以消费者的需求为出发点，有针对性地组织生产；②时刻关注市场变化，及时规避市场不利因素的影响；③广泛收集市场信息，并加以分析比较，进而制定有效的市场营销策略；④摸清竞争对手的底细，分析其营销思路并找出其弱点，据此调整自己的营销思路，规避市场风险；⑤对各种成本精打细算，杜绝不必要的开销；⑥建立健全符合自身产品特点的销售网络；⑦以良好的售后服务赢得消费者的青睐。

5. 团队风险的防范

创业者可通过以下措施防范团队风险：①谨慎选择创业团队成员；②构建团队的共同价值观和愿景，让所有团队成员就“创业使命”“共同目标”等关键命题达成共识，并用这些共识去指导团队成员的言行；③制定团队管理制度，规范团队纪律，用良好的制度和纪律来约束团队成员。

六、大学生选择创业项目应遵循的原则

创业者在创业之前必须选择好项目才能进行下一步创业之路。项目是机会的具体化，是将创意转化为市场所需产品的实际表现。对创业机会进行识别和评估之后，创业者还需要结合自身条件，进一步评估其可行性；然后将创业机会进一步细化到产品上去，选择合适的创业项目。

大学生选择创业项目应遵循以下六个原则。

（一）做自己熟悉的

创业是一项风险极高的活动，大学生的初次创业更是如此，我国大学生极低的创业成

功率已经证明了这一点。创业者应尽量选择自己熟悉的行业和项目，充分利用自己的优势资源，如专有技术、行业从业经验、经营管理能力、个人社会关系等，这样既可以较好地控制风险，又能够发挥自己的特长，形成自己的经营特色，同时也更容易看清市场变化，在将来的市场竞争中占据主动地位。如我国许多老字号品牌“北京烤鸭”“山西老陈醋”等，能够历经百年而长盛不衰，与这些品牌商家在最初创业时开发并有效利用自己的专有技术都有着密切的关系。

（二）做自己感兴趣的

兴趣是最好的老师。如果创业者选择自己感兴趣的创业项目，那么创业活动一般比较容易获得成功，并且活动的开展会事半功倍；如果创业者自己对创业项目并不感兴趣，只是为了挣钱，那么创业者一般不太容易将创业项目做好，即使最后做好了，往往也是事倍功半。因此，正在艰难选择项目的创业者，最好选择自己感兴趣的行业和项目。

（三）做可以掌控的

由于初次创业者普遍缺乏企业管理经验，资金和社会关系等资源相对匮乏，这些不足让他们极易遭遇创业的“初始危险期”。因此，创业者必须清楚地衡量自己的资源，量入为出，把风险置于自己可以掌控的范围之内；在同等条件下，应优先考虑那些“短、平、快”的项目。这样，一方面可以迅速收回投资，降低投资风险；另一方面，即便项目后期成长性不佳，创业者也可以选择维持经营或主动退出，然后利用掘到的“第一桶金”另寻出路。现实生活中，不少成功的企业家当前所经营的产业与当初创业时的选择大相径庭，就说明了这一点。

（四）做市场需要的

产品生产要以市场为导向。创业者在选定项目之前，一定要做好充分的市场调查，获取市场的产品需求信息。创业需要灵感，但灵感不能建立在幻想之上，不做市场调查，就不能知晓市场真正的需求，更无法预测市场的未来走势，从而导致生产出来的产品脱离市场需求。创业者可以通过问卷、访谈、实地考察、试验等多种方式进行市场调查，获取市场需求的第一手资料。创业者尤其要注意对市场空白进行研究，因为有空白就可能意味着存在巨大的消费需求，而这就是商机，就是最好的创业项目。

温州有一个拥有千万资产的老板叫叶建林，他创业成功的秘诀就是“生意一火就转行”。从开酒楼开始，他先后做过鞋革市场、大排档，现在又在做火锅店的生意。每一次他都创当地行业之先河，而且盈利颇丰，原因就在于他能敏锐地发现和抓住市场空白，捷足先登。

（五）做可持续发展的

选择创业项目时，创业者应该有一个长远的眼光，把可持续发展作为创建企业的一个重要目标。思想有多远，路就有多远，如果创业者只考虑眼前利益，那么创业企业离被淘汰也就不远了。例如，以前曾经出现过的玩具“飞来飞去器”、健身器材“呼啦圈”等，这些产品的畅销就像是一阵风，这阵风吹过之后市场就饱和了。因此，创业者应该选择市场需求源源不断的创业项目，确保项目能向市场提供反复消费的商品，只有这样的项目，才能让创业企业实现可持续发展。

（六）做符合政策导向的

成功的创业者一定会时刻关注国家政策的变化。政策对于不同产业的导向，反映了国家对于不同产业的态度和这些产业未来可预见的前景。国家扶持的产业往往是国家重点发展的项目，而这正是创业者所需要的商机。当前相当一部分成功的民营企业家，就是在我国改革开放初期，借助国家政策的变化，找到了创业机会，实现了创业梦想。随着改革开放的不断深化，越来越多的商机将不断涌现。

需要注意的是，创业者一定要在国家允许进入的行业和领域选择创业项目。国家对于某些活动是明令禁止的，如制毒贩毒、生产和经营军火、传销等；有些领域是有限制条件的，如制药、烟草等；有些行业是有资质要求的，如大型建筑工程建造、矿山开采等。面向普通大众的民用商品领域，绝大部分是没有限制的，创业者只需要守法经营和依法纳税即可。总之，创业者所选择的项目及经营活动要符合法律的规定，否则创业终归是要失败的。

拓展训练

访谈2～3个创业者，了解一下他们在创业和企业经营过程中遇到过哪些风险，他们是如何规避和化解这些风险的？

在采访前，一定要做好充分的准备，提前了解受访的企业；在访问过程中，要确保所提的问题有针对性。

最后，可以和几个同学一起讨论，如果你是这家企业的负责人，遇到这些风险你该怎么应对？

第十一章

创业者与创业团队

案例导入

环顾一下我们的办公室和家里，你会发现到处都有由晶体管制成的产品。没有晶体管，就没有半导体。“没有半导体，所有电子产品都将瘫痪，全球经济也会因此崩溃。”有识之士如是说。

晶体管是既能放大电子信号，又能打开或关闭电子信号的装置。在晶体管发明之前，这些功能是由体积大、发热高、稳定性差的真空管实现的。例如，高速计算机ENIAC就使用了17，000多个真空管。工程师们一直都在寻找可以替代真空管的东西，可惜经过无数次的试验，始终未能完成。很显然，这样庞大而且高难度的工程不是一两个人就能完成的。在这种情况下，一支创新团队组成了。

美国人肖克利、巴丁和布拉顿都是贝尔电话实验室的科学家，再加上其他一些物理学家，他们共同组成了一支名曰“项目研究小组”的团队，目的就是找到真空管的替代品。

团队组成后，大家配合默契，相互促进。但是，团队中并不是任何事情都是完美的。布拉顿是出了名的难以相处的人，他时不时就会抱怨别人心术不正，只为出名。但是团队中的其他人不予计较，而且团队领导者也管理有方，总是能将负面影响降到最低。

1956年，在团队成员的通力合作下，终于发明了晶体管并获得了诺贝尔物理学奖。由于晶体管替代了真空管，计算机的体积变得更小了，功能也更强大了。

自我思考

思考一：晶体管的发明成功对你有什么样的启示？

思考二：一个团队要成功，你认为最重要的因素是什么？

第一节 创业者素质

学习目标

了解创业者应具备的素质。

掌握提升创业素质的方法。

一、创业者的内涵

说起创业者，通常的理解是创建企业的核心人物。其定义是简单的，但我们可以通过创业者与其他职业人士的区别来深刻体会创业者的内涵。

（一）创业者与普通打工者的区别

创业者与普通打工者存在明显的区别。一位经验丰富、既创过业又做过长期经理人的人士这样阐述创业者与打工者的区别：打工者，可以敬业，也可以当一天和尚撞一天钟；创业者，要始终保持昂扬的斗志。打工者，工作是领导安排的；创业者，是自己没事找事。打工者，做好自己的事就算表现不错；创业者，无论做什么都要以整体结果来衡量好坏。打工者，是别人发工资；创业者，是给别人发工资。打工者，这月工作了下月就发工资；创业者，干了很多还要想着怎么拿钱给别人发工资。打工更多体现专业技能；创业更多体现个人情商。打工者有上下班时间，公私分得比较清楚；创业者则是 24 小时处于工作状态，工作即生活，生活即工作……

（二）创业者与职业经理人的区别

要说清创业者的内涵，还需和职业经理人做个比较，两者间的主要区别：创业者是为自己打工，职业经理人是为他人打工；创业者很自然地将公司当作自己真正的家，职业经理人加班再晚还是会将公司与家严格区分开来；对创业者来讲，哪怕只赚到一分钱也是重要的，职业经理人不会认为一分钱的利润对公司有多重要；创业者养成的习惯是凡事亲力亲为，职业经理人的习惯就是尽量把工作布置给下属。

除表象外，两者之间最重要的区别：创业者从事的是开拓性工作，通过他们的创业活动，实现从 0 到 1 的变化；职业经理人则侧重于经营性活动，按照程序、制度开展工作，他们将 1 变为 10，将 10 变为 100。创业者发现机会并创造新事物，而职业经理人在维持现状的基础上，保持事物的持续和演进。此外，创业者承担财务风险，而职业经理人则不会也不可能承担此类风险……

（三）创业者区别于他人的实质

通过与普通打工者以及职业经理人的比较，创业者与他们的实质性区别在于如下几方面：

①创新。创新是创业精神的本质所在，因而创业者多半是那些具有创新精神的人就不足为奇了。换句话说，他们发明新的方法以迎接不同的挑战。

②成就导向。创业者几乎无一例外都是目标导向型的，他们很自然地设定个人目标并且确保成长以完成这些目标。

③独立。创业者都是出了名的独立自主。他们大多高度地依赖自我，并且许多人很自然地偏向于独立工作来完成目标。

④掌控命运的意识。创业者很少把自己看作是环境的受害者，而是信奉自己掌控自己的命运。这可能是由于他们把消极的环境看作机会而不是威胁。

⑤风险厌恶。风险厌恶是投资者对投资风险反感的态度。一般来说，投资者普遍不愿承担风险。对于具有相同收益率的不同投资项目，投资者首先选择风险小的投资项目。虽然没有证据表明任何理性人为了风险带来的利益而去寻找风险，但是有证据表明创业者对风险有更多的包容性，并且在找到方法降低风险方面更具有创造性。

⑥对不确定性的包容。创业者总是比其他人更加适应动态变化且不是特别明确的情况。

二、创业者应具备的素质

（一）创业者的基本素质要求

创业是极具挑战性的社会活动，是对创业者自身素质的全方位考验。创业者要想获得成功，必须具备基本素质。

1. 心理素质

心理素质是指创业者的心理条件，包括自我意识、性格、气质、情感等心理构成要素。作为创业者，他的自我意识特征应为自信和自主，他的性格应刚强、坚持、果断和开朗，他的情感应更富有理性色彩。成功的创业者大多不以物喜、不以己悲。

案例阅读

美籍华人王安博士以“电脑巨人”的美称闻名于世。在他6岁时，发生了一件影响了他一生的事。一天，王安外出玩耍，经过一棵树下时，有一个鸟巢突然掉在他的头上，从鸟巢里滚出一只嗷嗷待哺的小鸟。他决定带它回去喂养，便把鸟巢一起带回了家。

走到家门口，王安突然想起妈妈不允许他在家里养小动物，他犹豫了一下，把小鸟放在门后，急忙走进屋里向妈妈请示，在他的哀求下，妈妈答应了他。然而当王安欢天喜地地跑出来时，放在门后的小鸟已经被一只黑猫吃掉了。

这件事给他幼小的心灵留下了深深的创伤。从此，他明白了一个道理，也汲取了一个深刻的教训：凡事要当机立断，立即行动，不能瞻前顾后而犹豫不决。只要是自己认定的事情，就要迅速做出决策。他说：“犹豫不决固然可以免去一些做错事的机会，但也失去了成功的机遇。”

2. 身体素质

身体素质是指身体健康、体力充沛、精力旺盛、思路敏捷。现代小企业的创业与经营是艰苦而复杂的，创业者工作繁忙、时间长、压力大，如果身体不好，必然力不从心、难以承担创业重任。

3. 知识素质

创业者的知识素质对创业起着举足轻重的作用。创业者要想进行创造性思维，做出正确决策，必须掌握广博的知识，具有一专多能的知识结构。具体来说，创业者应该具有以下几方面的知识：做到用足、用活政策，依法行事，用法律维护自己的合法权益；了解科学的经营管理知识和方法，提高管理水平；掌握与本行业、本企业相关的科学技术知识，依靠科技进步提高竞争能力；具备市场经济方面的知识，如财务会计、市场营销、国际贸易、国际金融等。

4. 能力素质

创业者至少应具有如下能力：创新能力、分析决策能力、预见能力、应变能力、用人能力、组织协调能力、社交能力、激励能力等。

当然，这并不是要求创业者完全具备这些素质后才能去创业，但创业者本人要有不断提高自身素质的自觉性和实际行动。

（二）成功创业者的特征

一般来说，成功创业者大都具有一些共同的特征。

1. 创业激情

成功创业者共有的第一个特征是创业激情，不管在新企业还是已有企业中都是如此，这种激情来自创业者认为他的企业将实现自我的人生价值，并积极地影响人们的生活。这种激情解释了人们舍弃安定工作而去创建自己企业的原因，也解释了许多亿万富翁诸如比尔·盖茨等人，有了财务保障后还不停工作的原因，也解释了许多初创企业在激烈竞争中能兴旺发达的原因。企业所有者愿意长时间工作，全身心付出直到企业成功，而这种情况很难在一般职业人士中看到。

激情对创业者特别重要，因为创建一家新企业的过程非常艰辛。创业不适合那些三心二意的人。当然，创业者应该具有激情，但也不应该太过乐观。

2. 产品／顾客聚焦

成功创业者的第二个明显特征是产品／顾客聚焦。这个特征在苹果公司的联合创办人乔布斯的身上体现得很明显，他曾写道："计算机是我们曾经制造过的最为非凡的工具……但最重要的事情却是将计算机送到尽可能多的顾客手中。"

尽管管理、营销、融资及其他事情同样重要，但如果企业缺乏用好产品满足顾客的能力，那这些职能就没有任何意义。开发能改善人们生活的产品，是创业过程的重要组成部分。

3. 不怕失败，坚韧不拔

因为创业者以尝试新事物为特征，其失败率自然很高。此外，开发新事业的过程类似于科学家在实验室中经历的情形。例如，在发现满足特定目标的最佳组合之前，化学家必须试验很多种化学品组合。与此类似，在获得成功之前，开发新的商业创意需要某种程度的试验。挫折与失败在这个过程中会不可避免地出现。此时，坚韧不拔非常重要，因为它是失败后站起来并最终取得成功的保证。

4. 执行智能

具备将纯粹的商业创意变为可行企业的能力，是成功创业者的一项关键特征，这种能力也称执行智能。在许多情况下，执行智能是决定初创企业成败的因素。有效实现商业创业的能力，意味着开发商业模式、组建新创企业团队、筹集资本、建立伙伴关系、管理财务、领导并激励员工等，它需要将思想、创新和想象力转化为行动与可测量结果的能力。例如，亚马逊网站的创始人杰夫·贝索斯说过："创意很容易，执行却很难。"对许多创业者来说，最艰难的时期是刚创建企业那段时间。

三、大学生创业者的创业素质培养

大学生创业者提高创业素质的途径和方法主要有以下几种。

（一）重视创业素质的自我培养

首先，成功的创业者必须具备一些核心的素质和能力，如创业观念、胆识、坚韧不拔的意志等。因此，当代大学生想成功创业，就必须重视创业素质的自我培养，注重培养自己的能力，锤炼自己的胆识，同时培养自己的创业人格、创业者思维意识与技能。其次，要克服万事俱备再去创业的错误观念。如果那样，没有人能去创业，成功的创业者都是在不断地摸爬滚打中完善自我。实践证明，创业者素质的培养是有规律的，其成长也是有过程的。而从实践中汲取经验和教训是创业者成长的捷径，俗语"一年学成个庄稼汉，二年学成个生意人"说的就是这个道理。

（二）在思想上和精神上锤炼自己

创业者要树立自信、自强、自主、自立意识。自信就是对自己充满信心，相信自己有能力、有条件去创业。自信赋予人主动积极的人生态度和进取精神，使人相信自己能够成为创业的成功者，尤其在遇到失败和挫折时更需要自信。自强就是在自信的基础上，通过企业的实践，不断增长自己各方面的能力，进一步磨炼自己的意志，使自己成为强者。自主就是具有独立的人格，具有独立性思维，不受传统和世俗偏见的束缚，不受舆论和环境的影响，能自己选择自己的道路，善于设计和规划自己的未来，并采取相应的行动。自立就是凭借自己的头脑和双手，凭借自己的智慧和才能，凭借自己的努力和奋斗，建立起自己生活和事业的基础。

（三）广泛获取创业经验

目前，不少大学都开设了创业指导课，教授创业管理、创业心理等内容，帮助大学生打好创业知识的基础。大学图书馆也提供创业指导方面的书籍，大学生可通过阅读增加对创业市场的认识。大学生还可通过传统媒体（如报刊、书籍、广播电视）和网络媒体获取大量的创业知识和信息，如《创业之家》《21世纪经济报道》《第一财经》《IT经理世界》、中国营销传播网、中华英才网以及中华创业网站等，通过这种途径获得的创业知识，往往针对性较强。

（四）注重自身能力的综合培养

创业涉及方方面面，需要与不同的人和事打交道，对个人的能力要求很高。从事创业的人既要懂得经营，又要善于管理；既要能协调处理各方面的关系，又要当机立断，处变不惊，指挥若定；既要能言善辩，又要能谈判公关；既要能开拓创新，又要不怕挫折、困难。因此，创业能力的综合性很强，包括管理能力、组织协调能力、创造能力、经营能力、语言表达能力、判断能力、公关能力、应变能力、分析和解决问题的能力、把握机遇的能力、谈判能力、心理适应能力等。联合国科教科文组织把“学会认知、学会做事、学会共同生活、学会生存”作为当今 21 世纪教育的四个支柱，并将其作为未来人生大门的四把“钥匙”。“学会认知”就是教人掌握认知的方法，学会学习的方法、手段，培养人发现问题、分析问题和解决问题的能力。“学会做事”就是要培养人的创新能力、应变能力和驾驭处理复杂突发事件、危机的能力。“学会共同生活”就是要培养人的团结协作能力和团队精神，培养人的竞争意识和管理能力。“学会生存”就是要不断增强人的自主性、判断力和个人责任感，培养人的交际能力、语言表达能力、判断能力等。因此，大学生要主动树立“学会认知、学会做事、学会共同生活、学会生存”的意识，提高创业能力，从而使自己在创业时“走得出、站得住、干得好”。

（五）积极参加实践活动

实践能使大学生在校期间积累创业经验，是培养创业能力的有效途径。

首先，大学生在校期间要积极参加创业实践活动，如大学生创新创业大赛、创业计划书大赛等。其次，大学生还可通过参加社团组织活动、创业见习、职业见习、兼职打工、求职体验、市场和社会调查等活动来接触社会，了解市场，并磨炼自己的心志，提高自己的综合素质。再次，大学生可多与有创业经验的亲朋好友交流，甚至还可以通过邮件、电话拜访自己崇拜的商界人士，或向一些专业机构咨询。通过这种人际交往途径获得最直接的创业技巧与经验，将使大学生在创业过程中受益无穷。最后，投身于真正的创业实践。比如，在毕业前后进入创业启动阶段，可以单独或与同学合伙租赁或承包一个小店铺，可选择加工、修理、销售、服务等类型，在真刀真枪的创业实践中提高自己的创业能力。这些活动是大学生步入社会大课堂的第一步。

大学生参与实践的过程，也为他们将来开展创业活动积累了经验，培养了他们分析问题、解决问题的能力，组织协调能力，管理能力，应变能力，语言表达能力等，有利于增强他们的创业意识和创业热情，为将来创业应对挫折、面对各种困难做好心理准备，促进他们创业成功。

第二节 创业团队组建与管理

学习目标

了解创业团队的组成要素。

把握组建优秀创业团队的要求。

掌握创业团队的管理方法。

一、什么是创业团队

创业团队是指由一些才能互补、责任共担并为实现共同的创业目标而努力奋斗的人所组成的特殊群体。创业团队是整个创业过程中最重要的一环，一个好的创业团队对于新创企业的成功有着举足轻重的作用，新创企业的发展潜力与创业团队的组织之间具有十分紧密的联系。

没有团队的创业不一定会失败，但要创建一个没有团队而具有高成长性的企业却极其困难。创业的成功与失败，在很大程度上取决于创业者与创业团队的素质和经验。创业者和创业团队在创业中的作用比创意、机会、资源等更加重要，因为创意能否转化为机会、机会能否实现其价值和资源的有效利用，都取决于创业者与创业团队的素质和经验。

案例阅读

《西游记》中的师徒四人组成了一个团队。

唐僧，是这个团队的最高领导、决策者。他运用自己强硬管理方式和制度（紧箍咒）来管理团队，并且通过“软权力”和“硬权力”的结合来调动整个团队。徒弟们很服从他，佩服他的学识，按现在衡量高层管理人员的标准，他是个“工商管理硕士”（佛祖颁的学位），德高望重，绝对是个优秀的管理者，所以他能领导团队去西天取经，并获得成功。

孙悟空，应该是这个团队中的职业经理人，他本领高强，到哪里都能混口饭吃，而且此人社会关系和社会资源极其丰富，就是性格本身有点“猴急”，从个人素质上来说是非常优秀的，通常领导布置的任务都能高效率地完成，而且处处留下美名，颇有跨国公司职业经理人的风范。

八戒，有很多优点，而且还在团队中起了不小的作用，比如调节矛盾，运用公共关系的方法来协调众人之间的关系。他本人幽默、可爱，在组织中充当着“润滑剂”的角色。侧重沟通、协调关系，所以在组织中功不可没。

沙僧，朴实无华，工作踏实，从企业的角度讲，他是劳动模范。他虽然没有职业经理人的风光与协调关系者的公关本领，但是他所做的工作是最基础的，能够主动挑起自己的责任，为团队和组织做好自己的工作。

白龙马，更是一个默默无闻的劳动者身份，任劳任怨，主要工作就是唐僧的司机兼座驾，偶尔在关键时刻挺身而出表现一下。

《西游记》团队成员也有缺点，比如唐僧性格优柔寡断，不明是非等；悟空个人英雄主义严重，常常无视组织的纪律和制度；八戒贪吃、懒惰、好色；沙僧缺乏主见，工作缺少灵活性等。但他们最终为什么会取经成功呢？当然离不开团队的组建与管理。

二、创业团队的构成要素

通常创业团队的构成要素包括目标、定位、职权、计划和人员。

（一）目标

创业团队应该有一个既定的共同目标，为团队成员导航，知道要向何处去。没有目标，团队就没有存在的价值。目标在创业企业管理中是以创业企业的远景战略形式体现的。

目标即为什么要建立团队，希望通过团队达到什么目的。所有团队都有一个共同的目标：把工作上相互联系、相互依存的人们组成一个群体，能够以更加有效的合作方式达成个人的、部门的和组织的目标。创业团队是一个特殊的项目团队，目标是完成创业阶段的公关、技术、组织、管理、市场、规划等各项工作的前提。创业团队的工作要有创造性，使企业从无到有，从起步走向成熟。企业建立发展成型后，创业团队也会随之转变为管理团队，团队目标也要由创业转变为管理。

（二）定位

定位即团队通过何种方式同现有的组织结构相结合，从而创造出新的组织形式。团队定位首先要确定由谁选择和决定团队的组成人员，其次就是团队要对谁负责，再次就是如何采取有效措施激励团队及其成员，最后要形成一套制度规范，规定团队任务，规定团队同组织结构结合的方式。创业者在做创业计划时，以及在对初创企业进行管理的过程中，要选择和决定合适的人员组成创业团队，把他们安置到创业组织当中去，使人得其所，在其位、谋其政、尽其用。

（三）职权

职权是指团队担负的职责和相应享有的权限，即团队的工作范围和在其范围内决策的自主程度，它实际上是团队目标和定位的延伸。就整体而言，创业团队的权限比较大，它的工作范围几乎包括各个领域，如公关、管理、生产、销售、财务、人力资源开发，所处理的事物会影响到整个新创企业现在的状况和未来的成败。创业团队的各项职权，也分轻重缓急。在创业初期，为使企业尽快步入正轨，申请创建、生产、销售等团队职权，相对来说显得更为重要；至于技术创新，新产品开发，相对次要一些，可以先缓一缓。最后，也是最重要的一点，创业团队成员的职权一定要明确，既要避免职权的重叠和交叉，又要做到经常在一起沟通与协调。

一般来说，创业团队越成熟，领导者所拥有的权力相应越小，在创业团队发展的初期阶段领导权相对比较集中，高科技实体多数是实行民主的管理方式。

（四）计划

在确定了团队的职责和权限后，需要决定如何把这些职责和权限具体分配给团队成员，这就需要通过计划来实现。也就是说，要通过计划来指导各个团队成员分别做哪些工作及怎样做。具体包括创业团队的领导和规模、领导职位设立的方式、领导的权限和职责、创业团队各成员特定的职责与权限、各成员投入团队工作的时间等。

（五）人员

团队最终能否获取成功还取决于人员本身。3 个及以上的人就可以形成一个群体，当群体有共同目标的时候就形成了一个团队。在确定和选择团队成员的时候，必须认真细致地从多方面考察候选人，使候选人的技能、学识、经验和才干等要素尽可能符合团队的目标、定位、职权和计划的要求。创业团队至少应包括三方面的人才：管理人才、技术人才和营销人才。当三个方面形成良好的沟通协调关系后，该创业团队才是稳定且高效的。创业者在组建创业团队时，不但要考虑成员个人的能力、品德、志向和爱好，而且还要考虑成员间的兼容性。

以上五个要素是团队的基本组成部分，缺一不可，而且各个要素之间相互影响，相互作用。

三、优秀创业团队的搭建

（一）组建优秀创业团队的要求

组建优秀创业团队的关键在于团队成员是否有共同的目标与信念，是否能够齐心协力，朝着目标不断努力和前进。因此，要组建一个优秀的创业团队，团队成员之间必须满足以下几点要求。

1. 彼此了解

创业团队的所有成员都应该相互熟悉，知根知底，都应该清醒地认识到自身的优势和劣势，同时对其他成员的长处和短处一清二楚。这样可以很好地避免团队成员之间因为相互不了解而产生各种矛盾，从而强化团队的向心力和凝聚力。

2. 相互信任

信任是团队成员解决分歧、达成一致的唯一途径。创业团队的成员不仅要志同道合，还要彼此信任。在最初创业时，要把最基本的责、权、利说得明白、透彻，尤其是股权和收益分配。这样在企业发展壮大后，才不会出现因利益分配问题而产生纠纷。

3. 目标相同，理念一致

创业团队中的所有成员都必须认同大家共同确定的创业目标、分配制度、管理制度、企业发展战略、经营理念和企业文化等，都必须保持对企业长期经营的信心，并为之而努力。倘若彼此都忙着不同的事情，没有目标，没有协作和交流，整个团队就会如同一盘散沙，成员的士气就会低落，甚至出现更为严重的团队解散情况。

4. 取长补短，相得益彰

成员之间能否实现优势互补是创业团队能否保持稳定并发挥出最大力量的关键。因此，创业者寻找团队成员，首先要弥补当前资源能力上的不足，要针对创业目标与当前能力的差距，寻找所需要的配套成员。好的创业团队，成员间的能力通常都能形成良好的互补关系，而这种能力互补关系也会有助于强化团队成员间彼此的合作关系。

（二）优秀创业团队的组成

一个优秀的创业团队应包括以下几种人。

1. 一个很好的“领袖”

此人必须能够高瞻远瞩，能够为企业制定明确的战略、战术；必须有很好的人品，处事公正，能够服众，能够团结整个团队；必须具有很好的协调能力，能够及时化解团队成员的矛盾。

2. 一个很好的"管家"

此人主要负责企业日常运营及各项规章制度的制定。由于企业日常事务非常琐碎，因此，此人必须心思缜密、工作细致。

3. 一个很好的"财务总管"

资金是企业的生命线。因此，创业团队中最好有一个业务能力较强的财务人员，能合理地安排企业收支，帮助企业融资。

4. 一个很好的"营销总监"

我们经常说，产品是基础，营销是龙头。如果营销不行，产品就不能变成钱，企业只有关门大吉。

此外，如果创业企业是一个技术类企业，可能还需要一个很好的"技术专家"。此人能够帮助企业不断更新技术或产品，始终带领企业走在行业的前沿。

四、创业团队的管理

案例阅读

1999 年 4 月 5 日下午两点，一个德国的经销商给海尔集团打来电话，要求"必须在两天内发货，否则订单自动失效"。而两天内发货意味着当天下午所有的货物必须装船，而此刻正是星期五下午两点，如果按海关、商检等有关部门下午五点下班来计算的话，时间只有三个小时，要按照一般程序，做到这一切几乎是不可能的。

如何将不可能变为可能？此时，海尔人优良的团队精神显示出了巨大的能量，他们采取齐头并进的方式，调货的调货、报关的报关、联系船期的联系船期，所有人全身心投入工作中，抓紧每一分钟，使每一个环节都顺利通过。当天下午五点半，这位经销商接到了来自海尔"货物发出"的消息，他非常吃惊，尔后转为感激，向海尔写了感谢信。

（一）提升团队的凝聚力

团队凝聚力是指群体成员之间为实现共同目标而实施团结协作的程度，凝聚力表现在人们的个体动机行为对群体目标任务的信赖性、依从性乃至服从性上。在创业过程中，团队所有成员都应认同整个团队是一个密切联系而缺一不可的力量。团队的利益高于团队每一个成员的利益，如果团队成员能够为团队的利益而舍弃自己的小利时，团队的凝聚力就极强。团队的凝聚力主要依靠打造团队精神来实现。

1. 重视团队精神

团队精神是各个成员的精神支柱，是创业成功的基石。和谐向上的团队精神能充分调动各个成员的团队意识，使其相互理解和支持，为实现彼此共同的目标而努力。一个没有团队精神的团队或企业，一切美好的想法和愿望都将成为“零”；一个没有团队精神的员工，无论学历有多高、技术有多精，对企业来讲也是“零”。只有具备团队精神，创业团队才能形成向心力、凝聚力，才能产生创造力。

2. 培养团队精神

（1）培养团队成员的敬业精神

敬业精神要求创业者具有“三心”，即耐心、恒心和决心。任何事情都不是一蹴而就的，不可只凭一时的热情来做，也不能在情绪低落时马马虎虎、应付了事，尤其在创业初期，每个团队成员都要勇敢地面对并解决困难，而不是一遇到困难就退缩。

（2）建设学习型团队

每一次的团队讨论，就是团队成员思想不断交流、智慧火花不断碰撞的过程。如果团队中的每一个成员都能把自己掌握的新知识、新技术、新思想与团队其他成员分享，团队的学习能力就会大于个人的学习能力，团队的智商就会大大高于个人的智商，集体的智慧势必大增，从而实现“1+1>2”的效果。

（3）建设竞争型团队

团队成员之间必须具有竞争意识，要敢于正视自己和面对强手，以不断提高自身的水平和技能，有效地完成团队目标。在建立团队的内部竞争机制时，要注意成员之间的关系是建立在理性基础上的竞争，而不是斗争。协作是团队的核心，要用争论来激活团队的气氛，激发成员的竞争意识；要以发展来吸引人，以事业来凝聚人，以工作来培养人，以业绩来考核人，用有情的鼓励和无情的鞭策使团队每个成员都能以积极向上的心态面对工作，从而实现自我和超越自我，以最大限度地发挥团队的实力。

3. 塑造团队文化

团队文化是指团队成员在相互合作的过程中，为实现各自的价值，并为完成团队共同目标而形成的一种潜意识文化。它包括团队在发展过程中所形成的价值观、最高目标、工作方式、思维习惯、管理制度、行为准则和道德风尚等内容。

正所谓“人在一起不叫团队，心在一起才叫团队”，团队文化会影响整个团队的精神、意志、情绪、凝聚力和效率，因此创业者必须重视团队文化的建设。通常来说，一个良好的团队文化应满足“换位、沟通、信任、慎重、快乐”五个基本要素。

（1）换位

团队成员之间要能够换位思考，相互尊重，彼此理解，否则，一个团队将无法正常运行。团队的管理者要能够为团队创造一种换位思考、相互尊重的氛围，确保团队成员凡事站在对方的角度上考虑，尊重彼此的技术和能力，尊重彼此的意见和观点，尊重彼此对团队的贡献，从而使团队的工作更有效率。

（2）沟通

相互沟通是维系团队成员之间关系的一个关键要素。因此，有什么话不要憋在肚子里，多与同事交流，也让同事多了解自己，这样可以避免许多无谓的误会和矛盾，尤其是团队的管理者，要致力于创造民主、平等的团队氛围，以使每个成员能够畅所欲言，从不同角度提出不同的意见和方案，进而帮助团队做出更加科学和合理的决策。

（3）信任

团队成员间要相互信任，彼此相信各自的品格和工作能力，并相互帮助和支持。管理者要保证组织过程中的透明度和公开性，以民主的管理作风、自主的工作环境，使成员之间能够坦诚、开放地相处。

（4）慎重

每个团队成员都要秉持着谨慎、认真、负责的态度和意识，遇到事情要冷静对待，尤其是遇到问题和矛盾时，要保持理智，不可冲动。因为冲动不仅不能解决问题，反而会使问题变得更糟，最后受损失的还是整个团队。

（5）快乐

只有拥有快乐的心情，才能构建起团结、友爱、有朝气的团队。因此，每个团队成员都要保持乐观向上的心态，充满热情与活力地参与到工作中。

（二）合理设置创业团队的组织结构

设置创业团队的组织结构时，必须以团队的战略任务和经营目标为依据。具体来说，要注意以下几点。

1. 权责分明

团队的任何一项工作都离不开团队成员的配合，只有让彼此互相协作，才能方便管理，顺利开展工作。对于初创的创业团队来说，人员分工一般都比较粗放，很多事情不分彼此，往往是一起决策、共同实施。但此时一定要注意权责分明、落实责任，以避免出现错误或者失误后团队成员互相推诿，进而产生矛盾的现象。

2. 分工合理

团队成员的分工一般按照个人能力、专业优势等标准进行，同时合理、均衡地分配工作的任务量。但要注意的是，不要强行分配工作，否则容易产生矛盾。此外，分工也不是越细越好，这是因为分工过细会导致工作环节的增加，导致工作流程延长，从而削弱分工带来的好处。

3. 适时联动

适时联动是指为了完成特定任务，成立打破部门分工、跨越部门职能的专门工作小组，该小组成员具有双重身份，既要向本部门主管汇报工作，又要向跨部门小组组长负责。这种模式适用于已经具有一定规模的创业企业。

创业初期，由于企业规模较小，团队成员只需各司其职，就可以保持企业平稳运行。但随着企业规模的不断扩大，尤其是在新产品更新速度不断加快的过程中和处理一些重大项目时，若缺乏全盘的统筹和协调，就会造成企业运转困难。因此，对于具有一定规模的创业企业来说，设立一个专门负责新项目或一些重大项目的组织协调工作的跨部门小组是非常有必要的。

（三）优化创业团队的运作机制

1. 做好决策权限分配

创业团队内部要妥善处理各种权力和利益关系，确定谁适合从事何种关键任务和谁对关键人物承担什么责任。在治理层面，主要解决剩余索取权和剩余控制权的问题。剩余索取权是一项索取剩余（总收益减去合约报酬）的权力，简单地说，就是对利润的索取，即经营者分享利润。剩余控制权是相对于合同收益权而言的，是指对企业收入在扣除所有固定合同支付（如原材料成本、固定工资、利息等）余额的要求权，简单地说，就是对纯利润的控制权，如使用、支配、处置等权能。

同时，还必须建立进入机制和退出机制，约定以后团队成员退出的条件和约束措施，以及股权的转让、增股等问题。

在创业团队的管理层面，其最基本的工作原则有以下三条：一是平等原则，即制度面前人人平等；二是服从原则，即下级服从上级，行动要听指挥；三是秩序原则，即不能随意越级指导，也不能随意越级请示。虽然大学生创业团队内部的管理界限没有那么明显，但一定要把决策权限厘清，做到有权有责。

2. 制定合理的激励机制

初创企业的产权一般比较明晰，机制灵活，所以对创业团队成员来说，可以把期权激励作为经济激励的一项重要内容来实施，从而把传统的以报酬为代表的短期经济激励和以期权为代表的长期经济激励结合起来，体现人力资源的价值。例如，某公司在创立初期，创业团队内部签署了协议，明确了每个团队成员名义股份以及按服务时间逐步释放的原则。其中技术总监名义股份为10%，则这些股份应该在其工作三年，发挥相应作用之后才能够得到。由于期权激励工具对激励对象利益的兑现附带有服务期的限制，因而这种做法能较好地实现对创业团队成员的持续激励，对于稳定团队的作用比较明显。

3. 建立绩效评估体系

业绩考核必须与个人的能力、团队的发展、扮演的角色和取得的成绩结合起来。传统的绩效评估体系和绩效管理只关注个人绩效如何，而不去考虑个人绩效与团队绩效的结合。造成这种状况的原因多种多样，包括评估不及时、各方意见不能真实反映实际情况、评估含糊不清、易掺入情感因素、忽略了被评估人的绩效给他人带来的影响等。

成功的绩效管理不应限定于只注重个人的绩效，而应更加注重整体表现。这样才能让员工充分意识到团队合作的重要性，从而不断地进行自我调整，以适应不断变化的环境和业务发展。

拓展训练

假设你和几个朋友创办了一个小型工厂，工厂刚刚建立的时候，工人严重不足。因考虑到今后的发展，需要在社会招聘数名工人。在数月的运营当中，工厂出现了一些组织和管理上的问题（具体问题可以在场景模拟的时候呈现），导致业绩持续下滑。

请组织几个同学，模拟以上场景，并讨论从工厂建立到运营管理的过程中，遇到了哪些具体的问题，这些问题又该如何解决？大家各抒己见，最后形成一个结论。

第十二章

创业资源与融资

案例导入

蒙牛集团是中国乳制品行业的龙头企业，享誉全国，实力非同一般。但是在蒙牛刚刚开始创业的时候，也面临着很多问题，比如资源短缺、资金不足等情况，然而蒙牛集团的创始人牛根生却形成了一套自己独特的发展经验，那就是——借力。

作为乳品企业，奶源的重要性不言而喻。但在蒙牛创立初期，奶源已被各大企业瓜分殆尽。蒙牛若要自建奶源基地和工厂，不仅费时费力，还需要大量的资金。面对这种困境，蒙牛创业团队创造性地提出了“先建市场，后建工厂”的战略，通过与其他经营不善的液体奶公司合作，借来奶源，借出技术、管理人员等资源，将别人的工厂变成了“自有车间”，实现了真正意义上的双赢。

此外，蒙牛还通过“虚拟联合”战略，将传统的“体内循环”变为“体外循环”。公司内部只专注于自己最擅长的事，如销售、管理等。奶站基地、运输车辆等都外包给了其他更为专业、更有效率的外部主体去运营。这种资源外取的战略通过整合大量的社会资源，既强化了蒙牛的核心业务，又补足了其短板，进一步促进了企业的快速发展。

牛根生和他的创业团队就是这样用别人的钱干自己的事，用智慧及灵活的战略、战术创造了奶制品世界的神话。

自我思考

思考一：你认为创业资源包括哪些类型？

思考二：牛根生和他的创业团队使用了哪些整合资源的方法？

第一节 创业资源概述

学习目标

熟悉创业资源的种类。

了解创业资源在创业中的作用。

一、什么是创业资源

创业资源是指一个创业团队在创业前期刚建立和后面发展中所必备的生产要素和支持条件，其中既包括创业所需要的设备等有形资产，也包括创业所必需的技术等无形资产。

在某种意义上来说，创业其实就是通过输入大量的人力、物力、财力等，为市场提供各种产品和服务，使最后市场的价值达到进一步提高的效果。

创业给企业带来利润的同时，其实也给社会经济创造了一定的市场价值。所以，是否拥有充足的创业资源是创业过程能否顺利运作的重要基石。创业资源在创业的各个过程中都是不可或缺的，它是大学生创业成功的根本保证。

二、创业资源的类型

资源是企业发展的脊梁，对创业企业而言，创业资源包括：

（一）政策资源

从中国的创业环境看，创业活动需要相应的政策扶持，只有在政策允许和鼓励的条件下，企业才能获得更多的国内外人才、贷款与投资、各种服务与优惠等。

（二）信息资源

对于新创企业来说，由于竞争十分激烈，就更加需要丰富、及时、准确的信息，来争取到更多的生产要素资源。由专业机构提供的信息资源可以为创业者制定研发、采购、生产和销售的决策提供指导和参考。

（三）人力资源

人力资源不仅包括创业者及创业团队的知识、训练和经验等，也包括团队成员的专业智慧、判断力、视野和愿景，甚至还包括创业者本身的人际关系网络。创业者是新创企业最重要的人力资源，其价值观念和信念是新创企业的基石，所拥有的人际和社会关系网络使其能够接触大量的外部资源，降低潜在的创业风险。

（四）财务资源

财务资源主要是指货币资源，通常是新创企业通过债权人、权益投资者内部积累筹集的负债资金、权益资金和留存资金。一般来说，创业初期以不高于市场平均水平的资本成本及时筹集到足额的财务资源，是新创企业成功创办和顺利经营的前提条件。

（五）物质资源

物质资源是创业和企业经营所需要的有形资源，如建筑物、设施、机器和办公设备、原材料等。一些自然资源如矿山、森林等有时也会成为新创业企业的物质资源。

（六）技术资源

技术资源包括关键技术、制造流程、作业系统、专用生产设备等。通常，技术资源包括三个层次：一是根据自然科学和生产实践经验而发展成的各种工艺流程、加工方法、劳动技能和诀窍等；二是将这些流程、方法、技能和诀窍等付诸实施的相应生产工具和其他物资设备；三是适应现代劳动分工和生产规模等要求对生产系统中所有资源进行有效组织和管理的知识、经验和方法。技术资源大多与物质资源相结合，可以通过法律手段予以保护，部分技术资源会形成组织的无形资源。

（七）组织资源

组织资源一般指企业的正式管理系统，包括企业的组织结构、作业流程、工作规范、信息沟通、决策体系、质量系统以及正式或非正式的计划活动等，有时候组织资源也可以表现为个人的技能或能力。其中，组织结构是一种能够使组织区别于竞争对手的无形资源。那些能将创新从生产功能中分离出来的组织结构会加剧创新，能将营销从生产功能中分离出来的组织结构能更好地促进营销。

三、创业资源在创业中的作用

各种资源共同缔造了创业的成功，不同资源在企业发展的不同阶段作用和价值是不一样的。

（一）资本是基础资源

资本是专门用来投资的资金，它可以是实物的，也可以是抽象的，包括厂房、设备、机器等，其目的是获得利润。创业离不开资本的支持，从创业一开始的场地、设施设备的租赁或购买，到企业运营过程中原材料的采购与运输、雇佣人力薪酬的支付，都离不开资本的支持。离开了资本，企业寸步难行。资本和人力、物力、财力以及自然资源一样，都是创业企业的基础资源。此外，企业发展过程中伴随着资产资源的整合，资本还会为企业带来其他的资源，如政府背景、行业背景、市场影响力、营销支撑等。

（二）资金是重要资源

资金是指企业所拥有的可以用于购买或支付的现金（包括银行存款、汇票等一切可以用于支付的资金）。它只有在投入生产经营后才有可能转化为资本。资金是流动资产的一部分，包括现金、短期债券等，其目的是支付，或是一种价值的储存和中介方式。资金是企业的重要资源，资金短缺现象常常制约着创业企业的成长，资金链一旦断裂，整个企业的发展就危在旦夕。因此，财务管理、创业融资等对企业的发展十分重要。

（三）技术是核心资源

在创业初期，创业技术是最核心的资源，它是决定所需创业资本的大小、创业产品的市场竞争力和获利能力的根本因素。美国的微软公司和苹果公司，最初创业资本都不过几千美元，创业人员也只有几个人，它们之所以走向成功，是因为它们拥有独特的创业技术。创业企业成功的“法宝”是寻找到成功的创业技术。

（四）人才是关键资源

人才在个人创业过程中是第一资源，也是关键资源。有了人才，就可以方便地找到投资、找到技术与产品、找到渠道等各种创业机会。如何努力创造吸引人才的条件，为企业吸引和留住人才，利用“外脑”，整合人才资源以获得长期持续发展的内在动力，已成为中小企业当前一项十分迫切的任务。

除此之外，信息资源、行业资源、社会资源等对企业的发展也有不可磨灭的贡献。当今社会的飞速发展给创业者提出一个新的信息时代视角，信息资源对很多创业者来说就是成功的机遇，而机遇转瞬即逝，要善于整合把握。同时，充分了解行业动向，掌握该行业关系网，如业内竞争对手、供货商、经销商、客户、行业管理部门以及技研机构、行业协会、行业杂志、行业展会等，这些对创业也很重要。此外，掌握并充分整合创业的社会资源、享受政府扶持政策，可以使创业少走许多弯路，达到事半功倍之效。

第二节 创业资源管理

学习目标

了解创业资源的来源。
熟悉创业资源的获取途径。
学会开发和整合创业资源。

一、创业资源的来源

创业所需的资源主要有两个来源，一是自有资源，二是外部资源。自有资源是创业者自身所拥有的可用于创业的资源，如创业者自身拥有的资金、技术，自己获得的创业机会信息，自建的营销网络，控制的物质资源和学会的管理技巧等。

外部资源包括可以从朋友、亲戚、商务伙伴或其他投资者、投资人处拉来的资金，或者包括借到的人、空间、设备或其他原材料（有时是由客户或供应商免费或廉价提供的，有时是通过提供未来服务、机会等换到的）。

对创业者来说，善于利用外部资源，是非常重要的方法和能力，在企业的创立和早期阶段尤其如此，其中关键是具有资源的使用权并能控制或影响资源部署。

二、创业资源的获取途径

创业资源的获取途径因资源的不同而不同。

（一）获取资金资源的途径

对于资金的获取，一般可通过以下途径获得：

①向个人筹集资金，双方形成债权债务关系；

②抵押、银行贷款或企业贷款；

③争取政府某个计划的资金支持；

④所有权融资，包括吸引新的拥有资金的创业同盟者加入创业团队，吸引现有企业以

股东身份向新企业投资、参与创业活动，以及吸引企业孵化器或创业投资者的股权资金投入等。

需要注意的是，创业者在接受外部投资时，要对投资者的基本情况（如资质、业绩等）有所掌握，再根据企业的实际情况在众多投资者中进行选择。

（二）获取项目起步所依赖技术的途径

创业企业需要项目起步所依赖的技术或人才，其获取方式主要有：

①通过自己研发来实现；

②通过合作来研发，如与科研院所及拥有领先技术的公司合作等；

③吸引技术持有者加入创业团队；

④购买他人的成熟型技术，并进行技术市场寿命分析；

⑤购买他人的前景型技术，再通过后续的完善开发，使之达到商业化要求；

⑥同时购买技术和吸引技术持有者加入创业团队。

（三）获取市场与政策信息的途径

一般而言，获取市场与政策信息的途径主要有：政府机构、同行创业者或企业、专业信息机构、图书馆、大学研究机构、新闻媒体、会议和互联网等。对于这些信息资源的获得，创业者可以根据自己的实际情况与各种方式的特点，选择一种或多种方式，尽可能获取有效信息。

（四）获取人力资源的途径

人才是创新之源，是创业企业的关键资源。现代企业的竞争，归根结底是人才的竞争。而要吸引、留住人才，就必须在尊重人才的价值上下功夫。因此，企业应根据自身发展情况，建立合适的人力资源管理体系，具体内容如下：

①建立完善的企业薪酬制度，以吸引和激励人才；

②建立培训机制，让人才发挥出最大的潜能；

③善待员工，既要给予其精神上的鼓励，又要给予其物质上的激励；

④要量才而用，用人所长，能将人才安排在最合适的岗位上；

⑤各部门的分工应尽可能明确，不要出现交叉。

对新创中小企业而言，人才是可遇而不可求的。企业任用人才的关键在于挑选那些具有潜力和强烈事业心、对企业有认同感的人才。

三、创业资源的整合技巧

创业就是把创业机会与创业资源的整合活动。创业资源的整合伴随着整个创业过程。

企业资源在未整合之前大多是零碎的、低效的，要使这些资源发挥出最大使用价值、产生最佳效益，就必须运用科学的方法对各种类型的资源进行整合，使它们有机地融合起来。

创业资源的整合是一个复杂的过程，通常可分为资源扫描、资源控制、资源利用和资源拓展四个步骤。

（一）资源扫描

所谓资源扫描，就是对企业所拥有的资源进行全面梳理。根据资源的类型不同，资源扫描又分为自有资源扫描和外部资源扫描。

所谓自有资源扫描，是指创业者对企业自身所拥有的资源全面梳理，包括所有有价值的有形资产和无形资产，如人才、技术、设备、品牌等，并能找到自己的资源优势和不足，认清哪些属于战略性资源，哪些属于一般性资源。同时还要确定资源的数量、质量、使用时间及顺序等，以便更好地进行资源整合。

所谓外部资源扫描，是指创业者对外部环境进行全面梳理，及时发现创业企业所需资源的过程。同时，创业者还应了解获取这些资源的渠道，并对获取各种资源的难易程度进行排序，然后按先易后难的顺序对相关资源所有者进行深度分析，从而找到与资源所有者的利益契合点，并创造性地设计出双赢的合作方案，进而获取所需资源。这通常需要创业者具有一定的行业知识和社会经验。

（二）资源控制

所谓资源控制，是指创业者对各种资源的掌握程度。资源控制力越强，则创业企业在利用资源时越得心应手。同时，还能规避因资源灭失而产生的风险。

（三）资源利用

在获取和控制了大量资源后，创业企业必须对这些资源进行恰当的配置，以充分发挥它们的效益，从而体现出这些资源的价值。

在整合资源时，创业者需要协调各种资源之间的关系，以使资源间的联系更加紧密，从而形成合力。

（四）资源拓展

资源拓展是指通过借助已有资源来进一步为企业开发潜在的资源，从而推动企业的持续发展，并不断形成新的优势。

第三节
创业融资的选择策略

学习目标

了解创业融资的渠道。

掌握创业融资的选择策略。

一、什么是创业融资

所谓创业融资，是指创业者为了将某种创意转化为商业现实，根据未来新创企业经营策略与发展需要，经过科学的预测和决策，通过不同渠道、采用不同方式向风险投资者或债权人筹集资本，组织创业启动资本的一种经济行为。

创业融资问题是大学生创业过程中必须面对的主要问题。创业初期，创业者可能对于整个计划尚无绝对的把握，同时潜在的投资者对于一个新的投资方案也需要一段评估时间，所以在种子期的资金需求大部分都是由创业者自有资金支付。资金问题使创业半途而废甚至无法启动，是大学生自主创业失败的重要因素。

二、创业融资渠道的类型

从大学生创业角度来看，新创企业的融资渠道主要有以下几种。

（一）银行贷款

比较适合创业者的银行贷款形式主要有抵押贷款和担保贷款两种。缺乏经营历史和信用积累的创业者比较难以获得银行的贷款。

1. 抵押贷款

抵押贷款是指借款人以其所拥有的财产作为抵押担保，以获得银行贷款的借款方式。在抵押期间，借款人可以继续使用其用于抵押的财产。

抵押贷款主要有以下几种方式：

（1）不动产抵押贷款

创业者可以用土地、房屋等不动产作为抵押，从银行获取贷款。

（2）动产抵押贷款

创业者可以用股票、国债、企业债券等银行承认的有价证券以及金银珠宝首饰等动产作为抵押，从银行获取贷款。

（3）无形资产抵押贷款

无形资产抵押贷款是一种新的抵押贷款形式，适用于拥有专利技术、专业产品的创业者。创业者可以用专利权、著作权等无形资产向银行作为抵押或质押获取贷款。

2. 担保贷款

担保贷款是指借款方向银行提供符合法定条件的第三方保证人作为还款保证的借款方式。当借款方不能履约还款时，银行有权按照约定要求保证人履行或承担清偿贷款的连带责任。其中较适合创业者的担保贷款形式有以下几种方式：

（1）自然人担保贷款

自然人担保可以采取抵押、权利质押、抵押加保证三种方式。

（2）专业担保公司担保贷款

目前，各地有许多由政府或民间组织的专业担保公司，可以为包括初创企业在内的中小企业提供融资担保。像北京中关村担保公司、首创担保公司等。其他省市也有很多此类性质的担保机构，为中小企业提供融资服务。这些担保机构大多属于公共服务性非营利组织。创业者可以通过申请，由这些机构担保向银行贷款。

（3）其他

可供创业者选择的贷款方式还有综合授信、信用担保贷款、托管担保贷款、买方贷款、项目开发贷款、出国创汇贷款、无形资产担保贷款、票据贴现贷款、异地联合协作贷款、个人委托贷款、典当融资、金融租赁等。

（二）非银行金融机构资金

非银行金融机构主要有租赁公司、证券公司、创业投资公司等，它们的业务包括融资融券、承销证券、发行债券以及向企业提供资本和专业化服务。

（三）财政资金

创业者还要善于利用政府扶持政策，从政府方面获得融资支持。例如专门针对下岗失业人员的再就业小额担保贷款，专门针对科技型企业的科技型中小企业技术创新基金，专门为中小企业“走出去”准备的中小企业国际市场开拓资金，为鼓励青年创业推出的中国青年创业小额贷款项目等，还有众多的地方性优惠政策。创业者利用相关扶持政策，可以达到事半功倍的效果。

近几年，高校纷纷设立大学生创业孵化机构，其支持形式对大学生创业更加简便、快捷。

（四）其他企业资金

企业在生产经营过程中，往往会形成部分暂时闲置的资金，有的企业出于提高资金使用效率、拓宽经营范围、进行战略性投资等考虑，直接对新创企业进行投资，或者对技术成果转化提供资本支持，或者设立创业投资机构（基金）。有些企业为了迅速扩大市场份额，常会采取连锁加盟或结盟代理等方式，推出一系列优惠待遇给加盟商或代理商，例如免收加盟费，赠送设备，在一段时间内免费赠送原材料，对代理商采取先货后款、延后结款、赊购赊销等方法。这些虽然不是直接的资金扶持，但对缺乏资金的创业者来说，等于获得了一笔难得的资金。

（五）自我积累资金

使用创业者自有资金，可以减少创业者寻找外部投资者所需的精力、时间，降低费用，减少投资者对初创企业的经营干扰，有利于实现创业者的创意。

（六）亲朋好友资金

这是新创企业的重要资金来源，尤其是对于那些项目规模不大、处于初创期的企业，可以借助亲属、朋友的资助顺利开业。创业者可以通过合资、入股等方式说服他人投资，或者通过亲朋好友提供担保的方式获得所需要的资本。由于亲情、友情的关系，这种资本对企业赢利的要求会有更多耐心。但这类资金也可能带来一些弊端，例如股权稀释、给企业贴上“家族企业”的标签、产生特权股东等。

（七）风险投资

风险投资是一种融资和投资相联合的投资方法，是指创业者通过出售自己的一部分股权给风险投资者而获得一笔资金，用于发展企业、开辟市场。风险投资者承担的是企业能否发展的风险，因此创业企业不必担心能否还得了所获取的风险资金，也就是说风险投资是一种可以借用而无需偿还的资金。当企业发展到一定规模时，风险投资者出卖自己拥有的企业股权获取收益，再进行下一轮投资，许多创业者就是利用风险投资使企业度过起步阶段。

风险投资是一种特殊的投资方式，与传统的投资相比周期较长，一般3—5年。重要的一点是，风险投资基本上投资那些一般传统投资所不敢或不愿涉足的领域，特别是创业企业。因而，对于创业企业而言，风险投资有着特殊不可替代的作用，也是创业企业在融资过程中较优越的融资渠道之一和最直接的融资方式之一。

案例阅读

尚雄伟是某粮油食品商店的职工，近年来商店连年亏损，上级公司决定将该商店在社会上进行公开拍卖。尚雄伟十分看好这家商店的发展前景，经过分析他认为商店地理位置十分理想，亏损主要是因为经营管理不当，只要对商品的品种结构做一番调整，再加强商店的内部管理，就完全可以盈利。但是，要将商店拍到手，需要60万元以上的资金，凭自己的实力显然无法企及。于是，尚雄伟想到了昔日的同学庄岩俊。庄岩俊如今已是庄氏集团的董事，问他借几十万元应该不成问题。庄岩俊了解了尚雄伟的来意后表示，动用集团的资金必须经过董事会讨论，而外借资金一般是难以通过董事会的。假如以投资的方式参与合作竞拍估计是可行的。一个月后，尚雄伟在庄氏集团100万元风险投资的支持下一举拍得了粮油食品商店，并很快进入了门面的重新装修阶段。

尚雄伟通过自己的社会关系得到了一笔风险投资，这对于急需发展壮大的创业者来说，其实远比借款的方式更有效。如今有很多的大公司、大集团，甚至个人手中都掌握着大笔的闲置资金，他们正为没有好的投资项目而心烦，也十分希望能找到一个可靠的投资对象。因此，假如你有好的项目，不妨找找风险投资。

（八）天使投资

天使投资是一种非组织化的创业投资形式，是指自由投资者（个人）或非正式风险投资机构（ 团体）对有发展前景的原创项目构思或初创期小企业进行早期权益性资本投资，以帮助这些企业迅速启动的一种民间投资方式。天使投资的主要特征如下。

①天使投资的金额一般较小，而且多为一次性投入，是一种个体或者小型的商业行为。它对创业企业的审查并不严格，更多是基于投资者的主观判断或者个人喜好。

②天使投资者本身可以是任何愿意投资公司的人士，既可能是企业家或其他高收入人士，也可能是创业者的邻居、家庭成员、朋友、公司伙伴、供应商等。

③天使投资者不但能带来资金，也能带来一定的资源。如果他们是知名人士，还可以提高公司的信誉和影响力。

三、创业所需资金测算

（一）为什么需要测算创业所需资金

初创企业确切知道需要多少资金很重要。一方面，融资需要成本，资金不足会影响生产经营和投资活动的正常运行，资金过剩则会影响使用效果，增加融资成本，增大财务风险；另一方面，在与潜在的贷款者或者投资者商谈时，对自己企业所需资金量不确定，会给对方留下准备不够充分的印象，投资者出于投资风险的考虑，会影响投资决策的制定。

（二）创业企业启动资金的测算

为保证企业在启动阶段业务运转顺利，在业务收支达到平衡之前，创业者需要准备足够的资金以备支付各种费用，这些费用称为启动资金。公司投入运营之后，很难立即带来收入，创业者最好对所有可能发生的意外情况都有所准备，并测算其总费用。一般在新企业启动阶段，至少要备足 6 个月的各种预期费用。启动资金类型、包含内容及明细见表 12−1。

表 12−1　创业企业启动资金表

启动资金类型	包含内容	明细
固定资产	企业用地和建筑	—
	设备	机器、工具、车辆、办公家具等
	购买并储存原材料和成品	购买原材料和商品存货
流动资金	促销	广告、有奖销售、上门推销、搞活动表演等
	工资	自己家庭的生活费用、员工的工资
	租金	办公场所、仓库等租金费用
	保险费用和其他费用	保险费、电费、水费、交通费、办公用品费等
开办费	办公费、验资费、装潢费、注册费、培训费、技术转让费、营业执照费、加盟费等	—

四、创业融资的选择技巧

（一）创业初期的融资选择技巧

创业初期阶段企业生产经营规模小，市场占有率低，管理制度不健全，缺乏必要的资金，经营风险较大，企业与投资者存在明显的信息不对称。机构投资者和商业银行出于稳健经营的考虑，不会提供大量资金支持给该阶段的企业。此时的创业者只能依靠个人资产、私人借贷或政府扶持等融资手段。除此以外，天使投资和风险投资有时也可以作为此阶段的融资渠道，对中小企业而言可以争取天使投资的青睐；对一些高科技企业而言，可以选择风险投资，以获得风险投资在管理和资金上的支持。

（二）企业成长期的融资选择技巧

处于成长期的企业，随着现金流量的扩大，资金紧张的状况可以得到缓解。但此时随着市场规模的迅速扩张，企业希望扩大生产线，实现规模效益，企业的融资需求依然旺盛。此阶段企业有了一定的抵押资产或担保，融资渠道相对比较顺畅，风险投资、银行贷款、外商投资等融资方式都比较可行，对一些大的企业也可以发行股票或债券进行融资。

五、创业融资过程的注意事项

（一）资金数量上追求合理性

由于中小企业融资不易，因此，经营者在遇到比较宽松的筹资环境时，往往容易犯“多多益善”的错误。但如果筹来的资金用得不合理或者并非真正需要，那么好事就变成了坏事，企业反而可能背负沉重的债务负担，进一步影响融资能力和获利能力。

（二）资金使用上追求效益性

中小企业应该对每笔资金善加权衡，综合考虑经营需要与资金成本、融资风险及投资收益等诸多方面的因素，把资金的来源和投向结合起来，分析资金成本率与投资收益之间的关系，避免决策失误。

（三）资金结构上追求配比性

按结构上的配比原则，中小企业用于固定资产和永久性流动资产上的资金，以中长期融资方式筹措为宜；季节性、周期性和随机因素造成企业经营活动变化所需的资金，则主要以短期融资方式筹措为宜。

（四）资金运作上在追求筹资的同时，更加注重存量筹资

增量筹资是指从数量上增加资金总占用量，以满足生产经营需要；存量筹资是指在不增加资金总占用量的前提下，通过调整资金占用结构、加速资金周转，尽量避免不合理地使用资金，提高单位资金使用效率，以满足企业不断扩大的生产经营需要。

增量筹资与存量筹资的紧密结合，也反映出中小企业的筹资活动与投资活动的内在必然联系。存量筹资实际上是一种资金运用，它属于投资活动的范畴。

（五）筹资渠道上追求以信誉取胜

以信誉取胜具体包括两个方面：一方面，对金融机构的选择，应选择能给予企业经营指导、分支机构多、交易方便的金融机构；另一方面，要以实绩和信誉赢得金融机构的信任和支持，而不应以各种违法或不正当的手段套取资金。不同创业融资渠道优缺点分析见表 12–2。

表 12–2 不同创业融资渠道优缺点分析

融资渠道	优势	缺点
自筹资金	家庭或亲友力量投入是创业初始资金的主要来源	资金数额有限
政策性贷款	政府扶持，利率优惠	贷款限额低，程序烦琐，有偿债压力
创业基金	权益融资的最好方式，资金供应充足	目前多数由政府出资，申请难度较大
天使投资	符合大学生创业特点，适合种子期企业融资	体制尚不健全

拓展训练

以小组为单位进行讨论，创业者通常可以采用哪几种方式获得创业资金？尝试用头脑风暴法想出几种更巧妙的获得资金的方法。

讨论结束后，各小组选出代表讲述讨论的结果。师生一起评出想法最多、最具可行性的小组。

第十三章

创业计划

案例导入

小陈是一名从事太阳能技术研究的工程师，毕业后经过多年研究，在利用太阳能方面取得了一项重大突破，如果这项技术能在实际中得到应用的话，前景会非常广阔。于是，他辞掉了原来的工作准备创业。在注册公司后，由于所有资金全部用尽，无力再招聘员工和准备实验材料，于是小陈想到了风险投资，希望通过引入合作伙伴的方式来解决资金困境。为此，他多次与一些风险投资机构或者个人投资者洽谈。

在洽谈中，虽然小陈反复向投资方强调他的技术先进、应用前景光明，并保证投资他的公司将会获得很大的回报，但仍然没有获得对方的信任。而且，对于投资方询问的一些重要数据，如市场需求量具体是多少，一年的回报率是多少等，小陈也没有提供。

后来，一位做咨询管理的朋友提醒小陈，他的技术很少有人懂，且没有创业计划书来做进一步说明，因此很难让人相信他。于是，在向相关专家咨询和查阅大量资料后，小陈开始从公司的经营宗旨、战略目标出发，对公司的技术、产品、市场销售、资金需求、财务指标、投资收益等方面进行分析和论证，同时还经常通过市场调查的方式来获取详细数据资料。

一个多月后，他拿出了一份创业计划书初稿，在经过几位专家的指点后，他又对创业计划书进行了修改。凭着这份创业计划书，他很快与一家风险投资公司达成了投资协议，得到了资金支持，员工招聘问题也迎刃而解。如今，他的公司经营得红红火火。谈到经验，小陈总结到，创业计划书不仅仅是写一篇文章，其编制的过程就是不断理清创业思路的过程，只有创业者自己的思路清楚了，才能让投资者和员工相信你。

自我思考

思考一：你认为小陈最终得到风险投资的原因是什么？

思考二：你对创业构想、商业模式、创业计划书有什么样的了解？

思考三：试着撰写一份创业计划书。

第一节
创业构想的产生与研讨

学习目标

了解创业构想的产生方法。

学会研讨创业构想。

一、什么是创业构想

创业构想是指创业的思路和方向，也就是对打算创办企业基本业务所做的描述。主要包括目标客户是谁、企业销售什么样的产品或服务、满足客户的哪些需求、如何销售产品或服务等方面的内容。其中，满足客户需求是创业构想的核心，企业的产品或服务都应围绕客户需求而展开。例如，对于没有员工食堂的公司，员工往往都会希望减少午饭的开支，那么就可以考虑与特定的饭店合作，向该公司提供出售打折餐券的服务。如果这种设想受到欢迎的话，就可以成为很好的创业构想内容之一。

二、创业者产生创业构想的方法

对于创业者来说，一个好的创业构想（创意）是创业成功的开始。对于很多创业团队来说，创业构想的产生是创业者选择创业后，直接面对的第一个问题。只有好的创意，才会有好的产品，才会有成功的可能。对于创意的产生，除了每一个创业者所独具的创业天赋外，一些创意方法的使用，也可以有效地帮助我们产生一个好的创意。

（一）针对需求产生创意

创业者可以通过观察市场，来寻找一些特定的社会需求，而每一种社会需求都可以成为创业者的创意来源。针对需求的创意一般来说具有社会性，我们首先要确定这种需求是市场空白而不是没市场，其次要看清这种需求创业者可不可以解决，还有就是要确定这种需求的有效时间，不要出现产品做出来了，需求消失了的尴尬局面。

（二）完善现有产品创意

对于创业者来说，创意并不仅仅是构思一种新产品，改良现有产品也是创意的一种形式。伴随着互联网的不断深化，每一件旧产品的可塑性不断增强。因此近几年，很多创业者都将方向瞄准了产品改造。因为被改造的产品本身就已经具有一定的市场稳定性，所以产品改造的风险相对而言要比新产品的开发小很多。像我们现在普遍使用的智能手机，就是产品改造的经典案例。

（三）行业结合性创意

在面对产品思考没有思路的时候，我们可以把目光放到行业与行业之间。作为互联网时代的核心动力——数据，最大好处就是打破原来隔行如隔山的行业特点。每一个行业都可以通过接入互联网，来形成统一的生态。在大数据时代，连接不同的行业，完成新的行业整合，同样可以作为创业者创业的一个创意方向。

（四）趋势潮流性创意

潮流虽然存在周期短、不稳定性高等不足，但是每一阵潮流都蕴含商机，所以创业者同样可以依据当下的时代潮流，来思考我们的创意。但是追随潮流做创意的时候，一定要牢牢抓住潮流创意的本质特点。举例而言，就像很多潮流都如同一阵风，所以创业者在做创意的时候就一定要快，这个时候速度比质量更重要。如果错过了这阵潮流风，再好的产品，都和废物没有区别。

（五）分析信息性创意

我们生活中存在各种各样的信息，尤其在大数据时代，信息交流更加频繁。所以，整理我们所获得的数据，同样可以有效地帮助我们产生好的创意。市场发展越成熟，创业的商机就越小越具体，同样也就越隐蔽。而数据分析，是一种有效扒开商机伪装的方法。这种方法，是目前互联网时代的发展方向——通过大数据的分析让商业发展从流水线走向个性化和智能化，最终让每一个隐藏的商机都变成市场。

（六）设想问题产生创意

所谓设想问题产生创意，是我们从小就在教科书里学习的方法。就如牛顿发现苹果掉落而思考“为什么会掉落”一样，有的时候，我们面对生活中遇到的问题，积极思考，也极有可能产生创意的火花。

（七）命名产生创意

这种方法类似于我们写作的时候，有一个题目，主题明确，做起文章来更容易操作。同样的道理，在创业者实在没有创意的情况下，可以命名思考。先命名，也就是先定下一个创业主题，再思考创业的具体构想。有的时候，或许就会产生一个出乎意料的创意。

三、创业构想的研讨

（一）对创业构想进行论证

有了初步的创业构想之后，接下来就是对其进行论证。论证的方法通常是通过进行市场调查来收集数据。一般来说，进行市场调查应重点解决如下问题：在事业的初始阶段，有多少资源可供使用？第一步实施过后，下一步应该怎么办？有没有希望扩大用户群，扩大用户群的方法是什么？竞争对手的实力如何？自己的强项是什么？能否抵抗对方的进攻？如果自己没有这样的强项，有什么办法可以解决？注意，如果论证后的结果不佳，则可对想法加以修正，同时可提出其他假设并重新进行论证。

（二）预测创业构想的成功概率

创业者要结合市场、行业前景、产品、自身优劣势、客户需求等方面预测创业构想的成功概率，尤其是企业未来的盈利能力，以确定是否需要进一步实施企业构想。

一般情况下，创业构想难以在开始时就完全正确，常常需要在实践中加以修正，毕竟有些问题不通过亲身实践是弄不明白的。因此，创业者摸着石头过河几乎是一个必经的过程。

第二节 商业模式的创新

学习目标

了解商业模式。

熟悉商业模式的创新途径。

一、什么是商业模式

商业模式是管理学的重要研究对象之一。企业与企业之间、企业部门之间、企业与顾客之间、企业与渠道之间都存在着各种各样的交易关系和联结方式，这种交易关系和联结方式通常被称为商业模式。通俗地说，商业模式就是指企业通过什么途径或方式来赚钱。比如，饮料公司通过卖饮料来赚钱；快递公司通过送快递来赚钱；通信公司通过收话费赚钱；超市通过平台和仓储来赚钱，等等。只要有利润的地方，就有商业模式存在。

商业模式有很多种类。比如，联想集团的“贸＞工＞技”商业模式，阿里巴巴的“淘宝”电商模式，都能使企业持续盈利，这两种商业模式属于成功的商业模式。

案例阅读

联想集团创立初期的商业模式是“技＞工＞贸”，即自己研发技术，生产自有技术产品，销售自有技术产品。但此种模式下，联想集团生存艰难。后来联想集团将商业模式调整为“贸＞工＞技”，即先代理或销售国外PC（台式电脑）及相关产品做贸易；对国外PC及相关产品熟悉之后，再做产品组装；对相关产品技术熟悉之后，再开发具有自主知识产权的技术产品。此种模式最终使联想集团获得了巨大成功。

二、商业模式的创新

（一）商业模式创新的含义

商业模式创新是指为企业价值创造提供基本逻辑的变化，即把新的商业模式引入生产体系，并为客户和自身创造价值。通俗地说，商业模式创新就是指企业以新的有效方式赚钱。新引入的商业模式，既可能在构成要素方面不同于已有商业模式，又可能在要素间关系或者动力机制方面不同于已有商业模式。

（二）商业模式创新的途径

商业模式的创新途径主要有以下几种：

1. 基于价值活动的商业模式创新

这种商业模式创新把关注的焦点放在价值活动的定位、设计与匹配上。具体来说，其主要有以下三种创新策略可供选择。

（1）价值链上的重新定位

通过专注于价值链上的某些活动（通常是高利润活动），而将其他活动外包出去，可以实现商业模式的创新。一般来说，将非核心业务外包给其他企业，不仅有利于降低经营的不确定性风险和生产成本，还有利于发挥各价值模块的核心优势，从而提高产品质量。

例如，印度第三大电信公司——巴帝电信公司将企业的主要活动定位在营销和分销上，将IT及网络职能外包给专业服务供应商，不仅降低了成本，还提高了业务的专业度，从而有效地提高了自身的核心竞争力。

（2）重组价值链

重组价值链是指企业对产业价值链进行创造性的重组，进而得出新的商业模式。对价值链进行重组的关键思想就是围绕顾客需求确定价值链中重要的部分，并以之为中心，再对非重要部分进行组合或调整，以适应这个中心。例如，戴尔公司在对自身的价值链进行改造的过程中，不仅按照客户的配置要求定做电脑，还砍掉了中间销售环节，以直销的方式与客户和供应商建立了紧密的联系，从而迅速成长为全球著名的计算机跨国集团。

（3）构造独特的价值活动体系

构造独特的价值体系是指企业通过构建和整合多个价值优势，形成企业所独有的价值活动体系，从而实现商业模式的创新。价值活动体系是对价值链的另一种表述方式，它能够把企业所从事的主要价值活动以一种相互联系的系统图展示出来，能够更为直观地展示不同活动的主次及关联关系。比如，耐克公司是全球著名的体育用品公司，以运动鞋最为出名，但其本身并不制造运动鞋，而是采取在其他国家以合同承包、加工返销的形式生产。耐克公司赖以成长壮大的秘密不在制造环节，而在其对产品设计和广告营销环节的把控，这一点用“价值链”的原理很容易解释。因为在运动鞋行业，其制造环节的生产工艺已经较为成熟，规模经济效益有限，而其研究开发和广告推销环节的固定成本高，但产品的广告边际成本低，经济规模效益高，是应该重点关注的战略环节。耐克运动鞋在市场上主要以“最佳设计”和“高档名牌”为号召力，为此不惜重金聘请迈克尔·乔丹等顶级体育明星在美国电视节目收视率最高的黄金时间做广告，成功地塑造了耐克运动鞋的高端品牌形象。耐克公司这种对价值链进行重组，形成“抓设计和营销，将生产制造外包”的价值链战略，正是其成功的奥秘所在。

2. 基于价值曲线的商业模式创新

这种商业模式创新聚焦于企业为顾客所提供的价值。对提供服务而非实体产品的企业来说，此种创新尤为重要。企业可以通过创造独特的价值曲线实现服务创新，在为顾客提供更大价值感受的同时自身也获得成功。例如，太阳马戏团是加拿大蒙特利尔的一家表演团体，也是全球最大的戏剧制作公司。该马戏团并不是简单地表演传统马戏，而是将戏剧融入马戏表演中，使得表演多元化，再配以华丽的舞台设计，重新定义了马戏团的艺术形态，因此成为当今世界发展最快、收益最高、最受欢迎的马戏团之一。

3. 基于价值网络的商业模式创新

这种商业模式创新的重点在于打造独特的价值网络，设计各种交易机制将企业自身与价值创造伙伴有机联系起来，以形成价值创造的合力。具体来说，采取这种商业模式创新的企业可以选择成为交易的组织者、交易平台的构建者或是交易的中介者。

（1）做交易的组织者

企业创造性地将供应链上各个成员组织起来，可以建立起关键环节的联盟合作关系，例如，美国Autobytel汽车销售平台通过专业化的组织能力为顾客提供了便利的一站式购车服务，顾客可以在其网站浏览各种汽车的配置、价格等信息。如果选定某款车，公司可以按照顾客的要求（如是否在家试驾、送货上门或采取信贷等方式）联系不同的合作伙伴（如生产商、物流公司和金融机构等），由其提供相关服务。在这个过程中，Autobytel汽车销售平台的作用就是把相关专业服务商组织起来，共同服务于顾客，创造价值并分享收益。

（2）做交易平台的构建者

打造交易的平台或桥梁是现在很多互联网公司的常用策略，可以把原来不可能实现的交易变成现实。例如，欧美电商平台eBay（易趣网）为注册用户提供网上拍卖交易服务，让用户能够很方便地从eBay的平台购买或销售各种产品。目前国内的阿里巴巴、京东等互联网企业，同样也是搭建了一个电商平台，来吸引相关企业和客户在平台上进行交易。

（3）成为交易的中介者

中介的功能在于促成某些交易的实现。企业若作为交易过程中的终结者，一是要采取各种机制和流程保证交易的顺利进行；二是要通过多种手段精心发展和维护其价值网络，以显著提高企业的服务能力。

4. 基于资源能力的商业模式创新

这种商业模式创新的重点在于新资源的发掘和利用，或充分挖掘现有资源的潜在价值，从而建立起竞争优势。具体来说，主要有以下两种创新策略可供选择。

（1）围绕新资源构建商业模式

新资源能为企业客户创造新的价值提供潜力。例如，美国最大的钢铁企业之一——纽柯钢铁公司由于引进了新的炼钢技术，能够利用废钢生产出建筑用钢铁产品，由此填补了低端市场的空白。该公司进一步以低端市场为基础，将产品线延伸到高端产品，最终打败了伯利恒等老牌钢铁公司。

（2）创造性地利用现有资源

一些企业可以围绕自身独特的技能、优势，挖掘现有资源的潜能，建立新的商业模式，以实现利润增长。例如，必胜客开发的必胜客宅急送业务就是这方面的典型案例，这一模式整合了消费者的外卖需求，在满足顾客需求的同时，也提高了营业收入。

5. 基于收入模式的商业模式创新

收入模式即企业的盈利模式。这种商业模式创新通过设计各种收入机制来获得收益，并利用一切可能来扩大收入来源。具体来说，其主要有以下几种策略：

（1）利用“互补品”

这是一种“此失彼得”的策略，一般有以下两种方式：一是“产品＋产品”的互补，如佳能的“低利润打印机加高利润墨盒”便采用了该种方式；二是“产品＋服务”的互补。这边“失”，那边“得”。

案例阅读

相信不少人都有过乘飞机的经验，人们通常下了飞机以后还要再转乘另一种交通工具才能到达目的地。在四川成都机场有个很特别的景象，当乘客下了飞机以后，会看到机场外停着百余部休旅车，后面写着“免费接送”。如果乘客搭出租车前往市区，平均要花150元的车费，但是如果选择搭那种黄色的休旅车，只要一辆车坐满了，司机就会发车带乘客去市区的任何一个地点，而且完全免费。

四川航空公司向风行汽车公司买了150辆休旅车，公司一方面提供的机票是5折优惠，另一方面又给乘客提供免费接送服务，这一举措为四川航空公司每年带来上亿元利润。人们不禁要问：免费的车怎么也能创造这么高的利润？这就是商业模式创新的魔力。

每辆原价为14.8万元的休旅车，四川航空公司要求以9万元的价格购买150台，公司在车上帮车商做广告，销售汽车。然后四川航空公司征召司机，以每辆休旅车17.8万元的价钱出售给这些准司机，告诉他们只要每载一名乘客，四川航空公司就会付给司机25元人民币。四川航空公司立即进账了1320万元［(17.8万元－9万元）×150=1320万元］。司机为什么要用更贵的价钱买车？因为对司机而言，比起一般出租车需要在路上不停地找客人，四川航空提供了一条客源稳定的路线。这17.8万元里包含了稳定的客户源、特许经营费用、管理费用。

接下来，四川航空公司推出了只要购买5折票价以上的机票，就送免费市区接送的活动，这样基本上资源整合的商业模式已经形成了。这对乘客而言，划算；对风行汽车而言，多出了150名业务员帮它卖车子，省下了一笔广告预算，换得一个稳定的广告通路，划算；对司机而言，成为四川航空公司的专线司机，获得稳定的收入来源，划算。

当这个商业模式形成后，根据统计，在正常情况下，四川航空公司大约平均每天多卖10000张机票。

（2）从“免费”到“收费”

基于互联网提供的便利，消费者对很多信息产品的期待是“免费获取”。因此，一些公司对“免费—收费”模式的细节进行创新，发掘了赚钱的机制。例如，美国电脑软件公司Adobe在中国的销售策略是，先允许用户免费试用一段时间的软件，试用期过后，用户若想继续使用，则必须购买正版产品。

（3）由第三方付费

这种策略并不需要消费者付费，而是通过让其他利益相关方付费而赚取收入。例如，百度公司的商业模式是让普通用户免费使用其搜索引擎，同时通过向企业客户收取定向广告费来获得收益。

（4）“多收入流”

这种策略一般多与价值网络构建密切相关，由此企业可以扩大各种可能的收益来源。例如，上海硅谷知识产权交易中心是一家为中国企业提供信息技术产权交易的平台，其除了向技术需求方收取会费、向技术供应方收取展示费之外，还会按一定比例收取交易中介费。

第三节 创业计划书的撰写与评价

了解创业计划书的含义和作用。

掌握创业计划书的评价方法。

一、什么是创业计划书

（一）创业计划书的含义

创业计划书又称商业计划书，是指创业者在初创企业成立之前就某一具有市场前景的新产品或服务，向潜在投资者、风险投资公司、合作伙伴等游说以取得合作支持或风险投资的可行性商业报告，用来描述创办一个新企业时所有的内部和外部要素。

创业计划书一般按照相对标准的文本格式进行编写，是全面介绍企业或项目发展前景，阐述产品、市场、竞争、风险及投资收益和融资要求的书面材料。有了一份详尽的创业计划书，就好像有了一份业务发展的指示图一样，它会时刻提醒创业者应该注意什么问题，规避什么风险，并最大限度地帮助创业者获得来自外界的帮助。

（二）创业计划书的作用

一份标准的创业计划书至少有以下三个方面的作用：

1. 帮助创业者自我评价，理清思路

在创业融资之前，创业计划书首先应该是给创业者自己看的。办企业不是“过家家”，创业者应该以认真的态度对自己所有的资源、已知的市场情况和初步的竞争策略做尽可能详尽的分析，并提出一个初步的行动计划，然后通过创业计划书使自己心中有数。另外，创业计划书还是创业资金准备和风险分析的必要手段。对初创的风险企业来说，创业计划书的作用尤为重要，一个酝酿中的项目前景往往很模糊，通过制定创业计划书，把正反理由都写下来，然后再逐条推敲，创业者就能对这一项目有更加清晰的认识。

2. 帮助创业者凝聚人心，有效管理

一份完美的创业计划书可以增强创业者的自信心，使创业者明显感到对企业更容易控制，对经营更有把握。因为创业计划书提供了企业全部的现状和未来发展的方向，也为企业提供了良好的效益评价体系和管理监控指标。创业计划书使得创业者在创业实践中有章可循。

创业计划书通过描绘新创企业的发展前景和成长潜力，使管理层和员工对企业及个人的未来充满信心，并明确要从事什么项目和活动，从而使大家了解将要充当什么角色，完成什么工作，以及自己是否胜任这些工作。因此，创业计划书对于创业者吸引所需要的人力资源及凝聚人心具有重要作用。

3. 帮助创业者对外宣传，获得融资

创业计划书作为一份全方位的项目计划，它既是对即将展开的创业项目进行可行性分析的过程，又是在向风险投资家、银行、客户和供应商等宣传其拟建的企业及其经营方式，包括企业的产品、营销、市场及人员、制度、管理等各个方面。它在一定程度上也是拟建企业对外进行宣传和包装的文件。此外，好的创业计划书还可能有机会取得政府的扶持。

总之，一份完美的创业计划书不仅会增强创业者自己的信心，也会增强风险投资家、合作伙伴、员工、供应商、分销商等对创业者的信心。而这些信心，正是企业走向创业成功的基础。

二、对创业计划书的评价

如同作文写完需要检查一样，在创业计划书制作完成以后，创业者也应对计划书进行检查，以评价计划书能否准确回答投资者的疑问，增强投资者对本企业的信心。如答案为否，则应对计划书进行修改和完善。

创业者可以从以下七个方面对计划书加以评价：

①创业计划书是否显示出创业者具有管理公司的经验？若无，则最好在计划书中表明已找到了专业人士来帮忙管理企业。

②创业计划书是否显示出企业有能力偿还借款？要给预期的投资者一份完整的财务报告。

③创业计划书是否显示出企业已进行过完整的市场分析？要让投资者坚信计划书中阐明的产品需求量是确实可达到的。

④创业计划书是否容易被投资者所领会？计划书一定要写得逻辑清晰，表达准确，通俗易懂。

⑤创业计划书是否有摘要，并放在了最前面？还要检查摘要是否写得简明扼要、引人入胜。

⑥创业计划书是否在文法上全部正确？计划书的拼写错误和排印错误很可能使企业丧失机会。

⑦创业计划书能否打消投资者对产品、服务的疑虑？如果需要，企业可以准备一件产品模型。

拓展训练

阅读下面的材料，然后解答文末的问题。

材料：

一位名叫付文杰的学生刚考入大学时，曾向父母立下豪言："自己养活自己，不向家里要一分钱。"于是，怎么挣学费成了付文杰必须解决的首要问题。

上学第二年，一个偶然的机会，付文杰在乘公交车时帮助一位卖盆栽的阿姨搬运盆栽，以后他有空便去帮忙打理盆栽。付文杰的热情、憨厚打动了这位阿姨，她把自己积累的卖盆栽的经验教给了付文杰。看到校门口忙碌的地摊小贩，付文杰萌生了摆摊卖小盆栽的念头。自此，付文杰走上了创业之路，并通过卖盆栽赚取了第一桶金。

之后，付文杰号召有创业激情的同学一起开展了各种创业项目。历经几番沉浮，饱尝成功与失败的酸甜苦辣，肯吃苦、不服输的付文杰终于取得了成功。

大学毕业那年，其注册的时代俊杰股份有限公司总资产达200万元，年收入超过100万元，吸纳了120位亲人就业。现在，时代俊杰股份有限公司拥有五家企业，经营范围涉及广告与制作、内衣、餐饮、教育培训等多个行业，拥有员工300多人，公司总资产3000多万元，年销售收入8000多万元。

凭借自己的智慧与勇气，付文杰实现了自己的创业梦，2011 年入选中国大学生年度人物。2013 年《中国教育报》报道了付文杰的创业故事。

思考与讨论：

请同学们按 4～6 人分组，每组派一人专门记录。然后讨论：

1. 付文杰是怎样选择他的创业项目的？他是怎样创办起自己的公司的？
2. 根据付文杰的创业经历，为他制定一份创业计划书。

第十四章

新创企业管理

案例导入

小周是国内一所高职院校的学生，去年刚毕业的他决定在成都自主创业，他为自己的公司取名为“蓉城资本家竞争力顾问有限公司”。结果在工商局办理注册登记时遭到拒绝。理由是“字号、行业表述不当”。工商局认为：“资本家”一词有特定的含义，用其作企业名称有损国家、社会公共利益，容易造成消极的政治影响。而且“竞争力顾问”属于行业表述不当。双方还引发了一场诉讼官司，最终小周以败诉告终。

自我思考

思考一：你认为小周注册登记失败的原因是什么？

思考二：你对企业创办的流程有哪些了解？

第一节 企业的创办

学习目标

了解企业的组织形式。

掌握企业的设立登记流程。

熟悉企业的选址策略。

一、新创企业组织形式的选择

在市场经济条件下，企业必须依法建立。在创建新企业时，创业者都将面临企业法律形态（也就是企业组织形式）的选择问题。选择什么样的企业组织形式，这是创业者需要认真考虑的重要问题。创业者首先要了解我国企业的法律形态，然后根据自己的实际情况，权衡各种法律形态的利弊，选择适合自己的组织形式。目前，我国企业主要有个人独资企业、合伙企业、公司制企业三种基本的组织形式。规模极小的创业者还可以采用个体工商户的形式。

（一）个人独资企业

个人独资企业是指依照《中华人民共和国个人独资企业法》，在中国境内设立，由一个自然人投资，财产为投资人个人所有，投资人以其个人财产对企业债务承担无限责任的经营实体。个人独资企业有很大的自由度，只要不违反法律法规，经营什么、雇多少人、贷多少款，全由企业主自己决定。

1. 个人独资企业设立的条件

①投资人为一个自然人。

②有合法的企业名称。个人独资企业不能使用“公司”字样，可以是厂、店、部、工作室等。

③有投资人申报的出资。

④有固定的生产经营场所和必要的生产经营条件。

⑤有必要的从业人员。

2. 个人独资企业与个体工商户的异同

(1) 相同点

①个人独资企业与个体工商户的投资主体相同，均为自然人。

②个人独资企业与个体工商户对投入的资产都实行申报制，不需要经过法定的验资机构验资。由于两者都承担无限责任，因此不强调对作为出资的实物、工业产权、非专利技术和土地使用权的实际缴付。

③两者承担法律责任的形式相同，都必须以个人财产或家庭财产承担无限责任。如果以出资方式分，个体工商户可分为个人经营和家庭经营两种形式，而个人独资企业也可以分为以个人财产出资的个人独资企业和以家庭财产出资的个人独资企业。在责任承担上，以个人财产出资的个人独资企业或个体工商户都以个人财产承担无限责任，以家庭财产出资的个人独资企业或个体工商户都以家庭财产承担无限责任。

④作为一种经济组织，个人独资企业与个体工商户均须有必要的资金、场所、从业人员及生产经营条件。这也是个体工商户与个人独资企业作为市场主体进入市场的必要条件。

此外，个人独资企业与个体工商户在商标使用主体及广告宣传策略等方面也具有很多的相同点。

(2) 不同点

①个人独资企业必须有固定的生产经营场所和合法的企业名称，而个体工商户既可以不起字号名称，也可以没有固定的生产经营场所而流动经营。换句话说，合法的企业名称和固定的生产经营场所是个人独资企业的成立要件，但不是个体工商户的成立要件。

②个体工商户的投资者与经营者是同一人，都必须是投资设立个体工商户的自然人。而个人独资企业的投资者与经营者可以是不同的人，投资人可以委托或聘用他人管理个人独资企业的事务。也就是说，个人独资企业的所有权与经营权是可以分离的，这就决定了个人独资企业更符合现代企业制度的特征。而个体工商户的所有权与经营权是集于投资者一身的，已不能适应现代企业制度发展的要求，因而它只能适用于小规模的经营主体。

③个人独资企业既可以设立分支机构，也可以委派他人作为个人独资企业分支机构负责人。这一规定说明，个人独资企业不但可以在登记管理机关辖区内设立分支机构，而且可以在异地设立分支机构，由设立该分支机构的个人独资企业承担责任。而个体工商户根据规定不能设立分支机构。除此之外，个体工商户虽然可以异地经营，但随着各地近几年相继简化了外来人员的登记手续，个体工商户的异地经营这一规定逐渐淡化。由此可以看出，个人独资企业的总体规模一般大于个体工商户。

④个人独资企业与个体工商户在财务制度和税收政策上的要求也不尽相同。事实上，这也是投资者较关心的问题。根据《中华人民共和国个人独资企业法》的规定，个人独资

企业必须建立财务制度，以进行会计核算。值得一提的是，财务制度是个人独资企业的必备条件，不以任何部门的要求而改变。而个体工商户由于情况复杂，关于是否要建立会计制度的争论较多，因此在《中华人民共和国会计法》中也只做了原则性规定。从执法情况看，个体工商户可以按照税务机关的要求建立账簿，税务部门不做要求的，也可以不进行会计核算。另外，在税收政策方面，由于我国的税收法律制度是一个相对独立的体系，因此它与市场主体法律制度之间没有统一的联系。税务部门认定一般纳税人和小规模纳税人的标准并不是以企业的市场主体地位不同而划分的。一般来说，个体工商户较难被认定为一般纳税人，而个人独资企业如符合条件则可以被认定为一般纳税人。

3. 个人独资企业与一人有限责任公司的区别

（1）投资主体不同

个人独资企业的投资主体只有一个人，就是自然人。一人有限责任公司投资主体既可以是自然人，也可以是法人。

（2）法律形式不同

一人有限责任公司属于法定民事主体，具有法人资格，个人独资企业不具有。原因就是个人独资企业主体是自然人，自然人不具有承担民事责任和享受民事权利的资格。

（3）设立条件不同

一人有限责任公司注册资本最低额度是人民币十万元，股东一次性缴纳公司规定出资额。个人独资企业的设立没有规定最低出资额，只需申报人出资即可。一人有限责任公司的出资额不得低于注册成本的30%，而个人独资企业对出资未做出任何强制性规定。

（4）税收缴纳规定不同

个人有限责任公司需要缴纳企业所得税，而个人独资企业不需要缴纳企业所得税，只需要企业所有人缴纳个人所得税。

（5）投资者承担责任不同

个人独资企业的投资人以其个人资产对公司承担无限责任，投资人在申请企业设立登记证明时，确认以其家庭共有财产作为个人出资，依法以家庭共有财产对企业债务承担无限责任。一人有限责任公司股东仅以出资额为限承担有限责任。

（6）财务核算要求不同

一人有限责任公司应当在每一会计年度终了时编制财务会计报告，并由会计师事务所审计。个人独资企业则只需依法设置会计账簿来进行会计核算，无须经会计师事务所审计。

（二）合伙企业

合伙企业是指自然人、法人和其他组织依照《中华人民共和国合伙企业法》在中国境内设立的，由两个或两个以上的自然人通过订立合伙协议，共同出资经营、共负盈亏、共担风险的企业组织形式。合伙企业既可以由部分合伙人经营，其他合伙人仅出资并共负盈亏，也可以由所有合伙人共同经营。合伙企业包括普通合伙企业和有限合伙企业。

普通合伙企业由两人以上普通合伙人（没有上限规定）组成，合伙人对合伙企业债务承担无限连带责任。

有限合伙企业由两人以上五十人以下的普通合伙人和有限合伙人组成，其中普通合伙人至少有一人，当有限合伙企业只剩下普通合伙人时，应当转为普通合伙企业，如果只剩下有限合伙人，应当解散。普通合伙人对合伙企业债务承担无限连带责任，有限合伙人以其认缴的出资额为限对合伙企业债务承担责任。

1. 合伙企业设立的条件

①有两个以上合伙人，并且都是依法承担无限责任者。

②有书面合伙协议。

③有各合伙人实际缴付的出资。

④有合伙企业的名称。

⑤有经营场所和从事合伙经营的必要条件。

2. 合伙企业的特征

（1）生命有限

合伙企业比较容易设立和解散。只要合伙人签订了合伙协议，就宣告合伙企业成立。新合伙人的加入，旧合伙人的退伙、死亡、自愿清算、破产清算等均可造成原合伙企业的解散以及新合伙企业的成立。

（2）责任无限

合伙组织作为一个整体对债权人承担无限责任。按照合伙人对合伙企业的责任，合伙企业可分为普通合伙企业和有限合伙企业。普通合伙企业的合伙人均为普通合伙人，对合伙企业的债务承担无限连带责任。例如，如果甲、乙、丙三人成立的合伙企业破产，当甲、乙已无个人资产抵偿企业所欠债务时，虽然丙已依约还清应分摊的债务，但仍有义务用其个人财产为甲、乙两人付清所欠的应分摊的合伙债务，当然此时丙对甲、乙拥有财产追索权。有限合伙企业由一个或几个普通合伙人和一个或几个责任有限的合伙人组成，即合伙人中至少有一个人要对企业的经营活动负无限责任，而其他合伙人只以其出资额为限对债务承担偿债责任，因而这类合伙人一般不直接参与企业经营管理活动。

（3）相互代理

合伙企业的经营活动，由合伙人共同决定，合伙人有执行和监督的权利。合伙人可以推举负责人。合伙负责人和其他人员的经营活动，由全体合伙人承担民事责任。换言之，每个合伙人代表合伙企业所发生的经济行为对所有合伙人均有约束力。因此，合伙人之间较易发生纠纷。

（4）财产共有

合伙人投入的财产，由合伙人统一管理和使用，不经其他合伙人同意，任何一位合伙人不得将合伙财产移为他用。只提供劳务，不提供资本的合伙人仅有权分享一部分利润，而无权分享合伙财产。

（5）利益共享

合伙企业在生产经营活动中所取得、积累的财产，归合伙人共有。如有亏损则亦由合伙人共同承担。损益分配的比例，应在合伙协议中明确规定，未经规定的可按合伙人出资比例分摊，或平均分摊。以劳务抵作资本的合伙人，除另有规定者外，一般不分摊损失。

（三）公司制企业

公司制企业，在我国是指《中华人民共和国公司法》（以下简称《公司法》）所界定的那两种最基本的组织形式，即有限责任公司和股份有限公司。

1. 公司制企业的分类

（1）有限责任公司

有限责任公司又称有限公司，是指根据《中华人民共和国公司登记管理条例》的规定登记注册，由五十个以下的股东出资设立，每个股东以其所认缴的出资额对公司承担有限责任，公司以其全部资产对其债务承担责任的经济组织。只有一个股东的有限责任公司称为一人有限责任公司。

一人有限责任公司，是指只有一个自然人股东或一个法人股东持有公司全部出资的有限责任公司。一人有限责任公司不设股东会，注册资本最低限额为人民币十万元，在每一会计年度终了时编制财务会计报告，并经会计师事务所审计。一人有限责任公司对公司承担有限责任，股东不能证明公司财产独立于股东自己个人财产的，应当对公司债务承担连带责任。

（2）股份有限公司

股份有限公司是由两人以上两百人以下为发起人，公司全部资本分为等额股份，股东以其认购的股份为限对公司承担责任的经济组织，股份有限公司注册资本的最低限额为人民币五百万元。

2. 有限责任公司与股份有限公司的区别

有限责任公司与股份有限公司都是公司，具有公司的一些共性特征，两者的区别主要表现在：

（1）是人合还是资合

有限责任公司是在对无限公司和股份有限公司两者的优点兼收并蓄的基础上产生的。它将人合性和资合性统一起来：一方面，它的股东以出资为限，享受权利，承担责任，具有资合的性质，与无限公司不同；另一方面，因其不公开招股，股东之间关系较密切，具有一定的人合性质，因而与股份有限公司又有区别。股份有限公司是彻底的资合公司。其本身的组成和信用基础是公司的资本，与股东的个人人身性（信誉、地位、声望）没有联系，股东个人也不得以个人信用和劳务投资，这种完全的资合性与无限公司和有限责任公司均不同。

（2）股份是否为等额

有限责任公司的全部资产不必分为等额股份，股东只需按协议确定的出资比例出资，并以此比例享受权利，承担义务。一般说来，股份有限公司必须将股份化为等额股份，这不同于有限责任公司。这一特性也保证了股份有限公司的广泛性、公开性和平等性。

（3）股东数额

有限责任公司因其具有一定的人合性，以股东之间一定的信任为基础，所以其股东数额不宜过多，我国的《公司法》规定为五十人以下。有限责任公司股东数额有上限规定，股份有限公司则只有下限规定，即只规定最低限额发起人，实际只规定股东最低法定人数，而对股东人数的上限不做规定，这就使得股份有限公司的股东具有最大的广泛性和相当的不确定性。

（4）募股集资是公开的还是封闭的

有限责任公司只能在出资者范围内募股集资，不得向社会公开募股集资，公司为出资人所发的出资证明亦不同于股票，不得在市场上流通转让。募股集资的封闭性决定了有限责任公司的财务会计无须向社会公开。与有限责任公司的封闭性不同，股份有限公司募股集资的方式是开放的，无论是发起设立或是募集设立，都须向社会公开或在一定范围内公开募集资本，招股公开，财务经营状况亦公开。

（5）股份转让的自由度

有限责任公司的出资证明不能转让流通。股东的出资既可在股东之间相互转让，也可向股东以外的人转让；但其人合性质，决定了其转让要受到严格限制。按照《公司法》的规定，转让必须经全体股东过半数同意；在同等条件下，其他股东有优先购买权。股份有限公司的股份的表现形式为股票。这种在经济上代表一定价值，在法律上体现一定资格和权利义务的有价证券，一般地说，与持有者人身并无特定联系，法律允许其自由转让，这就必然加强股份有限公司的活跃性和竞争性，同时必然招致其盲目性和投机性。

（6）设立条件的宽严不同。股份有限公司因其经济地位和组织、活动的特性，国家必须以法律手段对其进行管理和监督，其设立必须满足一系列法定条件，履行严格的法定程序。在我国，股份有限公司的设立必须经有关部门批准，有限责任公司多为中小型企业，还因其封闭性、人合性，法律要求不如股份有限公司严格，有的可以简化，并有一定的任意性选择。

3. 公司制企业设立的条件

（1）有限责任公司设立的条件

①股东符合法定人数：五十人以下。

②股东出资达到法定资本最低限额三万元人民币。股东既可以用货币出资，也可以用

实物、知识产权、土地使用权等可以用货币估价并可以依法转让的非货币财产作价出资。

③股东共同制定公司章程。

④有公司名称，建立符合有限责任公司要求的组织机构。

⑤有公司住所。

（2）股份有限公司设立的条件

①发起人符合法定的资格，达到法定的人数：2～200 人。

②发起人认购和向社会公开募集的股本达到法定的最低限额。

③股份发行、筹办事项符合法律规定。

④发起人制定公司章程，并经创立大会通过。

⑤有公司名称，建立符合公司要求的组织机构。

⑥有固定的生产经营场所和必要的生产经营条件。

股份有限公司的设立方式主要有：一是发起设立，即所有股份均由发起人认购，不得向社会公开招募；二是招募设立，即发起人只认购股份的一部分，其余部分向社会公开招募。

4. 公司制企业的组织机构

有限责任公司和股份有限公司的组织机构由股东大会、董事会、总经理、监事会组成。

（1）股东大会

股东大会即全体股东所组成的机构。它是公司的最高决策机构。公司的一切重大事项均由股东大会做出决议。

（2）董事会

董事会即由两个以上的董事组成的集体机构。它是公司对内执行业务、对外代表公司的常设理事机构，向股东大会负责。董事会的职权主要有：代表公司对各种业务事项做出意见表示或决策，以及组织实施和执行这些决策；除股东大会决议的事项外，公司日常业务活动中的具体事项，均由董事会决定。

（3）总经理

总经理由董事会决定聘任或者解聘，是公司的执行人员，负责公司的经营管理工作。

（4）监事会

监事会是指对董事会执行的业务活动实行监督的机构。它是公司的常设机构，由股东大会从股东中选任，不得由董事或经理兼任。监事会的职权主要有：列席董事会会议，监督董事会的活动，定期和随时听取董事会的报告，阻止董事会违反法律和章程；随时调查公司业务和财务情况，查阅账簿和其他文件；审核公司的结算表册和清算表册；召集股东大会；代表公司与董事交涉或对董事起诉。

（四）各种企业组织形式的优劣比较

各种企业组织形式没有绝对的好坏之分。对创业者而言，需要考虑的是选择哪种企业组织形式更有利于创业企业的生存与发展。各种企业组织形式的优势与劣势比较，如表14-1所示。

表 14-1　各种企业组织形式的优劣比较

企业组织形式	优势	劣势
个人独资企业	①企业设立、转让和解散等行为手续简便，仅向登记机关登记即可，且费用低。 ②创业者拥有对企业的控制权。 ③企业经营灵活性高，可迅速对市场变化做出反应。 ④利润归创业者所有，不需与他人分享。 ⑤只需缴纳个人所得税，无须双重纳税（即不用缴纳企业所得税）。 ⑥在技术和经费方面易于保密	①创业者承担无限责任。 ②不易从企业外部获得信用资金，筹资困难。 ③企业寿命有限，易随创业者的退出而消亡。 ④企业的成功更多地依赖创业者的个人能力。 ⑤创业者投资的流动性低
合伙企业	①企业的设立较简单和容易，费用低。 ②企业经营具有高度的灵活性。 ③企业资金来源较广，信用度较高	①合伙人承担无限连带责任。 ②财产转让困难。 ③融资能力有限，企业规模受限。 ④企业往往因关键合伙人的退出而解散。 ⑤在合伙人对企业经营有分歧时，决策困难
有限责任公司	①股东只承担有限责任，风险小。 ②公司具有独立寿命，易于存续。 ③公司所有权与经营权分离，聘任职业经理人管理，更能适应市场竞争。 ④以出资人的出资额为限承担公司的经营风险。 ⑤促使公司形成有效的治理结构。 ⑥多元化产权结构有利于科学决策。 ⑦可吸纳多个投资人，促进资本集中	①税收负担较重，存在双重纳税问题。 ②不能公开发行股票，筹集资金的规模与渠道受限。 ③公司产权不能充分流动，资产运作受限
股份有限公司	①股东只承担有限责任，风险小 ②公司具有独立寿命，易于存续 ③公司产权可以股票形式充分流动 ④可聘任职业经理人管理，管理水平较高 ⑤筹资能力强	①公司设立程序复杂，费用高。 ②税收负担较重，存在双重纳税问题 ③政府限制较多，法规要求比较严格 ④因公司要定期报告其财务状况，使公司的相关事务不能严格保密

二、新创企业的设立登记流程

按照现行法律法规，创业者注册新公司需要遵循一定的流程，并需要到相应的政府部门登记审批。其相关登记流程如下。

（一）预先核准企业名称

创业者设立企业时，首先需要核准企业名称。创业者可登录当地市场监督管理局官方网站，进入“网上办事大厅”或“在线办事”等栏目，注册账号并登录；然后，选择“名称登记”选项，按要求填写事先准备好的企业名称并提交。在企业设立之前通过预先核准程序将企业名称确定下来，对确认统一申请材料中的企业名称、规范登记文件等均有重要的作用。企业名称经审核通过后，创业者即可获得“企业名称预先核准通知书”。

（二）准备申请材料并在线提交申请

企业名称经审核通过后，创业者即可选择“企业登记”选项，按要求填写企业登记的相关信息，如企业住所地、企业类型、注册资本、经营范围、投资人名单及其出货比例等。

同时，创业者应准备企业登记的相关申请材料，并按照系统提示上传申请材料的电子文件，对于有限责任公司的设立而言，创业者通常应准备法定代表人、全体股东、财务负责人的身份证明材料，代理人的资料，备案登记资料，公司章程，住所证明等。具体的申请材料包括以下内容。

1. 企业设立登记申请书

该申请书包括“企业设立登记申请表”“单位投资人（单位股东、发起人）名录”“自然人股东（发起人）、个人独资企业投资人、合伙企业合伙人名录”“投资人注册资本（注册资金、出资额）缴付情况”“董事会成员、经理、监事任职证明”“企业住所证明”等材料，均由法定代表人亲笔签署。

2. 公司章程

由全体股东签字；有法人股东的，还应加盖该法人单位公章。

3. 股东资格证明

自然人股东应提交身份证复印件，企业法人股东应提交加盖公章的营业执照复印件。

4. 指定（委托）书

即创业者委托代表或代理人办理企业登记注册手续的授权委托书。

5. 经营范围

涉及前置许可项目（如危险品经营、快递业务经营等）时，创业者应提交有关审批部门的批准文件。

企业登记的相关申请材料提交完成后，市场监督管理局会在五个工作日内进行审核。如果申请材料存在问题，市场监督管理局会另行通知申请人修正后继续提交。网上审查通过后，申请人将收到“准予设立登记通知书”。

（三）领取营业执照并刻制印章

创业者与市场监管局预约领证时间，然后携带“准予设立登记通知书”、申请人的身份证原件，到市场监督管理局领取营业执照正、副本。创业者领取营业执照之后，凭营业执照到公安局指定刻章点刻制公司公章、财务专用章、合同专用章、法人章和发票专用章。完成新企业印章刻制后，创业者还须到公安机关及相应的主管部门进行印鉴备案。

（四）银行开户

银行账户是企业为办理结算和申请贷款在银行开立的户头，也是企业委托银行办理信贷与转账结算及现金支付业务的工具。它具有监督和反映国民经济各部门、各单位活动的作用。根据《人民币银行结算账户管理办法》规定，单位银行结算账户分为基本存款账户、一般存款账户、专用存款账户和临时存款账户。

基本存款账户是存款人因办理日常转账结算和现金收付需要开立的银行结算账户。一般存款账户是存款人因借款或其他结算需要，在基本存款账户开户银行以外的银行营业机构开立的银行结算账户。专用存款账户是存款人按照法律、行政法规和规章，对其特定用途资金进行专项管理和使用而开立的银行结算账户。临时存款账户是存款人因临时需要并在规定期限内使用而开立的银行结算账户，如设立临时机构、开展异地临时经营活动、注册验证时开立的账户。

各类账户均有不同的设置和开户条件。按照规定，企业只能在银行开立一个基本存款账户。

企业开立银行基本存款账户和临时存款账户的基本程序如下。

①企业选定开户银行，向该银行领取开户申请书并如实填写，交由主管部门审核盖章后，附上营业执照正本，交给开户银行审核。

②银行同意开户后，企业送交预留印鉴，包括财务专用章和法人章。

开立银行账户之后，企业可根据业务需要向开户银行购领有关结算凭证，如现金缴款单、支票等。

（五）税务报到

在市场监督管理局办理完“五证合一、一照一码”登记后，创业者应携带营业执照正、副本原件，法人身份证原件及公章、法人章到税务局报到，登录税务局官网并办理税务登记业务。

案例阅读

小章高职毕业后，想自主创业开办一家公司，但她听说要办理什么“五证合一、一照一码”登记后，头都大了。因为这些年一直埋头苦学，压根儿就没听说过“五证合一、一照一码”这些词语。于是她去请教开了几年公司的堂哥，堂哥爽快地给她讲解了起来。

2015 年 6 月，国务院办公厅颁布了《关于加快推进“三证合一”登记制度改革的意见》（国办发〔2015〕50 号），以简化企业登记、审批的程序，提高登记效率，方便企业准入。

2015 年 10 月 1 日起，“三证合一、一照一码”登记制度改革开始在全国推行。2015 年 12 月，国家工商行政管理总局（现为“国家市场监督管理总局”）、国家税务总局联合发出《关于进一步做好“三证合一”有关工作衔接的补充通知》（工商企注字〔2015〕228

号)，要求各地建立健全信息共享机制，做好企业登记和税务管理衔接有关工作，确保“三证合一”工作衔接顺畅高效。

“三证合一”是将企业依次申请的工商营业执照、组织机构代码证和税务登记证三证合为一证，提高市场准入效率；“一照一码”则是在此基础上更进一步，通过“一日受理、并联审批、信息共享、结果互认”，实现由一个部门核发载有“统一社会信用代码”(共18位)的营业执照。企业无须再次进行税务登记，也不用再领取税务登记证。“一照”即营业执照，“一码”即统一社会信用代码。

2016年6月，国务院办公厅颁发《关于加快推进“五证合一、一照一码”登记制度改革的通知》(国办发〔2016〕53号)，在“三证合一”登记制度改革的基础上，再整合社会保险登记证和统计登记证，实现“五证合一、一照一码”。

堂哥最后还告诉小章，企业设立登记的管理机关为各省市的市场监督管理局，具体的注册登记工作可以完全通过网络平台进行。

三、新创企业的选址策略

(一) 选址的意义

创业选址是创业前期准备工作中的一项非常重要的工作。不论创立何种企业，地点的选择都是决定成败的一大关键性要素。可以说“地段决定前途”，好的选址等于成功了一半。尤其是以门市为主的零售、餐饮等服务业，店面的选择更是成败的关键。

同时，企业的选址直接体现了企业的战略目标。一个企业的战略目标，是在全面综合考虑地理因素、人文因素和交通状况等方面的基础上，根据企业自身实际情况制定出来的企业指导战略。地址的选择也不例外，也是企业战略目标的一个组成部分。

案例阅读

1986年9月，美国著名的特许连锁企业肯德基公司开始考虑进入中国这个世界上人口最多的大市场，时任肯德基东南亚地区副总裁的托尼承担了开拓中国新市场的重任。

选址成为肯德基实施中国战略所面临的第一大难题，托尼从天津、上海、广州和北京四大城市的优劣分析开始。虽然从经济角度看，在广州创建第一家肯德基连锁店更容易为当地所接受，而且成本低、收效快，选址广州应该是最佳选择，但由于广州不是直辖市，也不是中国的政治经济文化中心，其影响程度和辐射面相对较小。因此，考虑到北京政治经济地位、大量流动人口和在全国的形象，有助于向其他城市拓展，托尼决定将北京作为一个起点。事实证明，他的选择是正确的，中国第一家肯德基门店落户北京前门，投资375万元，一年半即已回本。

（二）新创企业的选址原则

新创企业选址应遵循以下几个原则。

1. 匹配行业定位

企业经营场所的选择和行业密切相关，各行各业都有不同的特点和消费对象，黄金地段不一定是最好的选择。如果经营的是日化、副食等快速消费品，就要选择在居民区或社区附近；如果经营的是家具电器等耐用消费品，就要选择在交通便利的商业区。因此，企业选址关键要根据行业来确定。

2. 依据经营内容

如果是开店，店铺销售的商品种类不同，其对店址的要求也不同。有的店铺要求开在人流量大的地方，如服装店、小超市，但并不是所有的店铺都适合开在人山人海的地方，如保健用品商店和老人服务中心，就适宜开在偏僻、安静一些的地方。

3. 靠近消费群体

新创企业的选址还要考虑自己的目标消费群体，是主要面向普通大众消费群体，还是主要面向中高阶层消费群体。简单来讲就是要选择能够接触较多目标消费群体的地方。

通常情况下，大多数店铺适合选择在人流量比较大的街区，特别是当地商业活动比较频繁、商业设施比较密集的成熟商圈。但有的店面开在闹市区则不如开在相对偏僻一些的区域，如食杂小店，开在居民区内生意一般比开在闹市区好；文具用品店，开在黄金地段不如开在学校附近好。

综合来看，可以考虑的经营地点有以下几种。

①车站附近。适合小吃店、副食品店、特产商品店、旅馆、饰品店、快餐店、物品寄存处等。

②学校附近。适合书店、文具用品店、鲜花礼品店、饰品店、洗衣房、复印店、照相馆等。

③居民住宅小区。适合米店、杂货店、发廊、裁缝店、托儿所、服装店、水果店等。

4. 遵循价值链环节

同一产业的企业如果所处价值链环节不同，企业选址考虑的侧重点也随之而异。总部基地、研发中心的选址，要更关注政府因素的影响，包括政府服务水平、政策导向和投资环境的营造，如人才及教育资源是否充足，风险投资的供给情况等，这种选址布局上偏好聚集在大城市或新兴城市；制造型企业的选址，要更关注成本因素的影响，如土地、能源、劳动力等资源是否能够容易以较低的成本获取，加之城市规划的影响，其在区位分布上有逐渐迁出市中心，在城市周边布局的趋势；营销及售后服务企业，则应更多考虑市场的因素，如区域内消费者的消费水平、市场潜力和同业竞争状况，在区位的选择上也要更贴近市场，以提高服务效率，更快地响应市场需求的变化。

5. 关注政府政策

企业选址不仅需要重点考虑企业投资所需的运营成本，还需要关注政府因素的影响。如政府是否鼓励该产业的发展，是否已通过产业规划、财税政策、人才培养等多种途径保障该产业的发展，能否提供高效优质的服务，乃至是否有一定的政府采购市场等。

（三）新创企业的选址策略

创业大学生在选择创业场所时不能随意为之，一定要慎重，可根据下列策略选址。

1. 在搜集与研究市场信息的基础上选址

市场信息对企业选址的影响是不可忽视的。创业者可依据影响企业选址的各种因素，亲自或委托中介机构搜集市场信息，并对所搜集的市场信息进行定性与定量的科学分析，进而在此基础上科学选址。

2. 在考察与评估备选地址的基础上选址

创业者应对多个备选地址进行实地考察，并采用科学的定量分析方法对备选地址进行评估；然后，按照企业“必需的”和“希望的”选址条件，对备选地址进行详细的比较与分析，最终选出最佳地址。

3. 在咨询与听取多方建议的基础上选址

创业者在选址时应咨询有经验的企业家或相关人士，听取他们的意见与建议，以获得有益的帮助；同时，还应综合分析各种信息、意见与建议，制作出备选地址的优势与劣势对比表，然后根据企业所在行业的特点与市场定位等，做出正确的选址决策。

第二节 企业的营销与财务管理

学习目标

了解企业营销管理的主要内容。

掌握企业财务管理的相关知识。

案例阅读

张锐（化名），某高职院校学生，毕业后选择自主创业，经过精心选址和市场调研，在学校周边创办了一家眼镜店。开业第一个月，店内顾客不少。经济实惠的六折学生眼镜套餐销量还可以，也有不少学生配了中档眼镜，但高档眼镜无人问津。由于促销阶段折扣较大，学生眼镜套餐几乎无利可图，其他眼镜利润也非常薄。第一个月营业额虽然可以，但算上眼镜成本和各项支出，属亏本经营。

营业一个月之后，促销期结束，眼镜恢复原价，生意一落千丈。为吸引顾客，张锐又推出八折配镜优惠，但还是顾客寥寥。回到六折就意味着继续亏损，显然不可行。由于营业时间长，配镜师傅提出了加薪的要求。内忧外患，张锐陷入困境。之后，张锐又加大宣传力度，推出各种促销组合，但经营状况仍未得到改善。半年之后，房屋租赁期满，张锐无力负担下半年的房租，眼镜店被迫关门，张锐的创业宣告失败。张锐很后悔在创业之初没有认真考虑营销问题。

一、企业的营销管理

营销管理是一个综合的经营管理过程，实质上是一个利用内部可控因素适应外部环境的过程，即通过一系列手段，对外部不可控因素做出积极反应，从而促成交易的完成，以及个人与组织目标的实现。

营销管理是企业经营管理的重要组成部分，是企业营销部门的主要职能。

（一）市场定位策略

市场定位也称营销定位，是指企业根据竞争者现有产品在市场上所处的位置，针对消费者或用户对该产品的某种特征或属性的重视程度，强有力地塑造本企业产品与众不同的、给人深刻印象的鲜明的个性或形象，并把这种形象生动地传递给顾客，从而使该产品在市场上确定适当的位置。简而言之，市场定位就是在客户心目中树立独特的形象。

1. 市场定位的依据

（1）产品特色定位

构成产品内在特色的许多因素（所含成分、材料、质量、价格等），都可以作为市场定位的依据。例如，“七喜”汽水的定位是“非可乐”，强调它是不含咖啡因的饮料，与可乐类饮料不同。

（2）顾客利益定位

产品提供给顾客的利益是顾客最能切实体验到的，也可以用作定位的依据。例如，劳斯莱斯车定位是豪华气派，丰田车定位是物美价廉，沃尔沃车定位是结实耐用等。

(3) 使用者定位

企业常常试图将其产品指向某一类特定的使用者，以便根据这些顾客的看法塑造恰当的形象。

案例阅读

美国米勒酿酒公司曾将其原来唯一的品牌“高生”啤酒定位于“啤酒中的香槟”。吸引了许多不常饮用啤酒的高收入女性。后来该公司发现，占30%的狂饮者大约消费了啤酒销量的80%。于是，该公司在广告中展示石油工人钻井成功后狂欢的镜头，还有年轻人在沙滩上冲刺后开怀畅饮的镜头，塑造了一个个“精力充沛的形象”。它还在广告中提出“有空就喝米勒”，从而成功占领啤酒狂饮者市场长达十年之久。

(4) 使用场合定位

为老产品找到一种新用途，是为该产品创造新的市场定位的好方法。例如，小苏打曾一度被广泛用作家庭的刷牙剂、除臭剂和烘焙配料，现在已有不少新产品代替了小苏打的上述功能。有家公司则把它当作调味汁和肉卤的配料，更有一家公司发现它可以作为冬季流行性感冒患者的饮料。再如，我国曾有一家生产曲奇饼干的厂家最初将其产品定位为家庭休闲食品，后来又发现不少顾客购买是为了馈赠，又将之定位为礼品。

事实上，许多企业进行市场定位的依据往往不止一个，而是多个同时使用。因为要体现企业及其产品的形象，市场定位必须是多维度的、多侧面的。

2. 市场定位的策略

(1) 迎头定位策略

迎头定位策略是指企业选择与市场强势者对着干，争夺同样的消费者，而彼此在产品、定价、渠道及促销等各个方面差别不大。

迎头定位策略有时会是一种危险的战术，但不少企业认为这是一种更能激励自己奋发上进的可行的定位尝试，一旦成功就会取得巨大的市场优势。例如可口可乐和百事可乐之间持续不断的争斗、肯德基与麦当劳的“对着干”等。实行迎头定位策略，必须知己知彼，尤其应清醒地估计自己的实力；不一定要压垮对方，只要能够平分秋色就已是巨大的成功。

(2) 避强定位策略

避强定位策略是指企业回避与目标市场上的竞争者直接对抗，而将其定位在市场“空白点”，开发并销售目前市场上还没有的产品，开拓新的市场领域。

避强定位策略的优点是，能够迅速地在市场上站稳脚跟，并在消费者心中尽快树立起一定的企业形象。这种定位策略市场风险较小，成功率较高，因此常常为多数企业所采用。

（3）创新定位策略

创新定位策略是指寻找新的尚未被占领但有潜在市场需求的位置，填补市场上的空缺，生产市场上没有的、具备某种特色的产品。如日本索尼公司的索尼随身听等一批产品正是填补了当时市场上迷你电子产品的空缺，不断的创新使得索尼公司即使是在第二次世界大战期间也能迅速地发展，一跃成为世界级的跨国公司。当采用这种定位方式时，企业应明确创新定位所需的产品在技术上、经济上是否可行，有无足够的市场容量，能否为企业带来合理而持续的盈利。

（4）重新定位策略

重新定位策略是指企业改变产品特色，改变目标消费者对其原有的印象，使目标消费者对其产品新形象有一个重新认识的过程。市场重新定位对于企业适应市场营销的环境、调整市场营销战略是必不可少的。企业产品在市场上的定位即使很恰当，但在出现下列情况时也需考虑重新定位：一是竞争者所推出产品的市场定位在本企业产品的附近，侵占了本企业品牌的部分市场，使本企业品牌的市场占有率有所下降；二是消费者偏好发生了变化，从喜欢本企业某品牌转移到喜爱竞争对手的品牌。

（二）产品策略

产品策略是指企业以向目标市场提供各种适合消费者需求的有形和无形产品的方式来实现其营销目标的营销策略，包括对与产品有关的品种、规格、包装、特色、商标、品牌及各种服务措施等可控因素的组合和运用。

产品策略是市场营销的核心，是定价策略、渠道策略和促销策略的基础。从一定意义上讲，企业能否成功的关键在于产品满足消费者需求的程度以及产品策略正确与否。

1. 产品整体概念

市场营销中所指的产品是一个整体概念，它包括下列三项内容。

①核心产品，指给顾客提供的基本效用和利益，是顾客需求的中心内容。

消费者购买产品，并不是为了占有或获得产品本身，而是为了获得满足自身某种需要的服务或利益。例如，人们购买牙膏是为了防止蛀牙、清新口气或清洁牙齿；人们购买洗衣机是为了把脏衣服洗干净；人们购买电冰箱是为了使食物保鲜。因此，企业的营销人员在营销活动中要善于发现购买者在购买某一产品时追求的基本效用或利益，并将这些信息告诉企业的设计人员，确保自己的产品能够使顾客获得核心利益。

②形式产品，指产品所展示的全部外部特征（款式、质量、特色、品牌、包装等）。

消费者在购买某一产品时，不仅要考虑产品的核心利益，而且要考虑形式产品能否满足自己的需求。市场营销人员要重视如何以独特的形式产品将某种利益传递给消费者。如消费者在购买洗衣机时，期望洗衣机的噪音小、进排水方便、外观美观、安全可靠等。

③附加产品，指顾客因购买产品而得到的全部附加服务与利益（保证、咨询、送货、

安装、维修等)。

消费者购买产品就是为了满足需要，即希望得到满足其需求的一切东西。正如美国学者西奥多·莱维特（Theodore Levitt）所指出的："新的竞争不是发生在各个公司的工厂生产什么产品，而是发生在其产品能提供何种附加利益，如包装、服务、广告、顾客咨询、融资、送货、仓储以及具有其他价值的形式。"

一个企业的产品竞争力既可以是核心产品层面也可以是形式产品层面，还可以是附加产品层面。也就是说，这其中的某个层面比对手好，就具有竞争力。不断地拓展产品的外延部分已成为现代企业产品竞争的焦点，消费者对产品的期望价值越来越多地包含其所能提供的服务、企业人员的素质及企业整体形象的"综合价值"。

2. 产品组合策略

产品好比人一样，都有由成长到衰退的过程。因此，企业不能仅仅经营单一的产品，世界上很多企业经营的产品往往种类繁多，如美国光学公司生产的产品超过三万种，美国通用电气公司经营的产品多达二十五万种。当然，并不是经营的产品越多越好。一个企业应该生产和经营哪些产品才是有利的，这些产品之间应该有些什么配合关系，这就是产品组合问题。

产品组合是指一个企业生产或经营的全部产品线、产品项目的组合方式，它包括四个变数：宽度、深度、长度和关联性。产品组合的宽度是指产品组合所包含产品大类的多少；产品组合的深度是指每个产品所包含花色、式样、规格的多少；产品组合的长度是指产品组合中所包含产品项目的总和；产品组合的关联性是指一个企业的各个产品线在最终使用、生产条件、分销渠道和其他方面相互关联的程度。

企业在进行产品组合时，可依据不同情况采取不同策略。一般来说，主要有以下几种。

①扩大产品组合策略，即在原产品组合中增加产品线，扩大经营范围；或者在原有产品线内增加新的产品项目。企业预测现有产品线的销售额和盈利率在未来可能下降时，就必须考虑在现有产品组合中增加新的产品线，或加强其中有发展潜力的产品线。

②缩减产品组合策略，即在市场不景气或原料、能源供应紧张时，企业可缩减产品线，剔除那些获利小甚至亏损的产品线或产品项目，集中力量发展获利多的产品线和产品项目。

③产品线延伸策略，即全部或部分改变原有产品的市场定位的策略，具体有三种实现方式：向下延伸，即在高档产品线中增加低档产品项目；向上延伸，即在原有产品线内增加高档产品项目；双向延伸，即原定位于中档产品市场的企业掌握了市场优势以后，向产品线的上下两个方向延伸。

④产品线现代化策略。现代社会科技发展突飞猛进，产品开发也是日新月异，产品的现代化成为一种不可改变的大趋势，产品线也必然需要进行现代化改造。

⑤产品线号召策略，即企业在产品线中选择一个或少数几个产品项目加以精心打造，使之成为颇具特色的号召性产品去吸引消费者。

（三）价格策略

定价策略是市场营销组合中一个十分关键的组成部分。价格通常是影响交易成败的重要因素，同时是市场营销组合中最难以确定的因素。企业定价的目标是促进销售，获取利润。这要求企业既要考虑成本的补偿，又要考虑消费者对价格的接受能力，因而定价策略具有买卖双方双向决策的特征。此外，价格还是市场营销组合中最灵活的因素，它可以对市场做出灵敏的反应。

1. 影响产品定价的因素

①产品成本。定价通常不能低于成本，且应有一定的利润。

②市场需求。供不应求时，定价可以较高；供过于求时，则应降低定价。

③物价政策。定价时应符合国家的物价政策。

④定价目标。企业通过价格来达到特定目的，如为了获得最大利润还是为了快速占有市场，是要树立高端的形象还是要对付竞争对手。

⑤市场竞争。行业或竞争对手的价格。

2. 常见定价策略

（1）撇脂定价

撇脂定价是指在新产品上市之初，将新产品价格定得较高，在短期内获取厚利，尽快收回投资。这一定价策略就像从牛奶中撇取其中所含的奶油一样，取其精华，故称撇脂定价策略。

一般而言，对于全新产品、受专利保护的产品、价格弹性小的产品、流行产品、未来市场形势难以预测的产品等，可以采用该策略。

案例阅读

圆珠笔在1945年首次成功投入商业生产时，属于全新产品，成本0.5美元一支，可是发明者却利用广告宣传和人们求新求异心理，以20美元一支的价格销售，仍然引起了人们的争相购买。

利用高价产生的厚利，企业能够在新产品上市之初迅速收回投资，从而减少投资风险，这是使用撇脂定价策略的根本好处。

此外，撇脂定价还有以下几个优点。

①在全新产品或换代新产品上市之初，顾客对其尚无理性的认识，此时的购买动机多属于求新求奇。利用这一心理，企业通过制定较高的价格，以提高产品定位，创造高价、优质、名牌的印象。

②先制定较高的价格，在其新产品进入成熟期后就可以拥有较大的调价余地，不仅可

以通过逐步降价保持企业的竞争力，而且可以从现有的目标市场上吸引潜在需求者，甚至可以争取到低收入阶层和对价格比较敏感的顾客。

③在新产品开发之初，由于资金、技术、资源、人力等条件的限制，企业很难以现有的规模满足所有的需求，利用高价可以限制需求的过快增长，缓解产品供不应求的状况，并且可以利用通过高价获取的高额利润进行投资，逐步扩大生产规模，使之与需求状况相适应。

当然，撇脂定价策略也存在一些缺点。

①高价产品的需求规模毕竟有限，过高的价格不利于市场开拓、增加销量，也不利于占领和稳定市场，容易导致新产品开发失败。

②高价高利会导致竞争者大量涌入，仿制品、替代品会迅速出现，从而迫使价格急剧下降。此时若无其他有效策略相配合，则企业苦心营造的高价优质形象可能会受到损害，从而失去一部分消费者。

③价格远远高于价值，在某种程度上损害了消费者的利益，容易招致公众的反对和消费者的抵制，甚至会因被当作暴利而遭处罚，进而诱发公共关系问题。

从根本上看，撇脂定价是一种追求短期利润最大化的定价策略，若处置不当，则会影响企业的长期发展。因此，在实践当中，特别是在消费者日益成熟、购买行为日趋理性的今天，采用这一定价策略必须谨慎。

（2）渗透定价

这是与撇脂定价相反的一种定价策略，即在新产品上市之初将价格定得较低，吸引大量的购买者，提高市场占有率。

利用渗透定价的前提条件有：①新产品的需求价格弹性较大；②新产品存在规模经济效益。例如，日本精工手表即在具备这两个条件的基础上，采用渗透定价策略，以低价在国际市场上与瑞士手表角逐，最终夺取了瑞士手表的大部分市场份额。

采用渗透价格的企业无疑只能获取微利，这是渗透定价的劣势。但是，由低价产生的两个好处是：第一，低价可以使产品尽快为市场所接受，并借助大批量销售来降低成本，获得长期稳定的市场地位；第二，微利阻止了竞争者的进入，增强了自身的市场竞争力。

对于企业来说，撇脂策略和渗透策略何者为优，不能一概而论，需要综合考虑市场需求、竞争、供给、市场潜力、价格弹性、产品特性、企业发展战略等因素才能确定。在定价实务中，往往要突破许多理论上的限制，通过对选定的目标市场进行大量调研和科学分析来制定价格。

（3）适中定价

适中定价策略既不是利用价格来获取高额利润，也不是让价格制约占领市场。适中定价策略尽量降低价格在营销手段中的地位，重视其他在产品市场上更有力或更有成本效率的手段，当不存在适合使用撇脂定价或渗透定价的环境时，企业一般采取适中定价策略。

例如，一个管理者可能无法采用撇脂定价策略，因为产品被市场看作极其普通的产品，没有哪一个细分市场愿意为此支付高价。同样，他也无法采用渗透定价策略，因为产品刚刚进入市场，顾客在购买之前无法确定产品的质量，会认为低价代表低质量（价格－质量效应）。或者是因为，如果破坏已有的价格结构，竞争者会做出强烈反应。当消费者对价格极其敏感，不能采取撇脂定价；同时竞争者对市场份额极其敏感，不能采用渗透定价时，企业一般采用适中定价策略。

采用适中定价策略还有另外一个原因，就是为了保持产品线定价策略的一致性。

案例阅读

通用汽车公司的雪佛兰科迈罗汽车的定价水平是相当大一部分市场能承受得起的，并且市场规模远远大于愿意支付高价购买它的“运动型”外形汽车的细分市场。这种适中定价策略，甚至在这种汽车的样式十分流行、供不应求时仍数年不变。这是为什么呢？因为通用汽车跑车生产线上已经有一种采取撇脂定价的产品——科尔维特，再增加一种产品是多余的，会影响原来高价产品的销售。将大量购买者吸引到展示室尝试驾驶科迈罗的意义远比高价销售科迈罗来获得短期利益要大得多。

虽然与撇脂定价策略或渗透定价策略相比，适中定价策略缺乏主动进攻性，但并不是说正确执行它就非常容易或一点也不重要。适中定价没有必要将价格定得与竞争者一样或者接近平均水平。原则上讲，它甚至可以是市场上最高的或最低的价格。例如东芝笔记本电脑具有高清晰度的显示器和可靠的性能，认知价值很高，所以虽然它的产品比同类产品昂贵，但市场占有率仍然很高。与撇脂价格和渗透价格类似，适中价格也是参考产品的经济价值来决定的。当大多数潜在的购买者认为产品的价值与价格相当时，即使价格很高也属适中价格。

（四）渠道策略

营销渠道是指在某种产品或服务从生产者向消费者或用户转移的过程中，所经过的一切取得所有权（或协助所有权转移）的商业组织和个人。营销渠道策略是指企业以合理选择营销渠道和组织产品实体流通的方式来实现其营销目标的策略。

营销渠道策略是整个营销系统的重要组成部分，它对降低企业成本和提高企业竞争力具有重要意义。

营销渠道的选择策略主要包括以下几种。

1. 直接式营销策略和间接式营销策略

按照商品在交易过程中是否经过中间环节，可以将营销渠道分为直接式和间接式营销渠道两种类型。直接式营销渠道是企业采用产销合一的经营方式，即商品在从生产领域转移到消费领域时不经过任何中间环节。间接式营销渠道是指商品从生产领域转移到用户手中要经过若干中间商的营销渠道。直接式营销有及时、中间费用少、便于控制价格、及时了解市场、便于提供服务等优点，但是此方法使生产者花费较多的投资、场地和人力，所以消费多、市场规模大的商品不宜采用这种方法。间接营销由于有中间商加入，企业可以利用中间商的知识、经验和关系，从而起到简化交易、缩短买卖时间以及集中人力、财力和物力用于发展生产以增强商品的销售能力等作用。

一般来讲，以下情况适合采用直接式营销策略：①市场集中，销售范围小；②技术性高或者制造成本和售价差异大的产品，以及变质或者已破损的商品、定制品等；③企业自身拥有市场营销技术，管理能力较强，经验丰富，对其商品和市场营销的控制要求较高。

反之，在以下情况下适合采用间接式营销策略：①市场分散，销售范围广，例如大部分日常消费品；②技术性低或者制造成本和售价差异小的商品，以及不易变质及非易碎商品，如日用品、标准品等；③企业自身缺乏市场营销的技术和经验，管理能力较差，财力薄弱，对其商品和市场营销的控制要求不高。

2. 长渠道策略和短渠道策略

营销渠道按其长度来分类，可以分为若干长度不同的形式，商品在从生产领域转移到用户的过程中，经过的环节越多，销售渠道就越长；反之，就越短。

企业在决定采用间接式营销策略后，还要对适用渠道的长短做出选择。从节省商品流通费用、加速社会再生产过程的要求出发，应当尽量减少中间环节，选择短渠道。但是也不要认为中间环节越少越好，在多数情况下，批发商的作用是生产者和零售商无法替代的。因此，是采用长渠道策略还是短渠道策略，必须综合考虑商品的特点、市场的特点、企业本身的条件以及策略实施的效果等。

一般来讲，在以下情况下适合采用短渠道营销策略：①从产品的特点来看，易腐、易损、价格贵、高度时尚、售后服务要求高且技术性强的产品；②零售市场相对集中，需求数量大；③企业的销售能力强，推销人员素质好、资历雄厚，或者增加的收益能够补偿花费的销售费用。

反之，在以下情况下适合采用长渠道营销策略：①从产品特点来看，非易腐、非易损、价格低、选择性不强、技术要求不高的产品；②零售市场较为分散，各市场需求量较小；③企业的销售能力弱，推销人员素质较差，缺乏资金，或者增加的收入不能够补偿多花费的销售费用。

3. 宽渠道策略和窄渠道策略

营销渠道的宽窄，是指企业确定由多少中间商来经营某种商品，即决定营销渠道的每个层次（环节）适用同种类型的中间商的数目是多少。一般情况下，有以下三种具体策略可供选择。

（1）广泛营销策略

在企业的商品数量很大且市场面又广，为了能够使商品得到广泛的推销，使用户随时都可以买到这种商品时，才需要采用这种策略。例如，一般日用品和广泛通用的工业原材料可以采用这种策略。采用这种策略，生产企业应该负担较多的广告费和促销费，以调动中间商的积极性。

（2）有选择的营销策略

这是指生产企业有选择地精心挑选一部分批发商和零售商来经营自己的产品。采用这种策略，由于中间商数目较少，有利于厂商之间相互紧密协作，同时能够使生产企业降低销售费用和提高控制能力。这种策略适用面较广，如选购消费品、耐用消费品、新产品试销以及大部分生产资料商品，都应该根据产品和市场的特点，选择较为合适的批发商和零售商。而中间商的具体数目，应该根据具体情况而定，一般来讲，既要使中间商有足够的市场面，又要保证企业的商品能够及时地销售出去。

（3）独家经营营销策略

这是指生产企业只选择一家中间商，赋予它经销自己商品的权利。在一般情况下，生产企业在特定的市场范围内，不能再通过其他中间商来推销这种商品；而选定的经销商也不能再经营其他同类的产品。生产企业和中间商双方都应该通过签订协议做出明确的规定，这种策略主要适用于某些特殊的消费品和工业品、某些高档高价的消费品，以及某些具有独特风格的商品，如需要进行售后服务的电器商品以及需要进行现场操作表演并介绍使用方法的产品。采用这种策略，有利于调动中间商更积极地去推销商品。同时，生产企业对中间商的售价、宣传推广、信贷和服务等工作可以加强控制，更好地配合协作，从而有助于提高厂商的声誉和打造商品的形象，提高经济效益。

4．营销渠道策略的新趋势

厂家—总经销商—二级批发商—三级批发商—零售店—消费者，这种模式是传统营销渠道的经典模式。然而，这样的销售网络却存在许多不足，例如，经销商不规范的操作手段如竞相杀价、跨区销售等常常造成严重的渠道冲突。为了克服传统渠道模式的弊端，更好地适应市场的变化，企业的营销渠道策略现在已呈现出一些新的趋势。

新趋势一：以终端市场建设为中心。

以前企业多注重在销售通路的顶端，通过市场炒作和大户政策来展开销售工作。当市场转为相对饱和的状态，对企业的要求由“经营”变为“精营”时，这种市场运作方式就无法适应市场的变化了。以终端市场建设为中心的实质就是实现营销组合中“4P”向“4C”的转化（亦即从“产品”转变到“顾客”，从“价格”转变到“成本”，从“分销渠道”转变到“方便”，从“促销”转变到“沟通”），真正实现“产品向需求”“价格向价值”“渠道向方便”“促销向沟通”的转变。

新趋势之二：渠道成员发展伙伴型的关系。

传统的渠道关系是“我”和“你”的关系，即每一个渠道成员都是一个独立的经营实体，以追求个体利益最大化为目标，甚至不惜牺牲渠道和厂商的整体利益。在伙伴式销售渠道中，厂家与经销商由“你”和“我”的关系变为“我们”关系，由油与水的关系变为鱼与水的关系。厂家与经销商的一体化经营，实现了厂家渠道的集团控制，使分散的经销商形成一个有机体系，渠道成员为实现自己或大家的目标共同努力。

新趋势之三：渠道体制由金字塔型向扁平化方向发展。

传统的营销渠道体制呈金字塔型。但是，在供过于求、竞争激烈的市场营销环境下，传统的渠道存在许多不可克服的缺点：一是厂家难以有效地控制营销渠道；二是多层结构有碍于营销效率的提高，且臃肿的渠道不利于形成产品的价格竞争优势；三是单向式、多层次的流通使信息不能及时反馈，这样不但会错失商机，而且会造成人员和时间上的资源浪费；四是企业的销售政策不能得到有效的执行与落实。因此，许多企业开始将营销渠道改为扁平化的结构，即营销渠道越来越短，销售网点越来越多。营销渠道变短，可以增加企业对渠道的控制力；销售网点增多，则有效地促进了产品的销售量。例如，一些企业由多层次的批发环节变为一层批发，即厂家—经销商—零售商，企业直接面向经销商、零售商提供服务。

（五）促销策略

促销策略是指企业通过人员推销、广告、营业推广、公共关系和网络等各种促销方式，向消费者或用户传递产品信息，引起他们的注意和兴趣，激发他们的购买欲望和购买行为，以达到扩大销售的目的。

1. 人员推销策略

人员推销是人类社会最古老的促销手段之一。随着市场经济的发展，人员推销的内容不断扩充，成为现代营销一种重要的促销方式。

所谓人员推销，是指通过推销人员与中间商或消费者进行直接沟通，宣传介绍产品，使中间商或消费者购买的促销方式。与其他促销方式相比，人员推销最大的特点是推销人员直接与目标客户接触，因而能及时了解客户的需求。

人员推销主要包括两种组织形式：一种是建立自己的销售队伍，即利用本企业的推销人员来推销产品，如销售经理、销售代表等；另一种是利用合同销售人员，如代理商、经销商等。

2. 广告宣传策略

广告是广告主以促进销售为目的，付出一定的费用，通过特定的媒体传播产品或服务等有关信息的大众传播活动，作为一种传递信息的活动，广告是企业在促销中普遍重视且应用最广的促销方式。

广告宣传一般有塑造企业及其产品、商标信誉和声望的形象广告；有展示、介绍、宣传产品特点和优点的产品广告；也有刺激消费者购买欲望的产品定位广告；等等。广告宣传的关键是在真实性的前提下，迎合消费者的心理和需求，创新意，出奇招，从而给消费者留下美好而深刻的印象。广告宣传策略需要根据不同的产品、不同的消费群体、不同的市场情况及竞争对手的情况等来制定。

3. 营业推广策略

营业推广，也称销售促进，是指企业在短期内为了提升销量而采取的各种促销方式，如有奖销售、赠送或试用样品、减价折扣销售等。通过采取这些方式，企业可以有效地刺激消费者的购买欲望，并且能在短期内收到显著的促销效果。

营业推广的好处是可以通过强有力的刺激迅速增加企业的销售收入，但必须注意的是，营业推广的最终目标仍然是实现企业的营销目标。如果营业推广使用不当，急功近利，不但不会吸引消费者，反而会引起消费者的怀疑和反感，进而对企业及企业的品牌造成负面影响。

4. 公共关系宣传策略

公共关系宣传策略是争取潜在消费者的了解、信任和支持，以树立良好的企业和产品信誉、形象的促销策略。它通过对公众态度的估量，从公众利益出发确定企业的促销对策，从而与广泛的潜在消费者交流、沟通。

公共关系宣传策略一般包括以下几种：一是通过大众媒介进行新闻报道，获得公众的了解、信任和支持；二是通过庆祝会、纪念会、赞助社会活动等社会性策略，提高企业的知名度和影响力；三是通过舆论调查、民意测验、投诉、听取意见等征询性策略，了解消费者的意见，增进与消费者的交流。

5. 网上促销策略

网上促销策略是指利用互联网等电子手段来组织促销活动，以辅助和促进消费者对商品或服务的购买和使用。

(1) 折价促销

折价又称打折、折扣，是目前网上最常用的一种促销方式。网上商品的价格一般都比传统方式销售时要低，目的是吸引消费者购买。网上销售商品不能给人全面、直观的印象，也不可试用、触摸，再加上配送成本和付款方式的复杂性，造成消费者在网上购物和订货的积极性下降。而幅度比较大的折扣可以促使消费者尝试网上购物并做出购买决定。

（2）变相折价促销

变相折价促销是指在不提高或稍微增加价格的前提下，提高产品或服务的品质，较大幅度地增加产品或服务的附加值，让消费者感到物有所值。由于网上直接折价容易造成消费者对商品品质的质疑，因此采用增加商品附加值的促销方法会更容易获得消费者的信任。

（3）赠品促销

赠品促销在网上的应用不算太多，在新产品推出试用、产品更新、对抗竞争品牌开辟新市场的情况下，利用赠品促销可以达到比较好的促销效果。

赠品促销的优点：①可以提升品牌和网站的知名度；②鼓励人们经常访问网站以获得更多的优惠信息；③能根据消费者索取赠品的热情程度来总结分析营销效果和对产品本身的反映情况等。

赠品促销应注意赠品的选择：①不要选择次品、劣质品作为赠品，这样做只会适得其反；②明确促销目的，选择适当的能够吸引消费者的产品或服务；③注意时间和时机。注意赠品的时间性，如冬季不能赠送只在夏季才能用的物品，另外也不可考虑不计成本的赠品活动；④注意预算和市场需求。赠品要控制在能接受的预算范围内，不可因过度赠送赠品而造成营销困境。

（4）抽奖促销

抽奖促销是网上应用较广泛的促销形式之一，是大部分网站乐意采用的促销方式。抽奖促销是以一个人或数人获得超出参加活动成本的奖品为手段进行产品或服务的促销。网上抽奖活动主要附加于调查、产品销售、扩大用户群、庆典、推广某项活动等。消费者或访问者通过填写问卷、注册、购买产品或参加网上活动等方式获得抽奖机会。

网上抽奖促销活动应注意几点：①奖品要有诱惑力，可考虑以大额超值的产品吸引人们参加。②活动参加方式要简单化，太过复杂和难度太大的活动较难吸引匆匆的访客。③抽奖结果要公正且公平。由于网络的虚拟性和参加者地域的广泛性，因此对抽奖结果的真实性要有一定的保证，应该及时请公证人员进行全程公证，并及时通过电子邮件、公告等形式向参加者通告活动进度和结果。

（5）积分促销

积分促销在网络上的应用比起传统营销方式要简单和易操作。网上积分活动很容易通过编程和数据库等实现，并且结果可信度很高，操作起来相对简便，消费者通过多次购买或多次参加某项活动来增加积分以获得奖品。

积分促销可以增加上网者访问网站和参加某项活动的次数，可以提高上网者对网站的忠诚度，可以提高活动的知名度等。

（6）网上联合促销

由不同商家联合进行的促销活动称为联合促销。联合促销的产品或服务可以起到一定的优势互补、互相提升自身价值等效应，如果应用得当，联合促销可以起到相当好的销售效果。例如，汽车销售公司和润滑油公司联合等。

以上六种是在网上促销活动中比较常见且重要的方式，其他如节假日促销、事件促销等都可将以上几种促销方式进行综合应用。要想使促销活动达到良好的效果，必须事先进行市场分析、竞争对手分析，以及网络活动实施的可行性分析，并与整体营销计划结合，有创意地组织实施促销活动，使促销活动新奇、富有销售力和影响力。

二、企业的财务管理

财务管理是企业管理的一个组成部分，它是根据财经法规制度，按照财务管理的原则，组织企业财务活动，处理财务关系的一项经济管理工作。财务管理在企业经营中占有极高的重要性，是一个企业的命脉。

（一）新创企业较易出现的财务管理问题

目前来看，部分新创企业管理者在财务管理活动中，重使用价值实物管理，轻价值综合管理；重生产成本管理，轻资金成本控制；重当期收益，轻风险控制；重事后分析，轻事前预防等，造成了企业财务管理无章、无序的局面，给财务工作埋下了隐患。较为普遍的问题主要有以下几个方面。

一是事前预算不力，事后分析不到位。很多新创企业管理者事前没有采集数据进行认真分析并编制预算，在事中执行过程中也没有对预算完成情况进行严格考核，事后评价和分析不到位也是企业面临的重要问题。

二是信息化程度不高，缺乏财务创新。在一些新创企业中，财务管理模式采用较分散的管理模式，电子化程度不高，财务信息上下级之间无法共享，监管信息反馈滞后，工作效率低下，没有开发出能适应电子商务环境的财务管理信息系统。

三是财务架构不健全，组织机构设置不合理。很多新创企业财务机构的设置中间层次多、效率低下；还有部分新创企业管理者在财务机构设置方面不够科学，有的甚至未设置专门的财务机构。

四是内控体系不完善，缺乏风险管理意识。部分新创企业财务运行不够规范，权责不到位，内部控制制度等基本财务管理制度不健全。部分新创企业缺乏风险管理和控制机制。

五是费用管理不规范，资产管理散乱。在费用开支上，部分新创企业管理不严，未建立或未实行“一支笔”审批制度。在资产管理上，部分新创企业没有定期对资产进行盘点，资产实物与登记簿不符，实物管理和账务管理都有很多漏洞。

六是成本核算粗放，成本控制不严。有的新创企业成本核算十分粗放，将各种产品成本笼统汇总核算，不利于加强成本控制；有的新创企业管理者只注重生产过程的成本控制，事前、事中控制能力较低，造成不必要的浪费。

在财务管理当中应着重避免上述问题的出现，在日常企业管理方面只有加强财务管理，才会增加企业的竞争能力，提高企业抵抗市场风险的能力，扩大企业盈利，所以财务管理的有序和规范是新企业可持续发展的前提。

案例阅读

某高职院校的学生刘仁杰（化名）毕业后创办了一家电子公司，该公司的经营范围是代理国内和国际品牌的通信产品，属于商品流通单位，也负责对终极用户的安装。这家只有十几个人的小企业，在电子产品激烈竞争的今天，始终保持着较高的赢利水平，这与其财务管理有很大关系。

1. 成本控制有张有弛

成本控制是许多中小企业普遍重视的问题，但成本的节约应该是一种有取舍有原则的节约。为了节约人员的开支，该公司对成本的控制采取了不同情况不同对待的方法。对于少量的终极用户安装业务，多采用临时聘请熟识的工程队的方法；对于机器的日常小规模维护，则采用对业务人员进行普及技术培训的方法；而针对高端机器的紧急修理，则采取和上游厂商签订维护协议的方法。

2. 人人参与财务管理

这家公司财务部有两名会计。虽然公司的会计人员很少，但他们的财务工作却对整体公司的运作起了强大的约束作用。该公司推行的是“人人参与财务管理”的模式。在公司的走廊以板报的形式，由财务人员每天按照合同的具体条目更新现金回收状况。它的出现，引起了公司每个人的关注：业务人员经常来查对，讨论并通过它来跟进自己负责合同的收款进度；主管也可以通过它来获得对二级经销商回款情况的估计。这样，每个人都可以从这里获得重要的信息。在公司，应收账款在收回前只不过被看成是一项市场费用，如果还没有收到货款，就不能算销售已经完成，也没有客户满意度而言，当然也不会给相应的销售人员支付佣金。“人人参与财务管理”的模式，极大地调动了销售人员的积极性，杜绝了销售人员只管签订合同而不管实际收款的情况。

3. 重视存货管理

该公司对每月的销量进行细致的统计记录，并设定了管理软件中的库存模式，一旦存货低于警戒线即立即补货。重视存货管理使他们公司的存货占用资金非常少。也因为他们的业务大多是订制机器，所以和厂家的协调非常重要。该公司和长期合作的生产企业均有详细的协议。对于设置的付款比例是按照与买方合同的收款比例同步的，这样就大大降低了由于付款时间差距引起的对现金大量占用的风险，也对厂家为机器设备安装期间提供的售后服务起到了一定的牵制作用。而对于小型设备突然出现的需求量浮动，他们采用向同行调货的方式应对，虽然比直接从供货商调货价高，但由于次数少，相比起来也比囤积大量库存占用流动资金要合算得多。

（二）新创企业加强财务管理的策略

1. 遵循成功理财的原则

财务管理的对象千变万化，财务管理的环境错综复杂，作为新创企业的管理者要想理好财，成为理财高手，应遵循以下原则。

（1）经常注意利率趋势及金融情势

金融情势与市场形势密不可分。“银根宽松”意味着金融情势缓和，也就是说资金充裕，工商企业也不需要太多的资金，以致连带利息下降；相反，“金融紧缩”意味着各行各业都需要资金，各银行也缺乏放贷的资金，不仅借款困难，利息也会提高，事先预测出金融市场未来情势变化，在资金筹措和运用上会有助益。

（2）培养对利率的反应能力

量入为出是调度资金的一个原则。但是有钱存在银行里，定期存款比活期存款利率要高，而且利息是按日计算，今天一万元到明天就成了一万多元。如果把企业的资金全部看成是借款，按一定利率计算是非常可观的，如五十万元资金，年利率 7.2%，每天就是一百元利息。因此，赊销商品早收回一天钱，与晚收回一天钱大不一样，存款多存一天和少存一天其价值也不相等。

（3）精于安排存款余额

企业不仅要求助银行解决资金的困难，同时银行有时也要求企业在存款方面给予银行有效协助。在金融业有的银行希望增加月底存款余额，以表示企业业绩，也有个别银行希望增加平均余额。所以企业若能事先把握这些微妙关系，在月中将重点放在重视平均余额的银行，到月底前就将钱存入重视月底余额的银行，从而搞好与银行的关系。另外会计报表中的某项目，如资产负债表项目，都是用月末账户余额反映，巧妙安排某些账户月末余额，对各项指标形成有重要影响。

（4）尽量查明支出增加的原因，确保收支平衡

各项费用及资金的运用，在预算确定后就要严格按预算执行，一旦发现超支就应迅速查明其原因，明确责任，制定措施，杜绝不必要的开支。另在出现销售下滑，不能实现其预算收入时，应作为抑制支出的信号，也要相应地压缩相关的支出，以确保收支平衡。

(5) 加强与银行往来技巧，不忘推销自己和公司

创业者在同银行及有关部门来往时，要随时不忘推销自己和公司，特别是要了解放款业务的承办人，加强同他们的联系。另外，企业借贷时银行要求提供各种资料，为避免这些资料发生矛盾，一定要准确编制。

(6) 与税务部门搞好关系，依法缴纳各种税金

依法纳税是企业的义务，但是在市场经济条件下，税种较多、征收环节复杂，税率也不一样。企业应与税务部门保持密切联系，对不清楚的政策，请税务部门给予指导，能缓交的尽量缓交，能免交的尽量争取免交。对一些优惠政策要争取充分享受。

(7) 与主要客户维持良好关系，争取客户支持与协助

在经营活动中企业购买材料要同供应商往来，推销产品要同销售商往来，这些往来均要通过结算。在结算中必须坚守信用，提高信誉度。企业应在互利的基础上，与他们搞好关系，相互支持，在遇到困难时他们才会给予协助。

(8) 做好资金调度，充分运用剩余资金

企业财产物资的货币表现是资金，做好资金调度，实质上就是做好企业的物资调度工作。为此，企业财务部门要按月编制切实可行的资金周转表，通过该表了解资金从哪来、又流向何处去、产生不足的原因以及筹措资金渠道等。销售收入、收款计划的估计要保守，要沉着应付突发性支出，要充分利用剩余资金。为此，要掌握剩余资金究竟有多少，可运用的期限有多长，要注意投资的获利率以及获利后的课税问题。

(9) 提高员工的理财意识，发动员工理财

利润是通过资金周转产生的，在同样销售利润率的条件下，资金周转越快，利润就越多，但是要加速资金周转不只是创业者和财务人员的事。材料采购、产品设计、工艺规程、生产状况、劳动效率、产品推销、贷款回收等都与资金周转息息相关。因此，新创企业的管理者要动员每一位员工结合自己的岗位参与资金周转，对每一个部门及岗位应有资金使用规划，做到事前有计划、事中有控制、事后有考核，根据完成情况给予奖惩，从而增强资金利用效果。

2. 抓住财务管理的关键点

(1) 加强应收账款控制

在市场竞争异常激烈的今天，新企业往往不得不用信用形式进行业务交易，从而导致经营中的应收账款的比重较大。应收账款是指尚未收回的货款或所提供服务应得的款项。许多大企业认为可以延迟支付小企业或新企业的欠款，因为小企业或新企业几乎没有讨价议价的能力。另外，许多新企业经常通过更高的信用标准来获得业务，但这样做的隐患很大，许多新企业都是由于未能及时收回欠款而破产的。

应收账款是一个重要的财务控制点。新企业要控制好应收账款，应做到以下几点：一

是客观评价客户资信程度；二是建立合理的信用标准；三是对所发生的应收账款和客户加强管理，制定催款计划，定期向赊销客户寄送对账单和催缴欠款通知书，或者拨打催款电话，同时要对有经常性业务往来的赊销客户进行单独管理。

（2）加强现金流的预算与控制

企业财务管理必须更加重视现金流，而不是会计利润。现金流的预算与控制是财务管理的一个关键点。新企业需要通过现金流预算管理来做好现金流控制，确保企业的账上有不少于六个月的现金储备（完成一轮融资通常需要六个月的时间），以避免资金断流。

（3）仔细权衡投资的回报与付出

即使在产品销售情况良好、短期现金流充裕的情况下，新企业仍然需要全面考虑新增投资的回报率和回收期，以及由新增投资所带来的对企业现有能力的挑战。

（4）充分利用产业平台

对于高新企业，应该充分利用所在地区的园区、孵化器等产业平台，争取政府基金及相关政策的支持。这是一种成本相对较低的缓解现金流短缺的方法。孵化器通常是大量政府政策资源的聚集地，孵化器内的新企业在政策资源上有着得天独厚的优势，通过关注、利用政府制定的相关法律条例，创业者有可能争取到政策性低息贷款或无偿扶持基金（如创新基金），以及写字楼或者孵化器提供的廉价房租等。

（5）增收节支，开源节流

开源节流是企业经营中最常用的手段和策略。节流不是简单地减少支出，而是通过分析费用支出结构、支出的必要性和经济性，采取相应的措施来改善费用支出的使用效果。

对于新企业来讲，研发费用和销售费用是加强管理和控制的主要对象。在研发投入上，技术偏好创业团队特别容易只关注技术本身而忽略成果的市场需求。在营销投入上，除了规范内部制度外，还需要特别注意以下两个倾向：第一，避免将短期的成功简单地复制到未来的营销策略上；第二，避免病急乱投医，在企业遇到困难时自乱阵脚。创业团队往往对产品导入期估计不足，实施几次营销策略不见明显成效时就乱了方寸，导致胡乱投入，浪费资金，从而陷入更深的危机之中。

（6）做好财务风险控制

处于初创期或成长期的企业必须正确、客观地评估财务风险，采取稳健的财务策略。

①建立财务风险意识。企业要时刻关注国家宏观政策的变化，关注国家产业政策、投资政策、金融政策、财税政策的变化，管理层应对企业投资项目、经营项目、筹借资金、经营成本等方面可能产生的负面效应进行提早预测，以便及时采取措施。要关注市场供需关系的变化，防止企业成本费用和资金需求增加使财务成本上升和资金链的中断而出现经营亏损或资不抵债的财务危机。企业经营者要根据政策因素变化及时调整经营策略和投资

方向，避免企业步入财务危机。在销售方面注重产销衔接，以销定产，及时调整营销策略，积极开拓新渠道，培育新用户，加速货款回笼，加强业务整合，提高企业整体抵抗风险的水平。

②建立企业内部监督制度。内部审计控制是一个企业内部经济活动和管理制度是否合规、合理和有效的独立评价系统，在某种意义上讲是对其他控制的再控制。内部审计在企业中应保持相对独立性，应独立于其他经营管理部门，确保审计部门发现的重要问题能送达治理层和管理层。对于不具备条件的企业可聘请外部审计机构和人员进行内部审计。

③建立内部控制制度。要建立企业内部控制制度和会计控制制度，如货币资金控制、采购与付款控制、销售与收款控制、对外投资控制等。实施内部牵制制度，对不相容的岗位实行相互分离、相互制约；建立回避制度，如会计负责人的直系亲属不得担任出纳人员等；严禁擅自挪用、借出货币资金；严禁收入不入账；严禁一人保管支付款项所需的全部印章；不得由同一部门或个人办理采购与付款、销售与收款业务的全过程；销售收入要及时入账。

总之，财务风险存在于财务管理工作的各个环节，任何环节的工作失误都可能会给企业带来财务风险，企业的经营者、管理者、财务人员必须将风险防范贯穿于财务管理工作的始终。

第三节 企业的成长及管理策略

学习目标

了解企业生命周期相关知识。

掌握企业成长的驱动因素。

熟悉企业成长的管理策略。

一、企业的生命周期

新创企业的成长和发展是一个具有若干阶段的连续过程，这个过程一般称为生命周期。企业的生命周期通常可划分为初创期、成长期、稳定期和衰退期四个阶段。

（一）初创期

初创期是大学生创业愿望孕育和形成的过程，是将创业设想转化为一系列创业活动的过程，是组织结构、运行机制等逐渐成形的过程，即从捕捉创业机会到创业企业创立的阶段。初创期可能在大学期间形成，也可能在参加工作后形成。

这一时期，企业规模小、盈利水平低、结构简单，拥有的各种资源都很有限，未能树立起良好的企业声誉和企业形象，企业提供的产品或服务方面的创新比较贫乏，失败的可能性很大。此时，如何获得更大的生存空间是企业面临的最大的任务，因此要更加努力寻求合作者，抓住一切机遇拓展社会资源，力求生存。

（二）成长期

这一时期，新创企业形成了比较稳定的核心技术、发展模式，产品开始被客户接受，市场份额不断扩大，销售能力也不断增强，虽然在发展速度上可能会有所波动，但总体上能够保持较高的增长水平。调研发现，大学生创业虽然在初创期成活率较低，但进入成长期之后成活率明显提高，而且能够较快进入稳定期。

不过，成长期的企业也会面临许多问题，如企业管理水平低下、运行效率不高、销售额虽在持续增长但利润却没有起色等。其中，人力资源管理是成长期企业面临的一个重要问题。例如，企业引进的职业经理人所奉行的管理模式可能会与创始人的管理模式存在矛盾，从而导致企业内部管理出现一定的混乱；由于员工可能缺乏对企业发展方向的理解，从而导致人员流动性过高；等等。总之，在这一阶段，创始人应当努力完善企业的规章制度，使企业的组织形式真正发挥作用，使企业走上规范的发展轨道。

（三）稳定期

稳定期是企业提供产品和服务的能力、销售业绩和管理水平都逐步趋于稳定，其市场地位也趋于稳固的发展时期。因此，该阶段也是创业企业向成熟企业过渡前的关键时期。企业发展到稳定期，通常已形成了较大的规模，占据了稳定的市场，具有了较强的竞争优势和抵御市场风险的能力，经济效益稳定，进入了良性运转轨道。

在稳定期内，企业的目标是巩固和提高已有的地位，延缓衰退期的到来。此时，企业拥有良好的企业形象、比较稳定的市场份额和顾客群，已经形成规模效应。但保守思想开始显现，企业创造力和冒险精神减退，组织活力或显不足。市场竞争逐渐加剧，产品售价降低，销售费用增加，企业利润有可能会下降。

（四）衰退期

企业保持良好发展态势的前提是长期拥有显著的竞争优势。竞争优势是指企业在同行业竞争中所处的优先或有利地位，是竞争环境中影响企业比较优势和后发优势的各种因素共同作用的结果。在企业发展的过程中，其竞争优势是一个动态、可变化的概念，随着市场条件等各种因素的变化，企业的某种竞争优势可能会削弱甚至消失，导致企业发展速度减缓，严重时导致企业衰退甚至消亡。

大学生创业活动也不可避免地要经历衰退的阶段。当企业发展到一定的时期，会面临一些新的瓶颈问题，如企业的经营失败、盈利下降甚至亏损、替代品出现、市场份额不断减少等，导致企业竞争优势丧失，竞争地位下降，用工需求减少，甚至面临破产的危险。

此时，企业主要的工作是在应付、处理不断来临的危机。如何延长大学生创办企业的稳定期，延缓和减弱衰退期的负面影响，一方面，企业自身要通过不断创新寻求新的增长优势，努力保持长期竞争优势；另一方面，政府应加大对大学生自主创业的扶持力度，从而保持企业的持续、健康发展。

二、企业成长的驱动因素

驱动企业成长的因素主要包括两类：内部驱动因素和外部驱动因素。

（一）内部驱动因素

1. 创业者和创业团队

创业者和创业团队对企业的成长具有重要的作用。

作为新创企业的决策者和领导者，如果创业者勇于挑战、具有识别和把握机会的能力，就能把各种资源从生产率较低、产量较小的领域转到生产率较高、产量较大的领域，从而使新企业具有创新优势，并赢得快速成长的机会；创业者的成长欲望也起着决定性作用，企业在占有一定的市场，获得一定的利润后，创业者如果不满足于现状，主动将利润进行再投资，就可能更多地占领市场份额，进而实现企业的快速发展。

创业团队对企业成长的驱动作用同样不可或缺。如果创业团队充满着创业欲望、决心和干劲，就会对新创企业的价值取向起着引领和支配作用，并能激发员工的工作热情，从而帮助企业快速成长；创业团队的专业水平是推动企业成长的实践动力，在很大程度上体现了创业团队的价值。创业团队的专业水平越高，企业的创业之路会越顺利，也越容易取得成功。

2. 组织资源

组织资源一般是指企业的各类管理系统，包括企业的组织结构、作业流程、工作规范、信息沟通、决策体系、质量系统，以及正式和非正式的计划等。完备的组织资源与企业的市场占有率、销售量和现金流量有着直接的关系。一个新创企业能够有效控制和科学利用组织资源，才能获得市场占有率和销售业绩的提升，才能实现自身的成长与发展。

（二）外部驱动因素

驱动企业成长的外部因素主要指市场资源。虽然市场竞争激烈，给企业的成长造成了困难，但应对得当，也会促进企业快速成长。

1. 消费者的满意度

一个企业能否成长，最终取决于消费者。消费者对企业成长的驱动力量主要取决于其对产品或服务偏好的变化、所需产品的数量、购买其他替代产品所需的成本和所追求的购买目标。这就促使企业必须提供消费者所追求的产品或服务，同时不断提升消费者对产品或服务的满意度，从而促进自身的成长。

2. 供应商的竞价力

供应商主要通过提高原材料价格与降低原材料质量来影响企业的产品竞争力与盈利能力。而供应商竞价力量的强弱主要取决于他们所提供给企业的原材料的稀缺程度、不可替代程度等。为削弱或消除供应商竞价力的影响，企业必须寻找多家供应商，以保证供应渠道的畅通、稳定，降低长期原材料购买成本，进而提高自身竞争力，促进自身的成长。

3. 新进入企业的威胁

新进入企业在原材料和市场份额上可能会与企业发生竞争，从而影响企业的盈利水平，甚至可能危及企业的生存。这种威胁会迫使企业调整经营策略，如扩大批量生产、降低生产成本、改变营销方式等，从而增强市场竞争力、促进自身的成长。

4. 替代品的冲击

有替代品进入市场，固然可能会导致企业盈利能力降低，使成长受到制约。但是，由于替代品生产企业的侵入，也可能迫使企业提高产品质量、进行产品改良、实现产品创新、逐步实现产品的多元化和系列化，以提高产品的价值空间、不断提高消费者的满意度，进而促进自身的快速成长。

三、企业成长的管理策略

一个企业要健康成长并实现可持续发展，就必须不断积累与整合各种资源，并变革创新和强化管理。

（一）加强外部资源的整合

为了发挥资源的杠杆效应，使规模小、资源相对匮乏的新创企业在不确定的环境中持续成长，企业者必须学会整合外部资源。

1. 缔结战略联盟

缔结战略联盟的方式有水平联盟和垂直联盟。

（1）水平联盟

新创企业可以通过缔结水平联盟，使不同行业的企业共担营销费用，并在产品促销、营销宣传、品牌建设等方面实现资源共享，如生产刀具的企业与生产厨房电器的企业联盟。

（2）垂直联盟

新企业可以通过缔结垂直联盟，使处于营销上下游环节上的不同企业（如供应商、制造商、经销商等）可以共享利益、共担风险、长期合作。

2. 首次公开上市

企业公开上市的好处多多：①能帮助企业在资本市场上获取发展所需要的大量资本，并使其他金融机构对企业的信心得到增强，从而提升企业的融资能力；②可以提高企业的知名度，也可以提高企业在利益相关者（如消费者、供应商和投资者）心目中的可信度；③能为创业者在短期内创造大量财富，实现财富聚集；④可为企业员工和股东创造财富，使得大家对企业的发展更具信心。

因此，新创企业发展到一定的规模，符合首次公开上市的要求时，可选择上市策略。

（二）及时实现从创造资源到管好用好资源的转变

从创造资源到管好用好资源是指企业在开发各种生产经营所必需的资源的同时，也应采取必要的措施，加强对各种资源的管理，并充分利用已开发的资源为企业创造更大的价值，实现创造与利用并举。

若企业只注重创造资源忽视对所创造的价值进行科学管理和有效利用，则容易导致某些资源被企业内部员工占用，使企业蒙受经济损失，还可能会在无形中培养出一批同行业竞争对手。相反，若企业在生产经营中树立创造资源、管理资源和利用资源并重的管理理念与经营思想，建立起良好的企业资源管理制度和资源利用监督机制，加强对企业员工、核心技术、关键设备、客户关系等的管理，则可以确保企业的核心竞争力不受侵蚀，进而确保企业利润保持在稳定的水平上，从而使企业在市场竞争中始终占据优势。

（三）形成比较固定、正向的企业价值观和文化氛围

企业价值观是企业及其员工的价值取向，是企业在追求经营成功过程中所推崇的基本信念和奉行的目标。社会在变化，产品会过时，市场会变动，新技术会不断涌现，管理方法也在与时俱进，但是在优秀的企业中，企业价值观不会变，因为价值观是把所有员工联系到一起的精神纽带，是企业生存、发展的内在动力。

创业者应将企业的价值观传递给员工，使员工明确企业的目标，领悟企业的精神，并努力把企业的价值追求内化为生产经营的实际行动。唯有如此，大家才能心往一处想，劲往一处使，从而让企业更好地生存与发展。

企业文化氛围是由企业员工对企业使命和愿景的期望及创业者的目标、理念和态度共同形成的，是企业应对成长过程中出现的一系列问题的关键。新创企业在制定兼顾长远目标和短期目标、设立高水平的道德标准、激发员工个人的能动性、采用特定的管理方式、打造清晰的团队精神等方面所形成的文化氛围，会对企业的绩效产生十分显著的影响。主要原因是，员工清楚创业者及管理团队的目标追求与管理方式后，其在生产经营中的付出与努力将直接反映在企业业绩上，从而促进新创企业成长。

（四）用成长的方式解决成长过程中出现的各种问题

随着企业度过初创期，走向成长期，规模越来越大，效益越来越好，社会地位越来越高。很自然地，企业的管理也越来越复杂。为此，企业可通过以下途径来解决成长过程中出现的各种问题。

1. 创新人力资源管理

在企业成长期，创业者应采取积极的人力资源政策，加大人力资源管理创新的力度。例如，通过创新人才内部培养机制，开发企业现有人才的潜力；通过创新人才引进机制，为企业引进高层次人才；通过创新利益分配机制，留住人才。

2. 创新经营管理体系

在企业的成长期，员工招聘与培训，物资采购，产品生产、运输、销售等各个环节越来越复杂。企业只有不断变革，构建更加科学、合理的经营管理体系，才能适应企业成长的需要。

3. 掌握变革与创新的切入点

在企业的成长期，创业者要善于把握变革与创新的切入点，或从经营策略切入，或从竞争策略切入，或从售后服务切入，由点及面，逐步推进。这样做的好处是成本小、见效快，失控的可能性小。即使在变革与创新的过程中出现一些问题，也能及时止损，快速调整。

拓展训练

阅读下面案例，然后和同学一起展开讨论。

材料：

美芬想开一家服装店，却在选择店面地点时犹豫不决。在她所在的城市里，南边已经有了许多服装店，竞争非常激烈；而北边则没有什么服装店，竞争对手也少。美芬一时不知该如何抉择。后来，她在一个公园里看到很多人在两个鱼池边钓鱼，小鱼池处围满了人，而大鱼池处却冷冷清清的，只有两三个人。经过打探后得知，小鱼池中的鱼多，不断有人钓上鱼来；而大鱼池中的鱼少，很少有人钓上鱼来。美芬豁然开朗，很快就决定了开店的地址。

讨论：

如果你是美芬，你会把服装店开在哪儿？为什么？

参考文献

[1] 章春苗．创业实训：理论与基础［M］．北京：中国人民大学出版社，2019．

[2] 罗革云，邓素霞，管震．大学生创新创业指导与实训［M］．北京：中央民族大学出版社，2018．

[3] 邓节军，陈莉，张霖．高职大学生就业指导［M］．北京：北京工业大学出版社，2020．

[4] 白敏植．大学生职业规划与创新创业实践［M］．北京：高等教育出版社，2018．

[5] 郑晓明．大学生职业发展与就业指导［M］．北京：高等教育出版社，2020．

[6] 何二毛，冯霞．大学生职业规划与创业导航［M］．北京：科学出版社，2021．

[7] 孙中淼．职业生涯规划与创新创业［M］．北京：清华大学出版社，2021．

[8] 李教社．大学生职业生涯规划［M］．北京：北京理工大学出版社，2021．

[9] 范东亚，谭荣．大学生职业生涯规划与创新创业教育［M］．重庆：重庆大学出版社，2019．

[10] 杨诚．大学生职业生涯规划与创新创业［M］．北京：高等教育出版社，2021．

[11] 卞成林．大学生职业生涯规划与就业指导［M］．桂林：广西师范大学出版社，2022．